미켈란젤로와 교황의 천장

MICHELANGELO AND THE POPE'S CEILING
Copyright ©2003 by Ross King,
All rights reserved

Korean translation copyright © 2020 by DOTORIHOUSE
Korean translation rights arranged with David Higham Associates Limited,
through EYA(Eric Yang Agency)

이 책의 한국어판 저작권은 EYA(Eric Yang Agency)를 통해 David Higham Associates
Limited사와 독점 계약한 '도토리하우스'에 있습니다.
저작권법에 의하여 한국 내에서 보호를 받는 저작물이므로 무단 전재 및 복제를 금합니다.

르네상스 거장들의 지혜와 리더쉽과 그들의 삶

# 미켈란젤로와 교황의 천장
## MICHELANGELO AND THE POPE'S CEILING

로스 킹 지음 신영화 옮김

도토리하우스

## 추천사

"천장화를 둘러싼 거대한 르네상스 시대의 대하드라마"

　이 책에 대해서 설명하라면 한 구절로 표현할 수 있다. 미켈란젤로의 시스티나 예배당 천장화의 제작에 대한 모든 것을 다루는 책. 말 그대로 모든 것을 다룬다. 교황 율리우스 2세와 왕들의 음모, 천재들의 질투와 경쟁, 미켈란젤로의 사적인 이야기와 그것이 어떻게 천장화에 영향을 미쳤는지까지, 사실상 천장화를 둘러싼 거대한 르네상스 시대의 대하드라마와 같다.

　등장인물들만 해도 호화캐스팅이다. 미켈란젤로 부오나로티, 라파엘로 산치오, 레오나르도 다 빈치. 세 명의 천재 예술가들이 같은 시대, 같은 장소에 있었다는 것만으로도 가슴 설레는 일이다. 그 뿐이 아니다. 천재 건축가인 브라만테와 예술가들의 삶을 경외로운 눈으로 바라봤던 바사리까지. 이런 사람들이 한 시대에 등장하다니, 신은 갑자기 부지런을 떨었음에 틀림이 없다.

　하지만, 이런 설명은 너무나 피상적이어서 이 책의 매력을 모두 표현하기에 부족하다. 르네상스 시대 '덕후'라고 자평하는 내게 로스 킹의 연작들을 읽는 것은 가슴 뛰는 체험이었다. 개인적으로 가장 좋아하는 작품은 〈브루넬레스키의 돔〉이지만, 가장 뛰어나다고 생각하는 작품은 〈미켈란젤로와 교황의 천장〉이다. 로스 킹 특유의 치밀한 고증을 거친 역사적 사실의 역동적인 배치는 이 작품에서 가장 빛을 발한다. 르네상스 시대로 시간여행을 하고 싶다면 이 책을 잡는 것을 권한다.

  작년부터 중국에서 발생한 바이러스가 전 세계를 공포에 몰아넣으면서, 2020년의 봄은 그렇게 속절없이 지나가버렸다. 그 와중에 참담한 이탈리아의 소식이 들려왔다. 예술과 역사, 문화를 사랑하는 이들이 전 세계에서 앞 다퉈 방문하는 그 곳에서 많은 사람들이 바이러스의 공격에 스러져 갔다는 소식이었다. 가족과 친지가 이탈리아와 인연이 있어서인지 신음하는 그 나라의 모습에 무척이나 마음이 아팠다.
  그러다 우연히 보게 된 한 남성의 아리아. 피렌체의 한 아파트의 발코니에서 그가 부르던 곡은, 오페라 투란도트의 네순 도르마였다. 대책 없이 낙관적인 사람들의 나라다운, 그래서 너무나 사랑스러운 그 나라의 사람들은 절망적인 상황에서도 'vincero(승리하리라)'를 외치고 있었다. 절판되어 안타까웠던 이 책이 다시 번역되어 나와 기쁘고, 한국의 르네상스 팬들이 몹쓸 감염병때문에 직접 가보지 못하는 아쉬움을 책을 통해 달랠 것이라 믿는다. 책장을 넘기며, 성 베드로 성당 안, 시스티나 예배당으로 함께 공간이동을 떠나자.

김지윤(정치학 박사)

**차례**

01 소환    11
02 음모    25
03 전사교황    47
04 참회    59
05 젖은 석고 위의 회화    69
06 도안    85
07 조수들    97
08 부오나로티 가家    107
09 심연의 샘    117
10 경쟁    135
11 일대 시련    147
12 마르시아스의 참변    161
13 진짜 색채    173
14 그가 성전을 지으리라    191
15 가족사업    205
16 라오콘    221
17 황금시대    235
18 아테네 학당    251

| | |
|---|---|
| 19 금단의 열매 | 273 |
| 20 야만적인 군중 | 289 |
| 21 다시 볼로냐로 | 301 |
| 22 속세의 게임 | 313 |
| 23 새롭고 신기한 회화방식 | 329 |
| 24 유일무이한 최고의 창조자 | 339 |
| 25 헬리오도루스의 추방 | 353 |
| 26 라벤나의 괴물 | 361 |
| 27 기이한 형체들 | 373 |
| 28 신앙의 갑옷과 빛의 검 | 383 |
| 29 생각하는 사람 | 393 |
| 30 고난의 시기 | 405 |
| 31 마지막 터치 | 421 |
| Epilogue 신들의 언어 | 433 |
| 옮긴이의 말 | 449 |
| 연표 | 453 |
| 주 | 456 |
| 도표일람 | 485 |
| 참고문헌 | 488 |

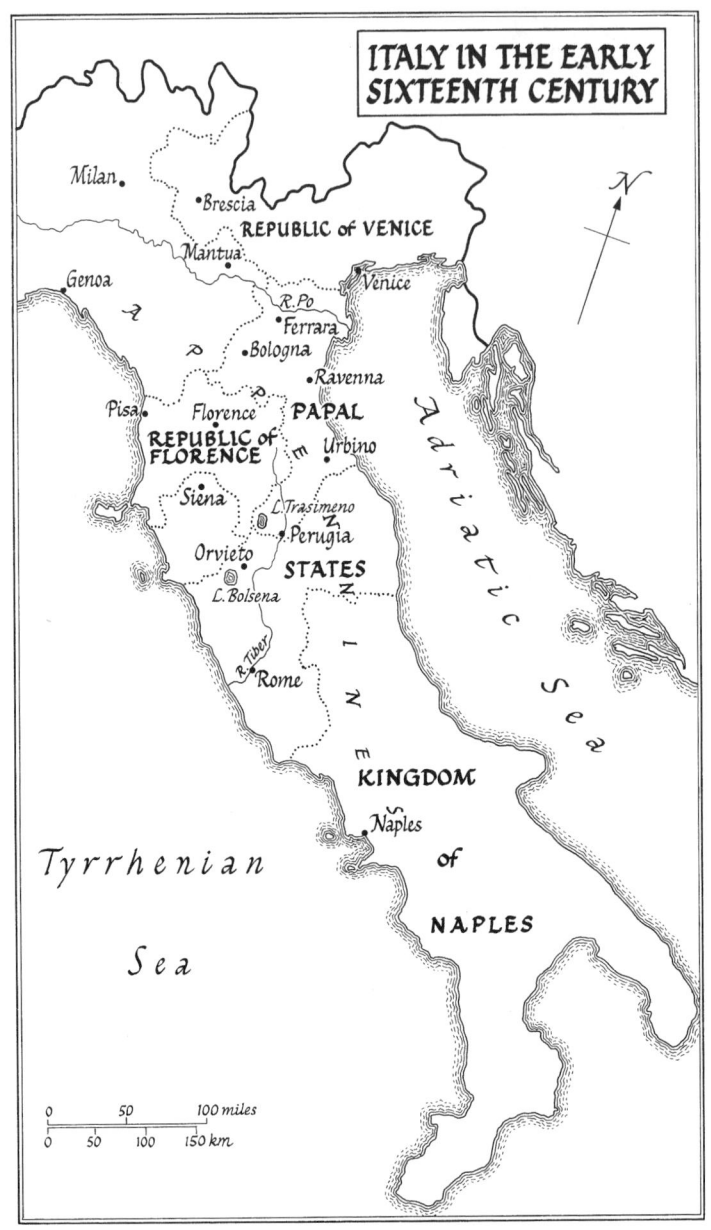

16세기 초 로마를 묘사한 이탈리아

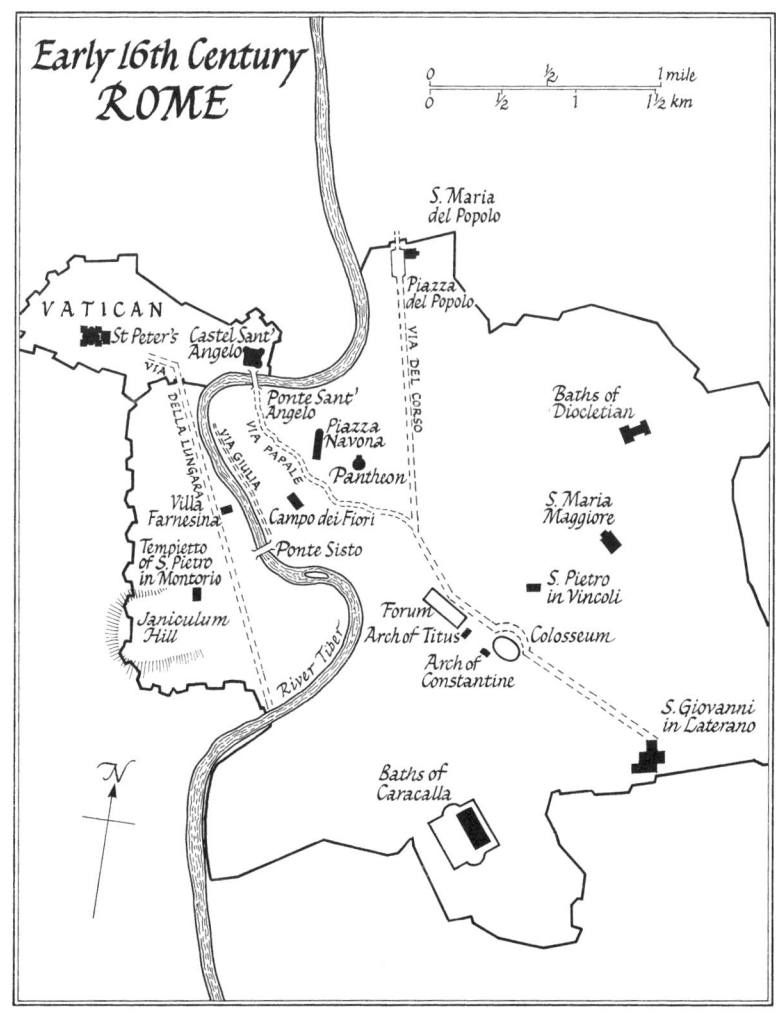

16세기 초 로마를 묘사한 로마 시 지도

※ 일러두기
· 외래어 표기는 외래어 표준법을 따르되 이름의 경우 되도록 원어 발음을 살려 표기했다.
· ※ 표시에 해당하는 설명은 본문하단에 (번호)에 해당하는 설명은 본문 뒤 '주' (p. 456부터)에 표기했다.

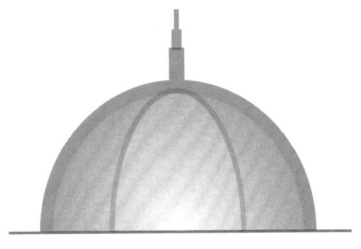

CHAPTER 01

소환

루스티쿠치 광장(Piazza Rusticucci)은 로마에서 명소 축에도 끼지 못했다. 바티칸에서 엎어지면 코 닿을 만큼 가깝지만 티베르 강을 가로지른 산 탄젤로 다리(Ponte Sant'Angelo) 서쪽으로 우후죽순 뻗은 주택과 상점, 골목길들 사이에 끼어 있어 꽤나 옹색했다. 중앙 분수대 바로 옆에 가축 여물통 하나가 덩그러니 놓여 있고 동쪽 끝으로 작은 종루의 아담한 성당 한 채가 서 있을 뿐이었다. 이 성당 산타 카테리나 델레 카발레로테는 세워진 지 얼마 되지 않은데다가 기독교 나라의 순례자들이 로마로 가져온 예수의 '진짜 십자가' 파편이나 성인들의 유골같은 성유물이 일절 없어 주변 사람들조차 잘 알지 못했다. 그러나 시의 방벽防壁으로 가려진 성당 뒤편의 좁은 길에는 당시 이탈리아에서

루스티쿠치 광장 그림. 배경에 산 탄젤로 성이 보인다.

가장 인기 있는 미술가의 공방工房이 자리하고 있었다. 납작코에 땅딸막한 키, 볼품없는 체격에 성미마저 괴팍하기 짝이 없는 피렌체 출신의 조각가, 바로 미켈란젤로의 공방이었다. 1508년 4월, 미켈란젤로 부오나로티(Michelangelo Buonarroti)는 산타 카테리나 성당 뒤편의 이 공방으로 다시 불려왔다. 로마로 결코 돌아가지 않겠다고 다짐했었지만, 막상 교황에게서 출두명령이 날아들자 미켈란젤로는 어쩔 수 없이 길을 나섰다.

2년 전 로마에서 줄행랑을 칠 당시, 미켈란젤로는 공방을 정리하고서 조수들에게 공방의 물건들을 몽땅 유태인에게 내다 팔라고 시켰었다. 그리고 그해 봄에 로마로 다시 돌아왔을 때, 공방이 텅 비어 있을 뿐 아니라 공방 부근의 산 피에트로 광장(Piazza San Pietro)에 야적해 놓고 달아난 백여 톤의 대리석 더미가 아직도 여전히 알몸을 드러낸 채 방치된 것을 목격했다. 푸르스름한 빛이 감도는 이 흰 석재들은 재위 중인 교황 율리우스 2세(Pope Julius II)의 영묘라는 전대미문의 초대형 조각단지 작업용으로 미리 채석해 놓은 것들이었다. 그러나 정작 미켈란젤로가 로마로 다시 불려온 것은 이 초대형 조각사업의 재개를 위한 것이 아니었다. 미켈란젤로는 당시 33세였다. 1475년 3월 6일생으로 조수의 말에 따르면, 수성과 금성이 목성의 집을 찾았을 때 태어났다고 한다. 이러한 행성들의 경사스런 배열은, 당시로서는 회화, 조각, 건축 같은 오감을 기쁘게 하는 미술 분야의 일대 성공'[1]을 예고하는 것으로 여겨졌다. 그리고 성공은 머지않아 찾아왔다. 영재인 미켈란젤로는 15세에 이미 피렌체 군주인 로렌초 데 메디치(Lorenzo de' Medici)가 후원하는 전문 미술가 양성소 '산 마르코 정원 학교(Garden of San Marco)'에 입학해 조각을 익히기 시작했다. 19세에 볼로냐에서 조각 제작을 의뢰받아 본격적으로 조각에 돌입했고, 그로부터 2년 후인 1496년에 마침내 생애 첫

미켈란젤로

로마 여행에 나섰다. 로마에 도착한 미켈란젤 로는 곧 「피에타Pietà」 상像을 조각해 달라는 제의를 받았다. 「피에타」의 계약서에는 이 작품이 "로마에서 지금까지 한 번도 본 적이 없을 만큼 세상에서 가장 아름다운 조각품이 되어야 한다."[2]는 조건이 적혀 있었다. 그리고 몇 년 후에 「피에타」가 마침내 완성되어 일반에 공개되자 사람들은 한결같이 그 아름다운 자태에 넋을 잃었다. 요구조건은 이미 충족된 셈이었다. 본래 어떤 프랑스인 추기경 묘의 장식용으로 조각된 「피에타」는 동시대의 조각품들뿐만 아니라 당시 미술 작품의 가치를 판단하는 잣대이던 고대 그리스 로마 시대의 조각들마저 압도한다는 찬사를 받았다.

미켈란젤로가 연이어 성공시킨 「다비드David」 상像 역시 대리석 조각품이었다. 3년간의 각고 끝에 완성한 이 조각품은, 1504년 9월 피렌체의 시 청사(Palazzo della Signoria) 앞에 세워졌다. 「피에타」가

섬세하고 우아한 여성미를 보여 주었다면, 「다비드」에서는 반대로 남자의 누드로 거인의 힘을 표현하는 자신의 장기를 선보였다. 높이가 5미터에 달하는 조각품 앞에서 피렌체인들은 경탄을 금치 못했다. 그들은 당장 이것을 '일 기간테(Il Gigante)', 즉 '거인'이라고 부르기 시작했다. 이 거대한 조각상을 미켈란젤로의 공방에서 시뇨리아 광장(Piazza della Signoria)까지 운반하는 작업은 친구이자 건축가인 줄리아노 다 상갈로(Giuliano da Sangallo)가 떠맡았다. 조각의 덩치가 얼마나 컸는지, 천하의 재주꾼인 상갈로도 4백 미터에 불과한 거리를 악전고투한 끝에 나흘 만에야 겨우 옮길 수 있었다. 「다비드」가 완성된 지 몇 달도 채 되지 않은 1505년 초, 미켈란젤로는 교황 율리우스 2세의 부름을 받고 하던 일을 일체 중단하게 되었다.

성 베드로 대성당(St. Peter's)에 전시된 「피에타」를 보고 깊은 감명을 받은 교황이 자신의 영묘 제작 건을 이 젊은 조각가에게 일임하려 했기 때문이다. 2월 말에 교황청 재무장관인 프란체스코 알리도시 추기경에게서 미켈란젤로에게 일반 장인匠人의 일 년 치 임금에 해당하는 금화 1백 플로린이 전달되었다. 그리하여 조각가는 다시 로마로 돌아와 교황을 위한 일에 헌신하게 되었다.[3] 훗날 미켈란젤로가 '영묘의 비극'이라고 부르게 될 일을 떠맡게 된 것이다.

전통적으로 교황의 영묘 작업은 언제나 대형 사업의 성격을 띠었다. 1484년에 사망한 식스투스 4세의 경우, 매우 아름다운 청동관이었던 영묘는 제작하는 데에만 9년이 걸렸다. 그러나 검약이라는 것을 일절 모르는 율리우스는 자신의 위상을 드높이고자 일찍이 볼 수 없던 뭔가 대단한 것을 세우려는 야심에 차있었다. 1503년 교황에 선출되자 먼저 자신의 묘당을 지을 생각부터 했는데, 하드리아누스나 아우구스투스라

미켈란젤로의 율리우스 2세 영묘 스케치 중 일부

는 고대 로마제왕의 영묘를 능가하는 초대형 기념관을 고집했다.

미켈란젤로는 교황의 야망에 부응해 폭 10미터, 높이 15미터에 달하는 버팀목이 없는 건축물을 겁 없이 설계했다. 설계안대로라면 실물 크기의 대리석 조각만도 40점 넘게 제작해야 했다. 또한 이것들을 설치할 기둥이나 아치, 니치(장식하기 위해 두꺼운 벽면을 오목하게 파서 만든 공간_옮긴이) 같은 육중하면서도 치밀한 장식이 들어간 구조물도 동시에 제작해야 했다. 설계안은 기념관 맨 아래층을 나신상으로 가득 장식해 자유분방한 예술미를 과시하도록 했다. 반면에 맨 꼭대기 층은 삼중관을 쓴 높이 3미터의 율리우스 상像 하나만으로 장식토록 했다. 계약서에 따르면, 미켈란젤로는 이 작업으로 조각가나 금세공사의 평균 수입의 약 10배에 달하는 1천 2백 두카트의 연年수입과 더불어, 완공 시에는 1만 두카트를 더 지불받기로 했다.*

---

\* 1두카드는 24캐럿 무게의 금화로 당시 거의 이탈리아 전역에서 통용했다.

미켈란젤로는 혼신의 힘을 다해 열정적으로 사업을 진척해 나갔다. 우선 피렌체에서 북서쪽으로 1백 킬로미터 떨어진 카라라로 가 8개월을 죽치면서 이 지방의 유명한 흰 대리석의 채석과 운반 과정을 직접 지휘했다. 운반 도중 짐배 한 척이 티베르 강에 가라앉고, 강물의 범람으로 수척의 배가 늪 속 깊숙이 처박히는 등의 불상사가 잇따랐다. 그런 중에도 1506년 초까지 화차 90대분에 달하는 대리석을 확보해 성 베드로 대성당 앞에 일시 야적 했다가 산타 카테리나 성당 뒤편 자신의 공방 근처로 옮겼다. 대리석이 유구한 대성당 앞에 산더미처럼 쌓여 올라가는 것을 본 로마 주민들은 환호했다. 그러나 교황보다 더 흥분한 사람은 없었으리라. 이 무렵 바티칸 궁과 미켈란젤로의 공방 사이에는 별도의 통로가 만들어져 교황의 루스티쿠치 광장 행차가 한결 수월해졌다. 공방을 찾은 교황은 이따금 이 대형 작업을 놓고 미켈란젤로와 진지한 토론을 벌이기도 했다.

그러나 어찌된 영문인지 대리석이 로마에 미처 다 반입되기도 전에 교황의 관심은 이미 그보다 훨씬 더 모험적인 또 다른 초대형 사업에 쏠려 있었다. 교황은 원래 묘당을 콜로세움(로마의 원형 경기장_옮긴이) 부근의 산 피에트로 인 빈콜리 성당에 세울 참이었다. 그런데 도중에 마음을 바꿔 아예 성 베드로 대성당이라는 훨씬 더 웅장한 무대에 세울 결심을 했다. 그러나 낙후한 대성당이 어마어마한 대 기념관을 수용할 만한 상태가 아니라는 사실을 곧 깨달았다. 성 베드로의 순교(서기 67년)로부터 250년 후, 유골은 카타콤(초기 기독교도의 지하묘지_옮긴이)에서 성자가 십자가에 못 박혀 순교한 곳으로 여겨지는 티베르 강변의 이곳으로 이장되었다. 그리고 그 위로 성 베드로의 이름을 딴 성당 건물이 세워졌다. 그런데 성 베드로의 돌무덤 위로 성당이 세워지긴 했지만, 그의 무덤을 안고 들어선 대성전 터가 본래는 아기를 통째로 삼킬 만큼 큰 구렁이가 집단으로 서식하던 저지대 늪 일대였다는 사실은 참으로 아이러니하다.

그런 바람직하지 않은 기초 때문에 1505년에 이르자 대성당의 벽은 2미터나 기울어져 버렸다. 물론 이 위험천만한 상황을 타개하기 위한 시도가 수차례 있었다. 하지만 교황은 이번에도 그답게 매우 과감한 결단을 내렸다. 성 베드로 대성당을 완전히 헐고 성당을 신축하기로 한 것이다. 기독교 세계의 최고 성전이 무너져 내리기 시작한 것은 미켈란젤로가 카라라에서 돌아오던 무렵이었다. 환상과 치유, 그 밖의 수많은 기적을 일으킨 수십 명의 성인과 교황의 묘가 곤두박질하고, 건물 기초를 세우기 위해 7미터 깊이의 거대한 웅덩이가 파졌다. 주변 도로와 광장에는 고대 로마 시대 이후로 이탈리아에서 최대가 되는 건축 사업을 위해 방대한 양의 건축 자재가 운반되고 2천여 명의 목수와 석수장이들이 모여들어 어수선하기 짝이 없었다. 웅대한 새 성전의 설계 책임자는 교황청 전속 건축 설계사이자 미켈란젤로의 친구이며 스승이기도한 줄리아노 다 상갈로였다. 63세의 피렌체 출신 상갈로는 평소 자신이 지은 건축물의 일람표를 차고 다니며 자랑하곤 했다. 사실 그는 이탈리아 전역에 수많은 성당과 궁전을 건축했다. 특히 유명한 것은 교황 율리우스 2세를 위해 제노아 근교의 사보나에 지은 대저택

줄리아노 다 상갈로

로베레 궁전(Palazzo Rovere) 이었다. 또한 로렌초 데 메디치에게서도 총애를 받아 피렌체 근교의 포조아 카이아노에 별궁을 설계했다. 로마에서는 도시의 요새이기도 한 산 탄젤로 성의 보수공사를 지휘했다. 또한 로마에서 가장 오래된 성당 중 하나인 산타 마리아 마조레 성당의 보수공사도 해냈는데, 천장 치장에 신세계에서 최초로 반입한 금을 사용했다.

성 베드로 대성당의 재건축 공사 의뢰 또한 자신에게 들어올 것을 자신한 상갈로는, 피렌체에 있는 일가족을 모두 로마로 불러들였다. 그러나 곧 성 베드로 대성당 건축 설계를 놓고 사활을 건 일전에 들어가고 만다.

브라만테로 더 잘 통하는 도나토 단젤로 라차리(Donato d'Angelo Lazzari)는 자신에 대한 세간의 평가에 부합하는 업적을 쌓았다. 숭배자 들에게서 필리포 브루넬레스키 이후에 가장 기량이 뛰어난 건축가로 칭송받는 브라만테는 밀라노에서 많은 성당과 돔을 설계했고, 1500년에 로마로 이주해 많은 수도원과 궁전을 설계하고 건축했다. 당시 브라만테의 작품 중 가장 유명한 것은 바티칸 남쪽의 야니쿨룸 언덕에 세운 고전적 양식의 산 피에트로 인 몬토리오의 사원 템피에토였다. '브라만테'는 이탈리아어로 '굶주린'의 의미를 지녔는데, 오만할 정도의 엄청난 포부와 감각적 욕망을 가진 62세의 그에게는 더할 나위 없이

도나도 브라만테

잘 어울리는 이름이었다. 그런데 이 욕심 많은 브라만테가 성 베드로 대성당에서 과거와 비교할 수 없을 만큼 큰 규모로 자신의 역량을 과시할 절호의 기회를 포착한 것이다.

상갈로와 브라만테의 한판 승부는 자연히 로마에 사는 거의 모든 화가와 조각가에게 영향을 미쳤다. 로마에서 오랫동안 일하며 뿌리를 내려온 상갈로는 동생과 조카들을 시작으로 교황이나 부유한 추기경들의 주문을 열망하는 피렌체 출신 예술가들의 우두머리 격이었다. 반면, 우르비노 출신의 브라만테는 이들보다 한 발 늦게 로마에 입성했다. 그러나 이탈리아 각지에서 모인 미술가들과 부지런히 교분을 쌓고, 상갈로가 경력을 키워주려 애쓰는 피렌체인들에 맞설 수 있도록 후원을 아끼지 않았다.[4] 두 사람에게 있어 성 베드로 대성당의 설계를 누가 맡는지는 대단히 중요한 문제였다. 대결의 승자는 앞으로 교황청 안에서 다른 사람들의 시샘을 살 만큼 큰 영향력을 행사할 수 있을 뿐 아니라 재량권을 광범위하게 행사할 수 있는 기회까지도 갖기 때문이다.

1500년 말, 대결은 교황이 마침내 상갈로의 설계안 대신 거대하고 돔 구조가 포함된 그리스 식 십자가 형태의 브라만테의 설계안을 선택하면서 브라만테 파派의 극적인 승리로 끝났다. 미켈란젤로는 친구가 교황의 주문을 놓치게 된 것에 매우 애석해 했다. 그러나 당장 그 여파로 그때까지 진행해 온 자신의 일도 성 베드로 대성당 재건축 사업의 직접적인 영향권 속에 놓이게 된 것을 우려하지 않을 수 없었다. 교황이 재건축에 천문학적인 비용이 들어간다며 영묘 작업을 돌연 중단시켜 버린 것이다. 미켈란젤로가 교황의 생각이 바뀐 것을 안 것은 작업이 한창 진행 중이던 때였다. 대리석 1백 톤을 로마로 보낸 미켈란젤로에게 140두카트에 달하는 화물 운송비의 청구서가 날아들었다. 은행대출을 받지 않고서는 도저히 갚을 수 없는 큰 액수였다. 따라서 일 년 전 선금으로 1백 플로린을 받은 이래, 단 한 푼도 손에 쥐지 못한 미켈란젤로는 교황과 직접 담판을 지어야겠다고 다짐했다. 부활절 일주일 전에 미켈란젤로는 교황이 주최한 만찬자리에 앉게 되었다. 그런데 만찬 도중 교황이 다른 참석자들에게 영묘를 위해 더 이상 한 푼도 쓰지 않을 작정이라고 말하는 것을 듣고 충격에 빠졌다. 교황이 영묘에 대해 전에 보여 준 열정을 생각하면 실로 충격적인 대반전이었다. 만찬이 끝나기 전에 미켈란젤로는 교황에게 화물 운송비 140두카트의 지불 문제를 과감히 꺼냈다. 교황은 월요일에 바티칸으로 다시 찾아오라며 요구를 회피하려 했다. 그럼에도 불구하고 지불을 계속 간청하자 화가 난 교황은 그 자리에서 당장 미켈란젤로를 내쫓아 버렸다. 훗날 미켈란젤로는 한 친구에게 보낸 편지에서 "나는 월요일 다시 찾아갔네. 그리고 화, 수, 목요일도 계속해서……. 결국 금요일 아침에 또다시 퇴짜를 맞았는데, 정말 나를 짐짝처럼 싹 내치더란 말일세."[5] 하고 이때의 일을 회상했다. 일이 이렇게 돌아가는 꼴을 옆에서 지켜보던 한 주교가 화가 나서 미켈란젤로를 냉대하는 시종에게, 지금 누구한테 그 따위로 함부로 대하는지 아느냐고 꾸중했다. 시종은 "물론 잘 압니다. 하지만 윗분들의 지시가 있으면 무조건 따를 수밖에 없습니다."[6] 하고 대꾸했다.

　지금까지 문전박대의 수모를 한 번도 겪어본 일이 없는 미켈란젤로에게 이런 식의 대접은 충격 그 자체였다. 망치와 끌의 탄복할 만한 솜씨 못지않게 변덕스런 기질과 다른 사람을 박대하고 의심하는 못된 성품으로 유명했던 미켈란젤로는 거만한 투로 불같이 화를 내며 말했다. "교황께 이 말 한 마디만 전해 주시지. 앞으로 아무리 내가 필요해도

「교황 율리우스2세」 로카텔리(Locatelli) 작

로마에선 찾을 수 없을 거라고." 그렇게 말해 버리고는, 훗날 그가 말했듯이 '실의에 빠진 채'[7] 공방으로 돌아왔다. 그리고는 조수들에게 공방 물건을 모조리 유태인들에게 팔아 버리라고 시켰다. 그날, 즉 1506년 4월 17일 오후 늦게-새 성당의 초석을 까는 날 전야-미켈란젤로는 로마를 탈출했다. 절대로 돌아오지 않겠다는 맹세와 함께……. 

교황 율리우스 2세는 아무도 못 말릴 만큼 불같은 성격으로 유명했다. 이전에도 이후에도 그와 같은 성격으로 두려움을 주는 교황은 없었다. 단단한 체구에 백발이 성성해도 여전히 홍안을 띤 63세의 율리우스는 '일 파파 테리빌레(il papa terribile)', 다시 말해 '폭군'으로 통했다. 그도 그럴 것이, 교황은 짜증이 나면 아랫사람들에게 마구 주먹질을 해대거나 지팡이로 흠씬 두들겨 팼다. 그 광경을 목격한 사람들은 이 세상을 좌지우지할 만큼 초인적인 교황의 힘을 느꼈다. "교황이 얼마나 사납고 무서운 인물인지를 설명하는 것은 누구도 불가능하다."고 한 베네치아 대사는 치를 떨며 말했다. "육체적으로나 정신적으로나 거인의 기질을 가진 사람이다. 교황과 관련된 것은 모두 초대형급이다. 일도 그 기질대로 해나갔다."[8] 죽는 날까지 교황한테 시달린 이 대사는 임종이 다가오자 오히려 홀가분한 기분이었다. 이제 더 이상 율리우스를 상대할 필요가 없기 때문이다. 그에 비하면 스페인 대사의 평은 오히려 너그러운 편이었다. "발렌시아의 정신병원에 가면 쇠사슬에 묶여 있는 사람을 백 명은 족히 볼 수 있는데, 그들이 오히려 교황 성하보다 덜 미친 편이다."

미켈란젤로가 도망치자마자 교황은 로마 시 관문뿐만 아니라 지방 구석구석에 심어놓은 첩자들을 통해 줄행랑 소식을 금방 보고 받았다. 따라서 미켈란젤로가 말을 빌려 타고 출발하자마자 다섯 명의 추격자가 말을 타고 뒤를 쫓았다. 미켈란젤로는 카시아 가도(Via Cassia)를 따라 북상하며 여러 소읍을 통과했다. 그때마다 말을 새로 갈아탔는데, 바꿔 탄 지 얼마 되지 않은 말조차 역참여관에 당도하면 반드시 새로 교체했다. 추격자들도 말을 교체하면서 조각가를 바짝 따라 붙었다. 날이 어두워질 때까지 줄곧 말을 타고 달린 끝에, 새벽 2시쯤 미켈란젤로는 드디어 교황의 사법권 관할 지역에서 벗어났다. 그는 피렌체 관문 30킬로미터 전방에 있는 포기본시의 여관으로 들어가 비로소 여장을 풀었다. 그런데 도착한 지 얼마 되지도 않아 추격자들이 들이닥쳤다. 미켈란젤로는 피렌체 영토 안에 있음을 상기시키면서 "죽고 싶으면 마음대로 체포하라!"고 큰소리까지 치며 로마로 돌아갈 것을 단호히 거부했다.

그러나 교황의 밀사들도 끈질겼다. 그들은 미켈란젤로에게 교황의 문장*紋章*이 새겨진 편지를 내밀었다. 즉각 로마로 돌아오지 않으면 노여움을 받으리라는 내용이 적힌 편지였다. 미켈란젤로는 거듭 명령에 복종하기를 거부하고, 교황에게 절대로 돌아가지 않겠다는 답장을 썼다. 미켈란젤로는 교황에게 성실히 봉사한 대가로 받은 것은 수모뿐이라고 불만을 터뜨렸다. 영묘사업의 진행을 더 이상 원치 않는 한, 성하에 대한 자신의 책무는 자동적으로 종료한 것임을 도전적으로 선언했다. 미켈란젤로는 서명을 하고 날짜를 적은 다음 편지를 밀사들에게 건넸다. 이제 밀사들은 말머리를 돌려 주군의 분노와 맞닥뜨릴 각오로 로마에 돌아갈 수밖에 없었다.

교황은 대성당의 초석을 깔 준비를 하다가 이 편지를 받았을 것이다. 어처구니없게도 초석용 대리석들은 미켈란젤로가 영묘를 짓기 위해 카라라에서 가져온 것들이었다. 거대한 웅덩이의 한 쪽 끝에 마련된 행사장에 참석한 인사들 중에는 미켈란젤로가 교황의 갑작스런 변심을 부추긴 것으로 여긴 인물도 섞여 있었다. 도나토 브라만테였다. 미켈란젤로는 교황이 단순히 재정적인 이유만으로 영묘 제작을 단념했다고는 생각지 않았다. 뭔가 음험한 계략, 다시 말해 브라만테가 자신의 야망을 물거품으로 만드는 데 그치지 않고, 자신의 명성에 치명상을 입히기 위한 음모를 꾸미고 있다고 확신했다. 미켈란젤로의 눈에는, 브라만테가 생전에 묘를 만드는 것은 아무래도 재수 없는 일이라며 교황에게 영묘 제작을 단념시키고, 미켈란젤로에게 영묘 제작과는 전혀 다른 일을 맡겨보는 것이 어떠냐고 제안한 것으로 비쳐졌다. 그것은 미켈란젤로의 능력으로는 도저히 불가능해 보이는 대과제, 바로 시스티나 예배당 천장의 프레스코(fresco. 벽에 새로 석회를 바르고 채 마르기 전에 수채화를 그리는 화법_옮긴이)였다.

● ● ●

당시로서는 회화, 조각, 건축 같은 오감을 기쁘게 하는 미술 분야의 일대 성공을 예고하는 것으로 여겨졌다. 그리고 성공은 머지않아 찾아왔다. 영재인 미켈란젤로는 15세에 이미 피렌체 군주인 로렌초 데 메디치(Lorenzo de' Medici)가 후원하는 전문 미술가양성소 '산 마르코 정원 학교(Garden of San Marco)'에 입학해 조각을 익히기 시작했다. 19세에 볼로냐에서 조각 제작을 의뢰받아 본격적으로 조각에 돌입했고, 그로부터 2년 후인 1496년에 마침내 생애 첫 로마 여행에 나섰다.

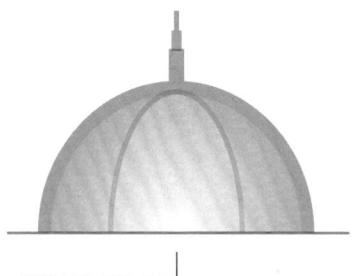

CHAPTER 02

음모

　미켈란젤로와 브라만테는 둘 다 재능이 특출하게 빼어난데다 대단한 야심가라는 점에서 서로 닮았지만, 그 외에는 다른 예를 찾아볼 수 없을 만큼 지극히 대조적이었다. 사교적인 브라만테는 근육질 몸매에 오뚝 솟은 코, 야성적으로 흐트러진 흰 머리칼을 가진 미남이었다. 거들먹거리고 빈정대기도 했지만, 교양이 풍부하고 순발력도 있는, 매우 쾌활하고 너그러운 남자였다. 농사꾼의 아들로 태어나 브라만테는 훗날 엄청난 부를 모았다. 그러나 사치의 취향도 함께 커져, 나중에는 험담꾼들에게서 어떤 도덕심도 통하지 않을 정도라는 악담을 들어야 했다.[1] 미켈란젤로가 루스티쿠치 광장 뒤의 조그마한 공방에서 평범한 생활을 꾸려갈 때, 브라만테는 호사스럽기 그지없는 바티칸 북쪽의 교황 별궁 벨베데레(Palazzo del Belvedere)에 있는 화려한 숙소에서 친구들과 향연을 즐겼다. 브라만테는 호화 저택 창을 통해 성 베드로 대성당의 공사 진행 상태를 지켜보았다. 그런 그와 절친한 친구 중 한 사람이 레오나르도 다 빈치(Leonardo da Vinci)로 그는 브라만테를 '도미노'라고 불렀다.

미켈란젤로가 시스티나 예배당 천장의 프레스코라는 어려운 일을 떠맡은 것이 브라만테의 음모 때문이라는 설은 헌신적인 제자였던 아스카니오 콘디비(Ascanio Condivi)의 말에 근거했다. 콘디비는 아드리아 해 연안의 페스카라 근교 리파트란소네 출신의 화가였는데, 미술가로서는 별로 두각을 나타내지 못했다. 그러나 1550년쯤 로마로 와서, 바로 미켈란젤로의 문하에 들어가 신뢰를 얻어 함께 살기도 했다. 1553년 스승이 78세가 되자, 콘디비는 『미켈란젤로의 생애The Life of Michelangelo』라는 책을 펴냈다. 콘디비는 미켈란젤로가 직접 구술한 이야기들로 엮은 『살아 있는 신탁The Living Oracle』[2]을 토대로 이 일대기를 저술했다고 주장했다. 하지만 미술사가들은 이 책이 미켈란젤로의 양해뿐만 아니라 직접적인 관여로 쓰인 만큼 그의 주장에 회의적이다. 미켈란젤로의 또 다른 친구이자 숭배자이며, 아레초 출신의 화가 겸 건축 설계가인 조르조 바사리(Giorgio Vasari)는 브라만테에 대한 콘디비의 비판을 상당 부분 사실로 받아들였다. 그래서 책이 나오고 15년 후, 이미 1550년에 출판한 자신의 『화가, 조각가, 건축가의 생애Lives of the Painters, Sculptors, and Architects』라는 저서의 내용 중 5만자에 달하는 미켈란젤로의 일대기 부분을 새로 고쳐 썼다. 이때부터 브라만테에게 악당의 이미지가 씌워지기 시작했다.

미켈란젤로는 필요할 경우 다른 사람을 손가락질하거나 중상하는 것도 마다하지 않았다. 특히 기량이 출중한 미술가들을 의심하거나 따돌려서 불쾌하게 하거나 적으로 만들었다. 따라서 콘디비와 바사리는 미켈란젤로가 품은 브라만테에 대한 시기와 의심에 영향을 받아, 시스티나 예배당 천장화의 수주 뒤에는 그 같은 추악한 음모가 있다고 여긴것이다. 브라만테가 시스티나 예배당 천장화 건을 율리우스에게 들이민 것은 어디까지나 "교황의 관심을 영묘 조각 작업에서 딴 데로 돌리려는 악의에서 나온 것"이라고 콘디비는 강변했다. 콘디비에 따르면, 건축가 브라만테는 조각가 미켈란젤로가 타의 주종을 불허하는 재능을 가진 것이 심히 못마땅했다. 또한 교황의 영묘라는 초대형 조각 작업을 완성하는 날이면, 미켈란젤로는 세계 최고의 미술가라는 난공불락의 절대적인 영예를 거머쥘 것이라는 두려움에 찼다. 따라서 미켈란젤로가 시스티나 예배당에 대한 주문을 거부해 교황의 분노를 사거나, 프레스코에 겁 없이 덤벼 들었다가 경험 부족으로 참담하게 실패하기만을 고대했다. 둘 중 어느 경우든 간에 바티칸 궁에서 미켈란젤로가 그때까지 쌓아온 명예와 지위는 한순간에 치명상을 입고 무너져 내릴 것이 분명했다.

베드로 대성당 신축공사가 본격화되자, 미켈란젤로는 건축 총책임자인 브라만테가 자신의 성공을 방해하고, 심지어 자신을 죽음의 구렁텅이로 몰아넣을 거라고 확신했다. 그리하여 미켈란젤로는 한밤에 피렌체로 줄행랑을 친 직후, 줄리아노 다 상갈로 앞으로 보낸 편지에서 자신을 향한 살해 음모가 진행 중이라는 섬뜩한 소식을 전했다. 그리고 도망친 것이 단지 교황의 무례한 처사 때문만은 아니라고 해명했다.

"다른 뭔가가 있습니다. 하지만 지금은 털어놓고 싶지 않군요.……

거기 그대로 있었더라면 틀림없이 내 무덤이 교황의 것보다 훨씬 먼저 세워졌을 겁니다. 물론 이렇게 단정하는 데에는 그만한 충분한 근거가 있어요. 황망하게 도망칠 수밖에 없었던 것도 다 그 때문이랍니다."[3] 브라만테가 영묘 작업을 훼방 놓고, 자신을 죽음으로 몰아넣기 위해 음모를 꾸몄다는 주장의 근거로 미켈란젤로가 내놓은 것 중 하나는 브라만테가 성 베드로 대성당의 부실공사가 탄로 날까 두려워했다는 것이다. 콘디비에 따르면, 미켈란젤로는 탐아로 악명이 자자했던 브라만테가 예산을 물 쓰듯 낭비해 결국 싸구려 자재들로 벽이나 기초공사를 부실하게 하거나 설계대로 하지 않았음을 증명해 낼 자신이 있다고 했다.[4]

당시 미술가들이라고 해서 싸움이나 살인사건에 연루된 경우가 전혀 없는 것은 아니었다. 피렌체의 한 전설적인 이야기에 따르면, 도메니코 베네치아노는 동료 화가인 안드레아 델 카스타뇨의 질투를 사 분기탱천慣氣棒天한 그의 주먹에 얻어맞아 죽었다고 한다.*

미켈란젤로도 언젠가 조각가인 피에트로 토리지아노와 언쟁을 벌이다 강펀치에 코피가 터진 적이 있다. 토리지아노는 훗날 "그의 코와 연골이 내 주먹에 비스킷처럼 박살나는 느낌이었다."[5]고 그때의 일을 회고했다.

상황이 아무리 그렇게 보여도 미켈란젤로가 브라만테-비록 야심가이긴 해도 이런저런 이야기를 참고해 볼 때, 기본적으로 온후한 인물이었다.-에게 품은 두려움과 적개심은 납득이 잘 가지 않는다. 오히려 미켈란젤로의 지나친 망상이거나 로마에서 황급히 달아난 데

---

\* 미술사가들은 이 전설에 의심을 던져 왔다. 무엇보다 카스타뇨가 살해된 베네치아노보다 몇 년 앞서 역병으로 죽은 것으로 보이기 때문이다

대한 구차한 자기변명에 지나지 않는 것으로 여겨진다.

콘디비와 바사리는 자신들의 저서에서 미켈란젤로를 일방적으로 두둔하고 특정 사실을 왜곡하거나 과장했다. 그래서 브라만테 같은 질투심에 찬 경쟁자들이 온갖 책동을 벌였지만, 결국에는 이 조각가가 미술의 최고봉을 정복한 것처럼 기술했다. 그러나 다른 기록들을 참고해 보면 전혀 다른 해석이 가능하다. 1506년 봄, 교황은 시스티나 예배당 천장화의 작업을 미켈란젤로에게 맡기는 문제를 매우 심각하게 검토했다. 그러나 이와 관련해 브라만테가 떠맡은 역할은 사실 미켈란젤로나 그의 충성스런 전기작가들의 판단과는 전혀 성질이 다른 것이었다.

미켈란젤로가 로마에서 줄행랑을 친 지 1~2주가 지난 어느 토요일 저녁, 브라만테는 교황과 함께 만찬을 즐겼다. 만찬장의 분위기는 의심할 나위 없이 매우 유쾌했다. 두 사람 모두 소문난 식도락가였다. 율리우스는 뱀장어고기와 캐비아, 새끼돼지고기를 입에 한껏 넣고 씹어 삼킨 후, 그리스나 코르시카 산産 포도주로 입 안을 헹구었다. 브라만테 또한 연회를 즐기는 인물로 이런 자리에서는 의례 시를 읊거나 즉흥시를 한 수 지어 초대한 손님들을 즐겁게 했다.

만찬을 끝낸 두 사람은 새 건물의 도안과 건축 계획의 검토 작업에 들어갔다. 교황 율리우스의 원대한 포부 중 하나는 로마의 옛 영광을 복원하는 일이었다. 로마는 본디 '카푸트 문디(caput mundi)', 즉 '세계의 수도'였다. 그러나 1503년 율리우스가 교황에 선출되었을 당시만 해도 이 호칭은 어디까지나 공염불(空念佛)에 지나지 않았다. 로마는 아예 거대한 폐허로 바뀌어 있었다. 로마 황제들의 궁전이 있던 팔라티네 언덕은 산산조각 난 돌 부스러기 밭으로 바뀌었고, 농부들이 그 위에다 포도밭을 일구었다. 카피톨리네 언덕은 중턱에서 풀 뜯는 염소들 때문에 산양의 언덕(Monte Caprino)으로, 포룸은 풀어놓은 가축떼 때문에 목초지(Campo Vaccino)로 불렸다. 한때 30만 명이 넘는 고대 로마 시민이 모여 전차 경주를 보며 열광하던 원형 대경기장(Circus Maximus)도 지금은 채소밭이 되고 말았다. 옥타비아 회랑에서는 상인들이 생선을 팔고, 도미티아누스 경기장의 지하 통로는 피혁업자들의 터전이 되었다. 어느 곳에서나 한때 융성했다가 사라진 문명의 잔해로 남은 부서진 기둥과 무너져 내린 아치들이 눈에 띄었다. 고대 로마인들이 세운 개선식 아치는 원래 30개가 넘었지만, 이제 고작 3개만 남아 있을 뿐이었다. 수돗물을 공급하는 13개의 대수도 관로 중에는 아쿠아 베르지네 수도만이 겨우 남아 있고, 나머지는 모두 유실되고 말았다.

 식수로 티베르 강물을 사용한 로마 주민들은 자연히 주거지를 티베르 강변으로 하고, 강에다 쓰레기나 오물을 갖다 버리고, 하수관도 연결했다. 오염된 강물이 범람하면 집들이 침수되고 전염병이 창궐했다. 모기가 말라리아를, 쥐가 흑사병을 옮겼다. 바티칸 주변 지역은 위생상태가 더 나빴다. 티베르강에 인접한데다 더 오염된, 산탄젤로 성을 둘러싼 수로와 가까웠기 때문이다.

 로마가 처한 암울한 상황을 일신하고자 한 율리우스 2세는 브라만테에게 큰 건물과 기념물을 되도록 많이 세우도록 했다. 그로 인해 로마를 명실공히 가톨릭 교회의 성지이자 주민과 순례자 모두에게 훌륭한 안식처가 될 수 있도록 해달라고 당부했다. 브라만테는 우선 티베르 강 양변의 도로를 확장하고, 포석을 깔고, 포장할 것을 주문했다. 우기雨期가 되면, 로마의 도로는 나귀의

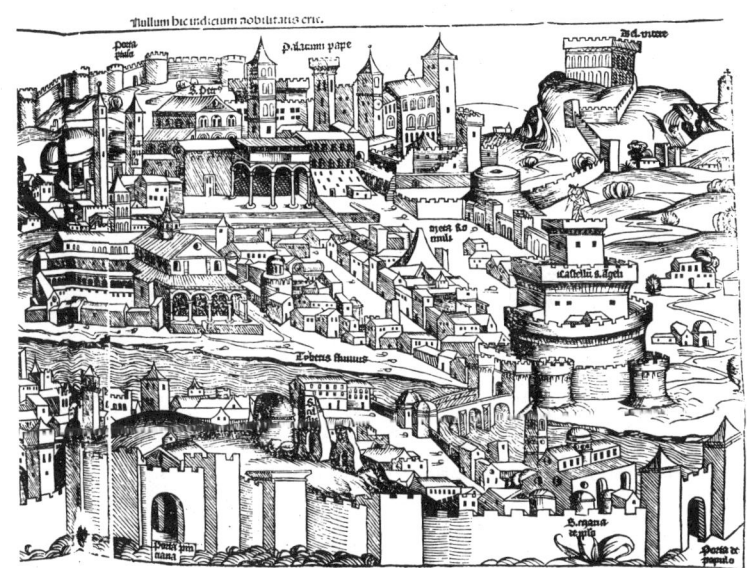

15세기 말 바티칸의 풍경

꼬리까지도 진흙탕에 처박힐 만큼 난장판이 되었다. 브라만테는 낡은 하수관을 교체하거나 수리했고, 티베르 강 바닥을 준설해 위생과 운항 능력을 높였다. 또한 상수도관을 새로 깔고, 로마 시 외곽에서 청정수를 끌어다 자신이 건축한 산 피에트로 광장의 중앙 분수에 댔다.

브라만테는 바티칸 궁을 미화하는 작업에도 나서, 1505년 교황궁과 벨베데레 궁전을 잇는 3백 미터 길이의 바티칸 부속 벨베데레 정원의 설계와 건축 감독직을 맡았다. 당시 이 정원에는 아케이드와 안마당, 극장 분수, 투우 경기장, 그리고 요정의 사원이라는 뜻을 지닌 님페움이 여전히 남아 있어 사람들의 이목을 끌었다. 이외에도 궁전에 여러 가지 새로운 것을 보태거나 개선했는데, 바티칸궁의 돔 가운데 하나를 목재로 지은 것이 한 예이다.

바티칸 건축 작업 중에는 특히 교황의 마음을 끄는 것이 있었다.

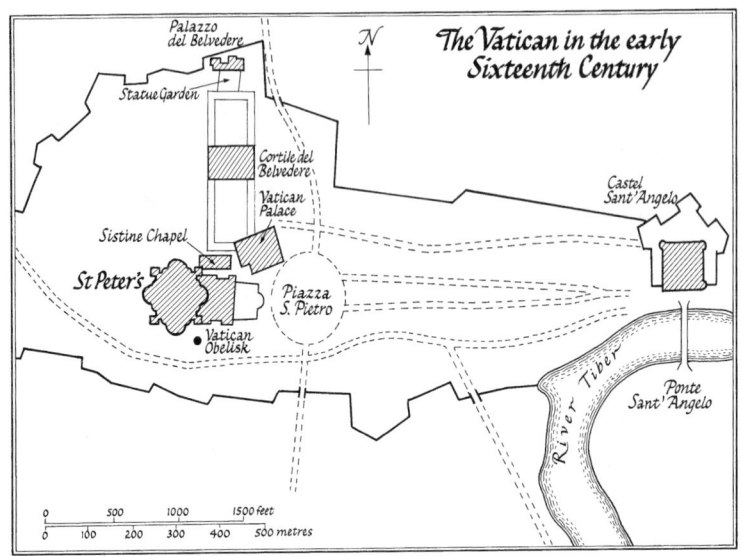

브라만테의 바티칸 개량 계획

숙부인 교황 식스투스 4세가 건설하여 그 이름이 붙여진 작은 예배당을 개수하는 작업이었다. 로마 재건을 향한 야망에 불탔던 율리우스 2세는 식스투스 4세의 족적을 그대로 따라갔다. 로마에는 교황 식스투스 4세의 재위기간(1471-84) 중 도로의 기능이 향상되고, 많은 교회가 복원되고, 티베르 강에 새로운 다리가 놓였다. 그러나 식스투스 4세가 맡은 최대의 사업은 단연 바티칸 안에 새로 예배당을 건설하는 일이었다.

시스티나 예배당은 '카펠라 파파리스(capella papalis)', 즉 '교황의 제식에 참여하는 단체'라고 불리는 사람들의 예배 장소로 2~3주에 한 번씩 정기적으로 미사가 열렸다. 카펠라 파파리스의 예배 참석자들은 교황과 추기경, 주교 등 2백여 명의 고위 성직자들이었다. 그리고 바티칸을 방문한 군소국가의 군주나 원수 등 최고위 세속관리들과 교황의 시종이나 비서 같은 바티칸 관료들로 구성되었다. 시스티나 예배당은 이 단체의 예배당 역할 외에 교황을 선출하기 위한 추기경회의의 개최 장소라는 또 다른 핵심 역할도 수행했다.

시스티나 예배당 공사는 1477년에 시작되었다. 건축 설계 총책임자는 바치오 폰텔리(Baccio Pontelli)라는 젊은 피렌체인이었다. 폰텔리는 예배당을 성서에 기록된 예루살렘 성전의 면적 비율과 똑같이 세로가 높이의 2배, 가로의 3배(세로 40미터 × 가로 13미터 × 높이 20미터) 크기로 설계하여 건축했다.[6] 시스티나 예배당은 새로운 솔로몬 성전일 뿐만아니라 군사적으로도 철통같은 요새 기능을 담당했다. 기단의 벽 두께가 자그마치 3미터나 되어 파수병들은 건물 꼭대기까지 올라가면서 벽에 설치된 통로를 통해 시 전체를 감시할 수 있었다. 궁수들이 화살을 쏠 수 있는 화살 구멍과 펄펄 끓는 기름을 아래층의 침입자들 머리 위로 쏟아 부을 수 있는 용도의 특수한 구멍도 냈다. 건물 꼭대기에 설치된 방들은 병사용 숙소로 쓰이다가 나중에 감옥으로 바뀌었다.

이 정도로 견고한 예배당의 설계를 놓고 볼 때, 폰텔리가 프란치오네로 통하는 건축 설계사인 프란체스코 디 조반니(Francesco di Giovanni) 밑에서 수습과정을 마치고, 주로 군 시설 전문 건축 설계사로 활동한 것은 그다지 놀라운 사실이 아니다. 조반니는 새로운 위협으로 등장한 포탄으로부터 성채를 보호하기 위해 보루堡壘 형태를 착안해 낸 인물이 기도 하다. 폰텔리는 시스티나 예배당을 완공하고 로마 근교에 머물던 중 해안에 면한 티베르 강 하류의 오스티아 안티카 항에 최신식 요새를

외부 재공사 중인 시스티나 예배당 전경,
에른스트 스테인만(Ernsl Slein- mann) 작

설계해 달라는 의뢰를 받았다.*

이 요새와 시스티나 예배당은 매우 흡사했다. 요새가 터키 군의 침입을 막기 위한 것이었다면, 새로 지은 예배당은 제멋대로 날뛰는 로마의 폭도들에게서 바티칸을 지키기 위해 설계되었다. 식스투스는 1471년 교황에 선출된 뒤에 폭도들에게서 돌팔매질을 당하면서 그들의 난폭함이 어느 정도인지를 실감했다.

식스투스가 시스티나 예배당을 착공한 것은 앙숙인 피렌체 공화국에 선전포고를 하던 무렵이었다. 1480년 예배당은 전쟁의 종결과 함께 준공되었다. 로렌초 데 메디치는 화의和意의 표시로 상당수의 화가들을 로마로 파견해 프레스코 작업을 하게 했다. 우두머리 격은 당시 31세의 피에트로 페루지노였다. 그 외에 산드로 보티첼리, 코시모 로셀리, 제자인 피에로 디 코시모, 그리고 당시 33세로 훗날 미켈란젤로의 스승이 된 도메니코 기를란다요 등이 팀에 속했다. 나중에 프레스코에 경험이 풍부하고 재능도 출중한 화가 루카 시뇨렐리도 합류했다.

---

* 후대의 교황 이노센트 8세의 치하에서 폰텔리는 마르케스 지역의 요새 건축 총감독관직에 올라 오시모, 예지, 오피다에 세 개 이상의 요새를 지었다. 그밖에도 로마에 산티 아포스톨리 성당도 지었는데, 발주자는 훗날 교황 율리우스2세가 된 줄리아노 델라 로베레 추기경이었다.

이 미술가들은 예배당의 벽 전체를 유리창 아래의 격실과 일치하도록 6개의 패널로 나눴다. 패널 하나에 화가 한 사람과 공방 소속 조수들을 배정해 폭 6미터, 높이 3.6미터 크기의 프레스코를 그리게 했다. 본당의 한 쪽 벽면에는 모세 일대기 장면이, 맞은편에는 예수의 일대기가 프레스코 되었다. 유리창 상단 지점까지의 공간에는 밝은 색 옷차림을 한 역대 교황 32명의 초상화를 그려 넣었는데, 마치 아랫부분의 그림들을 둘러싼 띠 모양의 작은 장식처럼 보였다. 천장에는 밝고 푸른 바탕색을 칠한 뒤, 황금별을 박아 넣은 하늘을 그려 넣었다. 이런 별들이 반짝이는 하늘을 주제로 한 그림은 큐폴라 양식(둥근 천장, 지붕_옮긴이)에 흔했고, 성당의 경우 특히 더했다. 사실 이런 양식의 천장화는 과거 1천 년 동안 기독교 장식미술에 흔히 나타난 형태였다.[7] 시스티나 예배당 천장에 그려진 천국의 형상은 페루지노 파 화가들의 작품이 아니라 필리포 리피의 제자로 그들에 비해 이름이 덜 알려진 피에르마테오 다멜리아(Pierrnatteo d'Amelia)라는 미술가의 것이다. 피에르마테오는 별이 빛나는 하늘을 그리면서 부족한 독창성을 보완하기 위해 프레스코 용用 안료 중에서도 가장 밝고 비싼 금색과 군청색을 풍부하게 사용했다.

공식적으로 새 예배당이 처음 공개된 것은 프레스코가 완성되고 몇 달이 지난 1483년 여름이었다. 그로부터 21년 후인 1504년 봄, 율리우스가 교황에 선출된 지 아직 서너 달도 채 되지 않을 무렵에 불길한 전조를 나타내던 예배당 천장이 마침내 쩍 갈라지고 말았다. 구조상의 결함은 바치오 폰텔리의 설계 하자 탓이 아니었다. 폰텔리는 벽을 매우 두껍게 쌓아 올리고, 천장도 견고하게 만들어 아주 튼튼한 예배당을 세웠기 때문이다. 그러나 예배당은 성 베드로 대성당과 마찬가지로 지반 침하라는 문제를 안고 있었다. 그 때문에 예배당 남쪽 벽이 바깥으로 기울면서 천장의 균열이 생겨났던 것이다.

시스티나 예배당은 즉각 폐쇄되었다. 줄리아노 다 상갈로는 지반 이동을 억눌러서 벽의 균열을 막고자 천장 벽돌과 마룻바닥에 수십 개의 쇠막대를 박아 넣었다. 이렇게 하여 1504년 가을에 예배당이 다시 개방 되었다. 그러나 병사 숙소용으로 사용되었던 옥상의 방들은 천장 복구공사로 흔적 없이 사라져 버렸다. 예배당의 수난은 그것으로 그치지 않았다. 천장의 균열을 벽돌로 메우고 위에 석고를 새로 바른 탓에 피에르마테오 다멜리아가 그린 천장화의 북서쪽 부분에는 비뚤비뚤한 흰 선이 가로질러 길게 쭉 그어졌다.

시스티나 예배당 천장의 균열 문제는 만찬 중인 교황과 브라만테 사이의 대화에서 주 화제로 떠올랐다. 이 자리에 참석한 제 3의 인물인 피렌체 출신의 벽돌공 피에로 로셀리(Piero Rosselli)는 편지를 통해 미켈란젤로에게 그들이 주고받은 대화 내용을 자세히 알렸다.[8] 로셀리는 교황이 미켈란젤로에게 시스티나 예배당의 천장 프레스코를 맡기고자 줄리아노 다 상갈로를 피렌체로 보내 그를 데려올 계획이라고 브라만테에게 말하는 것을 들었다고 했다. 브라만테는 미켈란젤로가 틀림없이 제안을 거절할 거라고 대꾸했다. "성하, 그렇게 하시면 아무것도 제대로 되지 않을 것입니다. 그동안 저도 미켈란젤로 선생에게 많은 이야기를 해주었지만, 선생도 역시 예배당 건은 관심 밖이라는 반응을 보였습니다."[9] 그리고 이어서 "미켈란젤로 선생은 성하의 영묘 외에는 아무것도 신경 쓰고 싶지 않고, 프레스코 또한 예외가 아니라고 말했습니다."[10] 하고 전했다.

이 대목까지 언급한 로셀리는 미켈란젤로가 절대 천장 프레스코 건을

내부 재공사 중인 식스티니스케 카펠레의 시스티나 예배당. 본래의 천장 모습이 나타나 있다. 에른스트 스테인만 작

맡아서는 안 되는 이유를 브라만테가 조심스럽게 설명하기 시작했다고 덧붙였다. "성하, 제 생각으로는 미켈란젤로 선생은 이 일을 해낼만한 충분한 용기나 배포가 없습니다. 선생은 아직 인물화 경험이 충분치 않습니다. 더구나 천장에 그리는 인물화는 그에 필요한 원근법을 알아야만 합니다. 그건 땅에 발을 디디고 그리는 것과는 차원이 전혀 다릅니다."

미켈란젤로와 달리 수많은 프레스코를 그리며 경력을 쌓아온 브라만테는 확신에 찬 어투로 말했다. 브라만테는 15세기 중엽을 대표하는 거장 중 한 사람인 우르비노 태생의 피에로 델라 프란체스카 문하에 들어가 화가 수업을 받았다. 그런 뒤에 베르가모와 밀라노로 가서 프레스코화를 그렸다. 이때 그린 것 중 하나가 현재 스포르차

성에 남아 있다. 또한 로마 동쪽 라테란 궁 부근의 성년의 문(Porta Santa)을 프레스코하기도 했다.

　미켈란젤로도 미술학교에 입문할 당시 화가 수업을 받았으나, 정작 현장에서는 붓을 쥔 경험이 거의 없다시피 했다. 미켈란젤로는 13세가 되자 피렌체에서 도메니코 기를란다요(Domenico Ghirlandaio)에게 회화 수업을 받았다. 기를란다요라는 이름은 원래 화관을 만들어 파는 사람을 가리킨다. 이로 미루어 볼 때, 부친은 여자들의 머리를 장식하는 최신 유행의 화관을 제작하던 금세공사였을 것이다. 기를란다요는 나무랄 데 없이 훌륭한 스승이었다. 모험적인데다 연고가 많았을 뿐만 아니라 탁월한 도안공 겸 숙련된 다작 화가였다. 그림 그리기에 애착이 엄청나 피렌체를 둘러싼 성벽-둘레길이가 8킬로미터를 넘고, 곳곳에 높이가 14미터에 달했다.-에다 한 치도 빠뜨리지 않고 그림을 그려 넣고 싶어 했을 정도였다.

　시스티나 예배당 벽화 제작에도 관여했던 기를란다요는 20여 년간 화가로 경력을 쌓으며 무수한 프레스코를 그렸다. 최대 작품은 1486년부터 1490년까지 피렌체에 소재한 산타 마리아 노벨라 부속 토르나부오니 예배당 벽에 그린 「성모 마리아와 세례자 요한의 일생Lives of the Virgin and of St. John the Baptist」이다. 이 주문 받은 프레스코와 함께 그려야 할 패널의 총 면적은 550평방미터로 전례를 찾아보기 힘들 만큼 엄청나게 컸다. 화변을 다 채우려면 수십 명의 조수와 도제徒弟들이 필요했다. 다행히 이때 기를란다요는 커다란 공방을 운영하고 있었고, 거기에는 두 동생인 다비데와 베네데토, 그리고 아들 리돌포도 함께 있었다. 미켈란젤로가 기를란다요의 문하에 들어간 것은 기를란다요가 토르나부오니 성당을 프레스코 하던 무렵이었다.

그것은 로도비코 부오나로티(Lodovico Buonarroti)가 1488년 4월, 2년 기한의 작업 참가 계약서에 아들인 미켈란젤로를 대신해 서명한 사실로 인해 밝혀졌다.[11] 미켈란젤로의 수습기간은 원래 3년이었으나 불과 1년 만에 끝났다. 로렌초 데 메디치가 산 마르코 정원 학교에서 조각과 교양을 배울 학생들을 추천해 달라고 기를란다요에게 부탁한 직후였다. 기를란다요는 재빨리 자신의 새 문하생을 넘겨주었다.

기를란다요와 미켈란젤로의 관계는 도저히 우호적이라고 할 수 없었다. 질투심이 강한 기를란다요는 전에도 재능 있는 제자 베네데토를 기량 연마를 핑계 삼아 프랑스로 보낸 적이 있었는데, 사실은 최고 미술가의 자리를 빼앗기고 싶지 않았기 때문이었다. 미켈란젤로를 회화보다는 조각을 주로 가르치는 산 마르코 정원 학교로 내보낸 것도 비슷한 동기 때문이었는지도 모른다. 콘디비에 따르면, 두 사람 사이가 틀어진 것도 따지고 보면 미켈란젤로의 재능에 질투심이 발동한 기를란다요가 그에게 미술 교본을 빌려주길 거부했기 때문이었다고 한다.[12] 당시의 수습생들은 학습 과정의 하나로 이 교본의 그림들을 목탄이나 실버 포인트(은필銀筆-옮긴이)로 모사해야 했다. 오랜 세월이 흐른 뒤에 미켈란젤로는 기를란다요에게서 배운 것이 아무것도 없다는 폭탄 발언으로 옛 스승에게 앙갚음했다.

기를란다요에게서 더 이상 배우지 않게 된 미켈란젤로는 시스티나 예배당 천장 프레스코 건을 주문받을 때까지 거의 붓을 놓다시피 했다. 1506년 이전에 그린 것으로 확실시되는 유일한 작품은 친구인 아뇰로도니에게 헌정한 「성가족Holy Family」이었다. 이 작품은 크기가 1미터에도 미치지 못하는 조그마한 원형 그림에 지나지 않았다.[13] 그림의 제작은 도중에 중단되어 버렸으나, 어쨌든 프레스코를 한번 시도해 보았다는 점에서 의미가 있었다.

1504년 대리석 조각「다비드」를 완성한 직후, 미켈란젤로는 피렌체 공화국의 주문으로 시뇨리아 궁의 의사당 벽 한 칸을 프레스코 한 적이 있다. 맞은편의 다른 한 칸은 또 다른 피렌체 출신의 미술가로 그에 못지않은 명성을 누리던 레오나르도 다 빈치가 프레스코로 장식할 예정이었다. 이때 52세였던 레오나르도는 밀라노에서 20년 가까이 활동하다가 얼마 전 피렌체로 귀향해 줄곧 그림을 그려 왔다. 밀라노에 있을 때는 산타 마리아 델레 그라치에 수도원의 휴게실 벽에다 그 유명한「최후의 만찬Last Supper」을 그리기도 했다. 이런 당대 최고의 명예를 누리던 두 미술가가 마침내 진검 승부를 벌이게 된 것이다. 그리고 두 미술가의 한판 승부는 익히 잘 알려진 대로 서로를 향한 혐오 때문에 더욱 사람들의 관심을 끌었다. 무뚝뚝한 기질의 미켈란젤로는 레오나르도가 전에 밀라노에서 청동 기마상을 제작하다 실패한 사실을 들먹이며 공개적으로 그를 비웃었다. 이에 레오나르도는 자신은 조각가들을 그다지 좋게 평가하지 않는다고 쏘아붙였다. 그는 "조각 작업은 어디까지나 기계적인 단순한 일로 한참 하다보면 엄청나게 많은 땀이 난다."[14] 고 썼다. 나아가 대리석 먼지를 뒤집어 쓴 조각가의 꼴을 보면 영락없는 제빵공이며, 지저분하고 시끄럽기만 한 집은 우아한 화가들의 집과 전혀 차원이 다르다고 주장했다.

피렌체인들은 결과가 나오기만을 학수고대했다. 높이 6미터, 길이 16미터의 프레스코는 레오나르도가 그린「최후의 만찬」면적의 두 배에 가까웠다. 미켈란젤로에게는 1364년 피사와의 혈전을 주제로 한 '카시나 전투'를, 레오나르도에게는 1440년 밀라노와 대적한 '안기아리 전투' 장면을 그려 달라는 주문이 각각 떨어졌다. 미켈란젤로는 산토노프리오의 염색업자협회 병원의 방 한 칸을 빌려 스케치 작업에 들어갔다. 미켈란젤로의 결출한 상대도 산타 마리아에서 적당히 떨어진 곳에 작업실을 얻어 작업에 돌입했다. 몇 달 동안 비공개로 작업해 온 두 사람은 1505년 초에 그간 노고의 결실을 들고 마침내 대중 앞에 나타났다. 그것은 실제 그림 크기의 초크 스케치였는데 초크를 호방하게 움직여 전체 디자인을 구도한 것이 특징이었다. 이것들은 프레스코 할 그림의 일종의 원판인 셈이었는데, 카르토네라는 큰 종이 위에 그렸기 때문에 '카툰(cartoon)', 다시 말해 밑그림으로 불렸다. 1백 평방미터나 되는 밑그림들을 본 피렌체인들은 가히 종교적이라 할 만큼 열광했다. 화가는 물론 재봉사, 은행원, 상인, 직조공 들에 이르기까지 온갖 사람들이 산타 마리아 노벨라의 전시장으로 구름떼처럼 몰려들었다.

　미켈란젤로의 밑그림은 훗날 그의 전매특허가 되다시피 한 근육질의 누드-근육이 불끈거리면서 동시에 우아하게 뒤틀린-로 꽉 채워져 있었다. 밑그림에서 선택한 소재는 '피렌체 병사들이 아르노 강에서 목욕을 하고 있을 때 임전태세를 점검하기 위한 가짜 경보가 울리자 벌거벗은 남성들이 강둑으로 허겁지겁 뛰어올라가 옷을 주워 입는' 장면이었다. 그와 달리, 레오나르도는 인체 해부보다 기병의 전투 장면에 초점을 맞추고, 기병들이 서로 상대 진영의 군기를 뺏기 위해 분투하는 장면을 그렸다.

　만일 두 그림이 성공적으로 대의사당-천사들의 도움으로 건축했다는 커다란 의사당-벽에 프레스코 되었다면, 틀림없이 세계 미술사상에 남는 걸작이 되고도 남았을 것이다. 그러나 세기적인 대결은 엄청난 반향과 기대에도 불구하고, 결국 미완성으로 흐지부지 끝나고 말았다. 그리하여 미켈란젤로는 여전히 프레스코를 시작조차 해보지 못한 상태가 되었다. 초대형 밑그림을 완성한 직후인 1505년 2월, 미켈란젤로는 교황의 분부에 따라 바로 로마로 돌아와 본격적으로 영묘 조각에 들어갔다. 한편 레오나르도는 「앙기아리 전투」에 실험적인 방식을 접목 했지만, 새로운 시도는 물감이 벽 아래로 뚝뚝 떨어지면서 참담한 실패로 끝나버렸다. 굴욕적인 실패로 낙담한 레오나르도는 이 작품에 더 이상 미련을 갖지 않고 밀라노로 되돌아갔다.

율리우스는 「카시나 전투」가 사람들에게서 열광적인 환호를 받은 사실을 염두에 두었다. 따라서 일 년 후에 시스티나 예배당 천장 프레스코를 미켈란젤로에게 맡기기로 결심한다. 그러나 시뇨리아 궁의 프레스코는 완성은커녕 시작조차 되지 않은 상태였다. 결과적으로 미켈란젤로는 그때까지 중간 사이즈의 프레스코조차 손 대본 적이 없는 셈이 되고 말았다. 시뇨리아 궁 벽화는 레오나르도 다 빈치 같은 천재조차도 부담을 느낄 만큼 엄청나게 큰 규모였다. 브라만테는 미켈란젤로가 그처럼 말할 수 없이 까다로운 프레스코 미술에 있어 꼭 필요한 경험이 전혀 없을뿐 아니라, 천장의 높고 둥근면에 환상적인 효과를 내는 프레스코 기술에 무지하다는 사실도 꿰뚫고 있었던 것이다. 안드레아 만테냐 같은 천장화 전문 화가들은 신체를 묘사할 때 단축법短縮法-신체 아랫부분은 전경前景에, 머리는 뒤쪽 배경에 두는 기술-을 구사해 마치 인물이 관람객 머리 위의 공중에 떠 있는 것 같은 효과를 냈다. 이와 같은 단축법은 '디 소토 인 수(di sotto in sù, 아래에서 위로)' 라고도 불렀는데 어렵기로 악명 높은 고난도의 기술이었다. 미켈란젤로

바스티아노 다 상갈로(Bastiano da Sangallo)가 모사한 미켈란젤로의 「카시나 전투The Battel of Cascina」

레오나르도 다 빈치의 「앙기아리 전투The Battel of Anghiari」 스케치

음모 43

만투아 공의 궁에 있는 「신혼의 방Camera degli Sposi」 천장화. 1474년 만테냐 작

시대의 화가 중에서 한 사람은 디 소토 인 수가 '회화 기술에서 가장 어려운 부분'[15]이라고 평가했다.

따라서 시스티나 천장 프레스코 건을 신출내기나 다름없는 인물에게 발주하는 것에 브라만테가 이의를 제기하고 나선 것은 그다지 놀라운 일이 아니다. 브라만테는 미켈란젤로가 의심한 것과는 정반대로 기독교에서 중요시하는 예배당의 천장 위에 재앙이 가해지는 것을 막으려 했던 것이다.

피에로 로셀리는 미켈란젤로의 재능과 의지력에 대한 브라만테의 평가에 동의하지 않았다. 로셀리는 미켈란젤로에게 보낸 편지에서 브라만테의 험담을 더 이상 참고 들을 수 없었다고 말했다. "나는 두 사람 간의 이야기에 끼어들어 그에게 아주 무례한 언사를 퍼부었네."[16] 로셀리는 자랑스럽게 그때의 일을 언급하며 그 자리에 없는 친구를 옹호하고 싶은 충정으로 가득 차 자리에서 벌떡 일어났다고 했다. "성하, 저자는 미켈란젤로와 한 번도 이야기 해 본적이 없습니다. 저자가 성하께 이야기한 것이 조금이라도 사실이라면, 지금 당장 제 목을 치셔도 좋습니다."하고 브라만테를 가리키며 큰소리를 쳤다.

피렌체의 고향집에서 편지를 본 미켈란젤로는 브라만테가 자신을 중상모략하고 있다고 느꼈을 것이다. 특히 천장 작업을 해낼 만한 배포나 담력이 부족하다는 평가에서 더욱 그렇게 느꼈을 것이다. 그러나 다른 문제점에는 별로 반박할 것이 없었을 것이다. 브라만테가 지적한 바로 이런 문제점들과 영묘 조각에 대한 간절한 소망이 겹쳐 미켈란젤로는 예배당 천장의 프레스코를 꺼림칙한 일로 받아들였다. 게다가 성당 천장 프레스코는 통상 조수나 무명 미술가들에게 할당되어 왔기 때문에 교황의 영묘 제작에 비해 훨씬 덜 중요한 주문으로 취급받았다. 벽화는 온갖 명성과 관심을 낳았지만 천장화는 결코 그렇지 못했다.

교황은 브라만테와의 만찬 자리에서 천장 프레스코의 주문에 관한 한 어떤 구체적인 결정도 내리지 않은 것으로 보인다. 그러나 여전히 미켈란젤로가 로마로 돌아오길 고대했다. "만일 끝내 오지 않겠다면 그건 전적으로 그가 실수하는 거야. 무슨 일이 있어도 결국엔 돌아오겠지." 교황은 생각에 잠긴 듯한 어조로 나직이 말했다. 로셀리도 이에 동의했다. "성하의 뜻대로 미켈란젤로는 결국 돌아올 것입니다."하고 그는 이야기를 마무리 지으며 교황을 안심시켰다.

● ● ●

교황의 영묘라는 초대형 조각 작업을 완성하는 날이면, 미켈란젤로는 세계 최고의 미술가라는 난공불락의 절대적인 영예를 거머쥘 것이라는 두려움에 찼다. 따라서 미켈란젤로가 시스티나 예배당에 대한 주문을 거부해 교황의 분노를 사거나, 프레스코에 겁 없이 덤벼 들었다가 경험 부족으로 참담하게 실패하기만을 고대했다. 둘 중 어느 경우든 간에 바티칸 궁에서 미켈란젤로가 그때까지 쌓아온 명예와 지위는 한순간에 치명상을 입고 무너져 내릴 것이 분명했다.

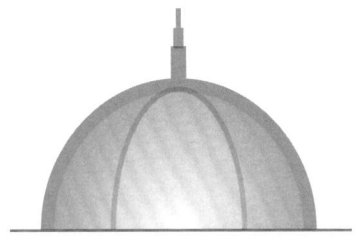

CHAPTER 03

# 전사 교황

교황 율리우스 2세는 1443년 제노아 부근의 알비솔라에서 줄리아노 델라 로베레(Giuliano della Rovere)라는 세례명으로 태어났다. 부친이 어부였던 그는 페루자에서 로마법을 공부하고, 그곳에서 신부서품을 받은 후에 프란체스코 수도원에 들어갔다. 줄리아노의 이력을 뒤바꾼 운명의 전환기가 찾아온 것은 1471년의 일이었다. 저명한 학자였던 숙부가 그해에 교황 식스투스 4세로 선출된 것이다. 교황의 조카라면 누구나 당연히 초고속 승진의 행운을 기대했을 것이다. 네포티즘(족벌주의)은 사실 이탈리아 어인 니포테(nipote), 다시 말해 네퓨(nephew, 조카)에서 나온 말이다. 역대 교황들이 네포티즘에 전혀 수치심을 느끼지 않고 조카(실제로는 서자庶子인 경우도 많았다.)들을 승진 시키는 일에 발 벗고 나섰지만, 줄리아노는 순전히 자력으로 성직계급에서 혜성처럼 승승장구했다. 28세에 이미 추기경에 오른 후에 계속해서 대수도원장, 볼로냐 주교, 베르첼리 주교, 아비뇽 대주교, 오스티아 주교 등 명망 있는 요직을 두루 거쳤다. 교황에 선출되는 것은 시간문제로 보였다.

그칠 줄 모를 것 같던 줄리아노의 출세가도에 타격을 가한 것은, 앙숙이던 로드리고 보르자가 교황에 선출되어 1492년 알렉산더 6세로 등극한 일이었다. 알렉산더가 모든 직위를 박탈하고 독살하려고까지 하자 줄리아노는 프랑스로 달아나는 것만이 살길이라고 판단했다. 1503년 여름에 알렉산더가 죽고 피우스 3세가 새 교황에 선출되자, 망명생활도 장기화될 것처럼 보였다. 그러나 피우스는 즉위한 지 채 몇 주도 되지 않은 1503년 10월에 급서하고 말았다. 그리고 11월 1일 끝난 시스티나 예배당의 교황 선출 추기경회의에서 줄리아노가 교황으로 선출되었다. 얼핏 보면 그것은 불가피한 일일 수도 있다. 그러나 사실은 줄리아노 델라 로베레가 동료들(대부분은 그를 미워하고 두려워 했다.)에게 뇌물 공세를 펴 긍정적인 확답을 끌어내 교황에 올랐던 것이다.

알렉산더 6세는 주색으로 악명이 자자한 인물이었다. 수십 명의 아들을 두었고, 바티칸 궁으로 정부나 매춘부들을 끌어들여 진한 애정행각을 벌이기도 했다.[1] 또한 자신의 딸인 루크레치아 보르자와 근친상간 중이라는 소문도 나돌았다. 율리우스는 그 정도로까지 쾌락을 탐하지는 않았지만 타고난 비종교적인 기질은 알렉산더 못지않게 왕성했다. 원래 프란체스코 수도원의 탁발 수사들은 금욕과 궁핍생활을 엄숙하게 맹세한다. 그런데 율리우스는 추기경 시절부터 금욕과 궁핍에 대한 맹세를 그때그때 편리한대로 교묘히 피해 나갔다. 그는 매번 승진할 때마다 한밑천 끌어 모아 자신의 명의로 된 아방궁을 3채나 차지했다. 또한 고대의 희귀 조각품들을 다른 사람들이 혀를 내두를 만큼 부지기수로 수집해 산티 아포스톨리 궁의 정원에 전시했다. 율리우스는 펠리체 등 세 딸을 두었는데 장안이 떠들썩할 정도로 미인인 펠리체를 귀족과 강제로 결혼시켜 로마 북쪽의 어느 성으로 쫓아내 버렸다. 마시나라고 하는 로마의 고급 매춘부에 홀딱 빠진 후에는 그녀의 어머니조차 내쫓아버렸다. 결국 율리우스는 애인들 중 한 사람에게서 매독에 감염되고 말았다. 이를 지켜본 누군가가 이 신종 질병을 가리켜 '신부를 좋아하는 병인데, 그중에서도 특히 돈 많은 신부神父를 좋아하는 병'[2]이라고 했다. 교황은 이 질병 외에 산해진미의 탐닉으로 통풍에 걸려 고생했지만, 여전히 강인한 체력을 소유하고 있었다.

 율리우스는 교황에 선출되자 사욕을 채우는 데 급급하기보다 교황권과 그 영광을 높이는 데 전력했다. 율리우스가 선출될 당시만 해도 교황의 권위는 크게 약화되어 있었다. 1378~1417년 로마와 아비뇽이 적대적으로 대립하면서 각기 할거통치한 '교회의 대분열' 사태 때문이었다. 보다 근자에 이르러서는 알렉산더 6세의 지나친 낭비벽 때문에 교회 재정이 바닥나버렸다. 율리우스는 이 상황을 타개하기 위해 온갖 교묘한 방법을 고안해서 무자비할 정도로 세금을 거두어 들였다. 새로운 동전을 발행해 통화가치의 평가 절하를 막는 한편 위폐범을 철저히 단속했다. 훗날 성직을 사고 파는 성직매매(단테는 이 죄를 저지른 자들을 지옥의 여덟 번째 원주 속에 몰아넣었다. 이들은 거꾸로 선 채로 생매장되어 다리부터 타들어 가는 끔찍한 고통을 겪는다.)로 수입의 증대를 꾀하기도 했다. 1507년 율리우스는 은전恩典을 베푸는 교서를 공포했다. 그에 따라 사람들은 친구나 친척들이 연옥에서 보내야 하는 시간(대개 9천 년으로 정해졌다.)을 단축하기 위해 금전적인 대가를 치러야 했다. 율리우스는 이런 논란의 소지가 많은 조치를 통해 끌어 모은 돈을 모두 성 베드로 대성당 재건축비로 쏟아 부었다. 율리우스는 나아가 교황령敎皇領에 대한 통치권을 회복해 교회 금고를 채울 계획까지 세웠다. 당시 대부분의 교황령은 교회에 대해 공공연히 반란을 일으키는 세력이나 야심에 찬 외세의 손에 넘어갔다. 교황령은 전통적으로 교회가 통치권을 가진 도시나 요새, 또는 대토지 등이었다. 교황은 지상에서 예수의 대리자인 동시에 다른 어떤 군주 못지않은 권세와 특권을 가진 세속의 일시적인 군주이기도 했다. 이탈리아에서 교황보다 더 큰 영지를 소유한 군주는 나폴리 왕뿐이었다. 교황은 또 백만 명이 넘는 신민을 보유했다.

율리우스는 군주로서의 임무를 아주 성실히 수행했다. 교황에 선출된 후 행한 첫 번째 조치들 중에는 교황령을 당장 반환하라는 이웃 나라를 향한 엄중한 경고도 포함되어 있었다. 교황은 특히 볼로냐 남동쪽 일대의 소공국 연합체인 로마냐를 심중에 두고 있었다. 이 소공국들은 적어도 명목상으로는 교회의 봉신인 제후들이 통치했다. 그러나 몇 해 전까지만 해도 알렉산더 6세의 아들인 체사레 보르자가 암살이나 잔혹한 정벌을 통해 자신의 공국으로 만들려 했던 땅이다. 부친의 사망으로 체사레 보르자의 권력 기반이 붕괴하자 그 틈을 타 베네치아가 로마냐 침공을 감행했다. 베네치아는 율리우스의 요구에 따라 로마냐에 속한 11개의 요새도시와 촌락을 교회에 반환했지만 리미니와 파엔차의 분할요구에 대해서는 철저히 거부했다. 두

도시 외에 다른 두 도시, 페루자와 볼로냐도 교황의 관심 대상으로 떠올랐다. 이 두 도시의 패권자들인 잔파올로 발리오니와 조반니 벤티볼리오가 교황에 대한 표면적인 충성 맹세와는 달리, 교회의 간섭을 받지 않고 독자적으로 대외정책을 펴나가려 했기 때문이다. 율리우스는 네 도시를 기어이 되찾아 자신의 수중에 두기로 결심했다. 1506년 봄, 율리우스는 마침내 임전태세에 들어갔다. 만찬석상에서 피에로 로셀리가 교황에게 장담한 것과 달리, 미켈란젤로는 피렌체를 떠날 기미를 전혀 보이지 않았다. 미켈란젤로는 자신을 데려가기 위해 밀사로 파견된 친구 줄리아노 다 상갈로와 함께 로마로 돌아가길 거부했다. 그 대신 상갈로에게 자신은 여전히 "성하의 영묘 작업을 맡을 의향과 준비가 되어있습니다."[3]하고 전제한 뒤 "성하께서 동의하신다면 피렌체에서 영묘 조각을 완성해 로마로 운송하고 싶습니다." 하고 자신의 뜻을 교황에게 전달해 줄 것을 요청했다. "로마보다 여기서 일하는 편이 훨씬 낫고, 일할 기분도 더 생깁니다. 로마에서 일할 때처럼 복잡한 생각을 할 필요가 없으니 말입니다." 하며 심경의 일단을 드러냈다.

미켈란젤로가 로마보다 피렌체를 선호한 것은 충분히 이해할 만하다. 1503년 피렌체의 모직毛織조합은 핀티 거리(Via de' Pinti)에 미켈란젤로가 설계한 대로 널찍한 공방을 준비했다. 미켈란젤로는 원래 여기서 산타 마리아 델 피오레에 전시할 2미터 높이의 대리석 조각품을 12점 팔 계획이었다. 그러나 교황의 영묘 작업을 맡기 위해 「카시나전투」 프레스코 건과 함께 계획을 포기했었다. 이제 모든 일이 바라는 대로 순조롭게 되면, 이전 것까지 합쳐 모두 37점의 조각품과 각기 다른 크기의 부조浮彫들을 제작하는 도저히 믿기 어려운 대역사가 머지않아 이루어질 참이었다. 조수들과 함께 일생동안 바삐 움직여도 도저히 다 해내지 못할 만큼 많은 일감이었다. 또한 피렌체 대성당에 해 줄 12점의 조각품 외에 시에나 대성당 제단을 장식할 15점의 성인과 사도들의 작은 대리석 조각품을 제작해 달라는 주문도 이미 받아 놓고 있었다. 미켈란젤로의 뜻대로 로마보다 피렌체에서 교황의 영묘를 조각하면 전에 받은 주문량의 상당 부분을 마무리할 수 있는 말미도 생기는 셈이었다.

미켈란젤로가 피렌체에 머물고자 한 데에는 또 다른 이유가 있었다. 이 도시에는 부친, 형제들, 고모와 삼촌 등 대식구가 함께 어울려 살고 있었다. 미켈란젤로에게는 4명의 형제가 있었다. 어머니는 2년 터울로 사내아이를 다섯 낳고, 미켈란젤로가 여섯 살이 되던 해인 1481년 사망했다. 리오나르도(Lionardo)가 장남, 미켈란젤로가 차남, 부오나로토(Buonarroto)가 삼남, 조반시모네(Giovansimone)가 사남, 시지스몬도(Sigismondo)가 막내아들이었다. 부친 로도비코는 1485년 재혼했으나, 그 부인도 1497년 죽는 바람에 다시 홀아비 신세가 되고 말았다.

부오나로티 일가는 질박한 환경 속에서 살았다. 미켈란젤로의 증조부는 은행가로 성공해 큰 부를 모았으나 실패한 은행가였던 조부에 의해 모두 날려버렸다. 말단 관리였던 로도비코는 피렌체의 위쪽 구릉에 자리 잡은 세티냐노 농장을 유산으로 물려받아 이곳에서 나오는 수입에 거의 매달려 살다시피 했다. 미켈란젤로는 유년시절을 바로 이 농장에서 보냈다. 보모가 이 지역에 사는 벽돌공의 아내여서 망치와 끌을 사용하는 기술을 익히는 기회가 자연히 생겼다. 1506년 미켈란젤로의 일가는 농장을 세놓고, 피렌체에서 환전상을 하는 숙부 일가와 한 집에 살게 되었다. 미켈란젤로의 형인 리오나르도는 신학교에 들어갔으나, 25세부터 29세에 이르는 세 동생은 아직 집을 떠나지 않았다. 부오나로토와 조반시모네는 모포 가게에서 조수로 일했고, 막내인 시지스몬도는 군에 입대했다. 그들 모두 자신들의 운명이 천재 형의 두 어깨에 달려 있음을 추호도 의심하지 않았다.

고향집에서 자진해 귀양살이에 들어간 미켈란젤로는 핀티 거리에 있는 공방으로 나가 조각을 파거나 「카시나 전투」의 대형 밑그림을 다시 손질했다. 그러나 이것으로 성에 차지 않았는지 규모로 볼 때 교황의 녕묘 작업보다 훨씬 더 위압적인 새로운 작업을 기획해서 의뢰 받으려고 했다. 미켈란젤로는 술탄 바예지드 2세의 제안으로 콘스탄티노플로 갔는데, 유럽과 아시아를 연결하는 당시로서는 세계 최장인 3백 미터의 대교를 보스포루스 해협에 건설하려고 했다.* 그래서 교황에게서 설령 영묘 조각 제작비를 한 푼도 못 받는다 하더라도 다른 후원자들이 앞 다투어 대신 변상해 줄 것으로 기대했다. 예상과 달리 조바심이 난 교황은 더 이상 미켈란젤로가 오기만을 가만히 앉아 기다리지 않았다. 조각가가 달아난 지 두 달이 넘자, 교황은 피렌체 신공화국의 정청政廳인 시뇨리아로 교서를 보냈다. 쓸데없이 교황의 위엄을 떤 감도 없지 않지만, 예술가들의 기질에 대한 이해를 담은 매우 관대한 어조의 교서였다.

"까닭 없이, 순전히 심술을 부려 짐의 곁을 떠난 조각가 미켈란젤로는

---

\* 미켈란첼로의 다리 건설 계획은 레오나르도 다 빈치에게서 얻은 것이 분명하다 이것은 레오나르도가 몇 년 전에 이미 유럽과 아시아를 잇는 교량 건설 제안서를 술탄에게 보낸 사실로 미루어 짐작할 수 있다. 두 사람이 구상한 다리는 결코 건설되지 않았다. 레오나르도의 설계안을 술탄이 비현실적이라며 거부했던 것이다. 그러나 2001년 미술가 에비에른 산드(Vebjom Sandl)가 설계안의 타당성을 입증해 보였다. 노르웨이에서 건설 중인 도로의 양끝을 연결하는 67미터 길이의 다리를 다 빈치 안(案)의 축소판으로 시공해 보인 것이다.

짐이 천재들의 변덕을 이해해 노하기를 삼가 하거늘, 들리는 바로는 짐 곁으로 돌아오길 겁내고 있다고 한다. 이에 모든 시름을 덜고자 그대의 충성심에 기대노니, 짐의 이름으로 미켈란젤로를 설득해 내 곁에 돌아오게 한다면, 그는 다치거나 해를 입지 않고 전처럼 짐의 은총을 누리리라."[4]

교황의 신변 보장 다짐에도 불구하고, 미켈란젤로는 끄덕도 하지 않았다. 교황은 할 수 없이 시뇨리아로 재차 명령서를 보냈고, 미켈란젤로는 여전히 명령에 불응했다. 영묘 작업에 관한 언급이 전혀 포함되지 않았기 때문일 것이다. 사태가 이렇게 돌아가자 정작 초조해진 것은 피렌체 공화국의 수반首班인 피에로 소데리니였다. 그는 이 촌극이 교황군의 피렌체 입성을 부르지 않을까 우려한 나머지 인내심을 잃어버렸다. "이제 이 일을 완전히 결말지어야겠소. 우리는 귀하의 일로 전쟁에 휘말리거나 공화국 전체가 위태로워지는 것을 원치 않소. 따라서 각오를 단단히 하고 로마로 돌아가 주시길 바라오." 소데리니는 미켈란젤로에게 보낸 편지에서 엄숙하게 말했다. 그러나 미켈란젤로는 교황에게 한 것처럼 일절 반응을 나타내지 않았다.

삼복 무더위가 기승을 부리던 이즈음, 도주한 미술가의 송환 문제는 교황이 영토를 불법적으로 가로챈 자들을 축출하기 위한 첫 무력시위에 나서면서 관심권에서 멀어졌다. 1506년 8월 17일 교황은 추기경들에게, 자신이 직접 군대를 이끌고 두 반란 봉토인 페루자와 볼로냐에 쳐들어 갈 것이라고 발표했다. 추기경들은 날벼락을 맞은 기분이었을 것이다. 그리스도의 대리자인 교황이 군대를 이끌고 전쟁에 뛰어드는 것은 전대미문의 사건이었다. 잇달아 터져 나온 또 다른 발표는 그들을 아예 멍하게 만들어 버렸다. 교황은 그들도 같이 참전해야 한다고 선언한 것이다. 그러나 누구도 선뜻 나서서 교황의 선언에 반대하지 못했다. 심지어 혜성의 꼬리가 산 탄젤로 성을 가리키며 로마 상공에 출현했을 때도 마찬가지였다. 사람들은 악의 시대를 예고하는 조짐이라며 수군거릴 뿐이었다.

그러나 불길한 전조에도 불구하고 율리우스의 기개는 조금도 꺾이지 않았다. 일주일 후에 로마는 출정 준비로 부산했다. 8월 26일 먼동이 트기 전에 새벽 미사를 마친 교황은 마침내 가마에 올라 타 로마의 동쪽 관문인 포르타 마조레로 향했다. 교황이 행차하자 길가에 앉아 있던 사람들이 벌떡 일어나 환호했고, 교황은 성호를 그어 축복을 내렸다. 5백여 명의 기병대와 창으로 무장한 수천여 명의 보병이 교황의 대열에 섰다. 추기경 26명이 뒤를 따랐고, 시스티나 예배당 합창단원들과 교회 서기, 공증인, 시종, 회계원 등 바티칸 관리들도 상당수 참가했다. 그뿐만 아니라 도나토 브라만테도 동참해 교황의 군사 부문 담당 건축가로 활약했다.

포르타 마조레 관문 밖으로 빠져나온 행렬은 작열하는 햇볕에 그을린 로마 시 방벽 바깥의 구불구불한 시골길로 들어섰다. 산더미처럼 많은 짐을 실어 나르기 위해 3천여 필의 말과 노새가 동원되었다. 긴 행렬에 앞장을 선 것은 축성된 성체聖體였다. 성체는 오늘날처럼 얇고 흰 웨이퍼 빵이 아니라 오븐에 넣고 구운 둥근 메달형의 빵이었다. 경외심을 불러일으키기 위해 그리스도 십자가상의 고난과 부활의 상면을 넣어 케이크 같은 느낌이 들었다. 여러 가지 번거로운 여건에도 불구하고, 군대는 해가 뜨기 전에 숙영을 파하고 행군에 나서 어두워질 때까지 매일 12~13킬로미터를 강행군했다. 브라만테는 행군 도중 여러 성채·요새와 마주쳤는데, 그때마다 교황과 함께 유심히 이것들을 살펴보았다.

 행렬이 트라시메노 호수에 당도했을 때는 행군거리가 아직 130킬로미터 더 남았지만, 율리우스는 돌연 하루 동안 행군을 중지시키고 취미인 배타기와 낚시질을 했다. 율리우스는 소년 시절 배에 양파를 싣고 사보나에서 제노아까지 운반해 돈을 벌었는데, 그때부터 배타기를 좋아했다. 호수에서 교황이 하릴없이 시간을 보내고 있을 때, 휘하의 스위스 보병들은 북을 치고 나팔을 불며 교황이 탄 배를 이리저리 쫓아다녔다. 일과 오락을 계속 뒤범벅시킨 교황은 딸 펠리체와 사위가 사는 성으로 찾아가기까지 했다. 이런 여러 가지 우여곡절에도 불구하고 교황의 군대는 로마를 출발한 지 2주 남짓해 움브리아의 가파른 구릉과 깎아지른 듯한 계곡에 도착했다. 그리하여 시 외곽을 방벽으로 두른 첫 번째 침공 대상인 페루자를 마침내 사정권 안에 두었다.

 페루자는 그때까지 수십 년 동안 발리오니 가家의 지배를 받아왔다. 그런데 이 집안의 폭정은 피비린내로 점철된 이탈리아의 정치 연대기에서도 특히 유명했다. 그들이 저지른 대학살 중 하나는 자신들도 몸서리칠 만큼 끔찍해 학살 현장인 대성당을 포도주로 씻고 새로 축성해 페루자에 드리운 핏자국을 지우려고 했다. 그러나 이렇게 잔혹한 발리오니 가도 감히 교황에게 칼을 쳐들 생각은 못했다. 페루자의 군주 잔파올로 발리오니가 재빨리 항복을 선언함에 따라, 교황은 9월 13일에 성문을 열고 페루자에 무혈 입성했다. 교황의 일행이 입성하자 군중들이 몰려나와 열광적으로 환호했고, 교회 종소리가 사방에서 크게 울렸다. 특히 젊은 시절 페루자에서 성직을 맡기도 한 율리우스는 금의환향하는 기분이었을 것이다. 개선문이

급히 세워지고, 군중들이 길가에 우르르 몰려나와 이동식 성좌에 앉은 교황이 성찬식 빵을 앞세우고 개선영웅처럼 위풍당당하게 대성당을 향해 나아가는 것을 지켜보았다.

무혈개선에 크게 고무된 교황은 이 기회에 몸소 십자군을 이끌고 콘스탄티노플과 예루살렘까지 해방시킬 생각까지 했다. 그러나 다른 급한 일이 먼저 교황을 손짓했다. 페루자에서 한 주를 보내고 볼로냐로 향한 교황은 아펜니노 산맥을 관통해 아드리아 해안 쪽으로 진출했다. 그 사이 날씨가 험악하게 바뀌어 행군 속도가 지체되었다.

9월 말로 접어들자 움브리안 구릉은 이미 눈 속에 깊이 파묻혔다. 또한 계곡 사이를 따라 난 좁은 길은 비가 와서 진창으로 변해 짐을 운반하는 말들이 고꾸라졌다. 그때까지 로마의 안락한 생활에 익숙해진 추기경들과 교황청 신하들의 사기도 착 가라앉고 말았다. 교황도 때로는 말에서 내려 가파른 진흙탕 길을 걸어 올라가야만 했다. 마침내 240킬로미터를 강행군한 끝에 포를리에 당도했다. 그런데 도둑이 교황의 노새를 훔쳐 달아나는 어처구니없는 불경을 범했다. 달아난 것은 그만이 아니었다. 볼로냐의 합법적인 통치자로 자칭했던 조반니 벤티볼리오가 일가족과 함께 밀라노로 피신한 것이다.

벤티볼리오 가家도 발리오니 가家 못지않게 잔혹했다. 그럼에도 불구하고 그들은 여전히 볼로냐인들 사이에 인기가 높았다. 2~30년 전 벤티볼리오 가의 추종세력은 정적들이 쿠데타를 일으키자 그 공모자들을 악착같이 추적해 모두 주살하고 심장을 도려내 벤티볼리오 궁의 정문 위에 걸어놓았다. 그런데 볼로냐인들은 교황이 입성하자 주저 없이 그를 대환영하고 나섰다. 교황의 볼로냐 입성은 두 달 전 페루자 입성 때보다도 훨씬 더 장관이었다. 교황은 진주가 박힌 큰 삼중관과 금실로 수놓고 사파이어와 에메랄드로 장식한 보라색 망토를 걸치고 이동식 성좌에 올라 타 행진을 벌였다. 개선문이 세워진 길은 페루자에서처럼 구경꾼들로 북적거렸다. 이어 사흘 동안 벌어진 개선 축하 행사는 횃불 행진을 마지막으로 폐막되었고 '전사戰士 교황'의 전설이 화려하게 탄생했다.

교황의 입성은 볼로냐에 교황의 초상이 새겨진 치장벽돌의 유행을 낳았다. 포데스타 궁전(Palazzo del Podesta) 앞에도 이 치장벽돌로 된 탑이 세워졌다. 그러나 보다 영구적인 기념물을 원한 율리우스는 자신을 주인공으로 한 초대형 동상을 건립하려고 들었다. 동상 제작이 끝나면 산 페트로니오 성당 현관에 전시해 볼로냐인들로 하여금 자신이 통치권자임을 실감토록 할 작정이었다. 그런데 높이가 4미터나 되는 이 초대형 동상 제작에는 무엇보다 미켈란젤로의 손이 필요했을 것이다. 교황은 미켈란젤로가 시스티나 예배당 천장의 프레스코 작업을 끝내 거부한다면 동상 제작에 투입하는 것도 괜찮을 거라고 판단했을 것이다.

4차 소환장이 신속하게 송달되었다. 볼로냐의 교황 앞으로 출두하라는 명령을 담고…….

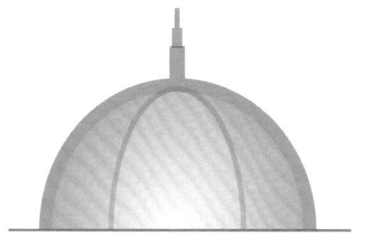

CHAPTER 04

참회

　파비아의 추기경 프란체스코 알리도시는 교황이 바티칸에서 가장 신뢰하는 친구이자 동지였다. 39세의 알리도시 추기경은 몇 해 전 로드리고 보르자의 교황 독살 음모를 사전에 탐지해 교황의 목숨을 구한 이후 줄곧 총애를 받아 왔다. 그러나 매부리코의 미남형 알리도시는 부도덕한 행실로 소문이 자자해 로마에서 교황 외에 다른 친구나 지지자가 없었다. 반대파들은 알리도시가 매춘부와 어울릴 뿐만 아니라 여장 차림을 하고, 소년들을 유혹하며, 마술에까지 손을 대고 있다는 소문을 퍼뜨렸다. 하지만 곧 새로운 동조자가 생겼다. 알리도시는 미켈란젤로가 로마에서 의지해야 할 극소수 인사들 중의 한 명이었다. 대단한 미술 애호가이기도 한 알리도시는 1505년 미켈란젤로가 교황의 영묘 작업을 실행하기 위해 로마로 돌아오는 데 큰 힘이 되었다. 그리고 음모가 판치는 바티칸 정치에서 미켈란젤로는 알리도시를 기꺼이 자신의 후견인이자 동지로 받아들였을 것이다.[1]

미켈란젤로가 로마로 귀환하길 거부한 이유 중의 하나는 아무리 교황이 교서를 통해 약속했지만, '다치거나 해를 입을' 지도 모른다는 우려 때문이었다. 미켈란젤로가 과연 자신의 운명이 브라만테의 손에 달렸다고 생각했을지는 의심스럽다. 그러나 율리우스의 진노만은 당연히 두려워했다. 그래서 여름이 다 가기 전에 교황의 신임이 두터운 이 부관에게 신변안전보장 각서를 써달라고 호소했다. 율리우스의 무력시위에 따라나선 알리도시 추기경이 곧바로 미켈란젤로에게 신변안전보장 각서를 보내왔다. 각서를 손에 쥔 조각가는 말에 올라타 마침내 볼로냐로 향했다. 알리도시는 피에로 소데리니가 쓴 추천장도 함께 가지고 가게 했다. 소데리니는 추천장에서 미켈란젤로를 가리켜 "미술에서 이탈리아뿐만 아니라 전 우주를 통틀어 아무도 필적할 수 없을 만큼 기량이 출중한 젊은이"라며 추켜세웠다.[2] 그리고 다음 대목에서 미켈란젤로의 성품은 "오직 주위의 친절과 격려에 의해서만 차분해 질 수 있다"고 주의를 환기시켰다.

로마에서 달아난 지 꼭 7달 만인 11월 말에 미켈란젤로는 교황과 대면했다. 그로서는 율리우스에게 용서를 비는 일이 마음에 썩 내키지 않았다. 미켈란젤로는 말에서 가볍게 내렸다. 그러나 교황과의 재상봉 장면은 폭풍우가 휘몰아치는 것처럼 살벌했다. 교황의 시종 무관이 산 페트로니오 대성당의 미사에 참석한 미켈란젤로를 우연히 발견해 광장 건너편의 데 세디치 궁(Palazzo de' Sedici)의 교황 숙소로 안내했다. 때마침 성하는 만찬 중이었다. "네가 진작 나를 찾아왔어야 했는데 대체 뭘 믿고 지금까지 버텼느냐? 내가 너를 찾아갈 것으로 믿었단 말이냐!"[3] 하며 비위가 잔뜩 상한 교황이 버럭 고함을 질렀다. 미켈란젤로는 무릎을 꿇고 용서를 빌며 카라라에서 돌아왔을 때 받은 부당한 대우에 화가 좀 났을 뿐이라고 변명했다. 교황은 아무런 대꾸도 하지 않았다. 이때 미켈란젤로에게 선의를 품은 한 주교가 그를 잘 구슬려야 한다는 소데리니의 말을 떠올리며 미켈란젤로를 두둔하고 나섰다. "성하, 미켈란젤로의 무례에 너무 괘념치 마십시오. 그저 무지몽매해 성하게 결례를 했을 뿐입니다. 화가란 작자들은 미술 외에는 하나같이 다 저렇습니다." 교황은 미켈란젤로 같은 '천재의 변덕'에는 넌더리가 났지만, 미술가들을 계속 후원해 온 사람으로서 전부가 무지몽매하다는 말에는 그냥 지나칠 수 없었다. "무지몽매하고 불쌍한 건 바로 자넬세, 그들이 아니라고! 당장 내 눈앞에서 꺼져 마귀한테나 가버리게!" 하고 고함을 빽 질렀다. 화들짝 놀란 주교는 안절부절 못하다가 끝내 교황 수행원들에게 주먹세례를 받으며 끌려 나갔다.

결국 미술가와 후원자는 화해했다. 그런데 한 가지 사소한 문제가 발생했다. 미켈란젤로가 초대형 동상 제작을 거부한 것이다. 미켈란젤로는 교황에게 청동 주물 제작은 자신의 전문 분야가 아니라고 잡아뗏다. 교황은 어떤 변명도 귀담아 들으려고 하지 않았다. "당장 일을 시작하라. 주물이 제대로 될 때까지 계속해서!"[4] 하고 엄명을 내렸다.

동상 제작은 어려운 문제였다. 프레스코 회화처럼 많은 경험이 필요한데다 4미터는 고사하고 실물 크기의 동상 하나를 제작하는 데에도 여러 해가 걸렸다. 동상 제작의 핵심은 마른 점토로 모형을 떠서 위에 왁스를 한 겹 입히는 과정에 있다. 안토니오 델

폴라이우올로(Antonio del Pollaiuolo)는 9년 만에 겨우 식스투스 4세의 영묘 제작을 마치고서야 이 과정을 터득했다. 폴라이우올로는 먼저 세밀하게 조형된 점토에 왁스를 첨가하고 위에 쇠똥과 불에 녹인 수소 뿔로 만든 반죽을 여러겹 입혔다. 부피가 빵빵해지면 쇠 버팀대로 조여서 가마 속에 넣고 점토가 단단히 굳어질 때까지 구웠다. 그 후 액화 금속 투입구로 청동 물을 부어넣어 왁스가 녹아 사라지면서 생긴 빈 공간을 채웠다. 진흙 베이스 위에 조성된 청동이 굳어짐과 동시에 쇠똥과 수소 뿔 혼합물이 갈라지면서 벌어졌다. 그리고 동상이 모습을 드러냈다. 여기에 곧 끌질과 광택을 내는 작업이 이어졌다.

그런데 이런 과정은 어디까지나 한낱 이론에 불과하고, 실제로는 온갖 종류의 불상사와 지연 사태가 일어났다. 우선 동상 제작에 알맞은 진흙을 찾아내야 하고, 진흙이 갈라지지 않도록 적당히 건조해야 하고, 청동에 가하는 열의 온도도 일정 수준으로 유지해야 했다. 그렇지 않으면 제작 도중 청동이 굳어버릴 수 있었다. 레오나르도 다 빈치는 밀라노 공작 로도비코 스포르차의 주문을 받아 기마병 동상을 시도했지만, 동상이 너무 커 실패하고 말았다. 그러나 이 시도를 통해 동상 제작에 필요한 기술을 터득하여 피렌체 최고의 금세공 전문가인 안드레아 델 베로키오의 작업실에서 몇 년간 일했다. 그런 레오나르도와 달리, 미켈란젤로가 교황에게 동상 제작이 자신의 전문 분야가 아니라고 한 말은 조금도 핑계가 아니었다. 산 마르코 정원 학교에서 금속 주물을 배운 것은 사실이지만, 1506년까지 청동 인물상을 만든 것은 단 한 차례뿐이었다. 1502년 프랑스인 마레샬 피에르 드 로앙이 주문한 높이 1.2미터짜리 「다비드」 상이 바로 그것이다.* 다시 말해, 미켈란젤로는 동상 제작에 관한 한 프레스코처럼 경험이 거의 전무하다시피 했다. 율리우스는 시스티나 예배당 천장 장식 문제와 마찬가지로 미켈란젤로의 경험 부족을 사소한 문제로 치부하고 조금도 신경 쓰지 않았다. 오직 자신을 모델로 한 동상을 보고 싶었을 뿐이다. 더 이상 도망칠 뜻이 없던 미켈란젤로는 산 페트로니오 대성당 뒤편에 공방을 얻어 본격적으로 제작 작업에 들어갔다. 이번에 만드는 동상은 미켈란젤로에게는 조각 기술뿐만 아니라 교황에 대한 충성도를 가늠하는 시험대였다.

그로부터 1년은 미켈란젤로에게 매우 참담한 한 해였다. 침대 하나를 세 사람이 써 비좁은 잠자리 문제로 마음이 영 편치 않은데다, 볼로냐 산産 포도주는 값만 비쌌지 아주 저질이었다. 게다가 기후도 영 마음에 들지 않았다. 여름이 되자 미켈란젤로는 드디어 불평을 늘어놓기 시작했다. "어떻게 된 영문인지 여기 오고 나서 비라고는 단 한 차례밖에 내리지 않았다. 날씨는 또 얼마나 더운지, 여기처럼 더운 데도 없을 거야." 그리고 미켈란젤로는 여전히 목숨이 위태로운 상태에 놓여 있다고 확신했다. 볼로냐에 도착한 지 얼마 되지 않아 동생 부오나로토에게 보낸 편지에서 "하여튼 조만간 무슨 일이 터져 내 인생도 여기서 끝장날 것 같구나."하고 말했다. 미켈란젤로는 자신의 적이라고 단정한 브라만테가 여전히 볼로냐에 남아 있고, 교황 숙소도 시내에 설치되어 있는데다 무기상들이 넘쳐나는 상황을 불안한 눈으로 지켜보아야 했다. 또한 볼로냐는 불한당과 망명한 벤티볼리오

---

* 이 동상은 훨씬 더 크고 유명한 대리석 조상인 「다비드」와 거의 같은 시기에 완성했는데 프랑스로 간 뒤 영영 사라지고 말았다. 동상들은 그 후 몇 세기에 걸쳐 강제로 공출되어 용해되는 참화를 겪는데, 예를 들어 전시에는 대포로 형태가 바뀌었다.

추종자들이 노골적으로 불만을 터뜨려 난폭한 위험지역이 되고 말았다.

　동상 제작을 개시한 지 두 달 만에 교황이 몸소 공방을 찾아와 진흙 모형을 살펴보고 갔다. 이때 미켈란젤로는 고향의 부오나로토 앞으로 편지를 썼다. "일이 잘 될 수 있게 꼭 기도해다오. 그러면 내게도 틀림없이 성하의 은총을 누릴 수 있는 행운이 생기겠지." 다시 교황의 총애를 누리면 영묘 작업도 다시 맡을 수 있을 것으로 믿었던 것이다.

　그러나 동상 제작은 제대로 시작조차 되지 않았다. 미켈란젤로는 적어도 부활절까지는 동상 제작 준비를 끝낼 수 있으리라 기대했다. 하지만 교황이 공방을 방문할 당시에 두 명의 조수, 즉 석공인 라포 단토니오(Lapo d'Antonio)와 로티로 알려진 금세공상 로도비코 델 부오노(Lodovico del Buono)가 모두 공방에서 쫓겨나 작업은 답답할 만큼 지지부진했다. 미켈란젤로는 두 사람 중 42세의 피렌체 출신 조각가 라포에게 특히 진저리를 쳤다. 미켈란젤로는 피렌체의 고향집으로 보낸 편지에서, "그 작자는 내가 바라는 건 손톱만큼도 하질 않는다고! 정말 아무 짝에도 쓸모없는 사기꾼이야." 하고 말했다. 특히 이 조수가 자신과 동업을 한다고 볼로냐 시내에 떠벌리고 다닌 것에 분통이 터졌다. 사실 두 사람이 조수라기보다 대등한 입장에서 동업을 하고 있다고 생각한 데에는 그만한 근거가 있었다. 우선 두 사람 모두 나이가 열 살 위였다. 미켈란젤로는 그들 중 유명한 안토니오 델 폴라이우올로의 제자였던 로티를 좀 더 높이 평가했다. 로티의 기술과 경험이 동상 제작에 큰 도움이 되리라 기대했기 때문일 것이다. 그러나 로티가 심술궂은 라포에게 물들어 몹쓸 인간이 되었다고 단정하고 두 사람을 함께 내보냈다. 세 사람이 한 침대를 사용한 만큼 해고될

때까지 산 페트로니오 대성당 뒤편의 작은공방은 심한 언쟁으로 매일 불쾌한 밤을 맞이했을 것이다.

볼로냐에서의 상황은 곧 더 악화되었다. 라포와 로티의 해고 직후에 교황은 이곳이 건강에 해롭다며 훌쩍 떠나버린 것이다. 그 말에 힘을 실어주듯 교황이 떠난 직후에 전염병과 반란이 잇달아 발생했다. 교황이 로마에 미처 도달하기 전에 벤티볼리오 일가와 추종자들이 볼로냐를 재장악하려 한 것이다. 여느 때 같으면 화약 냄새를 조금만 맡아도 줄행랑쳤을 미켈란젤로였다. 하지만 성벽 밖에서 격렬한 충돌이 벌어지는 위험한 상황이라 별 도리 없이 공방에 남아 있어야 했다. 벤티볼리오 일당이 만일 권좌에 복귀한다면 자신들의 원수를 위해 조각 작업을 해 온 사실을 결코 관대하게 봐주지 않을 거란 생각이 문득 뇌리를 스쳐갔을 것이다. 그러나 망명세력은 수주 만에 완전히 소탕되고, 율리우스를 향한 독살 음모도 무위로 끝났다.

작업을 개시한 지 6개월 만인 1507년 7월 초에 미켈란젤로는 마침내 본격적인 대형 동상 주물 작업에 들어갔다. 그리고 첫 시도는 실패로 끝나고 말았다. 주물틀에 주입한 청동이 완전히 녹은 쇳물이 아니어서 결국 다리와 발만 있고 몸통과 팔, 머리가 없는 기형적인 동상이 되고 말았다. 가마를 일단 1주일가량 식혀 해체한 후에 굳어 있는 동상을 꺼내고 재가열해 녹인 다음 주물틀에 붓는 2차 시도를 하다 보니 제작은 그만큼 지연되었다. 조수로 새로 고용한 베르나르디노 단토니오(Bemardino d'Antonio)는 "무지하거나 사고로 가마 온도를 충분히 올리지 않았다"는 비난을 받으며 모든 책임을 뒤집어썼다. 미켈란젤로가 모든 잘못이 베르나르디노에게 있는 양 사방팔방에 떠들고 다니는 통에 그는 얼굴을 제대로 들고 다닐 수도 없었다.

2차로 시도한 주물 작업의 결과는 그래도 지난번보다 양호했다. 미켈란젤로는 이후 6개월간 끌질과 광택질로 수정 보완 작업을 한 후 동상을 산 페트로니오 대성당 현관에 설치하는 준비단계로 들어갔다. 미켈란젤로에게 동상의 완성은 곧 개인적인 승리이기도 했다. 높이가 4미터나 되고 무게가 5톤 이상 나가는 이 동상은 규모면으로 볼 때 고대 이후 제작된 것들 중 단연 최대였기 때문이다. 덩치로 보면 당시 동상의 크기를 견주는 척도였던 라테라노의 산 조반니 성당 앞에 우뚝 서있는 마르쿠스 아우렐리우스 황제에 필적했다.*

미켈란젤로는 일 년 전에 이 거창한 일을 도저히 해낼 수 없을 거라고 장담한 자들의 코를 납작하게 만들어 버렸다. "볼로냐인 전체가 하나같이 내가 이 일을 감당할 수 없을 거라고 믿었다."고 미켈란젤로는 부오나로토에게 말했다. 추측컨대 동상 제작 임무를 완수한 미켈란젤로는 한 번 더 교황의 은총을 입었을 것이다. 동상이 미처 완성되기 전에 미켈란젤로는 막강한 우군이자 지지자들인 줄리아노 다 상갈로, 알리도시 추기경과 편지를 주고받았다. 그리고 편지에서 영묘 조각 작업을 계속 추진하고 싶다는 속내를 털어놓았다.

그러나 미켈란젤로는 동상의 모형을 뜨고 주물을 제작하는 일에 신물이 났다. "나는 지금 여기 살고 있지만, 생활의 불편이 말로 다 할 수 없고 육체적인 피로도 극에 달한 상태다. 그저 밤낮없이 죽어라 하고 일만 할 뿐이다."라며 피렌체로 하루빨리 돌아가길 갈망했다. 피렌체의 고향집은 아펜니노 산맥을 넘는 어려움이 있지만 불과 80킬로미터밖에 떨어져 있지 않았다. 그러나 미켈란젤로의 인내심은,

---

* 미켈란젤로는 이 동상을 1538년 로마의 캄피돌리오 광장(Piazza del Campidoglio)의 현재 위치에 세웠다.

동상을 대성당 현관에 설치할 때까지 볼로냐에 남아 있으라는 교황의 엄명으로 또 다시 시련을 겪게 되었다. 교황 전속 점성술사가 1508년 2월 21일을 동상 설치의 길일로 잡은 후에야 비로소 피렌체로 돌아가도 좋다는 허락을 받았다. 볼로냐를 떠나기 전에 미켈란젤로는 조수들이 마련한 간소한 송별 파티에 참석했다. 귀향의 기쁨에 들떠 말을 급히 몰고 가다가 아펜니노 산길에서 낙마하는 어처구니없는 불상사도 겪었지만 귀향 길은 여전히 흥겹기만 했다.(5) 그러나 피렌체에 도착하자마자 교황에게서 속히 로마로 오라는 소환 명령을 받았다. 이번 소환은 소환장에 비친 것처럼 영묘 조각 작업과는 전혀 상관없었다.

● ● ●

로마에서 달아난 지 꼭 7달 만인 11월 말에 미켈란젤로는 교황과 대면했다. 그로서는 율리우스에게 용서를 비는 일이 마음에 썩 내키지 않았다. 미켈란젤로는 말에서 가볍게 내렸다. 그러나 교황과의 재상봉 장면은 폭풍우가 휘몰아치는 것처럼 살벌했다. 교황의 시종 무관이 산페트로니오 대성당의 미사에 참석한 미켈란젤로를 우연히 발견해 광장 건너편의 데 세디치 궁(Palazzo de' Sedici)의 교황 숙소로 안내했다.

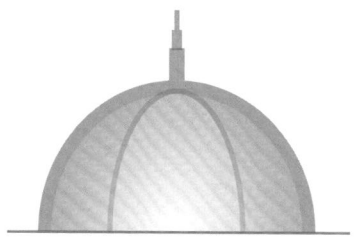

CHAPTER 05

# 젖은 석고 위의 회화

 "1508년 5월 10일. 나, 조각가 미켈란젤로는 율리우스 2세 교황 성하에게서 교황 전속 시스티나 예배당 천장을 프레스코하는 대가로 우선 5백 교황두카트를 받고 그림 작업에 들어갔다."[1]
 이 비망록은 미켈란젤로가 자신 앞으로 쓴 것으로 작성 시기는 로마에 돌아온 지 한 달 가까이 되던 무렵이었다. 천장화에 관한 계약이 성사될 수 있던 건 무엇보다 교황의 친구인 알리도시 추기경 덕분이었다. 자존심 강한 추기경은 성질이 고약하기로 난형난제인 율리우스와 미켈란젤로 사이에 중재자로 적극 나서 타협안을 도출했다. 추기경은 전에 동상 규모 문제로도 미켈란젤로와 긴밀히 접촉하며 수없이 서신교환을 했었다. 또한 동상이 완성된 후에는 산 페트로니오 성당의 현관에 설치하는 일을 감독하기도 했다.[2] 볼로냐에서 미켈란젤로가 거둔 성과에 만족한 교황은 신임하는 추기경에게 새롭고도 이전보다 훨씬 거대한 작업의 발주와 관련한 세부적인 문제들을 해결하는 임무를 부여했다.

알리도시 추기경이 작성한 계약서는 현재 분실되고 없다. 계약서에는 조각가(미켈란젤로는 항상 자신을 이렇게 불렀다.)에게 천장 프레스코의 대가로 총 3천 두카트를 지불하기로 명시되어 있었다. 3천 두카트는 미켈란젤로가 동상 제작으로 받은 돈의 3배로 매우 후한 보수였다. 또한 도메니코 기를란다요가 산타 마리아 노벨라 궁의 토르나부오니 성당에 벽화를 그리고 받은 보수의 2배였다. 그리고 금세공사 같은 자격을 갖춘 미술가들의 평균 연봉의 30배에 해당하는 거액이었다.*

그러나 미켈란젤로가 전에 교황의 영묘 건으로 제의받은 보수 수준에는 미치지 못했다. 더군다나 이 돈을 쪼개어 붓과 안료, 작업용 발판 제작에 필요한 밧줄과 목재 같은 재료 구입비로 써야 했다. 또한 조수들에게 줄 급료와 숙박할 수 있도록 집을 개조하는 데 드는 비용으로도 사용해야 했다. 제반 경비를 다 제하고 나면 미켈란젤로에게 돌아갈 몫은 크게 줄어들 것이 분명했다. 일례로 율리우스 동상 제작 때 보수로 받은 1천 두카트에서 재료비, 조수 급료, 숙박비 등을 제하고 최종적으로 손에 쥔 것은 겨우 4, 5두카트에 지나지 않았다.[3] 동상 제작에 소요된 시간은 14개월이었지만, 시스티나 예배당 천장 프레스코의 경우 훨씬 많은 시간이 들어갈 게 뻔했다. 실제로 미켈란젤로가 프레스코 작업에 착수한 것은

---

\* 볼로냐에서 동상을 제작할 때 미켈란젤로가 말썽꾼 라포 단토니오에게 지불한 월급은 8두카트, 연봉으로는 96두카트였다.

5월 중순께였다. 그때까지 1천 평방미터에 이르는 초대형 면적을 프레스코하기 위한 사전 준비와 작품 구상에 몰입했다. 미술에서 프레스코가 대단하게 평가된 것은, 이것이 널리 알려진 대로 통달하기 무척 힘든 기술이었기 때문이다. '스타레 프레스코(stare fresco)'라는 이탈리아 어 표현이 '곤경에 빠지다'라는 뜻이듯이 프레스코 작업에는 온갖 고초가 뒤따른다.「안기아리 전투」에서 대실패를 맛본 레오나르도 다 빈치뿐만 아니라 수많은 화가들이 벽이나 천장에 프레스코를 하다가 수없이 난관에 부딪혔다.

경험 많은 프레스코 화가이기도 한 조르조 바사리는 대부분의 화가가 템페라 회화나 유화에서 성공을 맛보지만, 프레스코에서 성공하는 화가는 극소수에 지나지 않는다고 말했다. "프레스코는 다른 회화 양식과 비교할 때 보다 남성적이며, 정밀하고, 단순명쾌한데다 영구성이 강한 화법"이라고 주장했다.[4] 바사리의 동료였던 조반니 파올로 로마초도 프레스코가 다른 회화 양식과 뚜렷이 구분될 정도로 남성적인 반면, 템페라 회화는 '여성스러운 애송이들'한테나 어울리는 양식이라고 주장했다.[5]

젖은 석고 위에 그림을 그리는 화법은 B.C.2000년쯤 크레타에서, 이후 수세기 동안 에트루리아와 고대 로마에서 벽과 무덤을 장식할 때 쓰였을 만큼 잘 알려져 있었다. 그러나 프레스코 미술은 13세기 후반에 들어서 피렌체 같은 도시가 속한 중부 이탈리아 지방을 중심으로 유행하기 시작했다. 피렌체는 로마제국의 전성기 이후 건축 붐이 최고조에 달해 있었다. 이 무렵 피렌체에만 최소 9개의 대성당이 이미 세워졌거나 세워지기 시작했다. 건축 붐이 막 일기 시작한 북유럽 지방에 세워진 신 고딕 양식의 대성당들이 주로 벽걸이 융단과 스테인드글라스로 눈부시게 장식되었다면, 이탈리아에서는 프레스코가 대유행했다. 피렌체와 시에나 주변의 구릉지는 프레스코의 필수 광물들이 풍부했다. 키안티(이탈리아 산產 적포도주_옮긴이)의 재료가 되는 산조베세 포도처럼 토스카나 지방의 건조하고 뜨거운 여름 날씨는 프레스코에 안성맞춤이었다. 르네상스 시대의 프레스코 미술에 통용된 특수 화법은 에트루리아인이나 고대 로마인들이 사용한 것과 대동소이大同小異하나, 1270년 피렌체가 아닌 로마의 화가 피에트로 데이 체로니(Pietro dei Cerroni)의 화방에서 질적으로 크게 개량되었다. '카발리니(작은 말)'라는 별명을 가진 피에트로는 프레스코와 모자이크 분야에서 괄목할 만한 성과를 거두어 유명해졌다. 100세라는 엄청난 고령에도 불구하고 추운 겨울에도 머리 위에 아무것도 두르지 않고 돌아다녔다고 한다.

카발리니의 프레스코 형식과 기술은 훗날 르네상스 시대의 대표적인 프레스코 화가인 조반니 체니 디 페피(Giovanni Cenni di Pepi)에게 전수되었다. 못생긴 외모 때문에 '치마부에(소대가리)'라는 별명으로 더 알려진 피렌체 출신의 화가였다. 치마부에는 조르조 바사리에게서 '혁신적인 회화 미술의 원조'[6]라는 찬사를 받기도 했는데, 피렌체의 산타트리니타 성당이나 산타 마리아 노벨라 성당 같은 신축 성당의 벽을 프레스코나 다른 회화 양식으로 장식해 명성을 날렸다. 또한 1280년쯤 아시시에서 산 프란체스코 성당의 위아래에 여러 폭의 프레스코를 그렸는데 오늘날 모두 걸작으로 평가받고 있다.* 치마부에에게는 조수이자 훗날 자신의 실력을 능가하는 젊은

---

\* 산 프란체스코 성당의 천장 아래 부분의 프레스코는 카발리니가 그린 것으로 보인다. 이 작품을 시작으로 많은 프레스코들이 과연 실제로 카발리니의 작품일까 하는 귀속 문제가

화가가 한 명 있었다. 전해져 오는 이야기에 따르면 치마부에는 농사꾼의 아들이던 화가를 우연히 피렌체와 근처의 베스피냐노 읍을 잇는 노상에서 만났다고 한다. 그는 바로 조토 디 본도네(Giotto di Bondone)였다. 조토는 치마부에가 사망한 후에 산 프란체스코 성당의 프레스코에 더욱 전념하기 위해 보르고 알레그리(즐거운 길)-길 이름이 이렇게 불린 것은 치마부에가 그림 한 점을 앙주의 샤를르 왕에게 보여 주기 위해 작업실 밖으로 갖고 나오자 동네사람들이 히스테리에 가까울 정도로 뜨겁게 환호한 데서 비롯되었다.-에 있는 스승의 집과 공방에서 나왔다. 조토는 치마부에한테서 배운 기술을 수많은 제자들에게 가르쳤다. 그중에서도 특히 뛰어난 제자는 푸치오 카판나(Puccio Capanna)였다. 푸치오는 프레스코야말로 정말 강인한 체력의 소유자들한테나 어울리는 미술 화법임을 오랜 고생 끝에 깨달았다. 바사리는 푸치오가 '프레스코에 혹사당해'[7] 시름시름 앓다가 요절夭折했다고 주장했다.

  프레스코 화법은 개념적으로는 단순했지만, 실행에는 숱한 난관이 뒤따랐다. 영어로 '프레쉬(fresh)'를 뜻하는 이탈리아 어인 '프레스코(fresco)'는 화가가 '프레쉬' 한, 다시 말해 축축하게 젖어 있는 석고 위에 그림을 그린 것에서 유래했다. 프레스코작업에는 충분한 사전 준비와 정확한 타이밍이 무엇보다 중요하다. 먼저 기존의 마른 석고 위에 인토나코(마감 바탕제_옮긴이)라고 하는 새로운 석고를 흙칼로 바 인치 두께로 덧칠한다. 인토나코는 석회석과 모래로 된 부드러운

---

미술사가들 사이에서 제기되어 왔다. 어떤 이들은 성당 벽에 그려진 프레스코들 중 「이삭의 축복을 받는 야곱 Isaac Blessing Jacob」과 「이삭과 에서 Isaac and Esau」를 카발리니가 그린 것으로 철석같이 믿어 급기야 그를 이삭 그림의 대가로 만들었다. 반면 바사리는 이 특별한 프레스코 회화들을 모두 치마부에 작품으로 확신했고, 조토의 작품으로 확신한 미술사가들도 꽤 있었다.

반죽으로 표면은 안료의 침투가 가능하다. 또한 표면은 건조 과정에서 방수기능을 갖게 되어 흡착된 안료가 콘크리트 바깥으로 새어나가는 것을 방지한다.

축축한 석고 패널이 마련되면 프레스코 화가들은 그 위에 미리 준비해 놓은 밑그림을 부착시킨다. 벽이나 천장에 갖다 대고 작은 못을 박아 고정시킨 밑그림은 각 인물과 장면의 형판型板으로 쓰인다. 밑그림을 부착하는 데에는 두 가지 방식이 있는데 각기 필요에 따라 그때그때 선택해 쓴다. 첫 번째 방식은 스폴베로(spolvero)로 밑그림에 포함된 소묘의 선을 따라 미세한 구멍을 무수하게 낸 후, 구멍 안에 목탄가루를 뿌리거나 색 가루 주머니를 구멍 난 밑그림 위에 탁탁 친다. 그런 뒤 석고 표면 위에 일단 대략적인 윤곽을 남기고 붓으로 강화해 나가는 방식이다. 두 번째 방식은 첫 번째에 비해 좀 더 신속한 편이다. 밑그림에 칠해진 초크 선을 따라 철필을 쫙 그어 석고 바탕에 자국을 남기는 방식이다. 전초작업이 끝난 다음에야 비로소 화가들은 물감과 붓을 가지고 본격적인 프레스코에 들어간다.

프레스코 회화의 배후에 작용하는 과학에는 일련의 간단한 화학적 결합 과정이 포함되어 있다. 인토나코는 화학적으로 말하면 수산화칼슘이다. 수산화칼슘을 얻는 첫 단계는 가마 속에 석회석이나 대리석을 집어넣고 가열하는 것인데, 이로 인해 고대 로마의 기념물이 수도 없이 사라졌다. 암석을 가열하면 내포한 탄산이 생석회(산화칼슘)라는 흰 가루로 바뀐다. 르네상스 시대 화가들에게 수산화칼슘은 프레스코 미술의 배후에 숨은 마법적인 요소였다. 이것을 모래와 혼합해 벽에 바르면 역화학적 반응이 연속적으로 일어나 원래 상태로 되돌아간다. 먼저 혼합물 속의 물이 증발하면 산화칼슘이 공기 중의 이산화탄소와 반응해 석회석과 대리석의 주요 구성물질인 탄화칼슘을 만든다. 그러므로 미끈한 반죽을 미장이의 흙손으로 벽면에 바르면 단시간 안에 석화하면서 색조를 탄산칼슘 결정 안에 가둔다. 따라서 프레스코 화가들은 안료를 희석하는 데 있어 물 이외에는 아무 것도 필요치 않았다. 템페라 회화에 사용하는 접합매체들, 예를 들면 달걀 노른자위, 아교, 트래거캔스 고무, 귀지 등은 안료가 인토나코에 고착된다는 간단한 이유 때문에 프레스코에서는 불필요했다.

그런데 프레스코화법이 아무리 뛰어난 화가라 해도 늘 잠재적인 재앙이 따라 다녔다. 프레스코의 핵심 문제는 인토나코에 그림을 그릴 때 소요되는 시간과 관련이 있다. 인토나코가 젖은 상태를 유지하는 시간은 날씨에 따라 다르지만 대개 20시간에서 장시간을 넘지 않는다. 이 시간을 넘기면 석고는 더 이상 안료를 흡수할 수 없는 상태가 된다. 따라서 화가들은 인토나코를 자신들이 해낼 수 있는 용적 범위 내에서 준비했는데, 이것을 조르나타(하루에 해낼 수 있는 용적)라고 불렀다. 벽이나 천장의 표면이 거대하면 전체 용적을 크기와 형태에 따라 나누어 조르나타를 작게는 열댓 개에서 많게는 수백 개까지 만들었다. 일례로 기를란다요는 토르나부오니 성당의 거대한 벽면을 250조르나타로 나누었는데, 그것은 하루 평균 가로 1.2미터×세로 1.5미터-커다란 캔버스 정도의 크기-의 벽면을 그려 나갔음을 뜻했다.

그러므로 프레스코 화가들은 무엇보다 석고가 굳어지기 전에 각각의 조르나타를 완성하기 위해 시간과 싸워야했다. 이 때문에 프레스코화는 캔버스화나 패널화와 크게 다른 것으로 구분된다. 캔버스화나 패널화는 수정 작업이 가능해 굼뱅이처럼 느리고 질질 끄는 화가들도 너그럽게 받아들였다. 예를 들어 티티안은 평생에 걸쳐 계속 그림을 바꾸고 수정하고, 이따금 물감이나 투명한 웃칠을 40차례나 덧칠하기도 했다. 급기야 그림을 보다 충동적으로 보이도록하기 위해 물감을 손가락으로 마구 문질러 덧칠하기도 했다. 캔버스에 끊임없이 어설픈 수정을 가한 것이다.

　미켈란젤로에게 시스티나 예배당에서 그런 식으로 시간적 사치를 부릴 여유란 전혀 없었을 것이다. 프레스코 화가들 중에는 일에 속도를 내기 위해 불가피하게 붓을 양손에 쥐고 작업하는 사람들도 많았다. 그들은 한 손에는 어두운 색 계통의 물감을 먹인 붓을, 다른 한 손에는 밝은 색 계통의 물감을 칠한 붓을 쥐고 작업했다. 아미코 아스페르티니는 이탈리아에서 붓을 가장 빨리 놀린 화가로 통한다. 아스페르티니는 1507년 루카의 산 프레디아노 성당에서 생애 첫 성당 벽화를 그렸다. 화가로서 좀 유별나 두 손을 동시에 따로 놀리면서 그림을 그렸는데, 그럴 때면 허리띠에 매달린 물감통이 빙글빙글 돌았다. 그 모습을 본 바사리는 "플라스크 통을 여러 개 찬 산 마카리오의 귀신같았다."며 깔깔 웃었다.

　아스페르티니는 빠른 손놀림에도 불구하고 시스티나보다 훨씬 규모가 작은 산 프레디아노 성당 벽을 프레스코하는 데 2년 넘는 세월을 보냈다. 또한 도메니코 기를란다요는 큰 공방을 가졌지만 토르나부오니 성당을 프레스코로 장식하는 데 무려 5년 가까운 세월을 보냈다. 토르나부오니 또한 시스티나보다 표면적이 작은 성당이라는 것을 고려할 때, 미켈란젤로도 주문 건을 모두 끝내려면 앞으로 장장 여러 해가 걸릴 것을 충분히 숙지했을 것이다.

　시스티나 천장의 프레스코 작업에서 미켈란젤로가 우선 해결해야 할 과제는 천장에서 석고를 한 층 떼어내는 것인데, 석고 위에는 피에르마테오 다멜리아의 프레스코화가 손상을 입은 채로 남아 있었다. 물론 기존의 프레스코 위에 새로운 프레스코를 그리는 '마르텔리나투라(martellinatura)'라는 방식을 동원할 수도 있었다. 이것은 기존의 프레스코 표면을 마르텔로라는 뾰족한 망치 끝으로 거칠게 긁어내고 위에 석고를 새로 바른 다음 새로운 그림을 프레스코하는 방식이다. 그러나 미켈란젤로는 이 방식을 쓰지 않았다. 이제 곧 피에르마테오가 별들을 그려 넣어 장식한 하늘이 산산조각으로 부서져 땅에 떨어질 판이었다.

피에르마테오의 옛 프레스코가 그려진 석고를 한 겹 떼어낸 후, '아리치오'라는 새 석고를 천장의 표면 전체에 2센티미터 두께로 발라 틈새나 벽돌 블록 사이의 고르지 않은 연결 부위를 반듯하게 골랐다. 이제 아무 때나 인토나코를 바르고 그 위에 그림을 그릴 수 있게 되었다. 천장에서 떼어낸 교회 밖으로 내다버린 옛 석고만 수 톤에 이르렀고, 아리치오를 만들기 위해 예배당 안으로 들여온 모래주머니와 석회주머니가 수백 개에 이르렀다. 미켈란젤로는 피에르마테오의 프레스코화를 한 조각 한 조각 뜯어내고, 그 자리에 아리치오를 까는 중요한 작업을 같은 피렌체인이자 브라만테의 험구로부터 자신을 구한 피에로 로셀리에게 넘겼다. 조각가이자 건축가인 34세의 로셀리는 물론 이 일을 맡을 만한 충분한 자격이 있었다. 그리고 미켈란젤로에게 '가장 친애하는 형제'로 불릴 만큼 절친한 친구이기도 했다.[8] 미장이들과 7월 말까지 3달 동안 이 일로 분주할 그에게 85두카트가 지급되었다.

로셀리 팀이 별들이 반짝이는 피에르마테오의 천국을 가능한 한 빨리 지우려면 무엇보다 예배당 한쪽 끝에서 반대편 끝으로 이동하면서 작업이 가능한 비계(높은 곳에서 일할 수 있도록 설치하는 임시가건물_옮긴이)가 필요했다. 비계는 13미터 폭으로 앞으로 나아가고, 마루에서 18미터 위로 상승할 수 있어야 했다. 천장 끝에서 40미터 아래로 하강하는 것은 말할 필요도 없었다. 나중에 미켈란젤로 팀도 천장 표면에 붓을 제대로 갖다 대려면 역시 같은 종류의 비계가 필요하게 될 것이었다. 미장이에게 필요한 것은 화가에게도 필요했다. 미켈란젤로 팀은 나중에 로셀리 팀의 비계를 당연히 인수하게 될 것이었다. 그러나 우선 이 구조물을 설계 제작하는 일이 급선무였다. 따라서 로셀리가 받은 85두카트 중 상당 액수가 목재 구입비로 지출되었다.

  프레스코에는 어떤 종류이든지 비계가 반드시 필요하다. 특히 장식 대상이 벽일 경우, 평상시의 해결책은 벽돌공의 방식을 활용하는 것인데, 먼저 밑바닥에 버팀대를 댄 비계를 갖다 놓고 위에 사다리와 램프, 발판을 설치하는 방식이다. 이전에 페루지노와 기를란다요, 그외의 화가들이 시스티나 예배당 벽을 프레스코할 때 이런 형태의 목재 구조물이 퇴창(밀어서 여는 창문_옮긴이)들 사이에 설치되었을 것이다. 그러나 천장은 벽보다 작업하기에 훨씬 더 까다로웠다. 우선 비계의 상승 가능 고도가 지상 20미터까지 되어야 하고, 밑에서 사제와 순례자들이 미사를 볼 경우 그들을 위해 통로를 비워 두어야 했다. 이런 이유만으로도 밑바닥을 토대로 쌓아 올라가는 식의 비계-이 비계의 기둥들은 필연적으로 통로를 봉쇄할 것이다.-는 전혀 쓸모가 없었다. 그밖에도 여러 가지 까다로운 문제들을 주의 깊게 고려해야 했다. 비계는 조수들과 각종 장비들, 예를 들어 물동이, 무거운 모래, 석회주머니, 편 상태로 천장에 부착하는 대형 밑그림

등을 모두 수용할 수 있을 만큼 튼튼하고 넉넉해야 했다. 안전 또한 중대 관심사였다. 예배당이 현기증 날 만큼 높다는 것은, 곧 비계에 오르는 사람은 누구나 산업재해의 가능성과 직면하게 된다는 것을 의미했다. 프레스코도 종종 사상자를 낳았다. 일례로 14세기 화가 바르나 다 시에나는 산 기미냐노 성당 부설 콜레자타(신학교의 일종)에 「예수의 일생」을 프레스코 하다가 30미터 아래로 추락해 죽은 것으로 전해진다.

시스티나 예배당의 비계 제작과 설치는 천재적인 폰타롤로(Pontarolo), 다시 말해 비계 제작자의 비범한 재능을 요구했다. 피에로 로셀리는 이 문제를 해결할 만한 실력을 충분히 갖추었다. 그래서 조각가와 건축가뿐 아니라 기술자로서도 명성을 떨쳤다. 로셀리는 당시로부터 10여 년 전에 도르래와 기중기 시스템을 고안했는데, 아르노에서 미켈란젤로에게 인도될 예정이었다가 강바닥으로 가라앉은 대리석 더미를 강 위로 끌어올린 적이 있다. 그런데 어찌된 영문인지 교황은 시스티나 예배당 천장화의 첫 단계부터 브라만테를 끌어들였다. 미켈란젤로는 적이라고 생각한 자가 자신이 책임진 작업에 끼어들어 몹시 불쾌했다. 그러나 정작 브라만테가 비계 문제에 관해 어떤 효과적인 해결안도 내놓지 못하게 되자 오히려 그의 출현을 자신에게 유리하도록 만들었다.

브라만테는 갑자기 천장에 구멍을 뚫고 밧줄 한 쪽 끝을 건 다음, 다른 쪽 끝에 목재 비계를 꽁꽁 묶어 공중에 뜨게 하는 비상한 아이디어를 생각해냈다. 그런데 그의 생각대로라면 천장에 구멍을 잔뜩 뚫어야 했다. 비계를 마루에서 격리하는 문제에만 신경을 쓴 것이다. 따라서 브라만테가 고안한 비계를 사용하면 전체 작업의 종료로 천장에서 밧줄을 철거할 때 흉한 몰골로 드러날 구멍을 어떻게 메울 것인지의 보다 심각한 문제에 부딪히고 말 것이었다. 그러나 브라만테는 "그 문제는 나중에 생각해 보겠소. 지금으로서는 달리 어떻게 해볼 방도가 없지 않소?" 하고 미켈란젤로가 제기한 문제를 묵살해 버렸다.[9]

  미켈란젤로의 눈에는 이 얼토당토않은 비계 아이디어가 최근 건축가 브라만테가 어설프게 밀어붙이다 일을 망친 여러 사례들 중의 하나에 불과해 보였다. 그런데 미켈란젤로가 율리우스에게 브라만테의 제안은 실현 불가능하다고 항의하자, 교황은 뜻밖에도 필요하다면 직접 나서서 적합한 것을 한번 만들어 보라고 권유했다. 그 바람에 미켈란젤로는 준비해야할 것들이 산더미처럼 많은 가운데 비계 도안 문제를 놓고 씨름해야 했다.

  미켈란젤로는 기술과 건축 분야에서 브라만테에 비해 경험은 일천했지만 야심이 만만찮았다. 1506년 눈앞이 캄캄하던 시절에 한동안 몰두했던 보스포루스 해협 횡단대교 설계에 비하면, 비계의 설계는 사소한 문제에 지나지 않았다. 미켈란젤로가 만든 설계안은 높이가 예배당 창문에 이르고, 한 쪽 끝에서 반대쪽 끝까지 연결된 일종의 다리, 아니 그보다 연륙교에 가까웠다.[10] 그리고 그는 역대 교황 32명의 초상화가 위치한 지점에서 수십 센티미터 위, 높은 처마 장식의 상단 부분에 있는 벽돌 콘크리트에 38센티미터 깊이의 구멍을 여러 개 냈다. 구멍의 용도는 짧은 길이의 목재 까치발, 즉 건축에서 소르고조니라는 여러 줄의 캔틸레버(외팔보, 한쪽 끝은 고정하고 다른 쪽은 받쳐 있지 않은 상태의 보_옮긴이)를 고정하는 것이었다. 까치발은 천장의 측면 구도를 모방한 층계형 아치들을 지탱했다. 허공을 가로지르는

미켈란젤로의 비계 스케치

연륙교 역할을 하게된 층계형 아치 비계 덕에 화가와 미장이들은 이제 어느 한 구석도 빠짐없이 천장을 손댈 수 있고, 갑판처럼 쓸 수도 있게 되었다. 또한 비계의 최대 확장치는 예배당 길이의 절반, 다시 말해 창과 창 사이에 놓인 첫 번째 격실 세 군데까지 미쳤다. 그래서 로셀리 팀원들은 성당 면적을 반으로 나눠 두 차례에 걸쳐 천장 석고 제거 작업을 진행해 나갔다. 이 과정은 미켈란젤로가 프레스코할 때도 반복될 터였다.

미켈란젤로가 문제 해결책으로 내놓은 비계는 브라만테의 작품보다 훨씬 더 경제적인 구조물로 판명 났다. 콘디비에 따르면, 비계를 마침내 공중으로 끌어 올리고 나자, 미켈란젤로는 브라만테의 미완성 비계를 위해 구입한 엄청난 양의 밧줄이 고스란히 남게 된 것을 알았다. 미켈란젤로는 여분의 물건을 비계 제작에 협력한 '가난한 목수'에게 주었고,[11] 그는 당장 밧줄을 시장에 내다 팔아 두 딸의 결혼 지참금으로 사용했다. 브라만테를 제압한 미켈란젤로의 전설은 그야말로 동화 같은 해피엔딩이 되었다.

  미켈란젤로의 기지가 돋보인 비계 덕분에 예배당 바닥이 말끔히 치워지자 1508년 여름, 천장 쪽에서 로셀리와 팀원들이 옛 석고를 뜯어내고 새 석고를 바를 동안 밑에서는 종교적인 의식이 진행되는 일이 일상적으로 벌어졌다. 일이 이렇게 돌아가자 당연히 새로운 문제가 발생했다. 작업 개시 한 달 만에 로셀리 팀은 교황의 신임 의전관인 파리데 데 그라시에게서 미사 진행을 훼방한다는 책망을 받았다. 볼로냐 귀족 출신의 그라시는 시스티나 예배당에서 일어나는 일이라면 물불을 가리지 않고 상관하는 위인이었다. 그는 예배당에서 미사나 다른 행사가 있을 때 준비를 도맡아 했는데, 예를 들어 제단에 촛대가 있는지, 향료 항아리 안에 숯과 향이 들어 있는지 하나하나 빠짐없이 확인했다. 이밖에도 미사 집전 신부가 성체를 축성하고 게양할 때에 용인된 방식으로 하는지의 여부도 감시했다. 성마르고 참을성이 부족한 데 그라시는 시시콜콜 잔소리를 해대며 신부의 머리카락이나 설교가 너무 길다든지, 신자들이 엉뚱한 자리에 가서 앉거나-다반사로 일어났다.-소란스럽게 군다고 불평했다. 그 누구도 일일이 따지는 듯한 예리한 눈초리를 피해 갈 수 없었다. 심지어 교황조차도……, 교황의 익살스런 몸짓은 화를 돋우었지만, 그라시는 분노를 밖으로 드러내지 않는 현명한 구석도 있었다.

  6월 10일 저녁, 데 그라시는 예배당 지하에 있는 사무실에서 나와 예배당으로 올라갔다. 그리고 때마침 합창단이 오순절 축일 전야 예배에서 일꾼들이 일으킨 먼지 때문에 노래를 제대로 부르지 못하는 것을 목격했다. 데 그라시는 "예배당 위쪽의 처마 공사로 먼지가 엄청나게 발생해 즉각 공사 중지를 명했다. 그러나 인부들이 아랑곳하지 않고 하던 일을 계속하자 미사에 참석한 추기경들이 아우성쳤다. 나는 인부들에게 따졌지만 하던 일을 멈추지 않았다. 교황에게 달려갔지만 경고를 두 번이나 했느냐고 되물으면서 오히려 역정을 냈고, 그들의 작업 강행을 옹호하기까지 했다. 그리고 나서 교황이 시종관 두 명을 잇달아 공사장에 보내 공사 중지령을 내린 끝에 겨우 공사가 중단되었다."[12]고 잔뜩 골이 난 어투로 일기에 기록했다.

피에로 로셀리가 인부들과 함께 저녁 예배를 방해할 만큼 작업에 열을 올렸다는 건, 밤늦도록 일했음을 의미하기도 했다. 왜냐하면 저녁 예배는 항상 일몰 후에 개최했기 때문이다. 더욱이 6월 중순에는 일몰시간이 오후 9시가 지나서였다. 데 그라시의 눈에는 못마땅하게 보였지만, 율리우스가 미장이들을 두둔한 것이 사실이라면 늦게까지 작업하는 것을 처음부터 용인한 것으로 보아도 무방하다. 로셀리의 팀원들이 추기경과 의전장에 감히 맞설 수 있던 것도 바로 이런 배경 때문에 가능했던 것이다.

그들은 작업을 하면서 당연히 그들이 최우선 과제로 여기는 '시간'에 쫓겼을 것이다. 아리치오는 인토나코를 깔기 전에 완전히 건조시켜야 한다. 젖은 아리치오에서 뿜어 나오는 썩은 계란 냄새가 밀폐된 장소에서 일하는 화가들의 건강을 해치기 때문이다. 따라서 날씨에 따라 사정이 조금씩 다르긴 하지만, 일단 아리치오를 깔면 프레스코까지는 대개의 경우 최소한 7개월 이상의 건조 기간이 필요했다. 로셀리는 교황과 미켈란젤로의 요망에 부응해 한여름 석 달 동안 아리치오가 충분히 마를 수 있도록 가능한 한 빨리 아리치오 타설 작업을 끝내려고 노력했다. 게다가 미켈란젤로는 겨울이 오기 전에 프레스코를 시작하길 원했을 것이다. 알프스 남쪽에서 불어오는 겨울바람인 트라몬타나가 이탈리아에 혹한을 몰고 오면 프레스코 작업은 사실상 불가능했다. 인토나코가 몹시 차거나 언 상태에 있으면 석고의 물감 흡수 성능이 현저히 떨어진다. 그 때문에 물감이 엷은 조각으로 일어나 아래로 떨어지는 현상이 나타난다. 10월 또는 11월까지 천장을 프레스코할 수 있게 준비를 끝내 놓지 않으면, 미켈란젤로는 부득이 본 작업을 다음 해 2월 말까지 연기할 수밖에 없을 것이다. 이런 속사정으로 1508년 여름에 로셀리는 인부들과 함께 밤늦게까지 작업에 몰두했고, 그들이 일으키는 망치와 끌의 소음은 작업장 바로 밑에서 울려 나오는 합창소리를 삼켜버렸다.

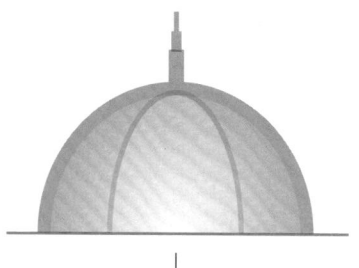

CHAPTER 06

# 도안

 로셀리가 인부들과 한창 피에르마테오의 옛 프레스코를 천장에서 뜯어내고 있을 때, 미켈란젤로는 프레스코할 새 그림을 도안하느라 분주했다. 교황은 천장 프레스코 도안의 기본 지침을 자신이 직접 줄 것이라고 선언했다. 미켈란젤로는 교황이 정한 대강의 도안에 맞추어 세부도안에 몰입했다. 교황이 제시한 도안은 실제로 직접 만든 것인지 아니면 누군가에게서 아이디어를 얻은 것인지 확실치 않다. 미켈란젤로는 비망록에 자신은 다만 알리도시 추기경이 정한 '조건과 합의'[1] 대로 작업하고 있다고 기록했다. 이런 진술은 추기경이 도안 작업에 깊숙이 개입했음을 강하게 암시한다.[2] 미술계에 있어 의뢰인이 작품을 주문할 때 이런 저런 조건을 붙이는 것은 흔한 일이었다. 대부분의 화가나 조각가들은 주문자가 지불 청구서만 받아 준다면 어떤 요구든지 간에 작품에 반영했다. 그런 의미에서 도메니코 기를란다요가 조반니 토르나부오니와 맺은 계약서는 의뢰자가 한 단짜리 대형 프레스코를 주문하면서 화가를 어떤 식으로 취급했는지를 적나라하게 보여 주는 고전적인 예라고 할 수 있다.[3] 부유한 은행가였던 토르나부오니는 자신의 이름을 딴 산타 마리아 노벨라 예배당의 장식 계약서에 서명하면서 온갖 조건들을 다 갖다 붙였다. 기를란다요의 상상력에 맡겨진 것은 거의 없다시피 했다. 이 화가는 '어떤 벽면에는 무슨 장면' 하는 정도로 그치지 않고 특정한 치수와 방식까지 강요받았다. 특정 색깔과 프레스코 개시 일까지 일방적으로 지정한 토르나부오니는 마지막으로 화면 전체를 온갖 종류의 새와 짐승, 다수의 인물들로 채울 것을 요구했다. 성실한 장인이던 기를란다요는 의뢰자가 기분 내키는 대로 실컷 주문하도록 내버려 두는 한편, 자신의 프레스코가 무수히 많은 생물로 채워지는 것에 흡족해 했다. 그 결과, 어떤 한 미술사가는 프레스코 장면 대부분이 그림뿐인, 삽화로 도배된 신문지 같다고 평했다.[4] 어떤 장면에는 기린까지 들어가 있었다. 1487년 로렌초 데 메디치의 공원에 아프리카 기린이 살고 있었던 점으로 미루어 볼 때, 이 이국적인 동물화의 모델은 실물이었던 것으로 추정된다. 피렌체의 비좁은 공간에 익숙하지 않던 기린은 결국 들보에 머리를 처박고 죽었다.

그러므로 미켈란젤로 시대의 미술가들에게서 미술 시장市場이나 의뢰자의 간섭에 굴하지 않고, 오직 자신의 상상만으로 독창적인 작품을 빚어내는 천재들 특유의 낭만적 이상은 거의 찾아볼 수 없었다. 한 세기가 지난 1615년에 태어난 살바토르 로사 같은 화가에 이르러서야 비로소 의뢰자의 주문을 거만하게 퇴짜 놓는 미술가를 만나게 된다. 그는 주문자에게 "벽돌업자한테나 가보시지! 그 사람들은 주문받은 대로만 만드니까."[5] 하며 퇴짜를 놓았다. 1508년의 미술가들은 벽돌 제작자들 처럼 주문자의 요구에 그대로 따랐다.

  이런 관례로 1508년 봄, 미켈란젤로는 교황에게서 시스티나 예배당 장식에 관한 세부지침을 전달받고도 별로 당황하지 않았을 것이다. 추측컨대 율리우스의 머릿속에 그려진 형상들은 피에르마테오의 별들이 반짝이는 하늘 그림보다 훨씬 더 복잡하고 난해했을 것이다. 율리우스는 예배당 창문 바로 윗부분을 12사도로 빙 돌아가면서 채운 후, 나머지 천장 공간은 직사각형과 원형을 기하학적으로 연결해 배치할 것을 요구했다. 율리우스가 선호한 것은 이런 만화경 같은 도안이었다. 이 도안은 기본적으로 15세기 후반에 집중적인 관심을 끈, 하드리아누스 황제의 티볼리 별장 같은 고대 로마 시대의 장식을 본 딴 것이다. 율리우스는 같은 해에 이미 다른 미술가들에게도 유사한 도안을 기초로 한 작품들을 주문했었다. 그들 중의 한 사람은 핀투리치오로 최근 브라만테가 완공한 산타 마리아 델 포폴로 성당의 합창단석 부분의 천장 프레스코를 주문받았다. 또 한 사람은 바티칸 궁 안 스탄차 델라 세냐투라(서명의 방_옮긴이)의 천장을 프레스코 해달라는 주문을 받았는데, 교황은 이곳을 장차 자신의 서재로 바꿀 계획이었다.

  미켈란젤로는 교황의 마음에 드는 무늬와 인물 배열판을 짜내기 위해 소묘를 수없이 시도했고, 영감을 얻기 위해 핀투리치오에게도 도움을 청한 것 같다. 애주가이며, 도색 그림을 많이 그려 '핀투리치오(부유한 화가)'로 더 잘 알려진 베르나르디노 디 베토(Bernardino di Betto)는 당시 로마의 프레스코 화가들 중에서 경륜이 가장 많은 화가로 보인다.

하드리아누스 황제의 티볼리 별장 천장 도안 소묘. 줄리아노 다 상갈로 작

미켈란젤로가 그린 시스티나 예배당 천장화의 초기 도안 중 하나

그는 54세까지 전 이탈리아를 누비며 수많은 성당을 장식했다. 시스티나 예배당 벽의 프레스코 작업에도 피에트로 페루지노의 조수로 참가한 것 같다. 핀투리치오는 1508년까지 자신의 프레스코를 단 한 번도 그려본 적이 없었지만, 미켈란젤로가 찾아간 그해 초여름에 프레스코용 소묘를 하고 있었을 가능성은 아주 크다. 미켈란젤로가 시스티나 천장용으로 그린 소묘들은 핀투리치오가 산타마리아 델 포폴로 성당의 합창단석 바로 위 천장용으로 그린 도안과 매우 흡사해 여러 가지 억측을 불러 일으켰다.[6]

이러한 노력에도 불구하고, 미켈란젤로는 자신이 시도해 온 소묘에 결코 만족하지 않았다. 가장 큰 난제는, 교황의 계획대로 12사도를 그리면 천장에는 빈 공간이 별로 남지 않아 자신의 주 관심 대상인 인간 형체의 탐구가 사실상 불가능하다는 점이었다. 미켈란젤로는 교황의 기획에 날개 달린 천사와 여성 조각 형태의 기둥을 보탰다. 그래도 틀에 박힌 인물상들은 결국 기하학적인 장면의 일부에 지나지

않았고, 「카시나 전투」에 등장하는 강렬한 느낌의 상체를 뒤트는 누드와 크게 달랐다. 그뿐만 아니라 교황의 영묘용으로 조각하다 포기한 용트림하는 초인의 누드를 대체하기에는 너무나 초라했다. 미켈란젤로는 그다지 흥미가 나지 않는 이러한 도안과 마주치자 교황이 주문한 범위를 가능한 한 대폭 축소해 버리고 싶은 욕망에 사로잡혔을 것이다.

그때까지 미켈란젤로가 토해내는 온갖 불평을 듣는데 이골이 난 교황은, 이 미술가가 어느 초여름 날에 또 다시 나타나 새로운 이의를 제기할 때에도 별로 당황하지 않았을 것이다. 미켈란젤로는 거침없이 할 말을 쏟아내면서 교황이 제시한 도안대로 하면 결과는 '코사 포베라(형편없는 것)'가 될 거라고 불평했다.[7] 그의 주장에 율리우스는 반박하기보다는 동의한 것 같다. 미켈란젤로의 말에 따르면, 어깨만 한 번 들썩거리고는 프로그램을 독자적으로 디자인할 수 있는 권한을 주었다고 한다. "교황 성하는 새로운 주문을 내리셨다. 무엇이든지 마음대로 해도 좋다는 주문을."

그러나 교황에게서 백지 위임장을 받았다는 미켈란젤로의 주장은 일단 의심의 여지가 있다. 아무리 상대가 미켈란젤로 같은 화려한 명성을 지닌 미술가라 할지라도 기독교에서 중요시하는 성당의 장식 작업을 몽땅 그냥 떠맡긴다는 것은 상식적으로 볼 때 불가능하다고 할 만큼 매우 드문 일이다. 그처럼 중요한 장식 작업에는 거의 대부분 신학자들이 차출되어 그림 내용과 관련해 미술가들에게 일일이 조언을 해왔다. 라틴어와 신학에 무지한 화가들이 프레스코로 시스티나 예배당 벽에 모세와 예수의 일생을 박식하게 대비할 수 있을 만큼 신학적 소양을 겸비하는 일은 불가능했을 것이다. 시스티나 예배당 프레스코에 새긴 비문은 사실 교황의 비서관 겸 신학자인 안드레아스 트라페준티우스가 손수 지은 것이다. 화가들은 트라페준티우스 외에도 새로 개관한 바티칸 도서관의 초대관장으로 플라티나라고 불리는 방대한 학식을 갖춘 바르톨로메오 사치에게서도 지시를 받았다.[8]

만일 이 야심찬 새 천장 도안에 자문하는 인물이 실제로 존재했다면, 알리도시 추기경 외에 역할을 맡을 만한 첫 번째 후보는 아우구스티누스 회의 선임 총장이었을 것이다. 그의 이름은 에지디오 안토니니(Egidio Antonini)로 자신의 출생지명을 딴 에지디오 다 비테르보(Egidio da Viterbo)로 더 잘 알려졌다.[9] 39세의 에지디오는 이 일을 감당할 만한 충분한 능력이 있었다. 당시 이탈리아에서 최고 수준의 학자에 속해 라틴어뿐만 아니라 그리스어, 유태어, 아랍어까지 능통했다. 그러나 명성의 실제 원천은 바로 불같은 설교에 있었다. 제대로 빗지 않아 흐트러진 머리, 검은 수염, 반짝이는 눈매와 창백한 피부의 에지디오는 검은 제복을 입고 음산한 표정을 지으며 청중을 매료시키는 당대 이탈리아 최고의 웅변가였다. 설교의 탁월함은, 설교 시작 15분이면 영락없이 조는 것으로 유명한 율리우스마저 평소와 달리 에지디오가 열정적인 연설을 하는 2시간 내내 깨어있음으로써 입증되었다. 달변의 에지디오는 교황을 찬미하는 연설의 일인자였다. 율리우스는 다른 주문들에서도 볼 수 있듯이, 시스티나 천장을 자신의 치적을 미화하는 데 쓸 작정이었다. 따라서 구약성서 전반에서 자신에 대한 예언적 언급을 추출해낼 만한 능력을 가진 에지디오를 당연히 적임자로 천거했을 것이다.

프레스코의 도안은 제작자가 누구든 상관없이 반드시 '이단설 심문관'이라는 불길한 이름의 교황궁 공인 신학자의 승인을 받아야 했다. 1508년 당시 이 자리는 도미니크 수도회의 수도사인 조반니 라파넬리가 차지하고 있었다. 이단설 심문관직은 반드시 도미니크 수도사가 맡았다. 도미니크 수도사들은 그들의 열성 때문에 '도미니카네스(주님의 사냥개)'라는 이미지가 씌워졌다. 수백 년 동안 역대 교황들은 그들을 징세나 종교 재판 같은 궂은일에 동원했다. 교단 소속으로 악명이 높은 수사들 중에는 토마스 데 토르쿠에마다라는 자가 있었는데, 1483년 종교 재판이 스페인에서 부활되자 2천명 가량의 이교도들을 불에 태워 죽였다.

　이단설 심문관 라파넬리의 업무는 시스티나 예배당에서 설교할 자를 선발하고, 필요할 경우 설교 내용을 사전에 검열해 이단의 흔적이 조금이라도 보이면 가차 없이 솎아내는 일이었다. 라파넬리가 고른 사람들은 누구든지, 심지어 에지디오 다 비테르보조차 시스티나 예배당의 설교사라는 영예를 잃지 않기 위해 설교 사본을 미리 제출해 검열을 받았다. 라파넬리는 설교 중에도 설교자가 누구이든지 아랑곳하지 않고 논쟁의 소지가 있는 민감한 부분을 조금이라도 다루면 가차 없이 연단에서 내쫓아 버렸다. 또한 직무상 이따금 파리데 데 그라시의 도움을 받을 만큼 어떤 사소한 신학적 오류에도 경계를 항상 게을리 하지 않는 인물이었다.

　그런데 당시 시스티나 예배당에는 라파넬리 못지않게 정통주의에 관심을 갖고 미켈란젤로의 일에 적극적인 관심을 보인 제3의 인물이 존재한 것으로 보인다. 라파넬리가 설사 도안의 창작과정에 직접 참여해 성서의 특정 내용을 지정하지 않았을 지라도, 화가들은 적어도 작업 중 여러 단계에 걸쳐 소묘와 밑그림들을 보여 주고 도안의 채택 여부를 타진했을 것이다. 그러나 미켈란젤로가 이단설 심문관이나 다른 신학자들에게서 작업을 간섭받는 굴욕을 당했다는 증거는 어디에도 없다. 이 사실은 천장과 관련한 구체적인 사정을 어느 정도 밝혀주는 것일 뿐아니라, 실제로 미켈란젤로가 율리우스에게서 백지 위임장을 받았을 가능성까지 엿보여 주는 것이기도 하다.

미켈란젤로는 동시대의 다른 미술가들에 비해 내용이 풍부하고 복잡한 회화 작업을 해낼 수 있는 기초 소양을 충분히 닦은 것으로 보인다. 6년 가까이 로마와 피렌체의 부유층 자녀들이 교육받는 우르비노 학교에서 비록 라틴어를 배우지는 않았지만 독학으로 문법을 깨우쳤다. 또한 14세 때 산 마르코 정원 학교에서 수학하면서 저명한 교수들에게서 신학과 수학을 배웠다. 이들 권위자들 중에는 당대 최고 철학자로 아카데미아 플라토니카의 우두머리였던 마르실리오 피치노와 미란돌라의 백작 조반니 피코도 포함되어 있었다. 피치노는 플라톤의 저서와 난해한 문헌들을 라틴어로 번역했고, 피코는 신비철학의 연구자이자 『웅변과 인간의 존엄Oration on the Dignity of Man』의 저자였다.

미켈란젤로가 이들 인문학 대가들과 어느 정도의 친교가 있었는지는 확실치 않다. 그의 현존하는 초기 조각 작품 중에는 일그러진 표정으로 전투에 나선 인물의 누드를 양각 형태로 조각한 「켄타우루스의 싸움The Battle of the Centaurs」이 있다. 그런데 아스카니오 콘디비는 확신 없는 말투로 이 작품이 산 마르코 정원 학교의 스승인 안젤로 암브로지니의 조언을 받아 조각된 것이라고 말했다. 폴리티안이라는 필명으로 더 유명한 안젤로는 로렌초 학교의 높은 기준에서 보더라도 깊은 인상을 남겼을 만큼 대학자였다. 그는 16세에 이미 4권으로 된 『일리아드The Iliad』를 라틴어로 완역하기도 했다. 콘디비는 폴리티안이 이 어린 미술가를 "너무나 끔찍이 사랑한 나머지 그럴 필요가 없는데도 자신의 학문연구에 동참할 것을 권하거나 사물의 속성을 폭넓게 설명하고 과제물을 내주기도 했다."[10]고 밝혔다. 이 저명한 학자와 사춘기 조각가 사이에 실제로 어느 정도의 교감이 있었는지는 어디까지나 추측 대상에 지나지 않는다.[11] 그러나 미켈란젤로가 폴리티안에게서 훗날 천장 디자인의 창안에 적극적인 역할을 해낼 수 있는 소양을 충분히 쌓은 것은 분명했다.

1508년 여름도 다 끝날 무렵, 미켈란젤로는 새 도안 제작에 큰 진전을 거두어 교황의 주문 건에 본격적으로 손을 대기 시작했다. 미켈란젤로는 사각형과 원을 반복해서 연결한 기하학적 무늬 대신에 「카시나 전투」와 같은 인체 표현에 역량을 발휘할 수 있는 보다 야심찬 구도를 준비했다. 그러나 붓 끝이 닿기를 기다리는 1천 평방미터나 되는 빈 공간은 피렌체에서 마주했던 평면벽보다 훨씬 복잡했다. 시스티나 예배당은 천장 전체를 벽화로 덮는 것 외에도, 예배당의 모서리를 차지해 천장과 벽을 연결하는 4개의 돛 형태 공간인 삼각 궁륭(펜덴티브)도 전체 공간에 포함해야 했다. 게다가 8개의 작은 삼각형 공간, 즉 창문 위로 돌출한 스팬드럴(공복)까지도 포함해야 했다. 또한 4면의 벽 꼭대기 부분, 다시 말해 창문 위에 있는 초승달 모양의 공간(반원 공간, 혹은 '작은 달'로도 통한다)도 사용할 계획이었다. 이들 표면은 평면과 함께 굴곡도 있고 면적도 넓은 부분이 있는가 하면, 그림 그리기가 도저히 곤란할 정도로 협소한 부분도 있었다. 따라서 미켈란젤로는 이렇게 불편하게 나누어진 공간들을 가로질러 프레스코를 배치해야 하는 곤경에 부딪혔다.

바치오 폰텔리가 마감한 예배당 천장은 건축 재료로 탄산석회

침전물을 사용하고 장식용 석조물을 일체 덧붙이지 않은 것이 특징이다. 미켈란젤로는 피에로 로셀리에게 삼각 궁륭과 반원 공간 위에 꾸며진 장식 벽돌, 즉 주물과 아칸투스 잎 장식 같은 소품의 상당수를 끌로 긁어내라고 지시했다. 그런 다음 예배당 내 장식용 처마 꼭대기와 벽기둥, 서까래, 까치발, 여 조각상 형태의 기둥, 성좌, 니치 등 율리우스의 영묘에 쓰려고 구상한 것들을 기억 속에서 되살려 프레스코에 가상적인 배경 건축물로 배치해 공간을 분할했다. '콰드라투라(quadratura)'라는 가상 무대는 마루의 관람객들에게 조각 장식이 풍성하게 배치된 것 같은 인상을 줄 뿐 아니라, 보기 흉한 삼각궁륭과 스팬드럴, 반원 공간들을 천장의 나머지 공간들과 통합하는 효과를 냈다. 게다가 많은 장면을 그릴 수 있게 특이한 형태의 화면들을 미켈란젤로에게 제공해 주었다.

 미켈란젤로는 천장 길이에 따라 화면을 9개의 직사각형으로 나누어 대리석 서까래 그림으로 화면을 구분하고, 그림이 그려진 코니스(서양식 건축 벽면의 돌림띠_옮긴이)로 천장의 나머지 부분과 분리시켰다. 코니스 아래에는 니치를 집어넣고, 그 안에 성좌에 앉은 인물들을 그릴 계획이었다. 성좌들은 초안 중 끝까지 살아남은 부분인데, 12사도로 채울 계획이었다. 성좌 아래의 창문 주변에는 스팬드럴과 반원 공간이라는 빈 공간을 따로 마련해서 천장 기저基底까지 그림 공간을 연장해 나갔다.

 일단 이렇게 기본 골격을 정한 미켈란젤로는 주제를 새로 정하는 작업에 들어갔다. 그는 구약성서에 나오는 인물과 장면을 선호해 신약성서의 12사도를 포기했다. 성좌에 앉은 사도들은 12예언자, 구약성서의 7선지자와 그리스 로마 시대의 신화에 나오는 5명의 여성

점쟁이로 대체되었다. 성좌의 인물 군상 위로 천장의 중심선을 따라 쭉 뻗은 직사각형 패널에는 창세기의 아홉 가지 에피소드를 집어넣었다.

미켈란젤로가 창세기에서 선택한 장면들은 노출이 심한 편이다. 이 삽화들은 부조의 주제로 인기를 끌었는데, 미켈란젤로는 수많은 예화例畵 중에서 특히 시에나의 조각가 야코포 델라 쿠에르차(Jacopo della Quercia)가 볼로냐의 산 페트로니오 성당의 육중한 정문에 조각한 삽화에 친밀감을 느꼈다. 쿠에르차가 1425년부터 사망한 1438년까지 이스트리아 산 석재에 조각한 포르타 마냐(대관문)의 양각 삽화는 창세기에 나오는 '노아의 술주정', '노아의 희생', '이브와 아담의 창조' 같은 일련의 장면들을 보여 준다. 쿠에르차가 이 장면들을 조각할 무렵, 또 다른 미술가 로렌초 기베르티(Lorenzo Ghiberti)는 때마침 피렌체의 산 조반니 대성당 부속 세례실에 설치할 청동 문짝 두 개 중 나머지 하나를 주물 중이었다. 기베르티는 문짝에다 쿠에르차가 삽화 형식으로 조각한 구약성서 장면들을 부조했다. 기베르티가 주조한 청동 문의 열렬한 예찬론자였던 미켈란젤로는 '포르타 델 파라디조(천국의 문)'라는 세례명을 헌정했다고 한다. 미켈란젤로는 쿠에르차가 만든 포르타 마냐의 부조에도 또한 감탄했다. 1494년 처음으로 산 페트로니오 대성당에서 이것을 보았는데, 1507년 볼로냐에서 동상을 제작하고 포르타 마냐 위에 설치한 인연이 있어 이 양각들과는 익숙했다. 그러므로 미켈란젤로는 1508년 여름에 프레스코 회화를 도안하면서 쿠에르차의 조각형상들이 머릿속에 생생하게 떠올랐을 것이다. 또한 시스티나 천장에 프레스코할 9개의 창세기 장면을 구상할 때는 틀림없이 쿠에르차와 기베르티의 작품들에서 영감을 얻었을 것이다. 그들이 선택한 구약성서 장면들은 사실상 미켈란젤로가 구상한 천장 장식 구도에 가장 가까운 선례였던 것이다. 이러한 사실은 미켈란젤로가 천장 장식 구도를 자신의 뜻대로 했다는 주장에 한층 더 신빙성을 보탠다.[12]

새로운 도안은 미켈란젤로의 엄청난 야망을 그대로 표출했다. 여러 장면을 짜 맞춘 구상화로서는 최대 규모인 천장화는, 150개 이상의 개별 그림 칸과 3백 명 이상의 개별 인물들을 포함했다. 교황이 제시한 구도를 '형편없는 것'으로 치부하며 거부한 미켈란젤로는 훨씬 더 벅찬 과제에 도전했다. 그것은 주로 초대형 미술 작품만을 창작해 명성을 획득한 자에게도 엄청난 모험이었다.

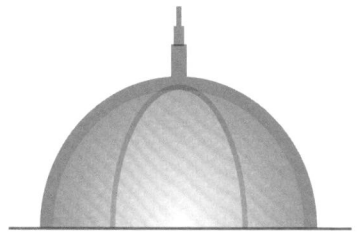

CHAPTER 07

# 조수들

1508년 5월말 피렌체 시의 방벽 바로 바깥에 소재한 산 주스토 알레 무라 수도원의 한 탁발 수사가 미켈란젤로에게서 한 통의 편지를 받았다. 그는 야코포 디 프란체스코라는 1367년에 설립된 제수아티 교단(예수회와 혼동하지 말 것) 소속 수사였다. 이곳은 피렌체에서 가장 아름다운 수도원 중 하나였는데, 특히 비할 바 없이 아름다운 정원은 페루지노, 기를란다요의 그림과 함께 피렌체의 자랑거리였다. 수도원은 또한 일벌들의 집이기도 했다. 육체노동을 꺼리는 도미니크회 수사들과 달리 제수아티 교회 수사들은 노동에 헌신적이었다. 수도승들은 부지런히 향수를 증류하고 의약품을 준비했다. 그리고 예배당 위에 있는 한 작업실의 용광로에서 스테인드글라스를 제조했다. 이 스테인드글라스는 아주 아름다운데다 고품질이어서 전 이탈리아 교회의 주문이 쇄도했다.

그러나 산 주스토 알레 무라 수도원의 수사들을 유명하게 만든 것은 스테인드글라스가 아니라 바로 안료였다. 특히 파란색 안료는 최고로 손꼽혔으며 피렌체에서 가장 많이 팔렸다. 피렌체 화가들은 여러 세대에 걸쳐 녹청색과 군청색 안료를 찾아 산 주스토 알레 무라 수도원으로 몰려왔다. 레오나르도 다 빈치는 당시 수도원을 찾아온 수많은 화가들 중 한 사람에 지나지 않았다. 1481년부터 그리기 시작한 「마기의 찬미Adoration of the Magi」 계약서는 제수아티 회가 아닌 다른 곳에서 생산되는 안료는 일절 사용해서는 안 된다고 규정했다.

미켈란젤로는 진작부터 야코포 수사와 잘 알고 지내던 사이였던 것 같다. 몇 년 전 아뇰로 도니의 주문으로 「성가족」을 그릴 때에 녹청색으로 하늘을, 환한 군청색[1]으로 성모 마리아의 의상을 그린 걸 보면 제수아티 수사들과 거래한 것이 분명하다. 미켈란젤로는 로마에서 야코포 수사 앞으로 보낸 편지에서 "다른 사람들을 시켜 그려야 할 것이 좀 있는데……"[2]하고 운을 뗀 다음, "양질의 녹청색을 보내주시길 부탁드립니다." 하고 요청했다.

그런데 '다른 사람을 시켜 그려야 할 것이 좀 있다'고 언급한 것을 보면, 미켈란젤로는 직접 천장을 프레스코하기보다 다른 일을 준비하고 있었던 것으로 추측된다. 야코포에게 보낸 편지는 이 단계에서 천장 작업의 상당 부분을 조수와 견습생들에게 떠넘길 생각이었음을 보여준다. 미켈란젤로는 여전히 영묘 조각 작업에서 미련을 떨치지 못했다. 그 때문에 로마 귀환 직후 자신 앞으로 쓴 비망록에서 교황에게서 4백 두카트를 당장 지불받고, 다음 달부터 매달 1백 두카트를 정기적으로 받을 계획이라고 밝혔던 것이다.[3] 미켈란젤로는 이 돈을 예배당 천장 프레스코 건이 아닌 교황의 영묘 조각 건으로 받는 것이라고 못 박았다. 놀라운 사실은 알리도시 추기경과 천장 프레스코 계약서를 맺을 때에도 여전히 웅대한 영묘 조각 작업에 대한 미련을 버리지 않았다는 점이다. 영묘 조각을 우선으로 염두에 두었던 미켈란젤로는 로마로 귀환할 때에 볼로냐에서 동상 주물을 도운 조각가 피에트로 우르바노(Pietro Urbano)를 데려왔다.[4]

비망록을 보면, 미켈란젤로는 피렌체에서도 조수들이 올 것으로 기대했는데, 이들에게 천장 작업의 대부분을 맡길 생각이었다. 설사 좀 더 적극적으로 나서서 일을 한다 하더라도, 프레스코는 속성상 동시 집단 작업을 요하기 때문에 조수들의 도움이 필요했을 것이다. 게다가 지난 20년 가까이 프레스코의 경험이 전혀 없어서 프레스코의 제(諸)과정에 익숙해지기 위해서라도 조수들의 조력이 필요했다.

타고난 고독한 미술가인 미켈란젤로는 볼로냐에서 있었던 라포와의 일화 이후로 더욱 심하게 조수들을 불신했다. 그래서 조수 채용 문제를 피렌체 화가이면서 가장 절친한 친구인 프란체스코 그라나치(Francesco Granacci)에게 맡겼다. '미켈란젤로가 자신의 문제를 상의하거나 미술과 관련된 지식을 공유할 때는 꼭 그라나치를 찾았다."[5]고 바사리는 밝혔다. 미켈란젤로는 어릴 적에 그라나치와 산타 크로체 부근의 벤티코르디 거리(Via dei Benticcordi)에서 어울려 지냈고, 기를란다요 공방과 산 마르코 정원 학교에서 함께 수학했다. 연장자였던 그라나치가 기를란다요 밑에서 견습 과정을 먼저 끝냈는데, 그의 권고로 미켈란젤로도 기를란다요 공방에 합류했다. 따라서 미켈란젤로가 경력을 쌓는 데는 그라나치의 힘이 컸다.

바시리 저 『탁월한 화가, 조각가, 건축가의 생애Le vite di piu eccelenti pittori scuitori e architettori』에 나오는 프란체스코 그라나치의 판화 초상

  그라나치는 한때 기를란다요의 제자들 중에서 장래가 가장 촉망되는 인물이었으나, 39세가 다 되도록 주위의 기대에 못 미쳤다. 미켈란젤로가 잇달아 대작을 터뜨리면서 새로운 조각의 가능성을 열어나갈 때, 그라나치는 작품성은 뛰어나지만 활기가 없는 패널화에만 몰두했다. 게다가 대부분의 작품이 기를란다요의 분위기에서 탈피하지 못했다. 결국 그라나치는 연극 무대장면, 개선행진 아치, 선박의 깃발, 그리고 교회와 기사단의 깃발 같은 소재들의 전문 화가가 되었다.
  그라나치가 주목받지 못한 데에는 느긋하고 야심이 없는데다 게으르기까지 한 성격 탓도 컸다. 자신을 우울하게 만드는 근심거리라면 거의 아무것도 받아들이지 않으려 한, 유희만 추구하는 쾌활한 친구였을 뿐이다." 하고 바사리는 전했다. 안락한 생활에 대한 집착과 육체적 고통에 대한 혐오감은 템페라 회화나 유화를 선호한 반면, 중노동인 프레스코를 꺼린 태도에서도 잘 나타났다.

그라나치의 명예욕 결핍증은 태평스런 심리 상태와 함께 미켈란젤로에게 더없이 매력적인 것으로 비쳐졌다. 미켈란젤로는 레오나르도 다 빈치나 브라만테 같은 자신보다 재능이 출중하고 야심 있는 경쟁자들에게 위협을 느껴왔다. 따라서 자신을 최고라고 인정하고, 또한 바사리의 말을 빌리자면 '도저히 믿을 수 없을 만큼 정중하고 겸손한 태도로 이 위대한 인물을 열렬히 따르는' 그라나치에게서 안도감을 느꼈을 것이다. 그런 충성스럽고 흔들리지 않는 성원이야말로 미켈란젤로가 시스티나 예배당 작업을 실천하는 데 절대적으로 필요한 것이었다. 미켈란젤로는 그라나치가 붓을 들고 프레스코를 직접 그리는 따위의 도움은 원치 않았다. 그런 일이라면 다른 조수를 시키면 그만이었다. 그 보다는 팀 내 2인자이자 신뢰할 만한 참모로서 조수들의 고용과 급료 지급에서 로셀리를 감독하고, 안료와 다른 기타 필수 재료들을 조달하는 일까지 도맡아 처리해 주길 바랬다.

친구를 돕는 일에 나선 그라나치는 우선 자신의 게으름부터 말끔히 씻었다. 미켈란젤로는 로마로 귀환하자마자 그라나치에게서 편지로 예배당 작업에 참가할 4명의 화가 명단을 전달받았다. 바스티아노 다 상갈로, 줄리아노 부자르디니, 아뇰로 디 돈니노, 그리고 마지막으로 야코포 델 테데스코가 바로 그들이었다. 그들은 한 세대 이전에 결성되었던 시스티나 예배당 벽화 팀에 견줄만한 능력을 가진 화가들은 결코 아니었다. 그러나 유능하고 경험있는 화가들임에는 틀림없었다. 네 사람 모두 한결같이 피렌체의 도메니코 기를란다요 공방이나 코시모 로셀리 공방 출신이며, 그것은 곧 프레스코 미술을 지속적으로 연마했음을 뜻했다. 그들 대부분은 토르나부오니 성당의 벽화를 그려낸 베테랑들이며 미켈란젤로에게 부족한 프레스코 경험을 모두 최근에 쌓았다. 여기에다 그들과 이전부터 트고 지내온 사이라는 사실까지 보태어져 미켈란젤로는 더욱 안도했을 것이다.

어느 늦은 봄날, 피에로 로셀리가 천장에서 옛 석고를 뜯어내는 작업을 마무리하기 직전에 프레스코 선발대가 루스티쿠치 광장의 공방에 도착했다. 그러나 27세로 화가 명단에 포함된 4명 중에서 최연소이기도 한 건축가 바스티아노 다 상갈로는 이미 로마에 와 있던 것으로 보인다. 아리스토텔레스의 고대 흉상과 닮았다고 해서 아리스토틸레라 불렸던 바스티아노는 줄리아노 다 상갈로의 조카였는데, 이 때문에 자연스럽게 미켈란젤로에게 추천되었을 것이다. 어릴 적인 1494년 기를란다요가 죽는 바람에 더 이상 배울 기회를 놓친 바스티아노는 기를란다요의 아들인 리돌포 밑에서 회화를 배운 후에 미켈란젤로의 경쟁자 중 한 명인 피에트로 페루지노의 공방에 들어갔다.

바스티아노 다 상갈로의 페루지노 조수직은 단명으로 끝났다. 바스티아노는 1505년 산타 마리아 노벨라 수도원에서 페루지노와 함께 제단용 회화를 그리다가 우연히 그곳에 걸린 미켈란젤로의 「카시나 전투」 소묘를 보았다. 이 밑그림이 보여 주는 현란한 대가적 솜씨에 비교하면 페루지노의 그림은 밋밋하고 유행이 한물간 것 같이 보였다. 한때 페루지노의 그림은 '천사같은 분위기의 감미로운 멋'[6]이 감돈다는 평을 누렸다. 그러나 바스티아노는 「카시나 전투」의 격렬하고 근육이 불끈 솟은 인물들에게서 회화의 미래를 발견했다고 생각했다. 미켈란젤로의 과감하고 새로운 양식에 넋이 나간 바스티아노는 돌연 페루지노의 공방에서 빠져 나와 미켈란젤로의 밑그림을 모사하기 시작했다. 곧 피렌체에서 페루지노에게 쇄도하던 주문들이 증발했고, 일 년 만에 56세의 페루지노는 영영 피렌체를 등지고 말았다. 15세기를 풍미하던 감미롭고 우아한 미美가 미켈란젤로가 창조한 헤라클레스 풍의 새로운 양식에 압도된 것이다.*

페루지노 공방을 이탈한 바스티아노는 미켈란젤로의 또 다른 경쟁자의 영향권 아래 들어갔다. 바스티아노는 로마에서 성 베드로 대성당에 공급할 대리석 석재를 캐고 석회를 불로 태우는 일을 도맡았던 건축가이자 동생인 조반 프란체스코와 함께 살면서 건축에 발을 들여놓았다. 애당초 동생의 가르침을 받았고 아이러니하게도 베드로 대성당 재건축 작업 경쟁에서 줄리아노 아저씨를 물리친 도나토 브라만테를 찾아가 문하생이 되었다.

그러나 바스티아노는 브라만테와의 관계 때문에 미켈란젤로에게서 곤란을 겪지는 않았다. 그는 팀 내 다른 조수들과 달리 프레스코의 경험이 일천했지만, 건축가라는 점을 고려해 고용된 것으로 보인다. 건축가는 미켈란젤로가 프레스코에 포함시키려고 한 환상적인 건축물의 도안과 관련해 충분히 도움을 줄 수 있을 것이었다.

줄리아노 부자르디니(Giuliano Bugiardini) 또한 기를란다요의 공방

---

\* 미켈란젤로의 「카시나 전투」 밑그림의 중간 부분을 모사한 바스티아노의 작품은 원작보다 더 좋은 반향을 일으켰다. 미켈란젤로의 밑그림이 행방불명된 지 30여년이 되었을 때, 바스티아노는 바사리의 충고를 받아들여 자신의 데생을 토대로 그린 유화를 프랑스 왕 프란시스 1세에게 헌정했다. 바로 이 그림(현재 미국 노퍽 시의 호컴 홀(Holkham Hall)에 걸려 있다.)덕에 누구나 「카시나 전투」가 어떤 그림인지를 알 수 있게 되었다.

출신이었다. 미켈란젤로와 동갑으로 기를란다요가 토르나부오니 성당을 프레스코할 때 조수로 참가할 만큼 나이가 꽤 되었다. 프란체스코 그라나치가 일종의 거세된 화가로 미켈란젤로에게 더 이상 위협적인 존재가 아니었다면, 부자르디니는 이를 넘어서 아예 신경 쓸 필요조차 없는 존재였는지도 모른다. 기를란다요의 가르침을 계속 받았다면 부자르디니는 좀 더 나은 화가가 되었을 수도 있다. 그러나 바사리는 부자르디니를 얼치기 화가이자 바보스런 구석이 많은 인물로 묘사했고, 미켈란젤로의 초상화를 그릴 때는 "모델의 한 쪽 눈을 관자놀이에 갖다 박아놓을 만큼 한심스러운 인물"이라고 깎아내렸다. 그런 부자르디니도 이후 몇 년간의 호시절에는 성당 제단에 들어갈 성 카타리나의 순교 장면 도안 때문에 꽤나 머리를 쥐어짰을지도 모른다. 그러나 천장 프레스코에서 원근법적인 단축 기술을 이용해 인물을 그리는 방법을 미켈란젤로에게서 습득했을지라도, 실제로는 기술을 거의 써먹지 못했을 것이다.

그라나치가 부자르디니를 미켈란젤로에게 추천한 것은 빼어난 예술적 재능보다 인격에 이끌렸기 때문이다. 바사리는 "선천적으로 타고났다고 할 만큼 생활방식이 선량한 그라나치는 단순할 뿐 아니라 질투나 악의에서 해방된 인물"[7]이라고 평했다. 미켈란젤로는 심성이 어진 그라나치를 '베아토(축복받은)'라고 불렀다. 그런데 아이러니하게도 이 별명은 훨씬 재주가 뛰어난(그러나 그처럼 선량해 베아토 안젤리코로 통했던) 토스카나 출신의 화가 프라 안젤리코의 것이기도 했다.

42세의 아뇰로 디 돈니노(Agnolo di Donnino)는 코시모 로셀리의 공방 출신 화가였다. 아뇰로는 로셀리가 68세를 일기로 죽기 한두 해 전까지 절친한 사이였다. 조수들 중 가장 연장자로 14세이던 1480년부터 로셀리에게서 일찌감치 가르침을 받았고, 조수로 시스티나 예배당 벽화 작업에까지 참가했다. 또한 로마에 오기 얼마 전까지 피렌체의 기아 보육원인 산 보니파치오에서 여러 점의 프레스코를 그리는 등 중간 크기의 프레스코 경험도 이미 충분히 쌓았다. 그러나 부지런하다 못해 항상 자신이 그린 것을 뜯어 고치는 데 매달린 나머지 정작 제대로 완성한 회화 작품은 하나도 남기지 못했고, 그 결과 궁핍에 시달리다 죽었다. 또한 '일 마치에레(카드 딜러)'로도 통했는데, 이 별명은 왜 일을 앞에 두고 미적거리다가 무일푼으로 죽었는지를 잘 말해 준다. 그러나 이를 통해 아뇰로도 유희를 즐긴 그라나치나 상냥한 부자르디니처럼 사교적이고 파티를 좋아한 인물이었음을 알 수 있다.

그라나치가 편지에서 언급한 네 번째 조수는 야코포 디 산드로(Jacopo di Sandro)로 이따금 야코포 델 테데스코(Jacopo del Tedesco)나 '독일인' 야코포로 불리기도 했다. 부친은 산드로 디 체셀로라는 이탈리아 식 이름을 분명히 가지고 있었으나, 몸에는 여전히 독일인의 피가 흘렀던 모양이다. 야코포도 기를란다요의 공방에 속했다. 초기 경력에서는 별로 내세울 만한 것이 없었으나, 그래도 최소한 10년 동안은 화가로 적극 활약했다. 그라나치는 야코포의 신상에 대해서는 단지 이름만 언급하고 넘어갔는데, 그 역시 미켈란젤로가 잘 알던 인물인 것으로 보인다. 그런데 다른 조수들과 달리 로마에 가서 예배당 조수직을 맡는 문제에 대해 여러 가지로 우려했다. "야코포는 급료가 얼마인지 확실히 알고 싶어 했다."고 그라나치는 기록했다.[8]

이들 네 명은 20두카트라는 목돈을 받을 것이 확실했다. 그러나 받게 될 20두카트 중 10두카트는 로마에 왔다가 이런저런 이유를 대고 조수직을 중도에 그만 둘 때 위약금으로 물리기 위해 따로 떼어놓았다.

미켈란젤로가 볼로냐에서 조수 라포 단토니오에게 준 급료는 매달 8두카트였다. 이로 미루어 보면 20두카트는 능력을 인정받은 미술가가 두세 달이면 벌어들일 수 있는 금액에 지나지 않았을 것이다. 그런데 급료를 이렇게 적게 내놓은 것을 보면, 미켈란젤로는 애당초부터 적어도 몇 년이 소요될 작업에 그들을 풀타임으로 고용할 생각이 없었던 것 같다. 그보다는 단기간만 고용해서 작업에 관한 구체적인 자문을 받아 일을 시작한 후에 얼마 안 가서 보다 싼 노동력으로 대체할 계획이었던 것이다.

야코포 델 테데스코의 우려는 충분히 이해할 만하다. 피렌체를 떠나면 시스티나 예배당 건 외의 다른 일을 수주할 기회를 놓칠 뿐만 아니라, 로마에서 새로 자리를 잡아야 하는데다 말단 조수직이나 떠맡아야 하는 등 일정 수준의 자기희생을 감수해야 했다. 형편없는 보수에다 작업 기간마저 짧은 이 일을 위해.

그러나 곧 야코포는 이미 받아놓은 주문까지 모두 포기했다. 훗날 야코포와 미켈란젤로 둘 다 그렇게 한 것을 평생 후회할 테지만. 그리고 1508년 여름, 나머지 조수들도 한자리에 모여들었다. 프란체스코 그라나치도 부리나케 뒤따라 와 미켈란젤로의 로마에서의 작업을 관리하기 시작했다.

CHAPTER 08

# 부오나로티 가(家)

 미켈란젤로가 부친에게서 물려받은 것으로는 우울증과 자기연민, 부오나로티 가가 옛 귀족가문의 지손이라는 속물적 확신밖에 없다시피 했다. 실제로 미켈란젤로는 부오나로티 가 사람들이 카노사 왕실의 직계 후손이라고 확신했다.[1] 이 주장은 결코 사소한 것으로 치부할 수 없다. 카노사 가문은 대백작 부인인 토스카나의 마틸다를 조상들 중에서도 가장 걸출한 인물이라고 추켜세워 왔다. 돈과 학식이 모두 풍부했던 마틸다는 이탈리아 어, 프랑스 어, 독일어에 능통했는데, 편지를 쓸 때에는 꼭 라틴어로 했고, 필사본의 수집가였으며, 중부 이탈리아 땅의 대부분을 수중에 가지고 있었다. 마틸다는 꼽추인 고드프레이와 결혼해, 그가 살해될 때까지 레조넬에밀리아 부근의 성에서 살았다. 그리고 1115년 사망하면서 소유한 영지의 전부를 교황청으로 넘긴다는 유언을 남겼다. 그런데 말년의 미켈란젤로는 한 통의 편지를 마치 무슨 보물인 양 고이 간직한 모양이다. 편지를 쓴 주인공은 당대에 실존했지만 인물의 비중으로 볼 때 마틸다보다 훨씬 쳐지는 카노사 백작이었다. 백작은 편지에서 아주 교묘한 논리로 자신과 미술가가 친족 관계로 얽혀 있음을 확신시킨 후, '미켈레 안젤로 보나로토 데 카노사(Michelle Angelo Bonaroto de Canossa)'[2] 라는 칭호를 부여했다.

　노년의 미켈란젤로는 부오나로티 가의 옛 영광을 되찾는 일이 남은 생애의 유일한 목표라고 큰소리쳤다. 설사 명문가 출신이라는 주장이 사실이라 할지라도, 가문의 영광을 되찾으려는 노력은 네 형제와 때로는 부친까지 합세해 남들의 웃음거리가 되는 짓을 함으로써 계속 낭패를 겪었다. 그리고 정작 부친 로도비코는 미켈란젤로가 하고 많은 것들 중에 왜 하필이면 그까짓 미술가가 되겠다고 설쳐 집안 망신을 시키는지 모르겠다고 생각했다. 아스카니오 콘디비에 따르면, 미켈란젤로가 그림 그리기를 시작하자 부친과 숙부는 얼토당토않은 이유를 대며 사흘이 멀다 하고 두들겨 팼다고 한다. 예술의 위력과 아름다움을 이해하지 못한 그들은 미술을 비하하고, 집안에 미술가가 출현하는 것을 수치스러워 했다.[3]

　로도비코가 집안에서 미술가가 나오는 것을 두려워한 것은 미술이 점잖은 사람한테 어울리는 직업이 결코 아니라고 생각했기 때문이다. 당시 손으로 일하는 화가들은 장인 취급밖에 받지 못했고, 사회적 지위는 이발사나 장화 제작자 수준에 머물렀다. 그들 대부분은 하층민 집안 출신이었다. 안드레아 델 사르토는 이름에서 말해 주듯이 재단사의 자식이었고, 금세공사 안토니오 델 폴라이우올로의 아버지도 이름에서 짐작할 수 있듯이 사회적으로 하층민 취급을 받는 양계업자였다. 안드레아 델 카스타뇨는 원래 소몰이꾼이었다. 치마부에가 처음 조토를 발견했을 때, 그 역시 소몰이꾼에 지나지 않았을 것이다.

조상祖上에 나름대로 긍지를 가졌던 로도비코는 미술가들과 출신 집안의 이런 상관성 때문에 도메니코 기를란다요 같은 화려한 명성의 화가라도 자식을 견습생으로 문하에 보내는 것을 탐탁지 않게 여겼다. 사실 기를란다요는 15세기 최대의 벽화를 완성한 장본인이었다. 그러나 생계를 위해 광주리 둘레에 그림을 그려 넣는 일 같은 허드렛일도 주저하지 않았다.

한편 1508년에 일어난 사건을 보면, 가문의 명예를 먹칠한 것은 정작 미켈란젤로가 아니라 동생들, 특히 31세와 29세의 부오나로토와 조반시모네였다. 로렌초 스트로치의 모포가게에서 줄곧 일해 온 두 동생의 낮은 사회적 지위가 미켈란젤로에게는 수치스러웠다. 그래서 한때 동생들에게 모포가게를 차려 주겠다고 약속하기도 했다. 또한 나중에 사업에 성공하기 위해 미리 장사를 배워 보지 않겠느냐고 현명하게 충고까지 했다. 하지만 부오나로토와 조반시모네는 이보다 훨씬 더 야심찬 계획을 이미 세워 놓고 있었다. 그들은 형이 로마에서 일자리를 찾아줄 거라는 기대를 버리지 않았다.

무더운 초여름 날씨 속에 조반시모네는 이런 기대를 품고 로마를 향한 남녘 길에 올랐다. 한 해 전에도 볼로냐로 형을 찾아가려고 했었지만, 이에 기겁한 미켈란젤로가 역병과 정치적 혼란 같은 완전히 거짓은 아닌 이유를 내세워 오는 것을 막았었다. 그러나 이번에는 그를 막는 것이 불가능해 보였다.

 로마는 조반시모네에게 형이 단지 교황과 친하다는 이유만으로도 충분히 매혹적인 출세 가능성을 안겨 주었을 것이다. 미켈란젤로에게서 기대한 일자리가 어떤 것이었는지는 알 수 없다. 당시 피렌체는 모직 산업으로 부를 누렸지만, 로마에는 그에 견줄만한 산업이 아직 없어 마땅한 일자리를 찾기란 거의 불가능에 가까웠다. 율리우스 2세 치하에서 로마는 비로소 미술가와 건축가를 끌어 들이는 자석 역할을 하고 나섰지만, 조반시모네는 그 쪽 방면으로 경험은 고사하고 아예 재능조차 없었다. 야심은 있었지만 침착성이 부족한데다 산만하기 이를 데 없는 젊은이로 무슨 일을 하든지 제대로 집중하지 못했다. 미혼으로 아직 부친에게 빌붙어 살았지만, 살림에 한 푼이라도 보태기는커녕 하릴없이 빈둥거리며 아버지나 다른 형제들과 충돌을 일삼았다.

 조반시모네의 로마 행行은 결국 예상대로 허탕으로 끝났고, 형에게 골칫거리만 안겼다. 시스티나 예배당의 천장 소묘와 그 외의 여러 가지 준비 관계로 눈코 뜰 새 없이 바빴던 미켈란젤로에게 조반시모네의 존재는 한마디로 애물단지나 다름없었다. 설상가상으로 조반시모네는 로마에 온 지 얼마 안 돼 큰 병을 얻어 자리에 드러눕고 말았다. 미켈란젤로는 동생이 역병으로 쓰러질지도 모른다는 공포에 빠졌다. "제 충고에 귀를 기울인다면 조반시모네는 당장 피렌체로 돌아갈 테지요. 이곳의 공기는 그 애에게 정말 해롭습니다."[4] 하고 미켈란젤로는 부친 로도비코에게 편지를 썼다. 로마의 나쁜 공기는 가족들을 로마에서 쫓아낼 때마다 요긴하게 써먹는 핑계거리였다.

 병상에서 일어난 조반시모네는 결국 미켈란젤로의 성화에 떠밀려 피렌체로 돌아갔다. 그런데 로마를 떠나자마자 이번에는 부오나로토가 로마에 가겠다고 소란을 피웠다. 부오나로토는 십 년 전 미켈란젤로가 「피에타」를 조각할 당시 로마를 이미 두 번이나 다녀갔다. 로마에서 본 것들이 마음을 사로잡았는지, 그 후 몇 년 동안 로마에 정착할 마음으로 미켈란젤로에게 일자리를 마련해 달라고 졸라댔다. 그러나 미켈란젤로는 한 번도 그 일로 부오나로토를 격려한 적이 없다. 조반시모네에게 "뭘 알아내고 찾아봐야 할지 도무지 알 수 없다."고 차갑게 대꾸했을 뿐이다.

부오나로토는 그래도 조반시모네보다는 좀 더 믿을 만한 구석이 있어 애착이 갔다. 미켈란젤로는 다른 형제들에게도 자주 편지를 써 보냈는데, 주소 칸에 언제나 "부오나로토 디 로도비코 디 부오나로타 시모네"라고 당당하게 썼다. 로마에서 2~3주일에 한 번씩 정기적으로 피렌체의 집으로 편지를 보냈고, 끝에는 항상 "조각가 미켈란젤로, 로마에서"라고 부기했다. 당시까지 이탈리아에서는 공식 우편제도가 없어 편지들은 모두 피렌체로 가는 친구나 매주 토요일 아침 로마를 떠나는 노새 수송대에 의해 개인적으로 배달되었다. 미켈란젤로 앞으로 오는 편지는 공방이 아니라 거래 은행인 발두치오로 배달되어 그곳에서 편지를 받아갔다. 미켈란젤로에게 집안 소식은 매우 소중했다. 그래서 부오나로토에게 집안 사정을 좀 더 자주 써서 보내지 않는다고 야단치기도 했다.

부오나로토의 로마 행 의지는 피렌체에서 꼭두서니의 뿌리를 발효해 만든 주홍색 안료인 레드 레이크를 매번 1온스씩 사서 보내달라는 형의 설득으로 시들해졌다. 부오나로토는 모포가게의 꿈에 이어 로마행 꿈까지도 접고 말았다.

1508년 여름에 가족 중에서 미켈란젤로에게 걱정을 끼친 것은 비단 동생들뿐만이 아니었다. 큰아버지 프란체스코 부오나로티가 사망한 것이다. 화가가 되겠다는 미켈란젤로를 흠씬 두들겨 팬 숙부들 중 한 명이던 프란체스코의 인생은 그다지 성공적이지 않았다. 환전상으로 오르산미켈레 바깥에 야외용 테이블을 하나 갖다 놓고 장사를 했는데 비가 오면 옆의 재단사 가게에 테이블을 바짝 붙여 놓고 장사를 했고, 벌이도 신통치 않았다. 프란체스코는 카산드라라는 여자와 결혼했는데, 공교롭게도 거의 같은 시기에 로도비코도 미켈란젤로의 어머니와 결혼했다. 결혼 후 두 형제 부부는 한 집에서 같이 살았다. 그런데 프란체스코가 죽자, 카산드라가 느닷없이 로도비코 일가를 상대로 4백 두카트에 달하는 결혼 지참금 반환 소송을 낼 거라고 폭탄선언을 했다.*

　미켈란젤로는 소송 건으로 대모大母이기도 한 사람에게 배신당한 기분이었고, 부친은 재정적 손실을 감수해야 했다. 무일푼이던 로도비코로서는 지참금을 꿀꺽하고 싶은 마음이 간절했지만, 지참금의 법적 소유권은 어디까지나 형수인 카산드라에게 있었다.[5] 피렌체도 딴 곳과 마찬가지로 결혼 지참금은 남편이 죽으면 반드시 부인에게 반환하도록해 미망인의 재혼 길을 텄다. 카산드라의 나이로 보아 새 남편을 찾을 기회는 별로 없었을 것이다.[6] 그러나 부오나로티 가에 틀어박혀 허송세월하는 것보다 자신을 위해 남은 생애를 사는 것에 더 마음이 이끌렸던 모양이다. 지난 11년 동안 카산드라는 부오나로티

---

* 로도비코의 첫 번째 아내였던 미켈란젤로의 생모 프란체스카는 그보다 많은 416두가트를 결혼 지참금으로 갖고 왔었다. 로도비코는 1485년의 재혼에서는 훨씬 더 많은 6백 플로린이나 챙겼다.

가의 유일한 여성이었지만, 남편이 죽자 더 이상 시집식구와 함께 지내고 싶지 않았을 것이다.

당시에 결혼 지참금을 둘러싼 법적 분쟁은 비일비재했다. 그러나 법이 미망인의 손을 들어주어 그들이 대개 승소했다. 그래서 로도비코는 큰아버지의 유산 상속자로서 유산에 대한 권리를 완전히 포기하지 않으면 소송에서 불리해질 뿐만 아니라 카산드라의 지참금 등 남긴 채무를 모두 떠맡게 될지도 모른다고 미켈란젤로에게 알렸다.

조반시모네의 방문과 발병, 큰아버지의 사망과 큰 어머니의 고소는 시스티나 예배당 천장 프레스코를 도안하고 조수진을 짜느라 한창 분주한 미켈란젤로를 성가시게 괴롭힌 것이 사실이다. 조반시모네가 병상에서 일어나자, 이번에는 또 다른 약골이 미켈란젤로 앞에 불쑥 나타났다. 우르바노가 혼자 오지 않고 피렌체에 있던 피에로 바소, 혹은 '땅딸보'라 불리는 조수를 데리고 나타난 것이다. 바소는 한때 부오나로티 가에서 머슴으로 일한 적이 있는 목수였다.[7] 세티냐노의 하층민 집안에서 태어나 부오나로티 가의 농장에서 집 짓는 일을 감독하는 것 외에 로도비코의 집사로 온갖 궂은일을 하면서 여러 해를 지냈다. 미켈란젤로도 지난 4월에 바소를 로마로 불러들여 발판 제작을 돕거나 천장의 옛 석고를 떼어내는 로셀리를 돕게 한 바 있다. 바소는 공방뿐 아니라 예배당 일도 그럭저럭 잘 해냈다. 공방에서는 주인을 대신해 필요한 물건을 주문하거나 심부름을 하는 등 잔일을 주로 했다.

그러나 67세의 바소는 이미 몸이 허약할 대로 허약했다. 7월 중순 그도 조반시모네처럼 로마의 살인적인 무더위에 시달리다 결국 쓰러지고 말았다. 미켈란젤로는 바소가 몸져눕자 회복되더라도 피렌체로 돌려 보내기로 결심했지만, 당분간 그의 문제로 씨름해야 했다. 결국 미켈란젤로는 늙은 충복에게 일종의 배신감까지 느꼈던 것 같다.

미켈란젤로는 착잡한 심정으로 부오나로토에게 편지를 썼다. 네가 꼭 알아야 할 것이 있다. 피에로 바소가 병고에 시달리다가 지난 화요일 여기를 떠났다. 여하튼 나는 이번 일로 혼자 있게 된데다 그 양반이 혹시 노상에서 객사라도 하면 어떻게 하나 하는 걱정으로 마음이 아주 착잡하다."고 운을 뗀 다음, 바소를 대신할 만한 사람을 찾아줄 것을 부탁했다. "이제 혼자서는 아무 것도 할 수 없다. 게다가 여기서 믿을 수 있는 사람을 찾아낼 방도도 없고……."[8]

물론 미켈란젤로는 로마에서 우르바노 등 조수 다섯 명과 함께 기거하고 있었기 때문에 혼자였던 것은 아니다. 그러나 여전히 식료품을 구입해 음식을 장만하고, 공방이 원활하게 잘 돌아갈 수 있도록 온갖 자질구레한 일들을 해낼 수 있는 집사가 필요했다. 다행히 부오나로토는 그 일을 해낼 만한 사내아이를 찾아냈는데, 이름은 역사 기록물에 나타나 있지 않다. 당시 공방에서는 화가나 조각가들의 시중을 드는 심부름꾼 아이들이 흔했다. '파토리노'로 불리는 이 아이들은 보수 대신 숙식을 제공받았다. 로마로 이 아이를 보내는 데 있어 고민거리는 어떻게 어린 애를 먼 여행길에 나서게 할 수 있을까 하는 뜻밖의 문제였다. 미켈란젤로의 피렌체인에 대한 일방적인 선호와 로마인에 대한 불신은 파토리노 같은 말단에까지 이르는 공방 소속원 전체에 미쳤다.

파토리노는 부오나로토가 보충한 다른 사람이 오기 며칠 전 피렌체를 떠났다. 미켈란젤로는 바로 얼마 전 조반니 미치라는 사람이 보낸 편지를 받았다. 편지에는 일자리를 하나 내어달라는 간청과 만약 고용된다면 '유익하고 명예롭게' 일에 보탬이 되겠다는 다짐이 쓰여 있었다. 미켈란젤로는 부오나로토에게 재빨리 편지를 보내 미치에게 전달하라고 지시했다. 부오나로토는 당연히 미치에 대한 탐문에 들어갔다. 미치가 정말 필요한 일에 보탬이 되리라고 확신한 뒤, 미켈란젤로에게 그가 이삼일 내에 피렌체에서 하던 일을 모두 정리하고 로마로 떠날 거라고 알렸다.

조반니 미치(Giovanni Michi)에 대해 알려진 것은 거의 없다시피 하다. 1508년 산 로렌초 성당의 북쪽 수랑袖廊 벽에 프레스코를 한 것으로 보면, 미치도 분명 화가 수업을 받았던 것 같다.[9] 그러나 다른 조수들과는 달리 미켈란젤로나 추측컨대 로셀리와도 일면식조차 없었던 것 같다.[10] 그러나 미켈란젤로는 미치에게서 재능을 찾고 싶었다. 그리하여 미치가 8월 중순 로마에 오면서 조수 진용이 완벽히 갖추어졌다.

피에로 바소가 병상에서 일어나 피렌체로 떠난 7월 말, 미켈란젤로는 부친에게서 한 통의 편지를 받았다. 로도비코 부오나로티는 천재적인 재능을 지닌 둘째 아들의 근심과 미친 듯이 일하는 습관에 관해 조반시모네에게서 이야기를 많이 들어 잘 알고 있는 듯했다. 그래서 아들의 건강이 염려되어 미켈란젤로가 몸을 아끼지 않고 무리하게 일하는 것이 걱정된다는 내용의 편지를 보냈다. "내가 보기에 아무래도 네가 일을 지나치게 많이 하는 것 같다."[11]고 말한 뒤, "네가 제대로 쉬지도 못하고 울적하다는 것까지 잘 알고 있단다. 그렇게 우울하면 일을 제대로 할 수 없는데 그럴 바에야 가능하다면 아예 그 일을 그만두는 것이 낫겠구나." 하고 덧붙였다.

로도비코가 편지에서 지적한 것은 모두 사실이었다. 그러나 그때는 이미 시스티나 예배당 작업이 시작된 지 한참 지난 뒤였고, 이제 와서 '그만 둘 수'도 없었다. 조수들이 제자리를 잡자, 프란체스코 그라나치는 안료의 견본을 더 많이 구하기 위해 피렌체로 돌아갔다. 그리고 떠나기 전에 피에로 로셀리에게 마지막 급료를 지급했다. 다시 말해 천장의 옛 석고와 프레스코를 제거하는 작업이 마무리된 것이다. 로셀리와 인부들이 비계를 제작해 1천 평방미터 넓이의 천장에서 석고를 떼어내고 아리치오를 새로 바른 작업이 석 달도 채 되지 않아 종료되었다. 작업 속도는 실로 경이적인 것이었다. 첫 주요 작업이 마무리됨에 따라 시스티나 예배당의 천장도 프레스코를 할 기반이 이제 다 갖추어진 셈이었다.

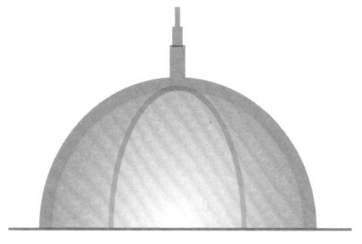

CHAPTER 09

심연의 샘

프레스코는 여러 가지 복잡한 준비 단계가 필요하다. 그중에서도 소묘는 도안을 잡은 다음, 벽이나 천장에 옮기는 과정에서 밑그림 역할을 수행하기 때문에 무엇보다 중요하다. 미켈란젤로는 시스티나 예배당 천장에 붓을 대기 전에 수백 장의 스케치를 그려 등장인물들의 내밀한 행동과 다양한 장면들을 다룬 포괄적인 구도를 짜려고 했다. 각 인물의 손의 위치와 얼굴 표정까지 포함해, 수없이 다른 인물들의 자세는 모두 대여섯 번에 걸친 습작 끝에 완성한 것들이다. 따라서 프레스코 전 과정을 통해 그린 소묘만 해도 1천 장이 넘었다. 조그마한 크기로 대충 그려 '프리모 펜시에리(첫번째 생각)'라고 명명된 간결한 스케치로부터 실물보다 더 크고 아주 상세하게 묘사된 수십 장의 밑그림에 이르기까지 소묘의 범위는 아주 광범위했다.

　미켈란젤로가 천장용 밑그림으로 그린 소묘 중에서 현재까지 남아 있는 것은 모두 70장도 안 되지만, 모두 실버 포인트 등 다양한 매체를 사용해 그린 것들이다. 실버 포인트로 소묘하는 방식은 기를란다요에게서 터득했다. 이 방식은 사람들이 고기살만 뜯어 먹고 남긴 뼈다귀를 가루로 빻아 흰 수은을 넣고 저은 다음, 접착제를 첨가해 뭉친 것을 종이 표면에 얇게 바르고 나서 첨필尖筆로 그리는 것이다. 종이의 표면을 첨필로 긁어 나가면 매우 작은 은알갱이들이 생기는데, 이것들은 재빨리 산화하면서 아름다운 회색 선을 남긴다. 이 방식은 정밀하나 매우 더디어, 미켈란젤로는 스케치에 속도를 내기 위해 목탄과 비스터를 사용했다. 비스터란 갈색 안료로 그을음을 모아 만든 것인데, 화가들은 깃펜이나 붓에 발라 사용했다. 또한 좀 더 신중하게 소묘를 하기 위해 붉은색 초크나 적철석을 사용했는데, 이 새로운 그림 수단은 레오나르도 다 빈치가 10년 전 「최후의 만찬」을 그릴 때 사도들에게 입힐 색깔을 연구하던 중 처음 개발해 사용한 것이다. 이 색깔은 파삭파삭한 느낌을 별로 주지 않지만, 화면에 등장하는 모든 것을 정교하게 표현해야 하는 소묘에는 안성맞춤이다. 또한 표현 효과가 대단해 레오나르도는 사도들의 얼굴을 그릴 때에 이 색깔로 근육의 결절을 해부학적으로 실감나게 그렸을 것이다.

　미켈란젤로는 피에로 로셀리가 천장 프레스코를 위한 작업을 한창 진행 중일 때, 스케치들 중 첫 번째 것을 그리기 시작했다. 그리고 도안에 4개월 동안 매달린 끝에 9월 말 마침내 첫 단계 소묘를 끝냈다. 이때 걸린 시간은 훨씬 소규모인 「카시나 전투」를 그릴 때 걸린 것과 같지만, 실제로 그린 소묘 장면은 불과 몇 개에 그쳤다. 시스티나

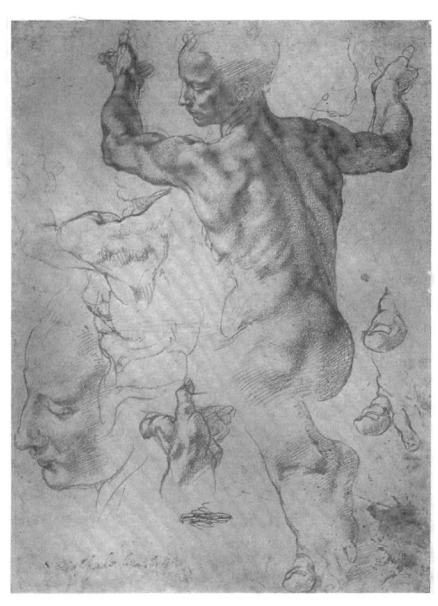

미켈란젤로가 붉은 초크를 사용해 그린 「리비안 무녀 The Libyan sibyl」 스케치

작업을 맡은 후에 미켈란젤로에게는 스케치와 밑그림을 그때그때 필요할 때 그리는, 그것도 마지막 순간에 그리는 습관이 생긴 것 같다. 천장의 한 부분에 들어갈 도안과 프레스코를 일관 작업으로 끝내면, 새로 다시 소묘 판으로 돌아가 말 그대로 다음 부분을 위한 도안 스케치와 밑그림 제작에 들어갔다.[1]

10월 첫째 주에 접어들자 천장을 프레스코 할 수 있는 준비가 비로소 다 갖추어졌다. 이즈음 피렌체 출신으로 로마에서 일하던 도메니코 마니니라는 밧줄업자가 3두카트를 받고 밧줄과 캔버스를 시스티나 예배당으로 가져왔다. 비계 밑에 캔버스를 매단 것은 물감이 대리석 바닥으로 떨어지는 것을 막기 위한 조치이기도 하지만, 미켈란젤로는 그보다 훨씬 더 중요한 역할로써 예배당 마루에 모인 사람들의

심연의 샘

시선을 가려 작업 진행 과정의 노출을 차단하는 기능을 기대했던 것 같다. 전에 「다비드」상을 두오모(대성당_옮긴이) 부근의 공방 밖으로 옮기다가 일부 구경꾼들에게서 돌팔매질을 당한 경험 때문에, 미켈란젤로로서는 당연히 여론의 촉각이 미치는 것이 두려웠다. 1505년에 「카시나 전투」의 밑그림을 산토노프리오에 있는 작업실에서 비밀리에 그렸을 때에도 가장 친한 친구와 조수들을 빼고는 그 누구에게도 공방 출입을 허용하지 않았었다. 추측컨대 루스티쿠치 광장 뒤편의 공방에서도 그와 같은 방침이 정해져 조수들과 교황, 이단설 심문관 이외에는 그 누구도 미켈란젤로의 소묘를 볼 수 없었을 것이다. 미켈란젤로는 프레스코를 로마인들에게 미스터리로 남겨 두었다가 자신에게 유리할 때 공개하기로 했다.

 미켈란젤로는 매일 조수들과 함께 12미터 사다리를 타고 올라가 창틀 위에 발을 내디딘 후, 창틀 위에 설치한 여러 개의 비계 다리 중에서 하나를 골라 다리의 계단식 상판 중 제일 낮은 곳 위에 올라서서 작업을 시작했다. 비계의 맨 아래층 계단에서 꼭대기 층 계단까지 다 올라가면 6미터 가량 위로 올라가는 셈이 되었다. 추락 사고를 방지하기 위해 비계에 난간이 설치되고, 캔버스가 비계에서 18미터 아래로 추락하는 것을 방지하는 선線 기능을 감당했을 것이다. 비계 위에는 여기저기 연장들이 흩어져 있었을 것이다. 조명시설로는 창문 외에 피에로 로셀리 팀 인부들이 밤늦게까지 일할 때 사용한 횃불이 있었다. 이제 예배당 천장 위에 광범위하게 펼쳐진 회백색 공간은 미술가들이 서 있는 지점에서 불과 수십 센티미터밖에 떨어지지 않은 상공에서 붓이 닿기만을 기다리며 그들을 향해 몸을 굽혔다.

하루 일과는 언제나 인토나코를 천장에 바르는 것으로 시작했다. 석고를 섞는 따위의 힘든 일은 로셀리 팀원의 몫이었던 것 같다. 물론 화가들도 석고를 만들어 바르는 법을 이미 도제 시절에 배워 잘 알고 있었다. 그러나 이 일은 대부분 무라토레(전문적인 미장이)가 맡았는데, 그 이유는 무엇보다 석고 만드는 일을 허드렛일이라고 생각해 꺼렸기 때문이다. 생석회는 부식력이 무척 강해 시신에 뿌리면 부패가 빨리 일어나 교회 마당 주변의 악취를 줄이는 데 이용했는데, 불이 꺼지면 산화칼슘이 팽창하다가 분해되면서 엄청난 열을 뿜어내 위험했다. 따라서 만일 생석회가 제대로 꺼지지 않으면 강한 부식성 때문에 프레스코뿐 아니라 천장의 석조 구조물까지 손상을 입어 석고 만드는 일은 여간 중요하지 않았다.

일단 산화수소칼슘이 형성되면 이 일은 단순히 힘든 작업에 지나지 않는다. 응어리가 일어나지 않도록 주걱으로 계속해서 혼합물을 저어 주어야 반죽 혹은 페티가 제대로 형성된다. 반죽은 모래와 섞어 갠 뒤. 농도가 연고처럼 될 때까지 계속 저어야 한다. 이렇게 계속해서 저어 주어야 석고가 건조될 때 균열이나 물집이 생기지 않는다.

미장이는 인토나코를 미술가가 미리 정해 놓은 면에 발랐다. 이것을 반듯하게 고른 다음 천으로 살짝 닦아냈는데, 이따금 아마포를 한 움큼 싼 것을 사용하기도 했다. 이렇게 하면 흙손 흔적을 지울 수 있을 뿐 아니라 표면이 알맞게 거칠어져 착색이 용이했다. 그리고 나서 이번에는 모래알을 제거하기 위해 비단 손수건을 사용해 표면을 좀 더 부드럽게 닦아냈다. 인토나코를 바르고 한두 시간-밑그림을 석고판에 옮겨 붙이는 데 충분한 시간이다.-지나면 인토나코에 외피가 형성되어 비로소 그림을 그릴 수 있었다.

미켈란젤로는 처음 일을 시작한 후에 얼마동안 조수들에게 일을 분담시키는 십장노릇까지 한 것 같다. 비계 위에는 항상 5~6명이 올라가 작업했는데 그중 두 명은 안료를 섞고, 나머지 일부는 밑그림을 펴는 작업을 하고, 또 다른 일부는 붓을 손에 쥔 채 언제라도 그림을 그릴 수 있는 자세로 대기했다. 비계는 그들이 한꺼번에 작업할 수 있을 만큼 넉넉하고 편리했다. 그리고 천장 전면에 걸쳐 천장에서 2미터가량 아래로 떨어져 있어 직립한 채로 작업할 수 있었다. 인토나코를 바르거나 물감을 칠할 때는 상체를 약간 뒤로 젖히고 팔을 위로 뻗기만 하면 되었다.

미켈란젤로는 신화에 나오는 것처럼 결코 비계에 등을 대고 누운 자세로 천장을 프레스코하지는 않았다.-그런 모습은 아이작 뉴턴(Isaac Newton)이 사과나무 밑에 앉은 모습만큼이나 대중들의 뇌리 속에 깊이 각인되어 있다. 이 오해는 노체라 주교였던 파올로 조비오(paolo Giovio)가 1527년쯤 쓴 『미카엘리스 안젤리 비타Michaelis Angeli vita』라는 제목의 소책자로 된 미켈란젤로 전기에 나오는 한 구절에서 비롯되었다.[2] 조비오는 비계 위에 서 있는 미켈란젤로의 자세를 묘사하면서 '레수피누스(resupinus)'라는 단어를 사용했는데, 이 말의 본뜻은 '뒤로 구부려'이다. 그러나 이 말은 자주 '등을 대고'로 번역되었다. 실제로 그런 열악한 조건 아래서 일하는 미켈란젤로와 조수들의 모습을 떠올리기는 결코 쉽지 않다. 로셀리의 팀원들이 좁은 틈새를 포복하고 다니거나 비계에 등을 대고 일자로 누워 1천 평방미터의 석고를 제거하는 모습을 상상하기란 더 어렵다. 물론 프레스코 작업 과정에서 미켈란젤로는 숱한 장애에 직면했지만 비계 때문은 아니었다.

시스티나 천장에 대해 미켈란젤로 팀이 택한 프레스코 전개 방식은 대체로 동쪽에서 서쪽으로, 정문 입구 쪽에서 예배당 서반부의 안쪽, 다시 말해 교황 미사 회원들의 전용석이기도 한 지성소 쪽으로 나아가는 것이었다. 그런데 그들이 택한 첫 프레스코 지점은 정문 바로 위의 천장부분이 아니라 정문에서 서쪽 안으로 약 5미터 들어간 지점, 다시 말해 정문에서 두 번째 창문 위의 천장 부분이었다. 미켈란젤로는 이곳에 '노아의 홍수'를 묘사한 창세기 6장부터 8장까지의 말세적인 에피소드를 그릴 생각이었다.

굳이 「홍수The Flood」로 프레스코를 시작한 데에는 그만한 사정이 있었다. 제일 중요한 첫 번째 이유는 위치상 이곳이 사람들의 눈에 잘 띄지 않는다는 점이었다. 내방객, 아니 그보다 훨씬 더 중요한 지성소에 앉은 교황의 눈을 사로잡기 위해서는 좀 더 유명한 장면으로 시작하는 것이 나았으나, 프레스코의 경험 부족으로 큰 부담감을 느꼈을 것이다. 두 번째 이유는 전에 그려 굉장히 주목을 받았던 「카시나 전투」를 자세히 살펴보면 알 수 있듯이, 홍수 장면에 대한 준비가 이미 완료되어 있었다는 점이다. 그만큼 이 장면에 대한 미켈란젤로의 의지가 뜨거웠던 것이 분명하다. 이 장면을 염두에 두고 8월 중순 피렌체로 송금해, 일전에 산 주스토 알레 무라의 제수아티 수도사에게 주문한 담청색-불어나는 홍수를 극적으로 표현하는 데 쓸 안료-을 사오게 했다. 미켈란젤로의 「홍수」는 천지창조 후에 하느님이 인간을 창조한 것을 후회한다는 내용의 구약성서 대목을 그림으로 표현한 것이다. 인간들의 사악함이 더 이상 방치할 수 없을 만큼 완고해진 것을 본 하느님은 '의롭고 완전한 인간'인 노아를 내세워 그의 가족을 제외한 전 인류를 멸하기로 결심한다. 농부였던 노아는 6백 살로 아직 한참 젊은 나이였다. 하느님은 노아에게 잣나무로 방주를 만들라 하고, 배의 크기를 길이 3백 큐빗(1큐빗은 약 0.5미터_옮긴이), 폭 50큐빗, 3층 높이(30큐빗)로 정하고, 창과 문을 각각 하나씩 낼 것을 주문했다. 방주 안으로 노아의 아내와 자식 내외가 먼저 들어가고, 뒤를 따라 산 짐승들이 한 쌍씩 짝을 지어 들어갔다. 이어서 '심연에서 샘이 터졌다.'[3] 고 성서는 기록했다.

「카시나 전투」의 등장인물과 동작 형태가 「홍수」에 나오는 것들과 확실히 닮은 것을 보면, 미켈란젤로는 「홍수」를 처음 구상할 때 이 작품에 대한 미련을 여전히 떨치지 못한 것으로 보인다. 「카시나 전투」에 나타난 수많은 자세들은 나중에 「홍수」에서 조금씩 변형된 형태로 다시 출현했다.[4] 3년 전 「카시나 전투」가 일으킨 엄청난 반향과 여기서 형성된 자세들 중 일부를 재사용함에 따른 작업량의 경감효과를 감안할 때, 미켈란젤로가 1508년 천장 도안을 하면서 과거의 경험에 의존한 것은 매우 현명했다고 생각된다. 미켈란젤로는 「카시나 전투」뿐 아니라 자신의 또 다른 과거 작품의 등장인물들까지 재등장시켜 사용했다. 「홍수」에 나오는 인물들 중 한 명-이미 만선인 작은 배에 필사적으로 승선하려고 애쓰는 벌거숭이 남자-은 15년 전에 조각한 「켄타우루스의 전투」에 나오는 단도를 든 전투병과 똑같은 자세를 취하고 있다.

이 두 작품과 마찬가지로 「홍수」도 인체로 꽉 차 있다. 이 그림은 수십 명의 성인 남녀와 어린애들이 나체로 대홍수를 피해 뒷걸음치는 비바람 속의 황량한 물난리 풍경을 담고 있다. 그들 중에는 화면 왼쪽의 고지대로 질서정연하게 오르는 사람들과 돌섬에 임시로 친 펄럭이는 천막 속으로 피신하는 사람, 사다리를 붙잡고 방주로 달려가는 사람들도 눈에 띈다. 방주는 직사각형 배로 화면 뒤의 배경

속에 놓여 있는데, 꿰맨 지붕과 창문이 보이고 빨간색 옷을 입은 구레나룻 수염의 노아가 창밖에 서서 주변에서 일어나는 재난을 못 본 척하고 있다.

「홍수」에서 미켈란젤로는 불운에 빠진 인물들의 자세를 열정을 다해 극적이고도 팽팽한 근육질형으로 그렸지만, 사소한 물건이라도 악착같이 건지려고 애쓰는 인물들의 자세는 수수하게 처리했다. 걸상을 거꾸로 세워 식빵과 도자기, 몇 점의 칼을 담아 머리 위에 인 여성과 벌거벗은 채로 한 움큼의 옷가지와 프라이팬을 움켜진 두 남자의 자세가 바로 그것이다. 미켈란젤로는 티베르 강과 아르노 강이 범람할 때 틀림없이 그와 유사한 대피 광경을 목격했을 것이다. 티베르 강은 제방시설이 전혀 없어 홍수로 강둑이 무너지고 강변이 순식간에 물바다로 바뀌는 일이 비일비재했다. 미켈란젤로도 1506년 정월 바티칸에서 3킬로미터 떨어진 강 하류의 리파 강에 바지선을 대고 대리석을 하역하다가 강물의 범람으로 대리석 일부를 물에 빠뜨렸다가 나중에 모두 건져낸 적이 있었다.

프레스코 작업은 조수들의 노련한 솜씨에도 불구하고 그다지 순조로운 출발을 한 것 같지는 않다. 화판을 채운 후 곧바로 상당 부분 수정 작업에 들어갔기 때문이다. '펜티멘티(후회)'라는 묘한 이름을 가진 수정 작업은 프레스코 화가들을 항상 어려움에 빠뜨렸다. 오일이나 템페라 회화의 경우에는 실수를 하더라도 덧칠을 가하면 그만이었다. 그러나 프레스코 화가들은 그렇게 간단히 '후회'할 수 없었다. 다행히 인토나코가 완전히 마르기 전에 실수를 발견하면, 실수한 부분의 석고를 긁어내고 그 자리에 새 석고를 입혀 작업을 재개하면 충분했다. 그러나 인토나코가 이미 다 마르고 난 뒤 실수를 발견하면, 그때는 망치와 끌을 사용해 1조르나타의 석고를 통째로 제거하는 수밖에 없었다. 미켈란젤로 팀이 저지른 실수는 후자에 속했다. 그들은 석고를 조르나타로 자그마치 열댓 개나 뜯어내어 전체 「홍수」 장면 가운데 왼쪽 부위 등 반 이상을 새로 다시 그려야했다.[5]

「홍수」의 많은 장면을 지우게 된 경위는 분명치 않다. 어쩌면 왼쪽에 그려진 인물 도안이 마음에 들지 않거나, 일을 시작한 지 몇 주 후 기술이 달라졌거나 향상되었기 때문인지도 모른다. 그러나 수정 작업은 한 달 이상의 망치질을 필요로 하기 때문에 프레스코 관계자들의 낭패감은 그만큼 컸다.

그런데 바위 위에 둘러친 천막 속에 잔뜩 겁먹은 표정으로 뒤죽박죽 섞여 있는 군상들은 반복된 수정 작업에도 불구하고 「홍수」 프레스코 작업 초기부터 유일하게 살아남아 이후로도 천장에 계속해서 남은 부분이다. 수많은 손길을 거쳐 완성된 이 인물군상들은 미켈란젤로가 프레스코 초기 단계에서 조수진을 어떤 식으로 가동했는지를 여실히 보여 준다. 실제로 누가 프레스코의 어느 부분을 그렸는지는 확실히 알 수 없다. 하지만 「홍수」에서 미켈란젤로가 그린 것이 확실시 되는 부분은 바위 한 쪽 모서리 위에 있는 두 인물로 기운찬 노인이 무기력하게 축 늘어진 젊은이를 두 팔로 붙잡고 있는 광경이다.

「홍수」 프레스코의 왼쪽 부위를 전면적으로 개작하는 데에는 총 19개의 조르나타가 들어갔다. 축일 미사와 일반 미사를 고려하면 이 부분을 끝내는 데에는 4주 이상이 걸려, 미켈란젤로는 조수 팀 체제를 11월 말까지 그대로 끌고 간 것으로 보인다. 그런데 11월 말은 계절적으로 볼 때, 추기경들이 모피 줄로 수놓은 어깨띠를 바람에 날리지 않게 붙잡느라 애먹는 시기를 눈앞에 둘 무렵으로 날씨가 악화되면 프레스코 화가들은 몇 주일씩 붓을 내려놓아야 했다.

「홍수」의 작업 진행 속도는 좌절감이 솟구칠 만큼 느렸다. 망친 부분을 포함하지 않고 계산해도 장면 전체에 29개의 조르나타만이 사용되었다. 이들 조르나타는 비교적 소규모로 평균 0.6평방미터였는데, 이 정도는 토르나부오니 성당에 들어간 하루 작업량의 3분의 1에 불과했다. 「홍수」에서 가장 큰 조르나타는 겨우 폭 1.5미터×높이 90센티미터에 지나지 않았는데 기를란다요의 하루 평균 작업량에도 못 미치는 수준이었다.

프레스코 작업이 이렇게 더디게 진행된 데에는 미켈란젤로의 무경험 외에 「홍수」에 등장하는 인물들을 모두 독립된 개체로 취급해 완벽하게 묘사한 탓도 컸다. 인물화는 풍경화보다 품이 훨씬 더 많이 들어간다. 특히 복잡하고 특이한 자세만을 고집하고 해부학적인 정밀도를 추구하는 화가일 경우 더욱 그렇다. 얼굴은 특히 많은 주의가 요구되었다. 밑그림을 새겨서 하는 좀 더 빠른 방식, 다시 말해 석고 위에 밑그림을 대고 윤곽을 따라 첨필 끝을 눌러대는 방식은 팔, 다리, 몸에 걸친 옷 등 한 장면 가운데 다른 부위에 비해 크지만 대충 묘사해도 무난한 부분에만 주로 사용했다. 그에 반해 얼굴 부분을 그릴 때에 프레스코 화가들은 거의 언제나 정밀하지만 그만큼 느린 스폴베로 기술을 활용해 얼굴의 윤곽을 밑그림에서 따왔다. 스폴베로 방식 중에는 밑그림의 윤곽에 미세한 구멍을 내고 그곳을 통해 석고에 목탄가루를 뿌리는 방식이 있다. 그런데 「홍수」의 프레스코에 본격적으로 나선 미켈란젤로는 겨울을 눈앞에 둔 불리한 상황속에서도 조수들과 함께 밑그림을 새기는 방식[6]을 거부하고 전적으로 스폴베로 기술에만 매달렸다.

홍수는 미켈란젤로에게 언제나 섬뜩한 의미를 가졌다. 독실한 신앙인이던 그는 험악한 날씨가 빚어내는 온갖 재난을 진노한 하느님이 내리는 징벌로 간주했다. 몇 년 후에 가을비로 피렌체와 로마가 물바다가 되었을 때, 미켈란젤로는 "이탈리아인들은 자신들이 저지른 과오로 재앙을 겪고 있는 것"이라고 한탄했다.[7] 염세론의 원천인 천벌(불과 유황)과 「홍수」의 묘사가 가능하도록 영감을 제공한 배후의 인물은 어린 시절부터 영향을 끼쳐온 도미니코 수도원의 기롤라모 사보나롤라(Girolamo Savonarola) 수사였다.

한때 시뇨리아 광장 가운데에서는 '허영과 사치'의 탑을 세우고 소각하는 행사가 있었다. 브루차멘티 델라 바니타로 명명된 행사는 1497년 2월 7일과 이듬해 2월 27일 두 차례에 걸쳐 열렸다. 기롤라모 사보나롤라는 이 '허영의 햇불' 탑에 불을 지른 인물로 특히 유명했는데, 1491년 39세가 되자 페라라에서 피렌체의 산 마르코에 있는 도미니크 수도원에 들어가 수도사 생활을 시작했다. 로렌초 데 메디치 영도 하의 피렌체는 고대 그리스 로마 문화에 열광했다. 플라톤의 저서를 번역·연구하는 붐이 일어나고, 대학에서는 그리스어를 가르쳤다. 설교 신부들조차 오비디우스를 인용하기에 이르렀고, 민중들은 로마 식 대중목욕탕을 자주 찾았다. 또한 산드로 보티첼리 같은 미술가는 기독교이기보다 이교적인 주제의 그림을 주로 그렸다. 이 같은 복고주의적인 열기와 망상은 사보나롤라를 분노케 했다. 그는 고대 세계에 대한 광적인 집착이야말로 젊은이들을 남색가로 만드는 주범으로 확신했다. "그대들에게 고하노니 당장 버려라, 첩과 수염 없는 애송이들을! 그대들에게 고하노니 당장 집어치워라, 하느님의 진노를 사는 저 혐오스러운 악행들을! 그렇지 않으면 그대들에게

에스메 데 보울로노이스(Esme de Boulonois) 작 「기롤라모 사보나롤라」

화 있을 진저! 그대들에게 화 있을 진저!"[8] 하고 강단에서 외쳤다. 사보나롤라가 제시한 문제 해결책은 간단했다. 남색가들을 퇴폐적인 허영물과 함께 불태우는 것이다. 그가 말하는 퇴폐적인 허영물에는 장기판, 카드, 거울, 특이한 의상, 향수 등 온갖 것들이 망라되어 있었다. 또한 피렌체인들에게 각종 악기와 벽걸이 융단, 그림, 단테, 페트라르카, 보카치오 등 위대한 작가들이 쓴 책의 필사본들을 모두 불더미 속으로 집어던지라고 간곡히 호소했다.

이때 사춘기 소년이던 미켈란젤로는 이 광신자의 주문에 걸려들어 평생 그의 설교를 되뇌었다. 콘디비에 따르면, 사보나롤라는 미켈란젤로가 '매우 좋아한' 인물이었으며, 미켈란젤로는 수십 년이 지난 후에도 여전히 그의 음성이 귓속에 생생하게 울린다는 고백을 했다고 한다.[9] 깡마르고 창백한데다 검은 머리칼에 검푸른 눈, 짙은 눈썹을 한 사보나롤라는 1492년 봄에 산타 마리아 델 피오레 성당의 강단에 서서 미사 참석자들의 모골을 송연케 하는 설교를 했다. 설교에서 피렌체 하늘에 벼락이 떨어지고 암흑이 몰아친 후에 갖가지 형태로 눈앞에 나타난 단검과 십자가의 환상들을 열거해 나가자, 피렌체인들은 정신을 잃고 사보나롤라의 노예가 되어 버렸다. 언급한 환상들의 메시지는 유리알처럼 분명했다. 피렌체인들이 생활 방식을 개선하지 않는 한 진노한 하느님의 처벌을 면하지 못한다는 것이었다. "오, 피렌체여! 오, 피렌체여! 오, 피렌체여!" 사보나롤라는 마치 구약성서에 나오는 예언자처럼 울부짖었다. 자신을 항상 예언자에 비교하며 "그대들이 저지른 죄악, 그대들의 잔인함, 그대들의 탐욕, 그대들의 음욕, 그대들의 야욕 때문에 그대들은 시련과 간난의 질곡 속에 빠지고 말 것이다!"[10] 하고 예언했다.

이 수사의 예언은 적중했다. 2년 후 나폴리 왕위의 계승권을 주장한 프랑스 왕 샤를 8세가 3만의 대군을 이끌고 알프스를 넘어 이탈리아로 쳐들어 온 것이다. 사보나롤라는 대규모 침략군-그때까지 이탈리아 땅을 밟은 침략군들 중에서 최대 규모였다.-을 대홍수에 비교했다. 그는 1494년 9월 21 일 오전에 강단에서 열변을 쏟아냈다. "보라, 내가 이 지상에 큰물을 쏟아낼 것이다!" 사보나롤라는 자신을 노아에 비교하며 피렌체인들에게 대홍수를 피하고 싶으면 자신의 '방주', 즉 산타마리아 델 피오레로 오라고 말했다.

피렌체인들은 감전된 듯한 충격을 받았다. 사보나롤라의 예언에 충격을 받은 그들은 "공포와 경악, 비탄으로 넋을 잃은 채 반쯤 벙어리가 되어 시내를 방황했다."[11]고 어떤 관찰자는 기록했다.

공포에 질린 사보나롤라의 추종자들에게는 피아뇨니(울면서 기도하는 사람_옮긴이), 또는 울보라는 별명이 주어졌다. 메디치 일가가 곧 권좌에서 축출되고, 11월이 되자 사보나롤라가 언급한 '저승사자'-단신에 깡마르고 매부리코와 생강 모양의 턱수염을 한 샤를 8세-가 말을 타고 피렌체에 입성했다. 샤를은 열하루 동안 푹 쉰 후에 교황 알렉산더 6세와의 결판을 위해 로마로 떠났다. 타락의 농도로 본다면 알렉산더가 그 어떤 피렌체인보다 진했다. 때마침 티베르 강이 마치 신호를 받은 양 범람해 로마시를 물바다로 만들었다. 마치 로마인들에게 하느님의 진노를 과시라도 하는 것처럼…….

따라서 홍수는 미켈란젤로에게 단순히 주의를 환기시키는 이미지, 다시 말해 자연의 힘을 일깨워주는 힘의 이미지가 아니었다. 사보나롤라가 설교를 통해 생생하게 각인시킨 구약성서상의 하느님의 분노를 일깨워주는 이미지를 가졌다. 사보나롤라의 설교는 미켈란젤로의 다른 수많은 형상에도 반영되었을 것이다. 또한 프레스코의 주제를 신약성서적인 것, 즉 12사도에 관한 것에서 구약성서적인 것으로 전환시키는 배후의 힘으로도 작용했을 것이다. 사보나롤라가 장광설을 토하며 마구 난도질한 구약성서의 주요 대목들이 이제 천장 프레스코의 주제가 된 것이다.[12] 그때까지 두 세기에 걸쳐 이탈리아 화가들은 주로 신약성서적인 주제, 즉 성수태고지, 그리스도탄생, 성모승천 같은 것에 관심을 집중했다. 이 장면들은 한결같이 하느님의 은총과 그리스도를 통한 인류의 구원 같은 안락한 주제를 바탕으로 한 점잖고 우아한 것들 뿐이었다. 미켈란젤로는 이러한 신약성서적인 주제들을 저 유명한 「피에타」와 「성모 마리아와 아기 예수」의 부조와 패널화에서 다룬 후에 더 이상

관심을 보이지 않았다. 그 대신 교수형, 질병, 속죄, 참수형 등이 골고루 섞인 죄와 벌의 비극적이고도 격정적인 이야기에 매료되었다. 이제 곧 착수 예정인 시스티나 예배당의 천장화도 바로 이 구약성서를 바탕으로 한 것이었다. 그리고 복수하는 하느님, 심판대에 놓인 죄수들, 광야에서 울부짖는 선지자들을 형상화한 장면들은 분명 사보나롤라가 남긴 유산의 일부이다.[13]

  사보나롤라의 이야기는 결국 비극으로 끝났다. 설교에서 토한 갖가지 형태의 분노와 응징의 불길과 함께……. 사보나롤라는 일찍이 『예언의 진리성Dialogo della verita profetica』이라는 책을 썼다. 책에서 오늘날에도 하느님은 구약성서 시대처럼 선지자를 지상으로 보내 걸어 다니도록 하시는데, 기롤라모 수사가 바로 그 하느님의 사도라고 선언했다. 그리고 자신이 본 환상들은 어디까지나 천사들이 만든 작품이며, 최근에 일어난 역사적 사건들을 보면 설교와 대담에서 행한 예언들이 모두 적중했음을 알 수 있다고 강변했다. 그러나 사보나롤라의 몰락의 주범은 바로 그 예언들이었다. 성령은 오직 교황과 교통交通할 뿐, 어중이떠중이들을 선동하는 페라라 출신의 수사와는 하지 않는다는 것이 가톨릭 교회의 공식 입장이었다. 그에 따라 1497년 교황 알렉산더 6세는 사보나롤라에게 설교와 예언 같은 활동을 일체 중단하라는 명령을 내렸는데, 이에 불응하자 그를 파문했다. 그러나 파문 후에도 계속 설교 활동을 강행하자 교황청은 사보나롤라를 체포하여 고문한 후, 1498년 5월 시뇨리아 광장에서 교수형에 처했다. 아이러니하게도 시신은 큰 모닥불에 태워졌으며, 재는 아르노 강에 뿌려졌다. 이때 미켈란젤로는 카라라에서 「피에타」에 쓸 대리석을 채석하던 중이었다. 그러나 형인 리오나르도에게서 소식을 전해 듣고 사보나롤라의 운명에 관한 전말을 곧 알았을 것이다. 사보나롤라의 처형 소식을 미켈란젤로에게 가져온 리오나르도는 도미니크 수도원의 수사로 있다가 사보나롤라의 충성분자로 낙인찍혀 성직에서 이미 쫓겨난 상태였다.

숨진 예수가 모친 마리아의 품에 안겨 비스듬히 누운 「피에타」는 기독교의 구속救贖적인 신약성서관이 가장 극적으로 표현된 한 예다.[14] 그러나 10년 후에 미켈란젤로는 시스티나 예배당의 작업을 맡으면서 사보나롤라가 구체화한 끔찍한 상상의 나래에서 어느 정도 자유로워질 수 있었다.

● ● ●

「홍수」의 작업 진행 속도는 좌절감이 솟구칠 만큼 느렸다. 망친 부분을 포함하지 않고 계산해도 장면 전체에 29개의 조르나타만이 사용되었다. 이들 조르나타는 비교적 소규모로 평균 0.6평방미터였는데, 이 정도는 토르나부오니 성당에 들어간 하루작업량의 3분의 1에 불과했다. 「홍수」에서 가장 큰 조르나타는 겨우 폭 1.5미터×높이 90센티미터에 지나지 않았는데 기를란다요의 하루 평균 작업량에도 못 미치는 수준이었다.

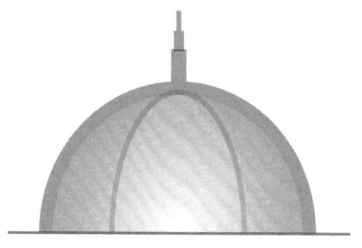

CHAPTER 10

경쟁

미켈란젤로가 조수들과 함께 프레스코 작업을 본격화할 즈음 교황은 국사로 다망했다. 1507년 볼로냐에서 돌아온 후에 그는 또 다른 정벌 계획에 들어갔다. 페루자와 볼로냐의 원상회복에는 성공했지만, 교회 재산으로 간주한 영지들 중 상당 부분은 아직도 베네치아가 가로챈 상태였다. 사태를 평화롭게 해결하기 위해 율리우스는 자신의 대변인인 에지디오 다 비테르보를 베네치아로 보내 파엔차의 반환을 요구했다. 비테르보가 흠잡을 데 없는 웅변조로 베네치아 원로원 인사들에게 부당하게 취득한 장물을 내놓으라고 설득했지만 전혀 아랑곳하지 않았다. 오히려 베네치아 주교들을 직접 임명해 교황의 심기를 더욱 사납게 건드렸다. 심지어 볼로냐에서 온 벤티볼리오 당지도부를 넘겨 달라는 교황의 요구를 일언지하에 거절하고 안전한 피난처까지 제공해 사태 악화를 더욱 부채질했다. 이런 모욕에 교황의 분노는 극에 달했다. 교황은 베네치아 대사에게 "당신네가 폭삭 망해 옛날처럼 어부로 연명하는 꼴을 보기 전에는 절대로 화를 풀지 않을 것이오!" 하고 빽 소리를 질렀다.[1]

그런데 교황보다 오히려 주변 적대 세력들이 베네치아인들에 대해 더 강경하게 나왔다. 그동안 몇 년간 이 공화국은 영토 탈취를 일삼아 프랑스와 험악한 사이가 되었다. 프랑스인들도 율리우스처럼 베네치아인들에게 자신들의 봉토였던 땅을 돌려줄 것을 요구했다. 그 속에는 브레시아와 크레모나 같은 도시들이 포함되어 있었다. 로마 가톨릭 교회는 이탈리아에 대한 프랑스 왕 루이 12세의 영토적 야심에 우려를 감추지 않았고, 율리우스는 그런 루이 12세를 불신했다. 그럼에도 불구하고 율리우스는 베네치아가 끝내 비타협적으로 나온다면 프랑스와 동맹조약을 맺을 것임을 분명히 했다.

그러나 교황은 이처럼 치열한 정치적 공방의 와중에도 자신의 침실 장식 문제 같은 사적인 관심사에 결코 소홀한 적이 없었다. 그는 교황에 선출되자마자 그동안 증오해 온 보르자의 이름을 역사에서 지우려고 애썼다. 바티칸의 모든 문서에서 알렉산더 6세의 이름을 지우고, 보르자의 초상화에 검은 수의를 두르게 했을 뿐 아니라, 영묘를 파헤쳐 유해를 스페인으로 옮겼다. 그래서 1507년 11월 알렉산더 6세가 사용하던 바티칸 궁 2층의 침전을 자신의 숙소로 사용하지 않겠노라고 말했을 때 아무도 놀라지 않았다. "성하는 앞으로 사악하고 범죄의 온상으로 낙인찍힌 이곳에 머물지 않을 것이다."[2]라고 파리데 데 그라시는 전했다.

바티칸 궁의 북측에 자리 잡은 방들의 장식은 십여 년 전 핀투리치오가 맡았었다. 그는 벽과 천장을 성서와 성녀 카테리나 등 성인들의 전기로 채웠다. 성녀 카테리나 초상화의 모델은 루크레치아 보르자였다. 또한 벽면 사방팔방에 그려진 알렉산더의 초상화와 보르자 가家의 문장은 율리우스에게는 다분히 모욕적인 장식이었을 것이다. 그래서 파리데가 문제의 프레스코 장식을 벽면에서 도려낼 것을 진언했다. 그러나 교황은 이를 부당한 신성모독 행위라며 거부했다. 그 대신 위층인 바티칸 궁 3층에 친교를 위해 마련한 방 쪽으로 침전을 옮길 생각을 했는데, 브라만테가 새로 지은 코르틸레 델 벨베데레 정원을 조망하기에는 이곳이 아래층보다 훨씬 더 유리했다. 침전에는 알현실과 서재도 함께 들어설 예정이어서 자연히 장식이 필요했다.

   1504년 피에로 소데리니는 레오나르도 다 빈치를 의회전당으로 불러들이면서 스파링 상대로 미켈란젤로를 기용했다. 소데리니는 늑장부리기로 악명 높은 레오나르도가 소규모지만 제대로 된 한판 승부로 이번만은 제발 일을 제때 끝내 주길 바랬다.[3] 그런데 교황도 미켈란젤로를 두고 그와 비슷한 전술에 기댄 것 같다. 어느 경우든 미켈란젤로는 시스티나 예배당에서 그림 작업을 시작한 지 얼마 되지 않아 예배당 부근에서 또 다른 주요 작업이 착수된 것을 알게 되었을 것이다. 미켈란젤로 앞에 새로 출현한 경쟁자들은 가공할 만한 진용을 갖췄다. 늘 그랬듯이 교황은 이번에도 최정예 장인들만 골라 피에트로 페루지노의 시스티나 예배당 벽 장식 팀 이후 최고의 화가 진용을 구성했다. 이 팀에는 보르자 방에 율리우스를 불쾌하게 만든 문제의 벽화를 그린 원작자임에도 개의치 않고 불러들인 핀투리치오도

레지널드 피고트(Reginald Piggott)의 바티칸 궁 숙소의 도안

포함되어 있었다. 또한 시스티나 예배당 벽화의 또 다른 베테랑인 58세의 루카 시뇨렐리 같은 풍부한 경험을 소유한 프레스코 화가들이 절반을 넘었다. 따라서 페루지노는 사실상 팀을 대표하기보다는 팀의 일원에 지나지 않았다.

미켈란젤로는 이들이 자신을 비롯한 팀원 어느 누구도 감히 겨루어 볼 엄두조차 낼 수 없을 만큼 기량이 출중하다는 사실을 잘 알고 있었을 것이다. 어쨌든 두 팀 간의 경쟁은 페루지노를 향한 미켈란젤로의 증오심 때문에 더욱 첨예해졌다. 두 사람은 몇 해 전 피렌체에서 공개적으로 모욕을 주고받은 적이 있다. 그들 사이의 불화는 너무 심각해 종당에는 두 사람 모두 피렌체의 범죄 담낭 치안 판사 오토 디 구아르디아에게 소환당하기까지 했다.[4] 미켈란젤로에게 더욱 놀라운 것은 이들이 모두 브라만테가 교황을 대신해 선발한 사람들이란 점이었다. 브라만테는 그들과 개인적으로 친분이 두터울 뿐 아니라 많은 사람을 로마로 불러 경력을 쌓을 수 있게 후원하는 역할까지 떠맡았다.[5]

이들 외에 다른 브라만테 팀원들도 미켈란젤로에게는 생소하지만 모두 탄탄한 실력을 갖추었다. 그들 중에는 스승 브라만테를 존경한다고 해서 브라만티노(어린 브라만테)로 불린 바르톨로메오 수아르디(Banolomeo Suardi)와 롬바르디 출신으로 소도마라는 별명을 가진 31세의 조반니 안토니오 바치(Giovanni Antonio Bazzi)도 있었는데, 특히 브라만티노의 기량이 출중했다. 43세의 브라만티노는 인물화를 극사실적으로 그려 그림 속의 인물들이 말하는 능력 외에는 아무것도 부족한 것이 없다는 평까지 들었을 정도였다. 팀에는 네덜란드 미술가인 요한네스 뤼쉬(Johannes Ruysch)와 스테인드글라스 디자이너로 유명한 프랑스인 기욤 드 마르쉬(Guillaume de Marcillat) 같은 젊은 화가들도 끼어 있어 국제적인 분위기가 났다. 또 다른 인물로 로렌초 로토(Lorenzo Lotto)라는 전도양양한 젊은 화가도 있었는데, 바로 얼마 전 로마에 와서 팀에 합류했다.

바티칸 팀이 프레스코할 방 4개의 총표면적은 미켈란젤로의 붓끝이 닿기를 기다리는 시스티나 예배당 천장의 절반도 안 되었다. 그렇기 때문에 바티칸 팀은 더 많은 열정과 적은 부담감을 갖고 일에 착수했을 것이다. 거기에다 마루에서 천장까지의 높이가 9미터에도 못 미치는 등 여러 가지 조건상 일하기가 훨씬 수월했을 것이다. 사용할 비계의 고안은 당연히 브라만테가 맡았을 것이다. 추측컨대, 이때 고안한 것은 전에 시스티나 천장용으로 고안한 것보다 성능이 더 나았을 것이다. 그리고 보다 중요한 것은 브라만테가 벽에 프레스코할 신화, 종교와 관련한 장면의 도안까지도 이미 해내, 그들에게 남겨진 것은 단순히 휘황찬란한 색을 입히는 것뿐이었다.

 브라만테는 이 작업으로 훗날 커다란 의미를 갖게 되는 또 하나의 역할을 떠맡게 된다. 신년 초 바티칸 궁 침전의 장식 작업이 본격화되면서 이 건축가가 후견인으로 돌보아 온 미술가들 중에서 가장 나이 어린 인물이 이 프레스코 작업에 뛰어든 것이다. 그는 일찍이 이탈리아 미술에 새로운 활력을 불어넣은 소년이자 신동 취급을 받은, 약관 25세의 라파엘로 산티였다.

 라파엘로 산티(Raffaello Santi) 혹은 그림에 서명한 대로 '라파엘'은 어릴 적부터 명성을 날려 피렌체의 미켈란젤로도 일찍이 소문을 통해 그의 존재를 알고 있었을 것이다. 라파엘로는 바티칸 궁 팀원들 중에서 가장 전도양양하고 야심에 찬 인물로 브라만테처럼 피렌체에서 동쪽으로 120킬로미터 떨어진 구릉도시인 우르비노에서 태어났다. 라파엘로는 농부의 자식이었던 브라만테와 달리 특권층 자제들을 위한 교육을 받았다. 부친인 조반니 산티는 부유하고 세련된 미술 후원자였던 우르비노 공작 페데리고 다 몬테펠트로의 궁정화가였다. 라파엘로가 7세 때에 조반니는 죽으면서 그를 조수인 에반젤리스타 디 피안 디 멜레토의 문하생으로 입문시켰다. 소년의 천재성은 곧 간파되었다. 라파엘로는 17세에 우르비노에서 40킬로미터 떨어진 작은 요새 도시 시타 디 카스텔로의 산타고스티노 성당의 제단을 장식해 달라는 주문을 생애 처음으로 받았다.[6]

 라파엘로의 타고난 천재성은 곧이어 에반젤리스타보다 훨씬 유능한 화가의 눈에 띄었다. 1500년쯤 페루지노는 고향 페루자에서 은행가들과 대금업자들의 조합회관인 콜레조 델 캄비오의 장식

라파엘로의 자화상

작업을 맡아 한창 준비 중이었다. 어린 천재 조수들을 발굴하는 데 탁월한 안목을 지닌 페루지노는 어린 핀투리치오를 데려다 각별히 훈련시킨 뒤에 조수로 발탁해 시스티나 예배당으로 데려갔다. 또한 조수들 중에는 아시시 출신의 안드레아 루이지(Andrea Luigi)라는 견습생이 있었는데 뛰어난 기술로 린제뇨(천재)라는 별명을 얻었다. 그러나 전도유망했던 안드레아의 인생은 실명으로 인해 비극적으로 바뀌고 말았고, 페루지노는 움브리아의 구릉에서 온 또 다른 신동을 발견하고는 크게 흥분했을 것이다.* 페루지노는 라파엘로를 페루자로 불러들여 콜레조 델 캄비오에서 함께 일한 것으로 짐작된다.[7] 그런데

---

* 라파엘로의 수련과 견습 과정의 실태는 정확하고도 자세한 정보가 없어, 미술가들에게는 어디까지나 추측의 대상에 지나지 않는다. 누구에게서 원근법 구도를 배웠는지의 문제는 더욱 그렇다. 라파엘로의 원근법 구도 실력은 페루지노도 굴복할 만큼 뛰어나, 비평가들은 페루지노 외에 또 다른 스승이 있었을 것으로 추측해 왔다.

얼마 후 페루자를 대표하는 양대 집안이며 앙숙간이기도 한 발리오니 가家와 오디 가家가 이 젊은 천재 미술가에게 그림을 의뢰하는 문제를 놓고 티격태격하게 되었다. 오디가의 대모인 마돈나 막달레나는 라파엘로에게 가족 장례용 예배당의 제단 장식을 의뢰했다. 제단 안에는 10년 전 발리오니 가에게 학살당한 130명의 유골중 대부분이 안치되어 있었다. 장식을 끝내자마자 이번에는 발리오니 가의 대모가 '매장'이라는 제목으로 그림을 그려달라고 요구했다. 그녀의 아들은 '주홍색 결혼식'-페루자의 괴이한 기준으로 보아도 소름 끼치는 대살육제-으로 알려진 사건 당시에 결혼식을 끝내고 침실에서 잠자던 자신의 일가족 중 4명을 한꺼번에 살해했었다. 따라서 대모는 그림을 산 프란체스코 성당에 걸어 놓고 아들을 대신해 속죄할 생각이었다.

그러나 라파엘로는 페루자의 이 두 앙숙 집안 사람들보다 훨씬 더 고상한 후원자들과 페루지노보다 명성이 더 높은 스승을 찾아 나섰다. 1504년 라파엘로는 핀투리치오가 시에나에서 피콜로미니 도서관을 장식할 때 조수로 일했다. 이때 레오나르도와 미켈란젤로가 시뇨리아 궁의 벽을 프레스코하고 있다는 소식을 우연히 접하고 재빨리 핀투리치오 곁을 떠나 북쪽의 피렌체로 향했다. 원숙한 나이에 접어든 두 미술가의 작품을 습작하고, 당시 유럽에서 가장 약동적이고 뛰어난 통찰력을 갖춘 미술가 집단에서 행운을 잡기 위해…….

피렌체에서 평판을 얻으려면, 먼저 공화국 정부 수반인 피에로 소데리니의 관심을 끌 필요가 있었다. 그래서 라파엘로는 이미 고인이 된 아버지와 몬테펠트로 가家의 관계를 활용키로 하고, 페데리고의 딸 조반나 펠트리아에게 추천장을 써달라고 부탁했다. 그럼에도 불구하고 그는 소데리니에게서 일절 주문을 따내지 못했다. 그러나 그 후 4년간 피렌체에서 라파엘로의 그림에 대한 거상(巨商)들의 수요가 급증함에 따라 무척 많은 수의 그림을 그렸다. 이때 그린 그림들의 대부분은 '성모마리아와 아기 예수'라는 기본 주제에 살짝 변화를 가미한 것이었다. 두 사람이 황금 방울새나 양과 함께 있거나 초원 위에 있기도 했고, 관 뚜껑 아래 있거나 두 명의 성자 사이에 놓여 있는 식으로 그려지기도 했다.

라파엘로가 쉴 새 없이 그린 '성모'는 무표정한 얼굴이 오히려 아름답기까지 했다. 그녀의 자애로운 눈길이 닿아 있는 '아기 예수'에게는 수줍고 천진난만한데다 장난기 어린 표정이 생동감 있게 살아 있다. 라파엘로는 부친의 장기였던 분야에서도 발군의 실력을 보였는데, 피렌체 저명인사들의 초상화는 정말 탄복할 만큼 사실적이었다. 그중에는 모포장수이자 골동품 수집가로 한 해 전 미켈란젤로에게 「성가족」을 주문한 적이 있는 아뇰로 도니의 초상화도 끼어 있었다.

라파엘로는 이처럼 분주히 그림을 그렸지만 한편으로는 여전히 소데리니에게서 미켈란젤로와 레오나르도가 의뢰받았던 의사당 프레스코 같은 대작 주문이 오기를 고대했다. 그래서 1508년 봄에 다시 한 번 더 연줄에 매달렸다.

라파엘로는 숙부에게 조반나 펠트리아의 아들 프란체스코 마리아에게 찾아가 시뇨리아 궁의 벽을 프레스코할 수 있도록 소데리니 앞으로 선처를 당부하는 편지를 써주도록 청원해 달라고 졸랐다. 실제로 주문이 있었는지 여부는 지금 확인할 길이 없다. 그러나 라파엘로는 미켈란젤로와 레오나르도가 그리다가 중도에 포기해 버린 의사당 프레스코 중 적어도 하나를 제 손으로 마무리하고 싶었던 것으로 추측된다.*

　만일 사실이라면 실로 대담하기 짝이 없는 욕심으로 이를 통해 이 젊은 미술가의 야망이 어느 정도 초대형급이었는지를 충분히 짐작할 수 있을 것이다. 이때까지 라파엘로가 그린 작품들은 몇 가지 소소한 경우를 제외하고는 대부분 템페라화나 유화 같은 패널화였다. 라파엘로도 미켈란젤로처럼 프레스코 경험이 전무한 대신, 다른 매체에서 화려한 명성을 쌓았던 것이다. 한때 페루지노나 핀투리치오와 함께 프레스코를 그린 적이 있으나 혼자 그린 것으로는 1505년쯤 페루자의 산 세베로 수도원 내의 성모 마리아 예배당 벽을 장식한 것이 전부다. 처음에는 순조롭게 진행되던 일이 나중에는 일 년 가까이 질질 끌다가 결국 미완성으로 끝나고 말았다. 왜 그렇게 되었는지는 지금도 여전히 수수께끼로 남아 있다. 그러나 페루자의 후미진 곳에 틀어박혀 있는데다 이름마저 생소한 이 수도사 교단 소속 작은 성당의 벽 장식 작업은, 라파엘로가 그렇게 갈망한 고품격의 일이 아니었다.

　소데리니를 향한 라파엘로의 새 청원은 4년 전 조반나 펠트리아를 통했을 때와 마찬가지로 신통한 결과를 낳지 못했다. 그것은 아마도 토스카나 사람들의 감성적인 애국주의 탓일 것이다. 피렌체의 애국자인 소데리니는 아무리 뛰어난 재능을 가졌다 할지라도 토스카나 경계선 바깥 출신의 미술가에게는 피렌체 공화국 정부 청사의 벽 장식을 맡길 마음이 애당초부터 없었을 것이다.[8]

　피렌체에서 겪은 대형 관급 작업의 수주 불발사태는 교황이 이

---

\* 라파엘로는 심지어 페루지노, 기를란다요, 보티첼리가 시스티나 예배당의 벽화를 완성한 직후에 시작했다가 손을 뗀 살라 데이 질리 벽화도 마무리하길 바랐을 것이다.

젊은 미술가에게 관심을 나타내면서 더 이상 문제가 되지 않았다. 라파엘로에게는 율리우스의 환심을 살 수 있는 여러 가지 수단이 있었다. 율리우스는 동생이 조반나 펠트리아와 혼인해, 그녀나 조카인 프란체스코 마리아를 통해 진작부터 라파엘로에 대해 잘 알고 있었을 것이다. 물론 이 영민한 미술가와 고향이 같은 브라만테가 교황에게 귀띔했을 가능성도 충분히 있다.[9] 바사리는 이 건축가가 라파엘로와 인척관계였다고 주장했다.

어느 경로를 거쳤든지 간에 라파엘로는 1508년 가을에 로마로 불려왔다. 로마에서 브라만테는 곧 친구이자 신뢰할 수 있는 후원자가 되었다. 라파엘로는 미켈란젤로의 공방에서 엎드리면 코 닿을 만큼 가까운 성 베드로 대성당 부근의 스콧사 카발리 광장(Piazza Scossa Cavalli)에 숙소를 정했다. 그곳에서 피렌체에서는 단 한 번도 수중에 넣어본 적이 없는 영예로운 주문을 받아 작업 준비에 들어갔다.[10]

• • •

미켈란젤로 앞에 새로 출현한 경쟁자들은 가공할 만한 진용을 갖췄다. 늘 그랬듯이 교황은 이번에도 최정예 장인들만 골라 피에트로 페루지노의 시스티나 예배당 벽 장식 팀 이후 최고의 화가 진용을 구성했다. 이 팀에는 보르자 방에 율리우스를 불쾌하게 만든 문제의 벽화를 그린 원작자임에도 개의치 않고 불러들인 핀투리치오도 포함되어 있었다.

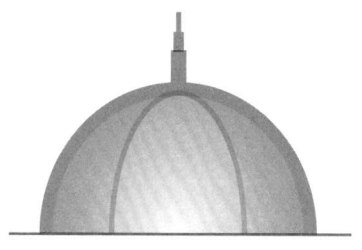

CHAPTER 11

# 일대 시련

 가을철 집중호우 이후에 트라몬타나가 새해를 맞이한 로마를 강타했다. 트라몬타나는 매서운 북풍으로 이탈리아에 한파와 함께 피로와 우울증을 몰고 오는 것으로 유명했다. 프레스코작업에 있어 이보다 더한 악조건은 상상하기 어렵다. 그러나 미켈란젤로는 조수들과 함께 「홍수」를 하루빨리 끝내고 싶어 맹렬히 작업에 뛰어들었다. 그러나 정월에 곰팡이와 함께 염분에 의한 풍화현상이 프레스코 표면에 발생해 등장인물들이 거의 식별 불가능할 만큼 훼손되고 말았다. "저는 지금 큰 곤경에 처했습니다. 이제 더 이상 제가 하는 일에 대해 큰소리칠 수 없게 되었습니다. 일이 이 지경에 이르게 된 것은 작업 성격이 까다로운 탓도 있지만, 일 자체가 제

전문분야하고는 전혀 상관없기 때문입니다. 결국 아까운 시간만 허비하고 말았습니다."[1] 하고, 미켈란젤로는 풍화현상이 일어난 후에 부친에게 편지를 썼다.

　미켈란젤로와 조수들은 결국 최악의 출발을 한 셈이다. 프레스코 표면에 소금결정이 이렇게 조기에 발생한 것은 불길한 징조였다. 프레스코가 입은 손상은 보통 벽돌 초석이나 석회 초석으로 알려진 질산칼슘이 작용한 결과일 가능성이 가장 크다. 프레스코 화가에게 그야말로 최악의 재앙인 질산칼슘은 주로 습기 찬 곳에 발생했다. 빗물이 천장까지 침투하면 빗물에 섞여 들어온 염분이 석고 속에 여과되어 탄화칼슘 결정結晶을 분해하게 된다. 이때 생긴 물집 때문에 나중에 안료가 산산조각으로 부서져 떨어진다. 그런데 이따금 한 번씩 빗물보다 더 무서운 것이 천장에 침투했다. 피렌체와 로마는 홍수로 거의 정기적이다시피 침수를 겪었는데, 홍수로 성당 지하의 땅에 습기가 차면 부패가 진행중인 시신에서 방출된 초산이 프레스코의 표면으로 번져갔다. 그리고 그림의 표면에까지 번진 초석은 마치 암처럼 프레스코를 갉아먹고 들어갔다.

　습기와 더불어 염분과 질산의 침투에서 프레스코를 구하기 위해 화가들은 모든 역량을 발휘했다. 조토도 피사에서 캄포산토의 외관을 프레스코할 당시 이런 위험에 대해 이미 잘 알고 있었다. 바다를 향해 있는 건물의 외관이 바다 소금을 외벽에 뿌려대는 열풍의 위력에 그대로 노출될 것임을 꿰뚫고 있었다. 그래서 문제 해결책으로 벽돌가루에 아리치오와 인토나코를 넣고 함께 섞는 방식을 시도했다. 그러나 인토나코가 벗겨지면서 노력은 헛수고로 끝나고 말았다. 프레스코 화가들은 작품을 방수처리하기 위해 갈대로 만든 매트를 벽에 부착한 후에 위에 아리치오를 씌웠다. 조토와 같은 세대였으나 나이가 더 어렸던 부팔마코는 캄포산토에 그릴 예정인 '죽음의 승리'를 소금바람으로부터 보호하려고 이 매트를 사용했으나, 새로운 시도는 오히려 석고의 해체만 재촉할 뿐이었다. 부팔마코는 프레스코 화가들한테는 끔찍한 재앙의 본보기였다. 보카치오와 기베르티에게서 격찬을 받았을 만큼 대가적인 실력을 과시했던 부팔마코는 불운하게도 프레스코들을 유해물질로 부터 지켜내는 데 실패해 오늘날 전해지는 작품이 아무것도 없다.

 미켈란젤로가 프레스코를 습기로부터 보호하기 위해 동원한 방식은 좀 색달랐다. 그는 조수들과 함께 인토나코를 만들면서 모래 대신 포촐라나라는 화산재를 석회에 넣고 혼합했다. 기를란다요가 다른 대부분의 토스카나 지방 프레스코 화가들처럼 화산재 대신 모래를 사용한 사실로 미루어 보면, 고대 로마시대의 건축공사에서 흔히 사용한 포촐라나는 미켈란젤로의 피렌체 팀에게는 좀 생소한 재료였을 것이다. 그러나 미켈란젤로는 포촐라나를 그 특수한 재질 때문에 선택했다. 베수비우스 산에서 분출된 이 검은색 화산재는 고대 로마인들이 건축한 초대형 돔과 천장의 비밀을 풀 수 있는 열쇠일 뿐 아니라, 많은 돔과 천장이 천 년 이상 거의 원형대로 존속할 수 있는 근거였다. 고대 로마의 건축가들은 화산재를 회반죽과 혼합해 탄탄하고 신속 설치가 가능한 콘크리트를 만들어냈는데, 이것은 물이 거의 스며들지 않았다. 재래식 석고는 석회가 대기 중의 이산화탄소와 반응할 때에만 힘이 생긴다. 그러나 포촐라나는 석고 혼합물에 규토와 반토 복합물을 첨가한 것이어서 대기와의 접촉에 반응이 없는 이산화칼슘과 직접 반응해 급속도로 단단해진다. 이 응고 과정은 물속에서도 가능하다. 포촐라나는 알프스 산에서 강하하는 트라몬타나로 인해 습해지는 로마의 기후에 알맞은 석고를 제조하는 데에 결정적인 기여를 했다. 그러나 분명 뭔가가 잘못되어 있었다. 미켈란젤로는 심한 낭패감에 빠져 이번 실패로 자신의 수완 부족이 온 천하에 알려지게 되었다고 자탄했다. 심지어 붓을 집어 던지는가 하면, 하던 일을 집어치우려고 풍화작용이라는 편리한 구실을 대기도 했다. "지금 하고 있는 일은 저의 분야가 아니라는 점을 성하께 누차 말씀드렸습니다. 결국 그동안 해 온 것이 허사로 끝나고 말았습니다. 믿기지 않으시면 사람을 보내 현장을 확인하십시오."[2] 하고 미켈란젤로는 교황에게 솔직히 토로했다.

당연히 율리우스는 건축가인 줄리아노 다 상갈로를 시스티나 예배당에 보냈다. 율리우스가 염려한 것은 미켈란젤로의 프레스코가 아니라 그 이상의 문제였을 것이다. 그는 예배당 천장을 위협하는 심각한 문제-몇 해 전 피에르마테오의 프레스코를 망쳐놓았을 뿐만 아니라 예배당 전체의 안전까지 위협한 구조적인 하자가 재발한 것은 아닌지를 걱정한 것이다.

1504년 상갈로는 예배당의 남쪽 벽이 흔들리는 것을 막기 위해 문제의 벽에 쇠막대 12개를 박았었다. 전에 그런 일이 있었기에 천장의 실태를 파악하는 일이 자연스럽게 그에게 맡겨졌다. 상갈로는 로마에서 미켈란젤로가 신뢰하는 몇 안 되는 인사들 중 한 명이었다. 그래서 미켈란젤로가 당장 일을 그만두겠다고 위협하자, 율리우스는 그를 주저앉힐 수 있는 적임자로 상갈로를 지목했다.

시스티나 예배당에 습기의 침투가 가능했던 것은 당연히 지붕의 하자 때문이었다. 그로부터 몇 년이 지난 1513년 율리우스는 지붕

수리를 더 이상 미룰 수 없어 전체 면적이 12평방미터에 이르는 지붕을 새로 설치했다.[3] 그러나 상갈로가 파악한 것처럼, 문제는 교황의 우려와 달리 매우 간단했다. 상갈로는 고향인 피렌체에서 미술가 훈련을 쌓았지만 로마에서 오랫동안 일하며 지내왔다. 산탄젤로 성의 보수공사를 성공리에 끝낸 상갈로는 율리우스의 궁전뿐 아니라 성당도 여러 채 건축한 이력이 있었다. 따라서 로마의 건축자재 실태를 미켈란젤로보다 훨씬 많이 알고 있었다. 시스티나 예배당의 인토나코에 포함된 석회는 로마에서 동쪽으로 32킬로미터 떨어진 티볼리 부근에서 채석한 백석회의 일종인 석회화를 원재료로 한 것이었다. 석회화에 대해 포촐라나만큼 잘 알지 못했던 미켈란젤로 팀원들은 생석회를 불로 태우기 위해 많은 양의 물을 붓고, 석회 혼합물이 잘 퍼질 수 있게 일종의 유연제인 포촐라나를 더 보탰다. 포촐라나는 금방 양생되었지만, 석회화는 건조에 많은 시간이 소모되었다. 그런데 미켈란젤로와 조수진은 이 사실을 등한시 한 채 물기가 지나치게 많이 밴 석고를 서둘러 천장에 발랐다. 따라서 염분에 의한 풍화작용은 외부에서 침투한 물 때문에 생긴 것이 아니라, 조수들이 물을 과다하게 투입해서 빚어진 결과였다. 물론 상갈로의 지도 덕분에 더 이상 같은 실수를 반복하지는 않았다.

  미켈란젤로에게 나타난 또 다른 골칫거리는 천장에 발생한 곰팡이로 풍화작용과는 전혀 다른 차원의 문제를 야기했다. 곰팡이는 마른 석고에 안료를 칠한 후, 그 위에 덧씌운 접착제나 유지油脂같은 고착물질 주변에서 집중적으로 발생한 것으로 보인다. 프레스코 화가들은 템페라 화가나 유화 화가와 달리, 안료를 희석할 때 물 외에는 어떤 것도 사용하지 않았다. 안료가 일단 석고에 단단히 응결되면 굳이 따로 접착제를 쓸 필요가 없었던 것이다.

그러나 프레스코 화가들은 이따금 세코(secco, 건조한 상태)에서 그리는 것, 다시 말해 완전히 마른 석고에 접착제를 섞어 넣은 안료를 칠하는 것을 선호했다. 세코로 그릴 때의 이점은 보다 광범위한 색조들, 특히 주홍색, 군청색, 녹청색 같은 보다 밝은 계통의 광물을 소재로 한 안료의 사용이 가능하다는 것이다. 그러나 아무리 밝은 계통의 색조라도 인토나코 속에 함유된 석회의 부식력을 이겨낼 수 없어 프레스코 화가들이 팔레트에 담을 수 있는 안료는 매우 한정되어 있었다. 예를 들어, 종종 '독일식 파랑색'으로 통하는 파란 색상의 담청색은 석고 속의 습기와 접촉하면 점차 초록색으로 탈바꿈했다. 이 현상은 왜 프레스코에 그려진 수많은 하늘들이 한결같이 초록빛을 띠는지를 설명해 준다. 그런데 이보다 더 끔찍한 것은 백분, 또는 백연이 산화하면서 검게 변해 그림의 초점 부위가 그늘지고, 눈처럼 흰 옷이 시커멓게 되고, 창백한 피부색이 어두운 색으로 바뀐다는 것이다. 바로 이 현상 때문에 프레스코에 대한 부정적인 시각이 없지 않았다.

따라서 담청색이나 녹청색 같은 밝은 색 계열의 안료들은 인토나코가 다 마른 후에야 비로소 프레스코에 동원할 수 있었다. 그러나 이 방식에는 중대한 결함이 뒤따랐다. 접착제로 사용된 아교와 수지는 고착력에 있어서 돌처럼 단단한 인토나코의 상대가 될 수 없었다. 그러므로 프레스코에서 제일 먼저 떨어져 나간 것은 언제나 세코 덧칠 부분이었다. 조르조 바사리는 이 기술의 위험성을 경고하면서 "덧칠을 가하면 색조에 변화가 초래되어 처음에는 잿빛을 띠다가 곧 검게 변해 버린다. 그래서 프레스코 화가들은 프레스코할 때 대담하게 일필휘지—筆揮之로 그려 가능한 한 세코 덧칠을 피해야 한다. 덧칠

자체도 한심하지만, 덧칠하면 무엇보다 그림의 생명이 크게 단축되기 때문이다."[4] 하고 지적했다.

미켈란젤로 시대까지만 해도 화가들은 대가다운 기량을 과시하거나 미술적 한계에 도전할 때에는 반드시 부온 프레스코(buon fresco)-어떤 경우에도 세코 덧칠을 하지 않는다는 원칙-를 구사했다. 심지어 후원자들도 자신들이 의뢰한 프레스코의 영구 보존을 위해 당연히 이것을 기대했다. 예를 들어, 기를란다요와 조반니 토르나부오니 간에 체결된 계약서에는 산타 마리아 노벨라 성당의 전체 프레스코를 부온 프레스코로 해야 한다는 조항이 들어 있는데, 기를란다요는 이를 충실히 이행했다.[5] 미켈란젤로의 조수들 중에 기를란다요에게서 이 기술을 훈련받은 화가들이 없지 않았지만, 그들은 「홍수」장면에서 지나치게 세코 덧칠에 의존했다.[6] 벽을 도배해 본 사람이라면 누구나 다 아는 사실로 곰팡이는 습기에 노출된 접착 물질 위에서 자란다. 시스티나 예배당의 화가들을 괴롭힌 것은 바로 이 곰팡이였다. 당장 해결해야 할 선결 과제는 곰팡이를 천장에서 제거하는 일이었다. 때마침 상갈로에게서 곰팡이 퇴치법을 배운 미켈란젤로는 이어 교황에게서 작업을 속개하라는 명령을 받았다.[7]

로마에서 미켈란젤로는 자신이 책임진 일에서 그렇게 간단히 손을 뗄 처지가 아니었다. 풍화현상과 곰팡이의 출현에 얽힌 일화만 놓고 따진다면, 미켈란젤로가 조수들에게 편견을 가지고 있었다는 주장은 사실일 가능성이 높다. 만일 일화의 내용이 사실이라면, 평소 조수들의 작업 행태에 불만을 품고 있던 미켈란젤로가 작업을 시작한 지 얼마 안 되었을 때, 그들을 모두 내쫓고 영웅적으로 고군분투하면서 과업을 수행한 셈이 된다. 이 신화의 유포에 큰 책임이 있는 조르조 바사리는 미켈란젤로의 전기 작가이자 친구였다. 바사리의 주장에 의하면, 어느 날 조수들이 작업 현장에 막 도착하려는 순간에 미켈란젤로가 면전에서 성당 문을 잠가 들어오는 것을 막았다고 한다. "장난으로 받아넘기기에는 그의 소행이 너무나 엄청나 그들은 작업을 포기하고 모욕감에 빠져 피렌체로 돌아가 버렸다." 그 후 미켈란젤로는 조수의 도움을 일절 받지 않고 '심지어 안료를 갈아주는 사람조차 없이'[8] 자력으로 천장화 작업에 나섰다고 콘디비는 썼다.

콘디비의 주장은 미켈란젤로가 비계에 등을 대고 똑바로 누운 자세로 천장을 프레스코했다는 이야기만큼이나 구구절절 매혹적이다. 또한 그만큼 얼토당토않다. 바사리가 상세하게 기술한 사건은 실제로 일어났을 가능성이 거의 없다. 더군다나 미켈란젤로가 어떤 도움이나 전문 기술을 가릴 것 없이 수용할 필요가 있던 초기 프레스코 단계에서는 더욱 그렇다.[9]

조수들은 그라나치에게 채용될 당시 각자 20두카트를 일시불로 거머쥐었다. 이때 그들은 이미 미켈란젤로가 도움이 더 이상 필요치 않은 순간 자신들을 내보내고 지명도가 더 낮은 미술가들로 대체할 것임을 예상했었다. 그러나 정작 그들이 로마를 떠나야 할 때가 왔을 때에는 바사리의 말처럼 그렇게 극적이거나 모욕적이지 않았다. 특히 그들 대부분이 그 이후로도 오랫동안 미켈란젤로와 친밀한 관계를 유지한 것을 보면 더욱 그렇다.

그러나 당시 미켈란젤로의 조수였던 야코포 델 테데스코는 미켈란젤로에게 심한 야단을 맞고 1월 말 피렌체로 훌쩍 떠난 뒤에 로마로 결코 돌아오지 않았다. 미켈란젤로는 테데스코가 떠나는 것에 전혀 개의치 않았다. "그자는 여기 있는 동안 이루 말할 수 없을 정도로 잘못을 많이 저질렀어요. 그자에 대해 불평을 좀 해도 문제될 것은 없습니다." 하고 로도비코에게 보낸 편지에서 분을 삭이지 못했다. 그리고 테데스코가 자신의 험담을 늘어놓더라도 귀를 기울이지 말라고 신신당부했다.[10] 미켈란젤로는 심술이 잔뜩 난 이 조수가 몇 해 전에 라포와 로티가 한 것처럼 피렌체에서 자신의 명예를 훼손하고 다닐 것을 우려했다. 그런데 로도비코는 금세공사였던 라포와 로티가 볼로냐에서 쫓겨난 후에 달려와서 불평을 늘어놓자 아들인 미켈란젤로를 책망했었다. 미켈란젤로는 테데스코도 그들처럼 거짓말을 한보따리 싸들고 피렌체로 돌아가 사방팔방에 퍼뜨려 자신의 이름을 더럽힐 것으로 염려하고 이를 막으려 했다. "그가 거짓말을 내뱉으면 귀를 막으세요." 미켈란젤로는 부친에게 말했다.

테데스코의 과오 중 하나는 산타 카테리나 성당의 뒤편에 있는 공방의 수용 능력이 턱없이 부족하다고 불평한 것이다. 미켈란젤로 자신도 이전에 볼로냐에서 똑같은 상황을 겪으며 불평을 늘어놓은 적이 있지만, 테데스코에게 동정심이 생기지는 않았다. 굳이 이 조수의 문제점을 지적한다면, 불평을 밑도 끝도 없이 늘어놓는 점이 미켈란젤로와 너무 많이 닮았다는 데에 있었다.

테데스코가 로마에서의 생활 여건에 대해 미켈란젤로에게 따끔한 일침을 가한 것은 따지고 보면 너무나 당연했다. 그들 모두 비계 위에 나란히 서서 종일토록 함께 일할 뿐 아니라, 루스티쿠치 광장 부근의 공방에 묵을 때에는 형언할 수 없을 정도로 열악한 대접을 받았다. 그곳의 상태는 미켈란젤로의 볼로냐 숙소만큼이나 형편없었다. 숙소는 시 방벽 아래의 좁은 뒷길에 숨겨있다시피 했을 뿐 아니라 늪이나 다름없는 산 탄젤로 성의 해자에 둘러싸여 있었다. 또한 성 베드로 대성당이나 코르틸레 델 벨베데레 정원에서 들려오는 벽돌공과 목공들의 망치질 소리로 스튜디오는 쾌적한 분위기를 만들어내지 못했다. 그리고 가을과 겨울철 내내 금방이라도 홍수를 일으킬 듯이 세차게 쏟아지는 장맛비가 그들의 기분을 한층 불쾌하게 만들었다.

물론 흥이 아주 없는 것은 아니었지만, 공방에서의 생활은 소박하고 오로지 일 중심이며 편안함과는 거리가 먼 생활이었다. 미켈란젤로는 부오나로티 가家가 왕실의 후손임을 추호도 의심하지 않았지만, 정작 생활은 왕자답기는커녕 오히려 정반대였다. "아스카니오, 내 자신이 얼마나 대단한 부자이건, 난 항상 가난하게 살았다네."[11] 미켈란젤로는 자신을 잘 떠받드는 제자에게 우쭐대며 자랑했다. 일례로 미켈란젤로는 식사에 매우 무관심했는데 단순히 '식도락보다 필요차원'에서 해결해야 할 문제로 여겨 기껏해야 빵 한 조각과 포도주 한 모금만 입에 대었을 뿐이다. 때로는 빵 한 조각을 입에 문 채로 스케치를 하거나 프레스코하는 등 형편없는 식사를 했다.

미켈란젤로의 그런 질박함보다 더 고약한 것은 위생관리, 다시 말해 위생결핍증이었다. "그의 투박하고 지저분한 습성은 타고난 것으로 집 안에서도 다른 사람들이 도저히 믿을 수 없을 만큼 더럽게 하고 살았다. 후손 중에 그만큼 지저분한 사람은 결코 나오지 않을 것이다."[12] 하고 파올로 조비오는 미켈란젤로의 전기에 기록했다. 미켈란젤로가 이렇게 불결했던 것은 무엇보다 부친의 충고를 추호도 의심하지 않고 성실히 따랐기 때문이다.[13] 미켈란젤로를 숭배한 콘디비조차 "그는 바깥에서 하루 종일 입었던 옷과 장화를 벗지도 않고 그대로 입은 채 침대에 누워 곯아떨어지는 일이 비일비재했다. 심지어는 며칠 동안 그 차림새 그대로 입은 채 지내기도 해 살갗이

뱀 비늘처럼 장화에서 떨어져 나가기도 했다."[14]며 미켈란젤로에게 몹시 더러운 습성이 있음을 실토했다. 기껏해야 일주일에 한 번 정도 옷을 갈아입고 공중목욕탕에 가던 당시라 하더라도 이런 모습은 매우 곤혹스러운 것이었다.

그러나 그보다 더 고약한 것은 미켈란젤로의 반사회적 행태였을 것이다. 물론 미켈란젤로에게 친구나 동료를 만들 만한 능력은 충분히 있었다. 피렌체인들을 로마에 조수로 데려올 수 있었던 것도 따지고 보면 그들이 오랜 친구이거나 지인이었기 때문에 가능했다. 미켈란젤로는 그들과 기꺼이 어울렸다. 그러나 천성적으로 고독하고 우울한 인간이어서 다른 사람들과의 빈번한 교류를 탐탁지 않게 여겼다. 콘디비는 미켈란젤로가 젊은 시절 '다른 사람들과 어울리는 것에서 한 발 뒤로 빼는 바람에' 기인이며 공상가라는 평판을 자초했음을 인정했다. 바사리는 이런 초연한 태도는 오만이나 인간 혐오를 뜻하기보다 미술 창작에 필수불가결한 것으로 미술가들이 그림 문제를 놓고 고뇌하다보면 '사회를 멀리하는 것'[15]은 지극히 당연한 일이라고 주장했다.

그러나 그것이 미켈란젤로의 미술 창작에는 이로울지 몰라도 대인관계에는 좋지 않았다. 친구인 도나토 자노티는 언젠가 미켈란젤로를 만찬에 초대했다가 혼자 있기를 원하는 이 미술가에게서 거절당한 경험을 털어놓았다. 자노티는 세상살이의 만 가지 근심 걱정을 씻어주는 해독제로 저녁 한때의 유흥보다 더 좋은 것은 없다며 미켈란젤로를 끈질기게 초대했다. 그러나 미켈란젤로는 이 세상은 통곡의 땅으로 절대로 유흥의 충동에 빠져서는 안 된다는 생각으로 거절했다.[16] 그런 미켈란젤로도 한 번은 친구의 저녁만찬 초대에

응했는데, "울적한 기분, 아니 차라리 나의 광기라고 하는 편이 더 나을 테지만, 그것이 잠시 동안 내게서 사라졌기 때문"[17]이라고 말했다. 그리고 자신이 정말 즐거운 시간을 보낸 것에 크게 놀랐다.

미켈란젤로는 다행스럽게도 테데스코가 떠날 즈음에 새 조수를 확보했는데 모든 점에서 테데스코와 확연히 다른 인물이었다. 1508년 어느 늦가을에 기를란다요 공방의 동문이기도 한 자가 팀에 합류했는데, 그는 인다코(인디고)라는 별명으로 불리는 32세의 야코포 토르니(Jacopo Torni)였다.

인다코는 대가적인 면모는 좀 모자랐지만 그래도 여전히 유능한 화가였는데, 그라나치나 부자르디니처럼 수다스러운데다 태평스러워 미켈란젤로의 마음에 들었다. 그리고 무엇보다 20년 가까이 알아온 사이로 인다코는 가장 절친한 친구 중 한 명이었다. 이 사람보다 더 미켈란젤로를 기쁘게 만들거나, 그의 유머에 익숙한 사람은 없었다."[18]고 바사리는 적고 있다.

미켈란젤로는 야코포를 또 다른 야코포로 퉁명스럽고 복통이 날 만큼 자신을 괴롭혔던 테데스코를 쾌활하고 장난기 많은 인다코로 바꾼 것에 대만족했을 것이다. 그러나 인다코가 상냥한 것은 틀림없는 사실이긴 해도 시스티나 예배당에 딱 맞는 선택은 결코 아니었다. 십 년 전 로마에 처음 온 인다코는 핀투리치오의 조수로 바티칸 궁의 보르자 침실 벽에 훗날 율리우스의 분노를 산 그림을 그렸었다. 그러나 최근에는 부끄러울 정도로 작품 수가 크게 줄었다. "야코포는 로마에서 아주 오랫동안 활동했다. 아니 좀 더 정확히 말해서, 로마에서 아주 오래 산 편이다. 일은 조금밖에 하지 않고……."라고 바사리는 기록해 놓았다. 심지어 게으른 그라나치의 기준에서 보아도 인다코는 한심할 정도의 게으름뱅이여서 '반드시 해야 하는 것 외에는' 어떤 것도 하지 않았다. 놀지 않고 죽어라고 일만 하는 것은 기독교인의 참된 생활이 아니라고 인다코는 강변했다.

 이런 인생철학은 특히 일이 매우 고되고 어려울 때 작업실 안이나 비계 위의 분위기를 가볍게 하는 효과는 있었을지 모른다. 그러나 율리우스 2세처럼 까다롭기 짝이 없는 후원자의 주문과 취향에 따라 1천 평방미터의 천장에 프레스코를 진행해야 하는 미켈란젤로의 조수에게는 그다지 썩 어울리는 태도는 아니었을 것이다.

● ● ●

미켈란젤로의 조수들 중에 기를란다요에서 이 기술을 훈련받은 화가들이 없지 않았지만, 그들은 「홍수」장면에서 지나치게 세코 덧칠에 의존했다. 벽을 도배해 본 사람이라면 누구나 다 아는 사실로 곰팡이는 습기에 노출된 접착 물질 위에서 자란다. 시스티나 예배당의 화가들을 괴롭힌 것은 바로 이 곰팡이였다. 당장 해결해야 할 선결 과제는 곰팡이를 천장에서 제거하는 일이었다. 때마침 상갈로에게서 곰팡이 퇴치법을 배운 미켈란젤로는 이어교황에게서 작업을 속개하라는 명령을 받았다. 로마에서 미켈란젤로는 자신이 책임진 일에 그렇게 간단히 손을 뗄 처지가 아니었다.

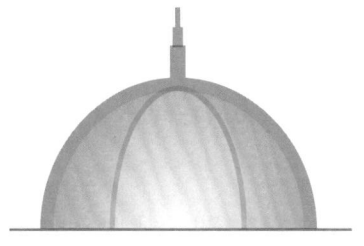

CHAPTER 12

# 마르시아스의 참변

　라파엘로는 불결하고 침울한데다 반사회적이었던 미켈란젤로와 달리 완벽한 신사였다. 동시대인들은 라파엘로의 신사다운 태도와 어진 성품, 타인에 대한 배려를 입이 닳도록 칭찬했다. 치명적인 인격 암살로 정평이 나있는 시인이자 극작가 피에트로 아레티노도 라파엘로는 감히 헐뜯으려고 하지 않았다. 아레티노가 쓴 기록을 보면 "라파엘로의 삶은 평민적이라기보다 왕자풍이었다. 필요할 경우, 자신의 장점과 돈을 미술학도들에게 아낌없이 베풀었다."[1] 첼리오 칼카니니라는 바티칸 관리는 라파엘로가 가공할 만한 재능에도 불구하고, "거만하거나 무례하지 않고 언제나 다른 사람의 충고나 의견을 경청했다."고 감격조로 말했다.

라파엘로와 개인적인 친분이 없던 조르조 바사리도 완벽한 인품을 높이 평가했다. 바사리는(물론 의심할 나위 없이 미켈란젤로를 염두에 두고서) 라파엘로가 출현하기 전까지만 하더라도 대부분의 미술가들은 "어느 정도 야만과 광기에 차 있었다."[2]고 주장했다. 바사리는 라파엘로의 성품이 그처럼 부드럽게 다듬어진 것은 시골뜨기 유모에게 맡겨지지 않고 어머니인 마자 차를리의 모유로 큰 덕분이라고 주장했다. 그러고는 만일 유모의 손에서 컸다면 기껏해야 농사꾼이나 평민 집안의 상스러운 생활 방식과 습관에 젖어 전혀 고상하지 않은 인물이 되었을 것이라고 가정했다.[3] 모친에게서 직접 보육을 받은 라파엘로 산티는 성인군자 같은 인물로 커 동물한테까지 사랑을 받았다고 한다. 새들과 들짐승들까지 품에 안길만큼 성품이 온화했다는 이야기는 같은 움브리아 구릉 출신으로 라파엘로 못지않게 천사의 명성을 날린 아시시의 성 프란시스의 전설을 연상시킨다. 라파엘로는 매혹적인 성품에 더해 외모도 빼어났는데 긴 목과 계란형 얼굴, 황갈색 피부를 가진 아주 준수하고 아름다운 인물이었다. 라파엘로는 빼어난 외모로 납작코와 커다란 맥주잔 같은 귀를 가진 미켈란젤로와 정반대되는 인물로 부상했다.[4]

미켈란젤로가 한창 「홍수」의 문제점을 솎아내고 있을 때, 라파엘로는 바티칸 궁 안의 어느 방에서 자리를 잡아가고 있었다. 라파엘로는 옛 스승인 페루지노나 핀투리치오가 아닌 조반니 안토니오 바치(Giovanni Antonio Bazzi)와 함께 일하게 되었다. 두 사람은 그리 썩 어울리는 사이는 아니었다. 바치가 라파엘로와 달리 괴팍하고 변덕스러웠기 때문이다. 바치는 시에나 부근의 몬테 올리베토 수도원에 5년간 틀어박혀 성 베네딕트의 일생을 다룬 한 단짜리 대형 프레스코를 그렸을 만큼 프레스코 경험이 풍부했다. 그리고 부유한 은행가 집안인 키지 가(家)가 특별히 선호한 미술가였다. 그러나 바치는 화필로 쌓은 업적보다 화려한 괴벽으로 더 유명했다. 숱한 기행奇行 중에서도 압권은 집안에 동물원을 짓고 오소리, 다람쥐, 원숭이, 싸움닭, 말할 줄 아는 까마귀를 키운 일이다. 또한 16세기 정장과 목걸이, 화려한 모자, '광대, 사기꾼한테나 어울릴법한 번지르르한 장식'[5]을 단 능라로 된 더블릿을 걸치고 으스대며 다녔다고 바사리는 비웃었다.

바치의 괴상한 행동에 놀란 몬테 올리베토 수사들은 그를 '일 마타초(미치광이)'라고 불렀고, 수도원 바깥세상의 사람들은 '소도마(남색가)'라고 불렀다. 이 별명을 얻게 된 것은 "항상 곁에 애송이 녀석들과 수염조차 나지 않은 젊은이들을 두고 고상한 수준 이상으로 애정을 쏟았기 때문"이라고 바사리는 주장했다. 르네상스 시대 화가들 사이에 통용된 일반적인 성적 취향을 고려할 때, 이 별명이 오직 바치에게만 해당된 것은 수수께끼다. 당시 로마에서는 누구든지 비역 행위를 하다가 적발되면 화형에 처해졌다. 그렇기 때문에 실제로 바치가 남색가였다면, 잘 나가기는커녕 목숨을 부지할 수나 있었을지 의심스럽다. 어쨌든 바치는 별명에 거부반응보다는 오히려 '비역 행위에 관한 3운구 형식의 자작시를 써 류트 장단에 맞춰 멋지게 읊어 보이는' 등의 집착증을 보였다.

라파엘로와 소도마가 배정받은 방은 율리우스의 침실에서 불과 몇 발짝밖에 떨어져 있지 않았다. 이 방은 16세기 후반에 교황이 직접 주재하는 재판정으로 사용되면서 '스탄차 델라 세냐투라(서명의 방_옮긴이)'로 불리게 되었다 그러나 당시 율리우스는 이 방을 자신의 서재로 쓸 생각이었다.[6] 율리우스는 비록 책벌레는 아니었지만

220권이나 되는 장서를 보유하고 있었다. 비블리오테카 루리아라고 명명된 이 귀중본의 관리 책임자는 톰마소 인기라미라는 박식한 인문학자로 이 서고보다 훨씬 더 많은 장서를 보유한 바티칸 도서관의 관리도 맡고 있었다.[7]

중세 이후 도서관의 실내 장식에는 몇 가지 표준 양식이 존재했다. 라파엘로는 그중에서도 특히 우르비노에 있는 페데리고 다 몬테펠트로 도서관의 구성 양식을 선호한 것으로 보인다. 장서들은 신학, 철학, 법학, 의학 등 네 가지 주제에 따라 분류되었는데, 각 주제별로 상징적인 여성 인물화를 벽이나 천장에 그려 넣었다. 또한 네 가지 분야에서 추앙받는 남녀의 초상화를 따로 삽입하기도 했다. 스탄차 델라 세냐투라의 도안은 의사보다 시인을 더 좋아하는 교황의 뜻에 따라 의학이 시로 대체되기도 했으나 기본적으로 이 양식을 충실히 따랐다. 벽면은 각 주제와 관련된 장면을 그리기 위한 화판으로 쓸 작정이었다. 그리고 천장에는 원과 사각형으로 구성한 기하학적 무늬들을 그린 후, 무늬 안에 네 가지 주제에 상응하는 여신 인물화들을 채워 넣을 계획이었다. 그런데 원과 사각형 무늬는 원래 율리우스가 시스티나 예배당의 천장에 쓰려고 한 것들이었다.[8] 한편, 장서들은 벽과 천장의 복잡한 장식 구도와 달리 마루 위의 서고에 단순히 일렬로 꽂혀 있었던 것으로 짐작된다.

이 특이한 형태의 도안은 라파엘로가 로마에 오기 전부터 이미 결정되어 있었다. 그리고 소도마는 라파엘로가 합류하기 전, 이것을 바탕으로 천장 프레스코 작업에 이미 착수했다. 그러나 일의 분담 문제로 스탄차 델라 세냐투라의 장식 건은 시작 단계에서 시스티나 예배당의 경우와 똑같은 곤란을 겪었다. 바사리는 소도마의 전기에서 이 괴짜 미술가가 동물원에 빠져 천장 프레스코가 교황의 기대만큼 진척되지 않았다고 주장했다. 따라서 라파엘로가 기용되었다고 한다. 하여튼 라파엘로는 스탄차 델라 세냐투라의 천장 구석구석에 직사각형 패널을 설정하고 프레스코 작업을 벌여 전체 패널 4개 중 3개를 완성했다.[9] 패널들은 모두 1미터×1.2미터로 경험이 풍부한 프레스코 화가라면 각각 1조르나타로 해치울 수 있는 크기였다.

패널들 가운데 라파엘로가 첫 번째로 그린 것은「에덴동산의 유혹Temptation in the Garden」으로 마솔리노가 동일한 주제로 피렌체의 브란카치 성당에 그린 프레스코를 본 적이 있어 이 주제에 친숙했다. 라파엘로가 묘사한 것을 구체적으로 살펴보면, 이브가 조그마한 과일 하나를 아담에게 건네고 있고, 뱀 한 마리가 통나무를 휘감은 채 뒤에서 이 모습을 훔쳐보고 있다. 뱀은 여성차별적인 중세의 전통에 따라 긴 머리에 젖가슴을 드러낸 여자의 형상을 완벽히 갖추었고, 지느러미 대신 고리 같은 것을 몸에 둘러 인어처럼 보이기도 한다.

뱀보다 더 흥미를 끄는 것은 이브의 모습이다. 여기서 라파엘로는 위대한 미술가의 여부를 판정하는 잣대인 누드 인물화를 한 쌍 프레스코할 수 있는 기회를 가졌다. 의도적으로 그려 넣은 관목을 제외하면 완전히 나체인 이브는 엉덩이와 어깨가 서로 어긋나게 기울어져 있고, 체중이 오른 발에 실려 몸의 왼쪽이 크게 부각된 반면 오른 쪽은 움츠러들어 있다. '콘트라포스토(서로 어긋나게 배치하는)'라 불리는 이 비대칭 자세는 한 세기 전에 도나텔로 같은 조각가들이 고대 작품으로부터 부활시킨 것이다. 도나텔로는 엉덩이와 어깨선을 어긋나게 해 등장인물이 마치 체조 동작을 펼치는 듯한 효과를 냈다. 그러고 보면 라파엘로는 피렌체에서 오르산미켈레의 외벽 니치에 세워져 있던 도나텔로의 초기 명작「성 마르코 St. Mark」를 본 것이 틀림없다. 그러나 라파엘로의 이브는 도나텔로보다는 또 다른 미술가의 작품에서 영감을 얻은 것이 확실하며, 이 미술가가 지난 4년간 라파엘로에게 끼친 영향은 거대한 조각상처럼 엄청난 것이었다.

라파엘로가 스탄차 델라 세냐투라 천장에 그린 유혹 장면

미켈란젤로와 레오나르도의 경연을 지켜보기 위해 1504년 피렌체로 활동 무대를 옮긴 라파엘로는, 두 사람의 기념비적인 밑그림이 산타 마리아 노벨라에 나란히 전시되자 피렌체의 다른 포부 있는 화가들처럼 이것을 모작한 적이 있다. 그러나 이 시절에 라파엘로에게 가장 많은 영감을 준 사람은 미켈란젤로가 아니라 레오나르도로 몇 해 전 페루지노의 작품을 습작할 때보다 훨씬 더 열의를 보였다. 라파엘로의 작품에 레오나르도의 다른 소묘나 회화의 주제가 재빨리 등장한 것을 보면, 레오나르도에게서 받은 영향은 「앙기아리 전투」에만 국한되어 있지 않았다. 1501년 피렌체에서 처음 전시된 레오나르도의「성모 마리아와 아기 예수와 성 안네 Virgin and Child with St. Anne」의 밑그림에서는 구도의 균형을 잡는 법과 인물들을 피라미드식으로 배열해 패널에 군상을 질서정연하게 채워 넣는 법을 터득했다. 라파엘로가 피렌체 시절에 성모마리아와 아기 예수를 이리저리 조합해 그린 수많은 그림들은 한결같이 이러한 순열을

끊임없이 습작한 것으로 한 미술 평론가는 '레오나르도의 주제에 따른 변주곡'[10]으로 평할 정도였다.

또한 라파엘로가 피렌체에서 그린 수많은 초상화의 자세도 사실은 레오나르도가 1504년에 그린 「모나리자Mona Lisa」에서 차용한 것이다. 당시의 초상화는 고대의 동전이나 메달을 모방해 모델의 옆얼굴을 그리는 것이 일반적이었다. 그러나 레오나르도는 모델인 조콘다에게 거의 정면을 향한 채 양손을 포개게 하고, 배경에는 대기원근법으로 기묘한 풍경을 그려 넣었다. 오늘날의 감상자들은 그림의 유명세에 따른 친밀감 때문에 그녀의 자세에 나타난 독창성에 대해서는 눈이 어두운 편이다. 1506년 라파엘로가 그린 아뇰로 도니의 부인 막달레나 스트로치의 초상화도 이 자세를 거의 그대로 베낀 것이다. 「모나리자」를 그릴 당시 레오나르도는 피렌체에서 또 다른 대작을 완성했으나, 그 그림은 그 후 행방이 줄곧 묘연한 상태다. 그 작품 「레다와 백조Leda and the Swan」는 완성 직후에 프랑스로 옮겨졌다가 150년 후에 루이 14세의 두 번째 부인 맹트농의 지시로 소각된 것으로 추정하고 있다. 이 위세 당당한 부인은 베르사유 궁전에서 사순절 동안 오페라 공연을 금지하고, 외설적인 요소가 포함되어 있다는 이유를 들어 레오나르도의 작품 전시를 금지하는 등 악평을 자아내는 조치로 풍기를 바로잡고자 했다. 외설 여부를 떠나, 복사본을 통해 오늘날 까지

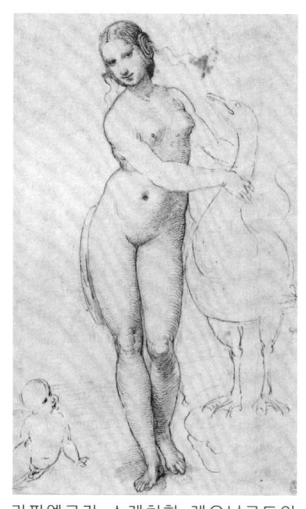

라파엘로가 스케치한 레오나르도의 「레다와 백조」

알려진 이 작품-위로 쭉 뻗은 백조의 목에 손을 대고 콘트라포스토 자세를 취한 레다의 누드-은 레오나르도가 그린 몇 안 되는 누드화 중 하나이다.

레오나르도는 자신보다 젊은 미술가들 그중에서도 특히 미켈란젤로를 경계했으나, 라파엘로에게는 소묘 등 자신의 작품 다수에 대한 접근을 허용한 것으로 보인다. 그것은 이 젊은 미술가가 절친한 친구인 브라만테와 친했기 때문일 것이다.*

아무튼 라파엘로는 레오나르도의 「레다와 백조」 밑그림을 직접 보고 스케치했으며, 그것을 참고로 스탄차 델라 세냐투라의 벽에 이브의 자세를 집어넣었다. 라파엘로가 그린 이브는 레오나르도의 레다를 그대로 모방한 것이 아니라 좌우를 거꾸로 한 거울 이미지라 할 수 있다. 이 수법은 낯익은 느낌을 가리기 위해 화가들이 즐겨 사용하는 속임수였다.

4등분된 스탄차 델라 세냐투라 천장의 마지막 패널에 그린 「아폴로와 마르시아스Apollo and Marsyas」는 라파엘로가 아닌 소도마의 작품이라는 것이 대다수 미술사가들의 주장이다. 한 편의 음악 경연 이야기이기도 한 이 프레스코의 주제는 1508년부터 1509년 사이의 겨울철 로마뿐 아니라, 그림에서 풍겨 나오는 느낌상 소도마에게도 딱 어울렸다.

마르시아스와 아폴로 간의 음악 대결 이야기는 헤로도토스나 오비디우스가 쓴 것이 가장 유명하다. 이 이야기는 초능력이 있는 자와 그에 맞서지만 결국 패할 운명을 지닌 자 사이의 엽기성 짙은

---

* 라파엘로와 레오나르도가 피렌체나 다른 곳에서 실제로 조우한 증거는 없다. 그러나 레오나르도가 체사레 보르자의 군사 기술관으로 움브리아를 시찰하던 무렵인 1502년과 같은 이른 시기에 서로 만날 기회가 있었을 것이다.

무모한 대결을 다뤘다. 아폴로는 음악과 궁술, 의술에 특출한 신이지만, 화가들은 마르시아스를 반인반수의 못생기고 당나귀 귀를 가진 숲의 요정으로 묘사했다.

신화에 따르면, 마르시아스는 아테나 여신이 만든 피리를 우연히 주웠다. 피리는 뱀 형상의 고르곤 자매들이 메두사의 죽음으로 슬픔에 빠져 내는 애달픈 울음소리를 흉내 내려고 만든 것이었다. 피리에서 울려 나오는 슬픈 소리에도 불구하고, 자존심 센 여신은 물에 비친 자신의 얼굴이 무표정하자 화가 나 피리를 멀리 집어던졌었다. 마르시아스는 곧 피리를 능란하게 다루게 되자 자신이 생겨 수금 타는 아폴로 신에게 감히 도전을 해 일전을 벌이게 되었다. 손자 에우리토스가 할아버지인 아폴로에게 도전해 궁술 시합을 벌였다가 패한 뒤에 살해된 일을 고려하면 정말 무모한 짓이었다. 아폴로는 시합에 동의하는 대신, 승자가 패자의 운명을 결정한다는 무시무시한 조건을 내세웠다.

결과는 예상 그대로였다. 뮤즈 여신의 심판 아래 아폴로와 마르시아스가 함께 아름다운 음색을 연주해 처음에는 승부가 나지 않았다. 그러나 마르시아스가 수금을 거꾸로 놓고 펼친 아폴로의 현란한 연주를 그대로 따라하지 못하면서 승패가 판가름났다. 시합에서 승리한 아폴로는 승자의 권리로 마르시아스를 소나무에 동여맨 뒤 잔인하게 살가죽을 벗겼다. 숲은 마르시아스의 참혹한 죽음을 통곡했고, 그 눈물로 매안데르 강의 지류인 마르시아스 강이 생겼다. 강에서 일렁이던 피리는 한 목동이 건져내어 양과 소떼를 지키는 신인 아폴로에게 바쳤다. 그리고 마르시아스의 살가죽은 박물관에 기증되어 오늘날 터키에 해당하는 셀라에나에 전시되었다고 한다.

　이 신화를 둘러싸고 수백 년에 걸쳐 다양한 해석이 쏟아져 나왔다. 플라톤은 「국가The Republic」에서 이 이야기의 의미는 피리 때문에 생긴 어둡고 통제 불가능한 정열이 조용한 아폴로의 수금 가락으로 차분히 가라앉은 것에 있다고 풀이했다. 그런가 하면 기독교인들은 이 시합에서 보듯이 인간이 오만해지면 초월적인 존재가 절대적인 힘으로 제압한다는 비유를 들며 마르시아스를 동정하지 않았다.

　소도마는 아폴로가 승리하는 순간으로 이 장면을 묘사했다. 승자의 월계관을 쓴 아폴로는 패자인 마르시아스를 향해 집게손가락을 흔들어대면서 '쯧쯧' 혀를 차며 불쌍하다는 표정을 짓고 있다. 나무 기둥에는 이미 마르시아스가 동여매져 있고, 아폴로의 심복부하들 중 한 명이 이 패자의 코에 칼을 들이대는 등 처형 준비를 완료하고서 상전의 신호가 떨어지기만을 기다리고 있다.

　소도마는 이 장면을 그리면서 모순된 상황에 빠진 자신의 처지를 결코 잊지 않았을 것이다. 소도마는 무한한 재능을 가진 라파엘로와 한조가 되어 일하다가 문득 자신이 패배자 노릇을 하고 있음을 깨달았을 것이다. 바티칸 궁 화가들은 이제 자신들의 경쟁자가 미켈란젤로와 그의 조수진뿐 아니라 바티칸 궁 안에도 있다는 사실을 명백하게 깨닫게 되었다. 후원자들은 미켈란젤로와 레오나르도처럼 종종 프레스코 화가 사이의 경쟁을 유도했다. 또 다른 실례로 1480년대에 페루지노와 팀원들은 시스티나 예배당 벽을 프레스코하면서 가장 탁월하다고 생각되는 화가에게 상금을 주겠다는 교황 식스투스 4세의 언질을 받았다.

　그런데 어처구니없게도 상금은 팀원 중에서 실력이 가장 모자라다는

소도마가 스탄차 델라 세냐투라의 천장에 그린
「마르시아스의 참변 The Flaying 이 Marsyas」

평가를 받는 코시모 로셀리에게 돌아갔다.

바티칸의 경쟁 유도 수단은 식스투스가 시행한 것보다 훨씬 가혹한 것이었다. 소도마는 다른 화가들처럼 교황의 숙소를 장식하는 대가로 50두카트의 선수금을 받았다.[11]

이 금액은 거의 6개월 치의 보수에 해당하기 때문에 계약의 갱신은 없을 거라는 것을 소도마도 의식하고 있었을 것이다. 또한 자신이 라파엘로를 비롯한 다른 미술가들과 경쟁하게 된 것은, 교황이 브라만테가 채용한 화가들 중에서 이 방의 진가를 가장 잘 나타낼 실력파 프레스코 화가를 발굴하기 위한 것이라는 사실을 이미 숙지하고 있었을 것이다.

소도마도 곧 마르시아스처럼 패배자가 되었다. 「아폴로와 마르시아스」는 소도마가 바티칸 궁에서 마지막으로 그린 장면이었을 것이다. 그는 1509년 초쯤 하던 일에서 해고되었다. 소도마보다는 오히려 라파엘로가 도안과 실행 양면에서 훨씬 우수하다는 이유로 간단히 대체 되었다고 보는 편이 타당할 것이다. 소도마는 세코 덧칠에 수없이 의존했으나, 그보다 어리고 경험도 적은 라파엘로는 부온 프레스코 기술을 능숙하게 구사해 실력을 과시했다.[12] 바티칸에서 해고된 사람은 소도마뿐만이 아니었다. 페루지노,

핀투리치오, 브라만티노, 요하네스 뤼쉬 등 팀 내의 다른 화가들도 임무에서 제외되었다. 그들이 반밖에 끝내지 못한 프레스코는 이제 라파엘로에게 창작 공간을 마련해 주기 위해 벽에서 긁혀나가는 운명이 되었다. 라파엘로가 스탄차 델라 세냐투라에 그린 작품에 깊은 감명을 받은 교황은 우르비노 출신의 이 젊은 화가에게 자신의 숙소 장식을 통째로 맡겼다. 이제 라파엘로는 미켈란젤로와 한층 더 첨예하게 대립각을 세우게 되었다.

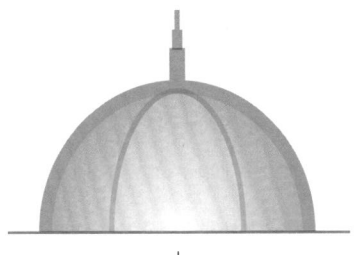

CHAPTER 13

## 진짜 색채

소도마 등의 다른 동료들과 함께 바티칸으로부터 해고라는 망신을 당한 피에트로 페루지노는 당시 이미 전성기를 넘긴 것 같다. 그러나 30년 전 시스티나 예배당의 벽화 작업에 참가할 당시만 하더라도 페루지노는 참가자 중에서 실력이 가장 뛰어났다. 사실 기를란다요나 보티첼리조차 이 예배당에서 분발했지만 실력을 결코 인정받지 못했다. 그러나 예배당 북쪽 벽의 페루지노 작품은 걸작 중의 걸작으로 평가받았으며, 15세기 최고의 프레스코 중의 하나라는 데 아무도 이의를 제기하지 않았다. 그래서 미켈란젤로는 바로 그 「성 베드로에게 열쇠를 넘기는 그리스도The Giving of the Keys to St. Peter」가 필연적으로 자신의 천장화를 평가하는 기준이 될 것임을 꿰뚫고 있었다. 「홍수」에서 9미터 아래에 있는 「성 베드로에게 열쇠를 넘기는 그리스도」는 시스티나 예배당 북쪽 벽을 장식한 예수의 일대기를 주제로 한 6개 장면 가운데 하나이다. 이 벽화는 마태복음 16장 17절부터 19절까지의 내용을 토대로 예수가 성 베드로를 초대 교황으로 책봉하면서 특별한 성직자 권한을 부여하는 장면을 묘사하고 있다. 페루지노는 무릎을 꿇은 제자에게 교황권의 상징인 '천국의 열쇠'를 넘기는 예수에게 파란 옷을 입혔다. 두 사람은 다른 제자들에 둘러싸여 거대한 르네상스 풍 광장 한가운데에 서 있다. 광장 주변에는 팔각형 형태의 사원과 두 개의 개선문이 설치되었는데 원근법이 완벽하게 구사되어 흠잡을 데가 없다. 이 프레스코에서 페루지노는 성 베드로의 옷을 로베레 가문의 상징인 파란색과 금색으로 장식해 벽화를 의뢰한 식스투스 4세가 성 베드로의 후계자 중 한 사람임을 강조했다. 따라서 훗날 이 그림은 묘하게도 교황의 정통성에 대한 선전물로 인식되기에 이르렀다.

 이런 이유로 관심을 끈 페루지노의 프레스코는 완성 직후부터 신비한 힘을 지녔다고 여겨졌다. 시스티나 예배당은 당시도, 그리고 지금도 여전히 교황을 새로 선출하기 위한 비공개 추기경 회의인 콘클라베의 개최 장소로 사용된다. 콘클라베가 열리면 예배당 마루에는 여러 줄의 작은 목재 칸막이가 설치되어 예배당은 일종의 기숙사로 탈바꿈했다. 추기경들은 이 간이 침실에서 숙식하면서 계획을 짰다. 침실은 콘클라베를 개최하기 사나흘 전에 추첨 방식으로 배정했는데, 개중에는 더러 행운을 안겨주는 곳도 있었다. 특히 「성 베드로에게 열쇠를 넘기는 그리스도」 밑에 있는 침실은 대표적인 행운의 자리로 믿어졌는데, 그 이유는 그림의 주제 때문일 것이다.[1] 이것을 미신이라고만 할 수 없는 것은, 1503년 10월 마지막 날 개최된 콘클라베에서 페루지노의 프레스코 밑에 위치한 침실을 차지한 추기경이 바로 줄리아노 델라 로베레였기 때문이다.

미켈란젤로는 사다리를 타고 오를 때마다 이 페루지노의 걸작 앞을 지나쳤다. 기를란다요, 보티첼리, 그리고 다른 화가들의 작품들도 마찬가지였을 것이다. 그리고 이들 그림에 사용한 휘황찬란한 색들을 보고 깊은 인상을 받았을 것이다. 금색과 군청색을 풍부하게 사용한 이 장면들은 눈부시게 밝고 화려한 색채가 아름답게 펼쳐져 있었다. 식스투스 4세는 코시모 로셀리가 이 색들을 사용해 그린 장면에 매혹되어 다른 화가들에게도 그처럼 불꽃이 튀는 듯한 시각적 효과를 만들어 내라고 주문했었다

바사리에 따르면, 미켈란젤로는 "나보다 먼저 이곳에서 프레스코를 그린 사람들이 내가 그린 대작 앞에 무릎을 꿇게 하겠다."[2]고 결의했다. 평소 미켈란젤로는 지나치게 튀는 색을 많이 사용하는 화가들을 "정신이나 운동을 표상하는 인체보다 초록이나 빨강 등의 요란한 색에만 관심을 쏟는 세상의 멍청이들"[3]이라며 경멸했다. 그러나 그가 '멍청이들'이라고 비하한 이 화가들이 결국 자신의 작품을 페루지노나 다른 동료들의 작품과 비교할 거라는 점을 깨닫고 타협책으로 예배당 천장에 그들의 눈을 매혹시킬 수 있는 색을 아낌없이 썼다. 색의 극적 사용이 특히 눈에 띈 곳은 스팬드럴과 반원 공간, 다시 말해 통로에서 제일 가까운 예배당 창문 주위의 천장 부분이었다. 1509년 초쯤 「홍수」가 완성되었지만, 미켈란젤로는 여전히 입구 쪽으로 그림을 진행시켜 가지 않았다. 아직도 사람들의 눈에 잘 띄는 천장 쪽에서 작업하는 것에 마음이 내키지 않았던 것 같다. 미켈란젤로는 그 대신 창세기의 설화를 천장 중앙 부분에

먼저 그린 후에 관련된 장면들을 차례대로 옆으로 이어 나갔다. 이 방식은 이후 천장 프레스코 작업 전체에 걸쳐 미켈란젤로의 습관으로 굳어졌다.[4]

　미켈란젤로는 예배당 안의 모든 스팬드럴과 반원 공간을 예수의 조상들, 즉 신약성서의 첫 구절에 나오는 아브라함의 자손이자 예수의 조상이기도 한 기독교와 관련한 인물들의 초상화로 채울 계획을 세웠다. 그리고 각 그림 공간에 남녀노소가 망라된 여러 명의 인물화를 일가족 단위로 그린 후, 등장인물들의 명패를 반원 공간 바로 밑에 두어 각 인물을 식별할 수 있도록 할 계획이었다. 미켈란젤로는 이 초상화들을 창문과 창문 사이의 공간에서 불과 몇 킬로미터 밖에 떨어지지 않은 상층 공간에 그릴 생각이었다. 그런데 창문과 창문사이의 공간에는 페루지노가 자신의 동료들과 함께 온갖 화려하고 생생한 느낌을 주는 색을 구사해 그린 총 32명에 이르는 역대 교황들의 초상화들이 포진해 있었다. 그중에는 오렌지색 물방울무늬 옷을 입은 교황의 초상화도 있었다. 미켈란젤로는 그들이 입은 밝은 색의 옷을 예수의 조상들에게도 입힐 생각이었다. 이제 미켈란젤로는 자신의 그림이 선배 세대 화가들의 그림에 가려지는 불상사를 막기 위해 백방으로 양질의 안료를 찾아 나섰다.

　그림의 성패는 물감의 질에 좌우되었다. 물감은 베네치아에서 취급하는 것이 최상품인데다 제일 유명했다. 베네치아는 동양의 시장에서 주홍색 물감 재료로 쓰는 진사와 군청색 물감 등 외국산 재료들을 싣고 돌아오는 배들이 기항하는 첫 번째 항구였다. 화가들은 이따금 후원자들의 동의 아래 베네치아로 가서 필요한 안료를 직접 구입해 오기도 했다. 핀투리치오가 피콜로미니 도서관의 프레스코 장식을 위한 계약서를 작성할 때에도 후원자에게서 2백 두카트를 안료 구입비로 사용해도 좋다는 양해를 얻어냈다.[5] 안료를 베네치아에 가서 직접 구입하면 그만큼 운임이 줄어들어 출장 경비를 제하고도 짭짤한 수입을 올릴 수 있었다.

그러나 미켈란젤로는 피렌체 산産 안료만 고집하는 전형적인 인물이었다. 언제나 완벽주의자였던 미켈란젤로는 안료의 질에 퍽 까다로웠다. 부친에게 돈을 보내 레이크 레드(적색 안료_옮긴이)를 1온스(약 30그램_옮긴이) 사달라고 부탁할 때에도 "최고급 피렌체 산이 아니면 아예 살 생각도 마십시오."[6] 하고 토를 달았다. 안료의 질을 최상급으로 유지하기 위한 그 같은 질에 대한 통제 노력은 싸구려 물건이 비싼 안료 속에 섞이는 것을 막기 위해서라도 필요했다. 예를 들면, 진사로 만든 주홍색 안료를 살 때에는 분말이 아니라 덩어리째로 구입하는 것이 바람직했다. 분말에는 정작 주홍색 내용물이 극히 미량밖에 들어 있지 않은 일종의 싸구려 대용물이 많았기 때문이다.

미켈란젤로가 안료 구입처를 생면부지의 베네치아가 아닌 고향 피렌체로 택한 것은 당연했다. 베네치아에는 아는 사람이 하나도 없다시피 했기 때문이다. 피렌체의 화방 수는 모두 합쳐 약 40개 정도였고,[7] 안료를 제조해 이들에게 공급하는 수도원과 약종상들도 꽤 있었다. 이들 중에서 가장 유명한 안료 제조 전문가들은 당연히 제수아티 수도사들이었다. 그러나 안료를 구입하기 위해 꼭 산 주스토 알레 무라까지 찾아갈 필요는 없었다. 피렌체 화가들은 아르테 데이 스페치알리 에 메디치(약종상과 의사 협회)의 조합원이었다. 미술가들이 이 특별 조합에 들어간 이유는 대부분의 안료와 고착제의 원료를 약종상들이 주로 취급했는데 규모가 약품의 두 배나 되었기 때문이다.

예를 들어, 의사들이 기침이나 목 쉰 데, 눈썹 상처의 처방제로 내놓는 트래거캔스 고무는 화가들 사이에서는 안료를 고착시키는 데 널리 이용되었다. 그리고 레이크 레드에 쓰이는 꼭두서니 뿌리는 좌골신경통의 치료제로 격상되기도 했다. 안료와 약재 사이의 중첩 현상은 파두안 출신 미술가인 다리오 바라토리와 관련된 일화에도 등장한다. 바라토리는 한때 의사의 치료를 받으며 프레스코를 그린 적이 있었다. 물약을 조금 가지고 일하러 간 바라토리는 조제약 병에 코를 갖다 대고 냄새를 실컷 들이킨 후, 붓을 재빨리 그 속에 집어넣어 푹 적셨다가 벽에 칠했다. 프레스코화와 그의 건강에 아무 해도 없었음은 물론이다.[8]

안료의 제조 과정은 까다로운데다 높은 전문성이 요구되었다. 예를 들어, 미켈란젤로가 「홍수」에서 하늘과 물을 표현할 때 사용한 안료 중에 제수아티 수도사들이 제조한 스말티노라는 것이 있는데, 이 안료는 코발트가 함유된 색유리를 가루로 빻은 것이다. 스말티노를 만드는 일은 지저분할 뿐만 아니라 위험하기까지 했다. 코발트가 부식성이 강할뿐 아니라 유독성분인 비소까지 함유했기 때문이다(살충제로도 쓰일 만큼 독성이 매우 강했다). 유럽 전역에 색유리 제조로 명성을 떨친 제수아티 수사들은 코발트를 다루는 데 능숙했다. 수사들은 원광을 용광로(스말티노smaltino라는 이름은 여기에서 유래되었다)에 넣고 태워 수거한 산화코발트를 유리용 융액에 첨가했다. 그러고는 유리에 색을 입힌 후 박살내어 가루로 빻았다. 스말티노를 안료로 사용해 그린 그림의 단면을 현미경으로 보면 가루로 된 유리를 볼 수 있다. 현미경을 낮은 배율로 놓고 보아도 유리 파편과 작은 공기방울들을 쉽게 볼 수 있다. 화가들이 많이 찾는 정제하지 않은 스말티노 같은 안료는 인토나코에 첨색을 하기 전에 공방에서 따로 미리 준비해 둘 필요가 있었다. 미켈란젤로가 안료를 직접 빻아 썼다는 콘디비의 주장은, 여러 사람의 손이 필요한 안료의 준비 과정을 생각할 때, 그 진실성이 매우 의심스럽다. 이런 일에는 미켈란젤로도 조수들의 조언이나 전문성이 필요했을 것이다. 조수들 대부분과 마찬가지로 미켈란젤로도 기를란다요 밑에서 작업의 요령을 터득했다. 그러나 지금 시스티나 예배당에 필요한 안료들 중 상당수는 써 본지 20년이 넘어 그라나치 같은 사람의 경험이 꼭 필요했다.

안료의 준비 과정은 제각기 달랐다. 어떤 것은 가루로 빻아서 만들고, 어떤 것은 좀 더 조악粗惡한 알갱이 상태로 두고, 또 어떤 것은 열을 가해 식초에 용해하거나 계속 되풀이해 씻은 후 체에 걸렀다. 색조의 톤은 커피의 맛처럼 빻는 방식에 따라 달라져 빻으면서 농도의 적정성을 체크하는 것이 매우 중요했다. 예를 들어, 스말티노를 조잡하게 빻으면 암청색이 생기지만, 좀 더 미세하게 빻으면 훨씬 더 창백한 톤의 색을 만들 수 있었다. 게다가 스말티노는 석고가 아직 젖어 접착력이 있을때 첨가해야 하는데, 이때 스말티노의 유리 알갱이가 다소 조악하더라도 전혀 문제되지 않았다. 이런 까닭으로 항상 색을 먼저 한 번 칠하고 두세 시간 후에 2차 코팅을 실시해 암색暗色 효과를 냈다. 프레스코의 성패는 이런 까다로운 작업에 따라 좌우되었다. 미켈란젤로는 최근 붓으로 그린 유일한 작품인 「성가족」에서 스말티노를 전혀 사용하지 않았다. 따라서 스말티노를 준비하면서 틀림없이 조수들에게 크게 의존했을 것이다.

스말티노에 비해 시스티나 천장에 칠할 나머지 안료의 대부분은 준비하기가 한결 수월했다.[9] 그중에는 점토 등 이탈리아 각지에서 파낸 흙으로 만든 것도 많았다. 특히 토스카나지방에는 이런 흙들이 풍부했다. 체니노 체니니(Cennino Cennini)가 1390년대에 화가들을 위해 쓴 안내서인 『미술의 책Il Libro dell'arte』을 보면 토스카나 지방의 흙 색깔이 얼마나 다양했는지 알 수 있다. 체니니는 어릴 적 부친을 따라 시에나 인근의 발 델사 언덕 아래에 간적이 있다. 그곳에서 "깎아지른 지표면을 삽으로 긁으면 여러 가지 색깔로 된 단층들이 나타났는데 황토, 어두운 색과 밝은 색의 적토, 파란색과 흰색 등 다양한 색으로 이루어진 점토층이었다. 흑색의 지층도 존재했다. 검은색의 지층이 자아낸 모양새는 얼굴미간에 생기는 주름살과 아주 흡사했다."[10]고 썼다.

안료 제작자들은 여러 세대를 거치면서 이러한 점토를 어디서 구해야 하는지, 어떻게 안료로 바꿀 수 있는지를 터득하게 되었다. 시에나 주변의 언덕에는 철분이 풍부한 테라 디 시에나 점토가 있었는데, 화가들은 이 점토로 황갈색 안료를 만들었다. 이것을 용광로에서 가열하면 적갈색의 번트시에나라는 안료가 된다. 어두운 색조의 로엄버는 산화마그네슘이 풍부한 흙에서 나오고, 레드오커는 토스카나의 구릉지에서 파낸 다른 붉은색의 흙으로 만들었다. 비안코 산조반니(성 요한의 백색)는 피렌체에서 나오는 흰색 안료로 피렌체 수호성인의 이름을 따서 지었다. 이 안료는 생석회를 태워 웅덩이에 몇 주 동안 파묻어 두었다가 걸쭉한 반죽 상태에 이르면 꺼내 햇볕에 말려 굳힌 것이다.

그 이외의 안료는 먼 지방에서 왔다. 테라 베르데(녹청색 점토)는 피렌체에서 북쪽으로 160킬로미터 떨어진 베로나에서 채석한 회녹색의 광물(해녹석海綠石)에서 만들어졌다. 담청색은 훨씬 더 멀리 떨어진 지방에서 나온 것으로 '아주로 울트라마리노'라는 이름에서 알 수 있듯이 '바다 건너', 즉 청금석을 채굴하는 아프가니스탄에서 온 파란색 안료였다. 제수아티 수사들은 청석을 청동 절구에 넣고 갈은 뒤에 밀랍과 수지, 오일과 혼합하고 도자기 항아리에서 잘 반죽했다. 그런 다음 걸쭉한 상태의 혼합물을 아마포로 싸 따뜻한 양잿물 속에 넣고 빵 반죽처럼 만들었다. 이윽고 양잿물에 색이 다 스며들면 유약을 입힌 큰 사발에 붓고 다시 새 양잿물을 부어서 이것도 파란색이 감돌면 두 번째 사발에 갖다 부었다. 반죽에서 색이 더 이상 우러나오지 않을 때까지 양잿물을 반죽 위에 붓고 사발에 옮기는 과정을 계속 되풀이했다. 그리고 마지막으로 각 사발에서 양잿물을 걷어내고 파란색 잔류물을 수거했다.

  이런 방식으로 추출한 담청색의 질은 여러 등급으로 나눠졌다. 맨 처음 반죽을 한 사발에서 가장 크고 파란 입자가 나오고, 두 번째, 세 번째로 갈수록 질이 조금씩 떨어졌다. 최초에 추출된 청색은 미켈란젤로가 야코포 디 프란체스코 수사에게 '양질의 청색 상당량'을 부탁하면서 기대했던 바로 그 청색일 것이다. 그렇다면 이 안료는 결코 싼 값에 구할 수는 없었을 것이다. 담청색 안료는 금처럼 비싸 1온스 당 8두카트나 했는데, 그 다음으로 비싼 남동광에 비해 무려 30배나 비싼 값이었고, 피렌체에서 꽤 넓은 공방을 6개월 이상 세내는 비용에 해당했다.[11] 담청색이 하도 비싸, 페루지노가 산 주스토 알레무라 수도원을 프레스코할 때는 이 미술가가 안료를 몰래 빼돌릴까봐 담청색을 사용할 때마다 수도원장이 그의 곁에 있겠다고 억지를 부릴 정도였다. 페루지노는 정직한 사람이었지만, 수도원장도 담청색을 지켜야 할 이유가 충분히 있었다. 약삭빠른 미술가들이 군청색을 사용하고는 마치 담청색을 구입해 사용한 것처럼 꾸미고는 차액을 착복하는 일이 종종 있었기 때문이다. 피렌체, 시에나, 페루자에서는 미술가 동업자 조합이 그 같은 사기 행위를 불법으로 규정했다.

담청색은 언제나 세코로, 다시 말해 인토나코가 마르면 그 위에 고착제와 함께 첨색했다. 그러나 담청색으로 부온 프레스코를 한 전례도 없지 않았는데, 그중에서도 기를란다요가 토르나부오니 예배당에 프레스코한 것이 가장 유명하다. 미켈란젤로가 피렌체 출신의 조수들만 고집해서 뽑은 데에는 무엇보다 그들이 기를란다요의 공방에서 담청색 같은 밝은 계열의 색깔로 부온 프레스코를 하는 훈련을 쌓은 점이 크게 작용했을 것이다. 그러나 미켈란젤로는 천장에 담청색을 많이 칠하지는 않았다.[12] 여기에는 물론 경제적인 이유도 한몫 했을 것이다. 미켈란젤로는 나중에 콘디비에게 시스티나 예배당에 사용한 안료의 비용은 기껏해야 20에서 25두카트였다고 자랑한 적이 있는데,[13] 그 돈으로는 담청색을 기껏해야 3온스밖에 살 수 없었다. 미켈란젤로는 또 다른 광물을 원료로 한 안료들, 예를 들어 녹청색, 주홍색, 공작색들을 그렇게 많이 사용하지 않았다. 화가들은 이들 색들을 전통적으로 세코로만 첨색했다. 「홍수」에 생긴 곰팡이 때문에 곤란을 겪은 후로 미켈란젤로와 조수들은 간혹 세코 덧칠을 할 때도 있지만, 주로 부온 프레스코 방식에 의존했다. 이 기술은 다른 어떤 회화 기술보다 통달하기 어려웠고, 그만큼 고난도의 기술이었다.[14] 특히 천장의 인물들 중에서 가장 밝은 빛을 띨 예수의 조상들은 거의 모두 부온 프레스코로 그릴 예정이었다.

스팬드럴은 「홍수」 장면의 양옆에 위치한데다 유리창 위로 불쑥 솟아, 비록 규모는 작지만 그림을 그려 넣기가 여간 까다롭지 않았다. 스팬드럴이 제공하는 표면은 곡면이면서도 동시에 삼각형 구조였는데, 미켈란젤로는 바로 이곳에 인물화를 그려 넣어야 했다.[15] 그러나 작업은 의외로 빨리 진척된 모양이다. 「홍수」의 경우 2달 반이나 걸렸지만, 이 두 스팬드럴에 그림을 그려 넣는 데에는 각각 불과 8일밖에 걸리지 않았다.[16] 미켈란젤로와 조수들은 북쪽 변에 있는 첫 번째 스팬드럴에 스폴베로와 새기기를 병행해 밑그림을 모사했다. '요시아스 예초니아스 살라티엘(IOSIAS IECHONIAS SAIATHIEL)'[17]이라는 명패가 새겨진 남쪽 면의 스팬드럴에 프레스코를 하면서 더욱 자신감을 갖게 된 미켈란젤로는 스폴베로를 사용해 사람의 얼굴을 모사했다. 그런 다음 밑그림을 걷어내고 석고에 색을 자유롭게 칠해 나갔다. 「홍수」에서 그림을 그리다가 실수하면 졸지에 석고를 떼어내고 새로 다시 시작했던 것을 고려하면, 이것은 실로 대담한 수법이었다. 그런데도 불구하고 펜티멘티나 세코가 따로 필요하지 않았던 것을 보면 일이 매우 순조롭게 진행되었던 모양이다. 스팬드럴은 천장에서 그렇게 눈에 띄는 자리는 아니지만, 이곳을 차지한 작은 그림-세 사람이 땅바닥에 고꾸라져 있다.-은 미켈란젤로가 거쳐 온 주요 단계의 특징을 잘 드러냈다. 작업을 시작한지 몇 달 만에 그는 마침내 자신감이 생긴 것처럼 보였다.

이 두 장면을 완성하자, 미켈란젤로는 비계를 몇 계단 내려와 반원 공간으로 이동했다. 반원 공간은 그가 동일한 수평 방향에서 그림을 그려 갈 때 항상 가장 마지막에 그리는 부분이었다. 그림을 그리기에는 4내지 6미터 더 높은 천장보다 반원 공간이 훨씬 수월하다는 것을 깨달았다. 반원 공간보다 더 높은 패널의 경우에는 상체를 뒤로 젖히고 붓을 머리 위로 들어 올려 그림을 그려야 했지만, 반원 공간의 벽면은 그와 달리 평평하고 수직이었다. 사실 반원 공간에 그림을 그리는 것은 매우 간단해, 미켈란젤로는 석고에 밑그림을 갖다 대지 않고 바로 그림을 그리는 놀라운 솜씨를 줄곧 선보였을뿐 아니라, 어떤 보조 기구도 사용하지 않고 손으로 직접 그림을 그렸다.

공방에서 밑그림을 준비하고 예배당 벽에 모사할 만큼 시간이 충분치 않았던 미켈란젤로는 작업을 전보다 훨씬 더 신속하게 해치워 나가야 했다. 첫 번째 반원 공간은 단 3일 만에 끝냈다. 테두리를 금색으로 장식한 정사각형의 명패를 그리는 데 1조르나타가, 창문의 왼편과 오른편에 인물화를 하나씩 그리는 데 각각 1조르나타가 들어가 모두 3조르나타를 썼다. 이 반원 공간에 그린 인물의 키가 2미터인 점을 고려하면 미켈란젤로가 작업을 진행해 간 속도는 정말 미친 듯이 빠른 것이었다. 그리고 명패는 조수들이 자와 줄을 대고 그렸지만, 그 위의 인물화는 전부 미켈란젤로가 직접 그린 것임이 틀림없다.

조금이라도 빨리 작업을 진행하고 싶어 안달하던 미켈란젤로는, 물기가 아직 많이 남은 석고에 붓으로 그림을 그리다가 석고 표면의 얇고 연한 막을 찢기도 했다. 프레스코 화가들은 바로 이 연한 막에 그림을 그렸다. 인토나코에 포함된 석회 성분 때문에 다람쥐나 흰담비의 모피로 만든 붓이 망가지자, 미켈란젤로는 거의 언제나 거세당한 수돼지의 억센 털로 만든 붓을 사용했다. 간혹 미친 듯이 그림을 그리는 바람에 붓에서 빠져나온 털이 석고에 남기도 했다. 미켈란젤로는 반원 공간에 인토나코를 바른 후, 처음에는 가는 붓에 어두운 색의 안료를 발라 예수의 조상들의 윤곽을 그려갔다. 그 다음에는 굵은 붓을 사용해 '모렐로네'라는 자줏빛이 감도는 핑크색으로 이들을 둘러싼 배경 부분을 그렸다. 산화철인 이 안료는 황산염과 명반의 혼합물을 오븐에 넣고 밝은 자줏빛이 날 때까지 가열해 얻은 것이다. 이것은 연금술사들도 잘 아는 물질로 실험 용기 밑에 방울져 떨어지는 것을 보고 '카푸트 모르툼(죽은머리)'이라고 부르기도 했다.

  배경을 끝낸 미켈란젤로는 인물화로 되돌아가 여러 색깔을 사용해서 그림자 부분, 그러데이션, 하이라이트 순으로 형태를 그리기 시작했다. 프레스코 화가들은 언제나 붓에 안료를 가득 묻힌 다음, 엄지와 집게손가락 사이에 끼어 넣고 짜서 여분의 물기를 제거해야 한다고 배웠다. 그러나 미켈란젤로는 오히려 안료를 물에 코팅한 것 같이 묽게 하고 붓에 잔뜩 묻힌 다음, 반원 공간에 칠해 곳곳에서 수채화 같은 투명한 효과를 냈다.

  미켈란젤로는 프레스코 화가의 팔레트 중에서도 제일 밝은 색인 노란색, 분홍색, 자두색, 빨간색, 오렌지색, 초록색 등을 붓에 잔뜩 먹여 스팬드럴이나 반원 공간에 그림을 그렸는데, 색의 배합 솜씨가 워낙 뛰어나 풍뎅이 색의 비단 느낌이 났다. 구체적인 예로 「홍수」 아래에 있는 스팬드럴 중 하나에는 오렌지색 머리와 연한 핑크와 오렌지색의 옷을 입은 여인이 선명한 주홍색 옷을 입은 늙은 남편 곁에 앉아 있는 장면이 있다. 그런데 이렇게 눈부시게 밝은 색깔들이 재발견된 것은 아주 최근의 일이다. 지난 5백 년 동안 양초와 오일 램프가 타면서 생긴 불포화지방이 천장화를 여러 겹 코팅했을 뿐 아니라 엎친 데 덮친 격으로 무모한 복원 사업 때문에 접착제와 아마인유 광택제가 그 위에 두껍게 씌워져 스팬드럴과 반원 공간의 그림들이 매우 칙칙하고 탁해 보였다. 20세기 최고의 미켈란젤로 연구가로 여기는 헝가리인 샤를르 데 톨나이(Charles de Tolnay)는 1945년에 이곳을 '그림자와 죽음의

구(球)'[18]라고 표현할 정도였다. 미켈란젤로의 '진짜색채'가 마침내 드러난 것은, 1980년대에 바티칸 당국이 그 어느 때보다 적극적으로 전문적인 복원작업에 나서 층층이 쌓인 먼지와 때를 프레스코에서 말끔히 제거한 후였다.

자신의 족보에 대한 과대망상증에 빠진 미켈란젤로가 예수의 족보를 그리겠다고 나선 것은 그다지 놀라운 일은 아니다. 예수의 조상들은, 조토가 파두아의 스크로베니 성당의 천장 장식판에 프레스코하고, 프랑스의 여러 고딕식 대성당 전면에도 그려지긴 했지만, 서양 미술에서 그렇게 흔한 주제는 아니었다. 그리고 선지자나 사도 등 성서의 다른 인물만큼 인기를 얻지 못했다. 미켈란젤로는 이 보기 드문 주제를 문학적으로나 예술적으로 볼 때 전례가 없는, 전통적이지 않은 방식으로 묘사했다. 그때까지 '메시아'의 조상들은 왕관과 홀을 가진 제왕의 이미지로 아브라함에서 시작해 요셉에까지 이어져 내려왔을 뿐만 아니라 다윗과 솔로몬 같은 이스라엘과 유다의 왕을 포함하는 빛나는 족보에 어울리는 이미지로 묘사되어 왔다. 조토는 심지어 그들의 머리 뒤에 광배光背를 그려 넣기까지 했다. 그러나 미켈란젤로는 그들을 훨씬 더 소박한 인물로 그릴 계획이었다.

미켈란젤로의 이같이 색다른 관점은 그가 그린 첫 번째 예수의 조상들 가운데 한 사람에게 특히 잘 구현되어 있다. 그것은 바로 열왕기에 등장하며, 구약성서에 나오는 가장 위대한 영웅들 가운데 한 사람인 요시야였다. 요시야는 여러 가지 개혁 정책을 폈다. 그중에서 특히 우상숭배에 물든 성직자들을 내쫓고, 우상을 불태우고, 어린아이를 공양의 제물로 바치는 일을 금했다. 또한 무당과 마술사를 몰아내고, 악명 높은 남창숭배 사당들을 모두 쑥대밭으로 만들었다,

31년간 재위하면서 온갖 파란만장한 일들을 겪은 끝에, 요시야는 이집트 군과 싸우다가 적의 화살을 맞고 장렬하게 전사했다. "요시야 전에도 없었고, 이후에도 그와 같은 자가 없으리라."(열왕기하 23장 25절) 하고 성서는 기록했다.

미켈란젤로는 영웅호걸적인 남성상을 도안하고 조각하는 것으로 명성을 떨쳤다. 그러나 요시야 초상화에서는 마술사나 우상숭배자, 남창을 벌하는 영웅의 모습은 눈을 씻고 찾아보아도 없다. 반원 공간에 나타난 것은, 가정에서 남편과 사소한 일로 입씨름을 벌이던 아내가 아기를 안은 채 등을 돌려 남편을 외면하자 남편이 무릎 위에 앉은 어린애와 씨름하면서 곤혹스런 표정으로 뭔가를 말하고 있는 듯한 광경이다. 그러나 창문 위의 스팬드럴에는 아내가 아기를 팔에 안고 땅바닥에 털썩 앉아있고, 그 옆에는 남편이 눈을 감고 머리를 숙인 채 몸을 쭉 펴고 있다. 그들의 무기력한 모습은 성서에 나오는 요시야의 풍모와 극적으로 대비되었다. 그 뿐만 아니라 그들의 머리 위에서 몇 미터 되지 않는 곳에 그려진 억센 체구의 누드와 비계 위를 누비고 다니며 그들의 초상화를 하루 이틀 만에 후딱 해치우던 미켈란젤로의 자신만만하고 활력에 찬 모습과도 너무나 대조적이었다.

나머지 예수의 조상들의 초상화도 비슷한 양식으로 그려냈다. 미켈란젤로가 오색 장식띠 안에 움직이는 자세로 그린 인물의 수는 모두 91명에 이를 정도로 많았다. 밑그림용으로 미리 준비한 소묘에는 머리를 숙이고 팔다리를 늘어뜨린 채 몸을 앞으로 수그린 인물들이 즐비했다. 이 자세들은 도저히 '미켈란젤로답다'고 할 수 없었다. 그들 중에서 다수는 틀에 박힌 자세로 매우 단조로운 인상을 주는데 머리를 빗거나 뜨개실을 감고, 옷감을 자르거나 잠에 빠져 있고, 아이를 달래거나 거울을 들여다보기도 한다. 이런 모습들 때문에 예수의 조상들은 미켈란젤로의 전체 작품 중에서도 매우 특이한 존재들이 되었다. 그의 작품 중에서 일상적인 생활상을 보여 주는 것은 매우 희귀하기 때문이다. 예수의 조상들이 이목을 끈 데는 또 다른 이유가 있었다. 미켈란젤로가 그린 별다른 특징 없는 평범한 91명 중 여성이 25명이나 된다는 점이다. 그러나 과거의 기록들을 살펴보면, 이들 여성 가운데 직계 친척인 성모리아 이외에 예수의 조상으로 구체적으로 언급된 사람은 아무도 없다.* 미켈란젤로가 예수의 조상들의 삽화를 몇 개의 대형 가족 단위로 편성할 수 있었던 것도 따지고 보면, 이 여성들을 세속적인 장면들 속에 집어넣었기 때문에 가능했다. 미켈란젤로는 이들을 부모자식 관계로 묶어, 예수의 조상들을 묘사한 이전의 다른 어떤 그림보다 더 성聖가족적으로 나타낼 수 있었다. '요시아스 예초니아스 살라티엘'의 반원 공간에 등장하는 인물들은 몇 년 후에 티티아노가 그린 「이집트로 피신하던 성가족의 휴식The Rest on the Flight into Egypt」[19]의 모델로 차용되기도 했다.

성가족은 미술에서 비교적 새로운 주제였다. 성모 마리아와 어린 예수의 초상화에서 진화한 성가족은 성聖육신의 인간적이고 가족적인 면을 중시했다. 그래서 요셉과 마리아를 가정적인 자세로 그려 관객이 그림의 주인공과 일체감을 느낄 수 있게 했다. 라파엘로도 피렌체에서 다른 화가들의 작품을 보고 그 이미지를 차용해 몇 점인가 그린 적이 있는데, 그중에는 도메니코 카니자니의 방식으로 그린 것도 있다.

---

* 성서에는 성모 마리아 이외에도 예수의 조상 40명의 명단이 나열되어 있는데, 그중 여성으로 밝혀진 사람은 타마르, 밧세바, 라합, 루스 이 4명이 전부이다. 그러나 미켈란젤로는 이 이름들 중 어떤 것도 명패에 올리지 않았다.

이 그림에서 요셉은 큰 지팡이에 몸을 의지한 채 자애로운 표정을 짓고, 성모 마리아와 성 엘리자베스가 요셉의 경계하는 눈빛 아래 휴식을 취하고, 두 아이가 풀 위에서 신나게 뛰논다. 미켈란젤로는 1504년경에 처음 「성가족」을 그렸는데, 수염이 희끗한 요셉이 무릎 위에 책을 편 채 땅 위에 앉은 성모 마리아의 팔에 아기 예수를 건네는 그림이다.

성가족을 가정의 신앙물로 간직하기 위해 개인적으로 주문하는 경우가 종종 있었다. 가정이나 조상 대대로 사용해 온 예배당에 이 조상화를 내건 것은, 이 그림이 부모와 지식뿐 아니라 부부 사이의 애정에도 본보기를 제공해 가족 간의 일체감을 조성하고 강화해 주길 희망했기 때문이다.[20] 미켈란젤로의 「성 가족」 역시 예외가 아니었다. 막달레나 스트로치와 결혼을 앞둔 아뇰로 도니를 위해 그린 이 그림은, 그들에게 미래를 함께하기로 맹세한 신혼부부가 꿈꾸었을 완벽한 가정의 이미지를 보여 주었는지도 모른다.

그로부터 몇 년 후에 미켈란젤로는 크게 달라진 성가족의 가정을 보여 주었다. 시스티나 예배당의 스팬드럴과 반원 공간에는 온화한 요셉과 행복에 겨운 성모 마리아가 보여 주는 기존의 성가족적 분위기와는 사뭇 다르게 지치고 독기 서린 부부들이 몹시 거칠고 불운한 삶을 영위하는 장면이 그려졌다. 미켈란젤로가 그린 예수의 조상들은 사랑이 넘쳐 흐르는 고결한 가정의 본보기를 보여 주기보다는 분노와 권태, 지독한 무력감 같은 바람직하지 않은 감정 상태를 드러낸다. 어느 미술사가의 말처럼, 미켈란젤로가 게으르고 싸움밖에 모르는 이 인물들을 통해[21] '비참한 가정생활'을 생생하게 드러낸 것을 보고 이 그림을 보는 사람들은 분명 그들보다 훨씬 더 불행했던 가족에 대한 미켈란젤로의 불만과 좌절을 그림 속에서 찾아내려 할 것이다. 그는 아버지나 형제들과는 매우 가까웠지만, 부오나로티 가는 여전히 언쟁, 걱정, 분열, 그리고 끝없는 요구와 불평뿐인 집안이었다. 스팬드럴과 반원 공간에 들어갈 그림을 도안하던 무렵, 미켈란젤로는 큰어머니의 소송과 동생들의 목적 없는 삶 등 골치 아픈 가족 문제로 진저리를 쳤다. 미켈란젤로는 심리학자들이 '자신의 족보에 대한 혼란스럽고 모순에 찬 감정'[22]이라고 규정한 것을 자신의 프레스코에 뒤섞어 예수의 가족을 그의 가족처럼 비참하고 다루기 골치 아픈 인간들로 만들어 버렸다.

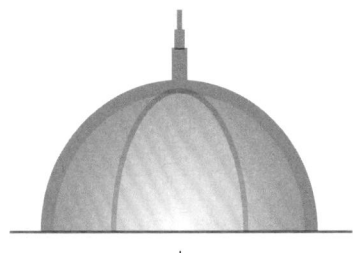

CHAPTER 14

# 그가 성전을 지으리라

1509년 5월 14일 베네치아 군이 북이탈리아의 아냐델로 전투에서 프랑스 군에 패했다. 최고 사령관인 바르톨로메오 달비아노를 비롯해 1만 5천 명 이상의 병사가 죽거나 포로가 되었다. 서기 452년에 훈노족 아틸라가 로마를 침략하면서 이탈리아 반도를 노략질한 이래 육지에서 당한 첫 패전이었다. 이 참패로 공화국은 존립마저 위태로워졌고, 이제 또 다른 적이 알프스를 넘어 이탈리아 반도로 노도처럼 밀어닥칠 기세였다.

유럽 최강국의 지도자인 루이 12세는 평소 프랑스 영토라고 우겨온 땅을 되찾기 위해 4만 명의 대군을 이끌고 이탈리아로 쳐들어 왔다.

루이 12세의 행동에 교황은 축복을 보냈다. 교황은 이미 3주 전에 로마냐의 양도를 끝내 거부한 베네치아 공화국 시민들을 모두 파문해 버렸다. 율리우스는 베네치아인들을 늑대의 간교함과 사자의 잔인무도함으로 똘똘 뭉친 악랄한 인간들이라고 낙인찍었다. 이에 맞서 베네치아 풍자가들은 율리우스를 동성애자이자 유아 성도착증 환자이며 술주정꾼이라고 매도했다.

 율리우스는 베네치아를 파문한 데 이어, 1509년 3월에는 캄브레 동맹에 대한 지지선언을 했다. 몇 달 전에 루이 12세와 신성 로마 제국의 황제 막시밀리안은 이 동맹을 결성하면서 표면상으로는 터키 제국에 대한 십자군의 출정에 합의한다고 공표했다. 그러나 양국은 조약을 체결하면서 베네치아로부터 강제로 영토를 돌려받기 위해 율리우스 교황 및 스페인 국왕과도 연합할 것을 비밀리에 따로 합의했다. 동맹 결성의 숨은 의도를 간파한 베네치아는 서둘러 파엔차와 리미니의 반환을 교황에게 제의했다. 그러나 너무 뒤늦은 제안이었다. 이미 루이 12세의 군대가 이탈리아 국경을 넘었던 것이다. 교황군은 아냐델로 전투가 끝난지 불과 몇 주 만에 프랑스군에 이어 베네치아를 침공하고, 율리우스의 조카이자 우르비노 공인 프란체스코 마리아의 지휘 아래 로마냐로 진격해 도시와 요새를 모두 회복했다.

 로마 시민들은 산 탄젤로 성 위로 폭죽을 터뜨려 베네치아의 궤멸潰滅적인 패배를 축하했다. 시스티나 예배당에서는 로마 황제를 연상시키는 마르쿠스 안토니우스 마그누스라는 이름의 설교자가 나서서 프랑스의 대승과 교황령의 탈환을 환영하는 일장 연설을 했다. 그러나 정작 교황은 별로 축하할 기분이 아니었다. 샤를르 8세의 프랑스 군이 침공해 교황 알렉산더가 산 탄젤로 성으로 긴급 피난하는 등 이탈리아 전역이 공포의 도가니에 빠진 것이 불과 10년 전의 일이었다. 그런데 1509년 봄에 역사는 또다시 되풀이될 조짐을 보이기 시작한 것이다.

당시 47세의 루이 12세는 1498년 사촌인 샤를르 8세가 앙부아즈 성에서 낮게 설치된 목제들보에 머리를 들이받아 죽는 바람에 왕위에 올랐다. 기골이 작고 허약한 루이에게서 위풍당당한 면이라고는 전혀 찾아볼 수 없었고, 부인마저 약골인데다 거만하기 짝이 없었다. 왕가의 피를 타고난 루이는 자신이 율리우스의 상대가 되기에는 너무 과분하다는 망상에 빠져 있었다. "로베레 가는 농사꾼 집안이야. 등에 댄 막대기를 빼버리면 교황은 중심조차 제대로 잡지 못할 걸!"[1] 하고 루이는 언젠가 피렌체 대사에게 거만스레 말하며 콧방귀를 뀐 적이 있다. 이런 이유로 율리우스는 축하 행사가 신나게 벌어지고 있음에도 불구하고 골치가 아팠다. 아냐델로 전투가 끝난 직후에 율리우스는 "프랑스 왕이 이탈리아를 떠나는 순간까지 시간을 잴 것"[2]이라고 선언했다.

알래 애프터 샤스래(Allais after Chasselat), 「프랑스 왕 루이 12세King Louis XII of France」

베네치아가 아냐델로 전투에서 패한 후에 로마에서 벌어진 승전 축하 행사를 지켜본 사람들은 교황이 페루자와 볼로냐를 정벌하고 돌아와 벌인 개선 축제를 다시 떠올렸을 것이다. 그때 율리우스와 추기경단은 포르타 델 포폴로 관문에서 베드로 대성당까지 3시간 동안 말을 타고

행진하면서 화려한 개선식을 벌였다. 반쯤 철거된 대성당 앞에는 실물 크기와 똑같은 콘스탄티누스 황제의 개선문 모형이 세워지고, 교황을 이름이 똑같은 율리우스 카이사르에 노골적으로 비유하여 '율리우스 카이사르 폰트 2세'라는 명문을 새긴 기념주화가 군중에게 뿌려졌다.* 코르소 거리를 따라 세워진 개선문들 가운데 하나에는 "왔노라, 보았노라, 이겼노라."라는 문구도 새겨졌다. 교황은 자신을 단순히 새로 출현한 율리우스 카이사르로만 생각하지 않았다. 교황은 종려주일과 우연히 겹치는 것처럼 로마 귀환 날짜를 교묘하게 잡기도 했다. 종려주일이란 예수가 당나귀를 타고 예루살렘에 입성하자 열광한 군중이 그가 지나갈 길 위에 종려나무 잎사귀를 따다 뿌린 것을 기념하는 날이다. 율리우스는 누구도 그 의미를 놓치지 않게 하려고 선두 마차에 천사 차림의 어린이 11명을 태우고 자신을 향해 종려나무 잎을 흔들게 했다. 게다가 율리우스 카이사르 동전 뒷면에는 종려주일에 관한 원문 구절을 집어넣었다. "주의 이름으로 오는 자에게 복이 있을 지어다." 이 말은 예수가 예루살렘에 입성했을 때 열광한 군중이 외쳤던 것이다. 이 같은 과대망상증에 빠진 교황을 보고 열렬한 지지자들조차 고개를 내저었을 것이다.

  예수가 당나귀를 타고 벌인 예루살렘 입성식은 다른 많은 활동처럼 구약성서의 예언을 바탕으로 했다. 선지자 스가랴는 "시온의 딸아 크게 기뻐할 지어다. 예루살렘의 딸아 즐거이 부를지어다. 보라 네 왕이 임하나니 그는 공의로우며 구원을 베풀며 겸손하여서 나귀를 타나니

---

\* 당시 지도자로 카이사르 콤플렉스를 가진 사람은 율리우스만이 아니었다. 체사레 보르자는 '아우트 카이사르, 아우트 니힐(Aut Caesar, aut nihil, 오직 카이사르뿐)'을 자신의 신조로 내세웠다.

나귀의 작은 것 곧 나귀새끼니라."(스가랴 9장 9절)하고 썼다.

　메시아의 도래에 대한 환상은 유대인들이 바빌론에서 오랜 유배생활을 마치고 예루살렘에 돌아왔을 때 스가랴한테서 나타났다. 기원 전 587년 네부카드네자르 왕은 예루살렘에 쓰레기와 오물을 뿌리고, 성벽을 허물고, 궁전을 불태웠다. 그런 다음 솔로몬 성전에서 촛불 끄는 도구를 약탈하고, 이스라엘인들을 포로로 끌고 갔다. 70년 후 그들이 파괴된 도시로 다시 돌아왔을 때 스가랴는 성전 재건의 환상과 함께 메시아가 나귀의 등을 타고 이 도시로 들어오는 환상을 보았다. "보라 순(싹)이라 이름 하는 사람이 자기 곳(이 자리)에서 돋아나 여호와의 전을 건축하리라. 그가 여호와의 전을 건축하고 영광도 얻고 그 위에 앉아서 다스릴것이요."(스가랴 6장 12,13절) 스가랴는 미켈란젤로가 시스티나 예배당 천장에 구약성서에 나오는 일곱 선지자를 그리면서 맨 처음에 그린 인물이었다. 스가랴는 4미터의 키에 진한 단풍색과 초록색 예복을 두르고, 그 위에 눈부시도록 파란 깃이 붙은 황토색 셔츠를 걸치고 자줏빛이 감도는 핑크색 표지의 책 한 권을 손에 쥐고 있다. 파괴된 성전-시스티나 예배당은 이 건물과 같은 치수로 지어졌다.-의 재건을 예언한 인물에 맞게 스가랴는 입구 바로 위의 눈에 잘 띄는 부분을 차지했다. 프레스코 작업을 시작한 지 만 6개월 만에 자신의 능력에 충분히 자신감을 갖게 된 미켈란젤로는 마침내 예배당 정문 바로 윗부분을 프레스코하는 일에 도전하고 나선 것이다. 스가랴의 초상화는 또한 식스투스 4세의 지시로 문 위의 돌출 부분에 놓였던 로베레 가의 문장文章 바로 위에 그려졌다. '로베레(rovere)'라는 말은 '조그마한 오크'를 의미한다. 그래서 로베레 가의 문장은 뒤엉킨 오크 나무 가지들이 12개의 도토리 싹을 틔우는 익살스런 모양을

그가 성전을 지으리라　195

하고 있다. 루이 12세가 예리하게 지적했듯이 로베레 가는 실제로 귀족 가문에 속하지 않았다. 식스투스 4세는 같은 로베레였지만 전혀 친족관계가 없던 토리노의 귀족에게서 이 문장을 차용했다. 그 후 어느 비평가가 말한 것처럼 "로베레 나무 문장에 대한 로베레 가 출신 교황들의 황당한 주장은 아무 때나 이 문장을 쓰려고 들었던 그들의 저돌성에나 잘 어울렸다."[3] 시스티나 예배당 천장은 율리우스에게 문장을 과시할 수 있는 기회를 제공했다. 창세기 장면들을 나눈 경계선을 장식한 오크 나뭇잎과 도토리 화관은 문장뿐 아니라 이 예배당의 주요 두 후원자에 대해서도 암시하고 있었다.

미켈란젤로가 율리우스에게 경의를 표한 것은 이 초록색 꽃 줄무늬 장식만으로 그치지 않았다. 산 페트로니오 성당 정문위에 율리우스 동상을 설치한 지 일 년 만에, 이번에는 시스티나 예배당 정문 위의 천장에 자신의 후원자의 초상화를 그렸다. 로베레 가의 특징 색인 파랑과 금색으로 된 겉옷을 걸치고 문장에서 몇 미터 위에 앉은 이가

미켈란젤의 스가랴 스케치

바로 스가랴이다. 게다가 짧게 깎은 머리에 갈고리 모양의 코와 강인하고 엄숙한 인상을 주는 얼굴 생김새는 확실히 의심을 살 만큼 낯익어 보였다. 미켈란젤로의 스가랴는 교황과 아주 흡사했다. 그래서 검은색 초크로 그린 이 선지자의 얼굴 스케치는 사실 1945년까지 율리우스의 초상화를 그리기 위한 습작으로 간주되었다.[4]

미술가들이 자신의 후원자를 불멸화하는 일은 과거에도 흔히 있었다. 기를란다요는 조반니 토르나부오니 부부의 초상화를 토르나부오니 성당 벽에 그려 넣었다. 핀투리치오가 보르자의 침실 벽에 그린 프레스코에는 교황 알렉산더와 자녀들이 율리우스에게 미움을 살 만큼 크게 부각되어 있었다. 그러나 미켈란젤로가 정말 율리우스의 초상화로 스가랴를 그릴 생각이었다면, 그것은 마지못해 한 일이었을 것이다. 이 미술가와 후원자의 관계는 1506년에 생긴 일로 결코 회복되지 않았다. 영묘 조각 작업이 좌초하는 바람에 미켈란젤로의 가슴에 맺힌 응어리는 결코 풀어지지 않았을 것이다. 따라서 이 초상화를 보면 미켈란젤로 이외에 또 다른 누군가가 도안에 참여한 것으로 보인다. 무엇보다 미켈란젤로는 자신의 박해자라고 믿어온 사람을 자발적으로 나서서 불멸화하고 싶은 마음은 없었을 것이다. 이것은 적어도 미켈란젤로가 교황이나 보좌관에게서 특정한 요구나 지시를 받았을 것이라는 짐작을 가능케 한다.

"보라, 순(싹)이라 이름 하는 사람이 자기 곳에서 돋아나 여호와의 전을 건축하리라." 하고 스가랴는 썼다. 이 예언을 실현한 인물은 조로 바벨이라고 일반적으로 이야기되고 있다. 그는 기원 전 515년에 성전의 재건축을 끝낸 인물이다. 그러나 율리우스가 재위할 때에는 또 다른 해석도 가능했을 것이다. 겨우 싹만 틔운 나뭇가지의 문장을 가지고 자신을 거침없이 카이사르와 예수의 반열에 올려놓은 교황이고 보면, 스가랴의 이 이야기에서 틀림없이 자신의 위상을 발견했을 것이다. 특히 시스티나 예배당을 수리하고 성 베드로 대성당을 다시 짓는 그였기에 더욱 그랬을 것이다.

이 놀라운 자만심에는 교황의 공식 선전관인 에지디오 다 비테르보의 입김이 물씬 풍겼다. 에지디오의 전공은 구약성서의 예언들 중에서 율리우스를 암시하는 대목을 찾아내는 일이었다. 1507년 12월에 에지디오는 성 베드로 대성당에서 행한 설교에서 웃시야 왕이 죽은 후에 선지자 이사야가 '주께서 높이 들린 옥좌에 앉으신' 것을 본 환상에 대해 이야기했다. 선지자가 사실을 있는 대로 다 설명하지 않았다고 믿은 에지디오는 회중들에게 이렇게 설교했다. "이시야는 '율리우스 2세, 즉 교황이 죽은 웃시야 왕을 계승하고 사람들의 신앙심을 증대시키기 위해 옥좌에 앉은 것을 보았다.'라고 말했습니다."[5] 에지디오가 설교에서 분명히 한 것은, 율리우스는 하느님의 메시아적인 대리인이며, 성서상의 예언과 하느님의 설계를 실천해야 하는 운명을 짊어진 인간이라는 점이었다. 따라서 지난 3월에 벌어진 종려주일의 상징적인 축제를 기획한 인물이 바로 에지디오인 사실은 조금도 놀랄만한 일이 아니었다.

  그러나 미켈란젤로는 그러한 영광스런 교황의 임무에 관한 환상을 즐길 마음이 조금도 없었다. 교황의 군사적인 야욕에 냉담한 반응을 보였던 그는, 한때 율리우스 치하의 로마를 한탄하는 시를 쓰기도 했다. "그들은 성배聖杯로 칼과 방패를 만든다. 그리고 그리스도의 피를 한 짐씩 팔아 치우고 / 십자가와 가시는 방패와 칼날이 되었다."[6] 이 시에는 "터키에서 미켈란젤로"라는 서명이 들어 있다. 미켈란젤로가 터키에서 쓴 이 시는 아이러니하게도 율리우스 치하의 로마를 기독교 세계의 숙적인 오스만 술탄 치하의 이스탄불에 비유했다. 그것은 율리우스가 새로운 예루살렘의 설계 총책임자임을 믿는 사람의 표현은 결코 아니었다.

  1509년 바티칸에 그려진 율리우스의 초상화는 시스티나 예배당 정문 위의 천장에 그려진 것 이외에 하나가 더 있었다. 소도마와 함께 스탄차 델라 세냐투라의 천장화를 끝낸 라파엘로는 1509년 초에 그의 첫 대형 프레스코 작업을 시작했다. 이때 소수의 조수들에게서 지원을 받았는데, 그들의 신상을 파악할 수 있는 기록은 현재 남아 있지 않다.[7] 총면적이 약 36평방미터인 대형 프레스코화는 율리우스의 신학 서고 맞은 편 벽을 장식했다. 따라서 이 프레스코화에 종교적인 주제가 다루어진 것은 당연한 일이었다. 17세기 이후 「성체에 관한논쟁The Dispute of the Sacrament」 또는 「디스푸타Disputa」로 알려진 이 작품은 성체와 기독교 전반을 토론한 것이라기보다 성체를 찬미·찬양하는 것에 가깝다.

라파엘로가 프레스코한 벽면은 밑바닥의 폭이 약 7미터 정도의 반원 형태였다. 이 평면 벽은 미켈란젤로가 그린 넓고 굴곡진 공간보다 훨씬 더 작업하기 쉬웠고 손을 뻗기에도 편했다. 다른 프레스코 화가들과 마찬가지로 라파엘로도 상단에서 그리기 시작해 비계를 하나씩 치우면서 밑으로 내려갔다. 미술사가들은 프레스코의 대부분이 라파엘로가 직접 그린 것이라는 데 의견을 같이 했다. 한 가지 재미있는 사실은 여유롭고 사교적인 라파엘로가 다른 사람의 도움을 거의 받지 않고 혼자 프레스코하다시피 한 반면, 시스티나 예배당의 고독하고 과묵한 천재는 말 많은 조수들과 함께 작업을 했다는 점이다.

라파엘로는 「성체에 관한 논쟁」을 도안하고 그리는 데 6개월 이상 시간을 쏟았다. 스케치한 그림만도 3백 장이 넘는 것으로 추정되는데, 모두 미켈란젤로처럼 등장인물의 자세와 특징을 개별적으로 취급한 것들이었다.[8] 그림 안에는 제단 주위와 그 위에 그려진 인물만 66명에 이르는데 대부분은 키가 1미터도 넘는다. 그들은 「성체에 관한 논쟁」의 거대한 배역진을 이룬 셈이다. 예수와 성모 마리아는 아담과 아브라함, 성 베드로와 성 바오로 같은 다른 성서상의 인물들에 둘러싸여 있다. 활기찬 또 다른 인물군에는 교회사를 통해 낯익은 인물들이 많이 배치되어 있다. 성 아우구스투스와 토마스 아퀴나스, 역대 교황들과 단테, 배경 속에 숨어 있는 기롤라모 사보나롤라 등등. 라파엘로는 나머지 두 인물 또한 실수하지 않고 정확히 그렸는데, 그것은 바로 도나토 브라만테와 그레고리 교황으로 분장한 율리우스 2세였다.

 율리우스는 미술 작품을 통해 자신을 불멸화하는 것에 조금도 거부감을 느끼지 않았다. 그러나 교황과 브라만테의 초상을 「성체에 관한 논쟁」에 슬쩍 끼워 넣은 것은 단지 허영심 때문만이 아니었다. 미켈란젤로의 프레스코화에도 나오는 것처럼 율리우스는 하느님의 성전을 건축하거나 재건한 인물로 기억되고 있다. 「성체에 관한 논쟁」 왼쪽 뒤 배경을 살펴보면 신축 중인 교회에 비계가 둘러씌워져 있고, 건축 구역 주변을 배회하는 인물들이 점점이 박혀 있는 것을 볼 수 있다. 그리고 또 다른 건축물이 그와 정반대편에 위치하는데, 라파엘로는 여기에 한패의 시인詩人과 교황들을 등장시키고 뒤에 웅장한 건물의 기초 구조물로 보이는 절반이 장식된 거대한 대리석 블록들을 크게 부각시켰다. 이 블록들은 반쯤 올라간 성 베드로 대성당의 기둥들이 둘러싼 부분과 비슷하게 그려져 1509년의 성 베드로 대성당을 연상시킨다.

 라파엘로는 여기서 로마 가톨릭 교회를 찬양하는 것은 곧 로마 가톨릭 교회의 기념비적인 건물과 건축 계획을 세운 교황, 설계와 시공을 맡은 건축 설계사를 찬미하는 것임을 넌지시 암시한다. 이와 같은 생각에는 스가랴의 초상화처럼 에지디오 다 비테르보의 검열 흔적이 남아있다. 에지디오에 따르면 '천국까지 솟아올라가기를' 원한 새 교회는 하느님의 설계도에서 매우 중요한 부분이며, 또한 율리우스가 교황직을 운명적으로 짊어지고 실천함을 증거하는 것이기도 했다.[9]

브라만테의 초상화는 이 건축가가 교황 숙소의 장식 문제에 깊이 개입했음을 암시하는 것으로 보인다. 그러나 보다 분명한 사실은 브라만테가 벽화 도안의 책임을 다른 사람에게 인계했다는 점이다. 라파엘로의 친구이자 전기 작가이기도 한 노체라의 파올로 조비오 주교는 「성체에 관한 논쟁」의 도안은 교황 숙소의 다른 프레스코와 마찬가지로 율리우스의 머리에서 나온 것이라고 기록했다.[10] 교황은 전체적인 주제와 등장인물을 대강 정해 라파엘로에게 넘겨주었던 것 같다. 그리고 사보나롤라를 프레스코에 등장시킨 배후 세력이 바로 교황이라는 사실은 추호도 의심할 여지가 없는데, 사보나롤라의 혁명 대상이 교황 알렉산더 6세로 국한되는 한, 율리우스는 사보나롤라를 적으로 생각하기 보다는 오히려 동정했다. 사실 사보나롤라가 처형당한 이유 중 하나는, 비록 고문으로 알아낸 사실이기는 하지만, 당시 망명 중인 줄리아노 델라 로베레의 지원을 받아 알렉산더에 대한 반역을 획책했다고 자백했기 때문이었다.[11]

그러나 교황도, 라틴어를 해독할 줄 몰랐던 브라만테도, 라틴어 비문 같은 상세한 부분까지 관장하지는 않았던 것 같다. 라파엘로가 프레스코화에 표현한 구체적인 역사적 장면들은 조언자들에게서 측면 지원을 받아 완성한 것으로 보인다. 논리적으로 따져볼 때 이 조언자로 가장 유력한 후보는 에지디오 다 비테르보의 제자이자 율리우스 도서관의 사서인 38세의 톰마소 페드로 인기라미였다. 바티칸 안에서도 매우 넉살좋은 인물로 통했던 페드로는 사서일 뿐 아니라 학자였고, 또한 배우이면서 웅변가였다. '페드로'라는 애칭과 로마 제일의 배우라는 명성을 얻게 된 것은 세네카의 『파에드라』 공연 도중에 무너진 무대 장치를 무대 조수가 정리하는 동안 운율적인 라틴어 2행시를 즉흥으로 읊어 붙여진 것이었다. 어쨌든 페드로는 곧 라파엘로와 친구지간이 되었고, 몇 년 후 라파엘로는 그의 초상화를 그렸다. 초상화에 나타난 페드로는 비만인데다 얼굴이 달처럼 둥글고, 오른쪽 엄지손가락에 반지를 낀 심한 사시斜視의 수도사 신부였다.[12]

프레스코의 창작에는 수차례 오류가 따르기 마련이었는데, 라파엘로의 발전 과정에서도 이 현상을 볼 수 있다. 현재 남아 있는 구도 스케치를 살펴보면, 이 젊은 미술가가 마음에 드는 도안을 찾아내기 위해 배치와 원근법 구도를 이리저리 짜다가 얼마 못 가서 결국에는 하던 것을 다 버리고 원점에서 다시 새로 시작하는 등 갖은 애를 썼음을 알 수 있다. 라파엘로도 미켈란젤로처럼 경험이 일천한 어려운 작업에서 자신감을 잃지 않기 위해 고군분투했던 것이다. 더구나 라파엘로는 뜻밖에 주어진 이 큰 과업의 규모와 권위에 적잖이 당황했을 것이다. 「성체에 관한 논쟁」에는 수많은 세코 덧칠이 필요했다. 이것은 라파엘로도 처음 프레스코를 시작할 때 미켈란젤로처럼 부온 프레스코에 별로 자신이 없었음을 의미한다. 물론 나중에 자신감이 생겼지만…….

라파엘로는 「성체에 관한 논쟁」이 힘들거나 야심을 품을 만큼 대단한 것이 아니라는 듯이 프레스코하는 분망 중에도 여러 가지 다른 주문들을 따로 챙겼다. 이때 교황의 의뢰로 나중에 「로레토의 성모 마리아Madonna di Loreto」로 불린 성모 마리아와 어린 예수의 유화도 함께 그렸는데, 이 작품은 완성 후에 산타 마리아 델 포폴로의 벽에 걸렸다. 라파엘로는 또한 파올로 조비오에게서도 그림 한 점을 주문 받는데, 나중에 「알바의 성모 마리아Alba Madonna」라고 명명한 이 작품은 조비오가 노체라 데이 파가니에 있는 올리베타니 성당에 보내기 위해 주문한 것이었다. 이렇게 볼 때 스탄차 델라 세냐투라의 작업 진행 속도가 매우 느렸던 것은 이들 작품에도 상당한 책임이 있었다.

라파엘로는 「성체에 관한 논쟁」을 도안하고 천장에 밑그림을 프레스코하면서 이런저런 사소한 낭패를 수없이 겪었다. 그러나 최종적으로 완성한 이 작품은 프레스코를 의뢰한 교황의 결정이 전적으로 옳았음을 멋지게 증명해 보였다. 라파엘로는 등장인물들을 폭 7.6미터의 벽 전체에 마치 살아 있는 듯이 생생하면서도 고상한 자세로 그렸을 뿐만 아니라 모두 일렬로 배치해 완전무결한 원근법과 최고 수준의 공간 활용 능력을 과시했다. 이로써 라파엘로가 자리를 꿰차는 바람에 물러나야했던 프레스코 고수들보다 자신이 한 수 위임이 입증되었다. 라파엘로는 페루지노나 소도마 같은 고참 화가들만 능가한 것이 아니었다. 매우 많은 등장인물들을 능숙하게 잘 배합한 「성체에 관한 논쟁」과 비교할 때 미켈란젤로가 몇 달 전에 그린 「홍수」는 둔중한데다 무질서해 보이기까지 했다. 라파엘로는 미켈란젤로와 달리 아주 눈부신 출발을 한 셈이다.

● ● ●

겨우 싹만 틔운 나뭇가지의 문장을 가지고 자신을 거침없이 카이사르와 예수의 반열에 올려놓은 교황이고 보면, 스가랴의 이 이야기에서 틀림없이 자신의 위상을 발견했을 것이다. 특히 시스티나 예배당을 수리하고 성 베드로 대성당을 다시 짓는 그였기에 더욱 그랬을 것이다.

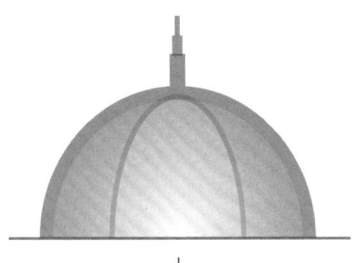

CHAPTER 15

# 가족사업

　로마 특유의 무더운 여름이 코앞으로 다가오면서 라파엘로의 상승세는 당분간 유지될 것으로 보였다. 한편, 미켈란젤로가 조수들과 함께 첫 번째 스팬드럴과 반원 공간에 예수의 조상들을 그리는 작업을 마치고 그보다 규모가 더 크고 까다로운 장면인 「술 취한 노아The Drunkenness of Noah」로 돌아가면서 그때까지 보여 준 작업 속도와 자신감은 일시에 달아났다. 「술 취한 노아」는 천장에 그린 9개의 창세기 에피소드 장면 중에서 동쪽 맨 끝에 위치했다. 예배당 정문 바로 위에 위치한 이 장면은 「홍수」를 그릴 때보다 훨씬 시간이 많이 소요 되었다. 조르나타로 따지면 무려 총31개가 들어갔고, 시간으로는 5~6주가 걸렸다.

교황은 물론 인내심이 그렇게 많은 사람이 아니었다. 바사리에 따르면, 교황은 코르틸레 델 벨베데레의 완성된 모습을 하루빨리 보고 싶어 안달이 나 있었다. 그는 건물을 짓고 말고 할 것도 없이 건물이 그냥 땅에서 솟아나 주길 바랐다.[1] 입장이 난처해진 브라만테는 어두운 밤에도 횃불을 켜놓고 건축 자재를 짐마차에 실어 공사장으로 날랐다. 율리우스는 그뿐만 아니라 시스티나 예배당의 프레스코화도 하루빨리 완성되길 고대했다. 그러나 미켈란젤로가 머뭇거리며 작업을 더디게 진행하자 낭패감에 빠졌다. 조바심이 난 교황은 미켈란젤로를 다그쳤고 천장 작업을 하는 미켈란젤로의 어깨는 더욱 무거워졌다. 교황은 때로는 매섭게 야단을 치기도 했다. 아스카니오 콘디비는 교황과 미술가의 관계가 얼마나 악화되었는지에 관한 구체적인 실례를 보여 주었다. "교황의 성가신 재촉은 미켈란젤로의 작업에 오히려 방해가 되었다. 어느 날 교황은 미켈란젤로에게 예배당 작업을 도대체 언제쯤 끝낼 작정이냐고 물었다. 이에 미켈란젤로가 '가능한 한……' 하고 말을 꺼내자, 교황은 갑자기 화를 버럭 내면서 '네 놈이 아무래도 저 비계에서 떨어지고 싶은가 보구나.' 하고 되받아쳤다."[2] 바사리에 따르면, 또 한 번은 미켈란젤로가 일을 굼뜨게 진행하는데다 무례하게 대꾸까지 하자 분통이 터진 교황이 지팡이로 그를 흠씬 두들겨 팼다고 한다.

미켈란젤로는 축제 기간 동안 피렌체에 다녀오고 싶어 했지만 교황은 작업이 별로 진척되지 않았다는 이유로 청을 받아들이지 않았다. "잘 알았네. 그런데 예배당 일은 도대체 언제 끝낼 셈인가?" "가능한 한 빨리 끝내겠습니다, 성하." 하고 미켈란젤로가 대답했다. 그러자 교황은 미켈란젤로에게 지팡이 세례를 가했다. "가능한 한 빨리!

가능한 한 빨리! 그게 도대체 무슨 말인가? 네 놈이 당장 일을 끝내도록 하고야 말겠다." 이 이야기는, 교황이 자신이 가한 매질은 어디까지나 호의의 발로이며 애정의 표시'라고 사과조로 말하면서 미켈란젤로를 달랬다는 대목에서 끝난다. 교황은 "미켈란젤로가 변덕을 부려 또 무슨 엉뚱한 짓을 하지나 않을까 두려워 5백 두카트를 선물로 내놓는 지혜를 발휘했다."[3]

5백 두카트라는 선물은 바사리가 꾸며낸 이야기 중 하나일 것이다. 율리우스는 돈에 관한한 지독히 인색했기 때문이다. 그러나 교황이 지팡이를 휘둘렀다는 이야기는 사실에 가깝다. 불충不忠한 궁 안의 대신이나 시종들도 교황에게서 종종 이와 비슷한 '애정 표시'를 받았다. 그 외에도 율리우스는 등을 떠미는 짓이나 주먹질을 자주 해댔다.[4] 교황의 기분이 좋을 때라도 가까이 가는 것은 무모한 일이었다. 교황은 전투에서 승리했다든지 그에 못지않은 낭보가 들려올 때에는 손바닥으로 신하들의 어깨를 마구 때렸기 때문에 교황에게 다가갈 때에는 반드시 갑옷을 입어야 한다는 말까지 나왔다.

율리우스는 프레스코의 완성 시기를 구체적으로 못 박을 것을 요구해 미켈란젤로의 감정을 상하게 했을 뿐만 아니라 프레스코를 자기 눈으로 직접 보려고 들었다. 이것은 미술가로서는 도저히 그냥 넘길 수 없는 명백한 권리 침해였다. 미켈란젤로의 강박적인 비밀주의는 스탄차 델라 세냐투라의 분위기와는 사뭇 달랐다. 율리우스는 전혀 제한을 받지 않고 아무 때나 편리할 때 그곳을 찾았었다. 라파엘로는 교황의 침실에서 두 칸 가량 떨어진, 다시 말해 20미터 정도밖에 떨어지지 않은 곳에서 그림을 그렸다. 라파엘로의 프레스코 주제를 배후에서 통제한 실세이기도 한 율리우스는 상당히 많은 시간을 이

방에서 보내면서 작업을 감독하고 이런 저런 제안을 했던 것으로 보인다.

교황은 그 같은 예의를 시스티나 예배당에서는 아예 기대조차 하지 않았다. 바사리에 따르면, 미켈란젤로의 비밀주의를 매우 못마땅하게 여긴 율리우스는 천장의 그림을 직접 보기 위해서 조수 한 명을 매수해 그를 따라 몰래 예배당 안으로 들어갔다고 한다. 미켈란젤로는 교황이 프레스코를 훔쳐보기 위해 변장을 하고 비계 위로 올라올지도 모른다고 생각했다. 교황의 음모를 눈치 챈 미켈란젤로는 비계 위에서 미리 숨어 있다가 침입자가 예배당 안으로 들어오자 두꺼운 널빤지를 머리 위로 냅다 던져 쫓아내 버렸다. 화가 머리끝까지 난 교황은 달아나면서 미켈란젤로에게 마구 쌍소리를 퍼부어댔다. 미켈란젤로는 곧 자신에게 미칠 분노의 결과를 우려하지 않을 수 없었다. 맞아 죽을지도 모른다고 생각한 미켈란젤로는 창문을 통해 예배당을 빠져나가 피렌체로 달아났다. 그리고 그곳에서 얼마 동안 숨어 지내면서 교황의 그 유명한 성질이 가라앉을 때까지 기다렸다.[5]

바사리의 이 이야기는 비록 전적으로 날조된 것은 아니지만 과장된 면이 많은 것 같다. 그 진실성이 다소 의심스럽지만 그래도 이 이야기는 미켈란젤로와 후원자 사이에 잃고 말고 할 만한 애정이 처음부터 존재하지 않았다는 부정할 수 없는 사실에서 영감을 얻었을 것으로 보인다. 미켈란젤로와 율리우스는 성격이 놀랄 만큼 많이 닮았다. 바로 이 점이 그들 사이에 놓인 가장 큰 문제였다. "교황과 함께 지낸 사람들은 그의 저돌성과 특유한 기질에 화를 냈다. 그러나 교황은 증오보다는 두려움을 일으켰다. 쩨쩨하고 치사하며 이기적인 면이 하나도 없었기 때문이다."[6] 교황에게 너무 많이 시달려 신경쇠약증에 걸린 베네치아 대사가 언급한 이 설명은 미켈란젤로에게도 그대로 적용될 수 있는 것이었다. 율리우스에 관해 언급할 때 자주 사용되는 수사는 '두려운' 이었다. 그러나 율리우스는 이 말을 미켈란젤로를 언급할 때 사용했다. 미켈란젤로는 교황 앞에서 굽실거리기를 거부한 극소수 중의 한 명이었다.

미켈란젤로 팀이 비틀거리면서 힘겹게 그린 「술 취한 노아」의 장면은 창세기 9장 20~29절의 이야기를 바탕으로 한 것이다. 이 이야기에는 홍수가 끝난 후 노아가 포도밭을 일구어 거둔 햇과일에 지나치게 탐닉하는 대목이 있다. "포도주를 마시고 취하여 그 장막 안에서 벌거벗은지라." 하고 구약성서는 기록하고 있다. 노아가 이처럼 벌거벗고 인사불성인 채로 누워 잘 때 아들 함이 우연히 장막 안으로 들어왔다가 부친의 점잖지 못한 모습을 목격하고는 형들한테 달려가 고자질하며 노인을 비웃었다. 그러나 셈과 야벳은 술에 취한 부친에게 어느 때보다 더 많은 존경심을 나타내며 부친의 체면이 손상하지 않도록 눈길을 옆으로 향한 채 뒷걸음질 치며 장막 안으로 들어가 옷으로 부친의 몸을 덮었다. 혼수상태에서 깨어난 노아는 막내아들이 자신을 비웃었다는 사실을 알고 소름이 끼칠 만큼 잔인한 말로 함의 아들인 가나안에게 저주를 퍼부었다. 창세기에 따르면 가나안은 이집트인뿐 아니라 소돔과 고모라인의 조상이기도 하다. 이 이야기는 세 아들의 처분에 맡겨진 연로한 아버지의 사정을 잘 보여 준다. 그들 중의 하나가 부친을 비웃는 대목은 1509년 봄의 미켈란젤로의 집안 사정과 묘하게도 닮았다. "저희들 대부분은 아버지를 존경합니다. 지난번에 아버님이 보내주신 편지로 집안 사정이 어떻게 돌아가는지,

조반시모네가 그동안 무슨 짓을 했는지 잘 알게 되었습니다. 어제 저녁 아버님의 편지로 알게 된 집안 소식은 지난 10년 동안 제가 접한 그 어떤 다른 소식보다 나쁜 것이었습니다."[7] 미켈란젤로가 이 편지를 고향에 있는 부친에게 쓴 시기도 바로 이즈음이었다.

  비록 집안 문제이긴 하지만, 단정적으로 말해 미켈란젤로의 작업은 평소 제멋대로 행동해 온 조반시모네가 일으킨 문제로 또다시 지장을 받게 되었다. 로마에 와서 앓아누웠던 조반시모네가 다행히 고향의 모포가게로 돌아간 지도 벌써 일 년이 다 되었다. 미켈란젤로는 여전히 부오나로토와 조반시모네가 조신하게 처신하면서 모포장사의 기술을 쌓으면 모포가게를 차릴 기반을 마련해 줄 작정이었다. "이 애들이 정반대로 나가고 있다는 사실을 이제야 비로소 알게 되었습니다. 그리고 조반시모네를 돕는 것이 쓸모없는 일이라는 것도 알게 되었습니다." 하고 부친이 편지에서 밝힌 그들의 행패에 대해 언급했다. 미켈란젤로는 편지에서 조반시모네의 탈선을 언급하면서 분노와 증오를 보였지만 정작 탈선의 본질이 무엇인지는 잘 드러나지 않았다. 평소 집 주변을 하릴없이 돌아다니면서 일으키던 말썽과는 차원이 다른 매우 심각한 성질의 문제였던 것 같다. 로도비코의 돈이나 물건을 훔쳤다가 발각이 되자 부친을 폭행하거나 두들겨 패겠다고 위협한 모양이다. 조반시모네가 저지른 잘못이 무엇이든지간에 미켈란젤로는 이 소식을 접하고는 분노로 얼굴이 하얗게 질렸다. "아버님의 편지를 받던 날, 사정만 허락했다면 당장 말을 타고 피렌체로 달려갔을 겁니다. 그랬다면 지금쯤 문제가 다 해결되었겠지요." 하며 부친을 위로했다. "그러나 사정이 여의치 않아 지금 그 녀석에게 보낼 편지를 따로 쓰고 있는 중입니다."

미켈란젤로는 조반시모네에게 등골이 오싹할 정도로 무시무시한 내용의 편지를 썼다. "짐승 같은 놈! 앞으로 나는 너를 짐승같이 대할 것이다." 하고 미켈란젤로는 조반시모네를 꾸짖었다. 미켈란젤로는 가족들의 울부짖음에 억장이 무너질 것 같다며 피렌체로 돌아가 사태를 직접 해결하겠다고 조반시모네를 위협했다. "아무리 사소한 것이라도 너에 관한 나쁜 이야기가 다시 한 번만 더 내 귀에 들리면 그 즉시 피렌체로 달려가 네놈이 얼마나 많은 나쁜 짓을 저질렀는지 밝혀내고 말 것이다. ……너는 자신의 처지를 모르고 있어. 내가 집에 가면 네놈 눈에서 통한의 눈물이 나오게 하고 말 것이다. 네놈이 왜 그 따위 뻔뻔스러운 짓을 하고 다녔는지도 다 밝혀낼 것이다."

편지는 통렬한 자기연민적인 비판으로 결말이 났다. 조반시모네는 그런 형의 비난을 듣는 데 이골이 났을 것이다. "나는 지금까지 12년 동안 이탈리아의 구석구석을 누비고 돌아다니다시피 하면서 죽을 고생을 해왔다. 온갖 굴욕과 어려운 일을 다 겪었고 뼈에 사무칠 정도로 힘들게 고생하다가 죽을 고비도 수없이 넘겼다. 이 모든 것을 오직 가족을 위해 해왔다. 그리고 집안 형편을 조금이라도 끌어올려 보려고 애써왔는데, 너는 그 긴 세월 동안 온갖 고생을 하며 쌓아올린 공든 탑을 단 한 시간 만에 쑥밭으로 만들어 버렸다."

조반시모네의 탈선으로 미켈란젤로는 가족을 위해 계획한 것들을 재검토했다. 미욱한 조반시모네에게는 가게를 차려주기는커녕, 부친에게 "저 비열한 놈은 제 똥구멍이나 긁고 사는 한심한 인간으로 만들어 버릴 것"이라고 다짐했다. 미켈란젤로는 조반시모네에게 모포가게를 차려주려고 준비한 돈을 대신 군에 가 있는 막내 동생 시지스몬도에게 줄 것이라고 말했다. 그리고 피렌체에서 나란히

붙은 집을 세 채 구입해 세티냐노의 농장과 함께 세를 놓아 여기서 나오는 수입으로 로도비코의 마음에 드는 집을 사고 부친과 하인의 생활비를 댈 계획이었다. "제가 드리는 돈으로 얼마든지 신사답게 사실 수 있을 겁니다." 미켈란젤로는 부친에게 약속했다. 그 사이 두 동생은 집과 농장에서 쫓겨나 제 힘으로 살아가야 하는 처지가 되었다. 미켈란젤로는 심지어 부친을 로마에 모셔와 함께 살 생각도 내비쳤다. 그러나 재빨리 생각을 거두었다. "아직 때가 아닌 것 같습니다. 아버님은 이곳의 여름을 오래 견디지 못하실 겁니다."라고 말하며 로마의 날씨가 건강에 해롭다는 것을 또 다시 들먹이며 편리한 구실로 삼았다.

설상가상으로 미켈란젤로는 6월에 몸져눕고 말았다. 과로에다 로마의 해로운 공기가 가세해 생긴 병인 것 같았다. 얼마나 심하게 앓았는지 이 위대한 미술가가 사망 했다는 소식이 피렌체에 날아들 정도였다. 미켈란젤로는 자신의 사망 소문이 어처구니없이 과장된 것이라며 부친을 안심시켜야 했다. "그건 별로 중요한 일이 아닙니다. 저는 여전히 이렇게 살아 있습니다." 그러나 부친은 아들의 일이 다 잘 되어가고 있지만은 않다는 사실을 곧 알게 되었다. "지금 이 엄청난 일에 직면해 주변에 저를 대신해 일할 만한 사람이 하나도 없는데다 수중에 돈도 한 푼 없고 보니 사는 것이 편안하거나 만족스럽지 않습니다."

미켈란젤로가 대규모 구도로 그린 두 번째 역작은 「홍수」와 마찬가지로 그다지 성공작은 아니었다. 미켈란젤로도 산 페트로니오 성당의 현관에 전시된 야코포 델라 쿠에르차의 「술 취한 노아」를 본적이 있을 것이다. 그러나 미켈란젤로의 그림은 쿠에르차의 작품과도 많이 닮았지만 같은 주제로 그에 못지않게 낯익은 또 다른 누군가의 작품을 더 많이 닮았다. 피렌체의 포르타 델 파라디조에 있는 로렌초 기베르티(Lorenzo Ghiberti)의 청동 부조가 바로 그것이다. 미켈란젤로가 기베르티의 작품에 더 가까이 다가간 것을 보면 아직도 회화 구도보다는 조각구도 차원에서 그림을 생각하고 있었음을 알 수 있다. 그래서 평면 화면에 놓인 등장인물의 위치나 상호 작용은 별로 고려하지 않고 단순히 한 사람씩 따로 떼어내 윤곽을 그렸다. 그 결과 「술 취한 노아」에 등장하는 네 사람에게는 「성체에 관한 논쟁」의 등장인물들이 지닌 기품과 유연함이 결여되었다. 라파엘로는 「성체에 관한 논쟁」에서 수십 명에 이르는 등장인물을 제각각 다른 형태의 생생한 자세와 거침없는 몸짓으로 실감나게 그렸다. 그에 비해 미켈란젤로가 그린 인물들의 인상은 뻣뻣하고 딱딱하다. 어떤 비평가의 말처럼 '경직된 인물'[18]들이다.

레오나르도 다 빈치는 인물들을 집단으로 배치한 장면을 그리는 데 있어 그 누구도 따를 수 없는 대가였다. 「최후의 만찬」에서는 얼굴을 찌그리거나 눈을 찡그리는 동작, 어깨의 으쓱임. 손놀림, 거침없이 속삭이는 따위의 대화 동작을 통해 스스로 일컬었듯이 '영혼의 정열'을 일깨우는 솜씨를 과시했다. 등장인물들의 이런 동작들은 모두 한결같이 그들에게 실제와 똑같은 느낌을 불어넣을 뿐만 아니라 벽화에 통일감과 강렬한 극적 효과를 심어 주었다. 라파엘로는 바로 이런 특징을 포착해 스탄차 델라 세냐투라에서 능숙하게 나타냈다.

기베르티와 쿠에르차는 작품에서 노아의 세 아들이 걸친 의상을 똑같이 완만하게 흘러내리듯이 처리했다. 그에 반해 미켈란젤로는 이야기의 내용에 비추어 볼 때 매우 황당할 정도로 그들을 부친과 함께 나체로 묘사했다. '누드는 수치스럽다'는 이야기의 주제 때문에 시스티나 예배당 정문 바로 위의 천장에 그린 「술 취한 노아」는 묘하게도 그 자리에 아주 잘 어울렸다. 그 전에 이렇게 살을 많이 드러낸 인물화가 전시된 적은 결코 없었다. 더군다나 그처럼 중요한 의미를 지닌 예배당의 천장에는 더 말할 것도 없었다. 미켈란젤로 생애의 절정기에도 누드는 미술에서 논란이 분분한 주제였다. 누드 미술은 전前 세기인 15세기에 들어와서야 비로소 당당하게 등장했다. 고대 그리스 로마 시대에 누드는 정신적인 아름다움을 상징하는 것이었으나 기독교 전통에서는 벌거벗은 채 지옥의 고문을 견뎌내야 하는 죄인들에게만 배타적으로 적용되었다. 예를 들어, 조토가 파두아의 스크로베니 성당에 프레스코한 「최후의 심판」에 나오는 나체는 그리스 로마 미술에서 감상할 수 있는 고상하고도 이상적인 신체와는 거리가 멀었다. 1305년부터 1313년 사이에 그린 이 프레스코화는 한 무리의 나체 인물들이 중세적 척도에서 생각해 낼 수 있는 한 가장 참혹한 고문을 당하는 광경을 보여 준다.

 누드가 다시 총애를 받은 것은 한창 고대 미술 작품들을 발굴하고 수집하던 15세기 초엽에 도나텔로 같은 피렌체 미술가들이 고전적 미학의 이상으로 되돌아가면서부터다. 그래도 누드를 이해하는 데에 제약이 없었던 것은 아니었다. "항상 품위를 지키고 겸손해야 합니다. 신체 중 외설적인 부분과 보기 싫은 부분은 모두 옷이나 나뭇잎, 또는 손으로 가려야 합니다."[9]라고 레온 바티스타 알베르티(Leon Battista Alberti)는 1430년대에 발간한 화가들을 위한 역사상 첫 안내서인 『회화론De pictura』에서 당부했다. 미켈란젤로는 이런 교과서 같은 가르침에 아랑곳하지 않고 대리석 조각인 「다비드」를 조각했다가 이 조상을 주문한 오페라 델 두오모 회원들에게서 28개의 무화과 잎으로 엮은 화환으로 성기를 가려달라는 요구를 받기도 했다.* 미켈란젤로가 도제 수업을 받던 시절에도 이미 누드모델을 직접 보며 소묘하는 것이 공방의 실습 과정에서 가장 중요한 부분이었다. 화가 지망생들이라면 누구나 조각과 프레스코를 보고 스케치하는 것으로 시작해 졸업할 때에는 실제 인간을 모델로 데생을 했다. 그들은 자기들끼리 번갈아 가면서 누드나 옷을 살짝 걸치고 자세를 취해 데생을 한 후에 이것을 그림이나 조각으로 옮겼다. 예를 들어, 레오나르도는 화가들에게 "작품을 어떻게 그릴 것인지를 먼저 정한 후에 그에 따라 모델을 누드로 하거나 옷을 입혀 자세를 잡게 하라."고 충고했다.[10] 또한 누드모델은 오직 따뜻한 여름에만 쓰도록 신신당부했다.

미켈란젤로도 시스티나 천장화를 위해 자연스럽게 누드모델을 사용했다. 알베르티가 권장한 '먼저 나체를 스케치한 다음에 옷을 입히는'[11] 방식에 따라 옷을 걸친 인물을 그릴 때에도 일단 먼저 누드모델을 스케치한 다음, 그 위에 옷을 입히는 방식을 사용했다. 이 방식으로 그릴 때 미술가는 비로소 확신을 갖고 인물의 형태와 동작에 많은 느낌을 담을 수 있었다. 적어도 미켈란젤로는 그렇게 믿었다. 미켈란젤로는 기를란다요 공방에서 배운 대로 그들에게 입힐 의상을 고안했다. 긴 옷감을 젖은 석고에 담갔다가 작업대나 미리 만들어 둔 모델 형태의 받침대 위에 걸쳐 놓고 주름을 잡았다. 주름 잡힌 부분은

---

* 5백 년이 지난 지금도 미켈란젤로의 누드작품들은 여전히 논란을 불러 일으킨다. 피렌체 시는 1995년 예루살렘의 이스라엘 수도지정 3천 주년을 기념해 「다비드」의 복제품을 기증 하겠다고 제의했지만, 예루살렘 시 당국은 이 복제품의 누드를 문제 삼아 거부했다. 나중에 시의 원로들은 마지못해 복제품을 받아들였는데, 이때에도 조각에 속옷을 두 벌 입혀 기어이 은밀한 부분을 가렸다.

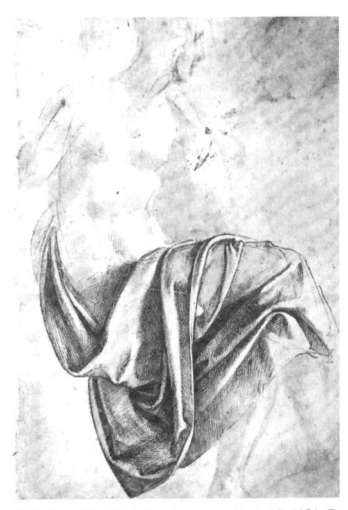

「에리트레아 무녀 Erythræan sibyl」의 걸친 옷 습작 중 하나

석고가 딱딱하게 굳으면서 그 모양대로 고정되어 미술가들은 마구 구겨진 겉옷이나 덮개 옷을 그릴 때 이것을 모델로 사용했다.[12] 이 겉옷 모델을 스케치하는 것은 기를란다요 공방 도제들이 거치는 훈련 과정의 일부였다. 그들의 소묘는 화집에 따로 모아두었다가 기를란다요가 그림을 대충 다 그려 놓으면 견본 무늬로 제공되었다.[13] 미켈란젤로도 특정한 의상의 경우 이 견본 책들 중의 한 권을 지름길로 이용하기도 했지만, 대부분의 의상 그림들은 공방에 설치한 석고 모델을 이용한 것이 분명하다.

반원 공간에 그린 예수의 조상들 중에는 금발의 여성도 한 명 있는데 그녀는 한쪽 발을 쳐들고 왼손에 거울을 쥔 채 생각에 잠긴 표정으로 거울 속을 쳐다보고 있다. 이 그림은 미켈란젤로의 그림 방식에 대해 많은 것을 시사해 준다. 프레스코에 나타난 이 젊은 여성은 초록색과 오렌지색의 옷을 입었으나 스케치에 나타난 모델은 분명히 나체 상태다. 그리고 모델은 도저히 여자라고 할 수 없다. 홀쭉한 복부와 축 늘어진 엉덩이를 보면 모델이 늙은 남자임을 한 눈에 알 수 있다. 여성을 거리낌 없이 모델로 사용한 라파엘로와 달리 미켈란젤로는 그림 속에 묘사된 인물의 성별에 관계없이 항상 남자 모델만 사용했다. 따뜻한 날씨에만 모델을 쓰라던 레오나르도의 충고에 미켈란젤로도 어느 정도 주의했을 테지만 모델들은 종종 커다란 불편을 감수할 수밖에 없었던 것으로 보인다. 천장의 인물화들 중 상당수는 모델에게 상반신을 엉성하게 뒤튼 자세를 요구했는데, 아무리 몸이 유연한 모델이라도 그런 자세로는 잠시밖에 서 있지 못했을 것이다. 모델을 경악시켰을 파격적인 자세를 어떻게 고안해 실행했는지, 자세의 모델이 실제로 누구였는지는 미켈란젤로가 작업을 하면서 만들어 낸 수수께끼 중 일부로 오늘날까지

미켈란젤로의 여성 인물화 습작품

풀리지 않는 숙제로 남아 있다. 일설에 의하면 미켈란젤로는 로마의 스투페, 즉 대중목욕탕에 찾아가 해부학적 관점으로 남자의 알몸을 연구했다고 한다.[14] 이 목욕탕들은 증기실이 딸린 지하 온천장으로 원래는 류마티즘이나 매독 같은 질병 치료소였으나, 나중에는 매춘부들이 고객들과 함께 드나드는 장소로 변질하고 말았다. 미켈란젤로는 모델과 영감을 얻기 위해 이런 시설을 자주 찾았거나 혹은 그와 반대로 찾지 않았을 수도 있다. 그러나 반원 공간에 나오는 예수의 여자 조상 모델이었던 한 노인은 천장에 나오는 수많은 인물의 우람한 근육과 함께 미켈란젤로가 젊은 도제들만 모델로 사용한 것이 아님을 여실히 보여 준다.

미켈란젤로 시대의 미술가들에게는 또 다른 인체 탐구의 수단이 있었는데 시체 해부가 바로 그것이다. 근절과 근육의 구체적인 형태에 대한 미술적 관심을 고취시킨 것으로는 알베르티의 학설을 손꼽을 수

있다. "살아 있는 생물체를 그릴 때는 우선 뼈 구조를 간단히 그리는 것이 좋다.……그리고 여기에 근골과 근육을 붙이고, 마지막으로 뼈와 근육에 살과 피부를 입히는 것이 좋다."[15]고 알베르티는 주장했다. 뼈와 근육에 살을 입히는 방법에 관한 지식을 얻기 위해 미술가는 신체의 구성에 관한 구체적인 지식을 쌓아둘 필요가 있다는 것이다. 그래서 레오나르도는 해부학 공부를 미술가 훈련 과정의 필수 부분이라고까지 주장했다. 인간의 신체 구조를 잘 모르는 화가가 그리는 누드는 '창자로 가득 찬 보따리'이거나 '한 다발의 무'처럼 보일 거라고 레오나르도는 썼다.[16] 인체의 해부를 최초로 감행한 미술가는 1430년쯤 태어난 피렌체의 조각가 안토니오 델 폴라이우올로였다. 그의 조각품을 보면 폴라이우올로가 누드에 예리한 관심을 가졌다는 것을 알 수 있다. 해부 전문가로 헌신한 또 다른 인물은 루카 시뇨렐리였는데, 인체의 여러 부분을 찾아 밤에 매장지를 자주 찾아간다는 소문까지 나돌았다.

 한때 미켈란젤로가 로마를 배회하고 다닌다는 풍설이 나돈 것도 따지고 보면 이런 소름끼치는 소문이 과거에 있었기 때문이다. 예수의 사망 순간의 모습을 조각하기 위한 예비 단계로 사망 순간의 인간근육을 연구하기 위해 미켈란젤로가 자신의 모델을 칼로 찔러 치명상을 입혔다는 소문도 나돌았다. 그것은 정도를 벗어난 것으로 미술에 대한 헌신이라고는 도저히 볼 수 없다. 그런 이야기를 들으면 브람스가 교향곡을 작곡하면서 고양이가 죽을때 내는 소리를 재현하기 위해 여러 마리의 고양이를 목 졸라 죽였다는 심술궂은 촌평이 생각난다. 미켈란젤로는 모델을 살해한 것이 탄로 나자 로마에서 동쪽으로 30킬로미터 떨어진 팔레스트리나로 도망쳐 소동이

가라앉을 때까지 카프라니카 읍에서 은신했다고 한다. 물론 도저히 믿을 수 없는 이야기다.* 그러나 이 이야기는 침울하고 외톨이인데다 강박관념에 쫓긴 완벽주의자 미켈란젤로가 로마인들에게 어떤 식으로 비쳐졌는지를 자명하게 보여 준다. 미켈란젤로가 사체의 근육을 연구한 것은 사실이다. 물론 미켈란젤로의 단도 끝에 찔려 쓰러진 사람들의 시신은 아니지만……. 미켈란젤로는 젊은 시절 피렌체에서 산토 스피리토의 수도사였던 니콜로 비키엘리니가 구해 준 시체를 해부한 적이 있었다. 비키엘리니는 병원에 딸린 방 하나를 미켈란젤로에게 내주었다. 콘디비는 미켈란젤로의 이 소름끼치는 인체 연구 열정에 찬사를 보냈다. 콘디비는 이 대가가 한때 탁자 위에 누운 '번듯하게 잘 생긴 젊은' 무어인의 시신을 보여 준 적이 있다고 말했다. 이때 미켈란젤로는 마치 의사처럼 외과용 메스를 빼들고 희귀하고 난해한 것들에 관해 잔뜩 설명했는데 모두 자신이 그때까지 한번도 들어 보지 못한 것들이었다고 한다.[17]

이 이야기는 콘디비가 가끔 제멋대로 과장해서 떠드는 대목이 없진 않지만, 미켈란젤로가 실제로 해부 전문가였던 사실을 고려하면 그렇게 과장된 것만은 아닐 것이다. 오늘날 표면해부학에서 뼈, 건腱, 근육을 언급할 때 쓰는 학술 용어는 대략 6백 개가 된다. 그러나 어떤 추정에 따르면 미켈란젤로의 그림과 조각에는 적어도 8백 개의 서로 다른 해부학적 구조물이 나타나 있다.[18] 이 때문에 미켈란젤로는

---

\* 이 설을 뒷받침할 증거는 실제로 어디에도 존재하지 않는다. 그 이유는 사건의 실제 여부를 밝혀줄 만한 단서로는 당시 모든 범죄 사건의 공증소 역할을 맡은 일종의 자선 단체인 산 기롤라모 델라 카리타 성청에 보관된 기록 문서들이 전부인데, 현재 이 문서들의 다수가 파손하거나 도둑을 맞아 없기 때문이다. 카프라니카 마을의 전설에는 미켈란젤로가 성 막달레나 성당에서 조각을 만들었거나 회화를 그린 것으로 되어 있다. 그러나 카프라니카에 미켈란젤로가 만든 작품이 있다고 해서 그것이 곧 살인을 뒷받침하는 증거물이 될 수는 없다.

종종 새로운 형태의 해부학을 만들었다거나 해부학 자체를 왜곡했다는 비판을 받아 왔다. 사실 미켈란젤로의 작품에는 매우 난해한 구조물들이 아주 정확하게 묘사되어 있다. 그래서 이 구조물들은 5백 년이 지난 오늘날에도 여전히 해부학계에서 학명을 기다리고 있다. 미켈란젤로가 해부학 구조를 변형시킨 몇 안 되는 사례 중의 하나는 「다비드」의 오른팔이다. 미켈란젤로는 이 팔에다 15개의 뼈와 근육을 하나도 빠짐없이 표현했다. 하지만 돌을 움켜쥐고 골리앗을 때려 죽이기 위해 쳐든 손을 크게 확대하려다가 어떤 근육-작은 손가락의 외전근-의 경계선을 길게 늘어뜨리는 우를 범하기도 했다.[19]

시스티나 예배당의 일로 미켈란젤로는 한동안 시체 해부를 그만두었다. 콘디비에 따르면, 시체를 오래 다루고 나면 위장에 탈이 생겨 어떤 것도 먹거나 마시지 못해 이 일을 당분간 그만두지 않을 수 없었던 것이다.[20] 그래도 산토 스피리토에서 욕지기가 날 정도로 고생한 덕분에 미켈란젤로는 시스티나 예배당 천장에 인체의 윤곽과 구조에 대하여 타의 추종을 불허하는 지식을 과시할 수 있었다.

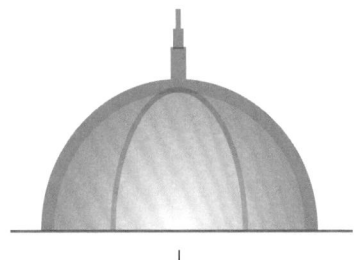

CHAPTER 16

# 라오콘

 1481년 도메니코 기를란다요는 로마에 와서 시스티나 예배당의 벽을 프레스코하다가 스케치북을 들고 마땅한 주제를 찾아 고대의 폐허 사이를 이리저리 누비고 다녔다. 당대 제일의 도안가였던 기를란다요는 기둥, 오벨리스크, 수도교, 그리고 조각상 등을 스케치할 때는 순식간에 여러 장을 후다닥 해치웠다. 이 소묘들 중에는 로마 최고의 대리석 조각상 중 하나로 「아로티노The Arrotino」 혹은 「칼 가는 사람Knife Grinder」으로 통하는 작품의 스케치도 들어 있었다. 「아로티노」는 원래 기원 전 3세기에 페르가몬에서 조각한 조상彫像의 고대판 복사본으로 무릎을 꿇고 무기를 가는 젊은이의 누드를 묘사한 것이다. 몇 년 뒤에 피렌체로 돌아와 토르나부오니 성당 벽을 프레스코하기 시작한 기를란다요는 그전에 스케치한 이 인물을 프레스코에 산뜻하게 등장시켰다. '그리스도의 세례'를 나타내는 장면에서 신발을 벗고 무릎을 꿇은 나신練身의 젊은이가 바로 그다.

미켈란젤로의 초기 스케치 가운데 상당수는 1496년 로마에 처음 와서 스케치북을 들고 시가지를 어슬렁거리며 다니던 모습을 잘 나타낸다. 루브르 박물관에 전시된 한 소묘는 자르디노 체시의 분수대에 설치된 조각상을 필사한 것으로 키가 작은 아이가 어깨에 포도주 부대를 맨 모습이다. 이 무렵 미켈란젤로가 돌아다니며 스케치북에 옮긴 또 다른 조각품은 로마 신화에 나오는 머큐리 신으로 팔라티네 언덕에 서 있었다. 기를란다요처럼 미켈란젤로도 이것들을 소묘해 두었다가 나중에 회화나 조각에 고전적인 소재로 활용했다. 스케치한 대리석 조상들 가운데 하나는 고대 로마의 대리석 석관의 한 면을 장식한 누드 조각상이었다. 이것은 훗날 미켈란젤로가 조각한 「다비드」의 자세에도 영감을 주었을 것이다.[1]

시스티나 예배당에 필요한 수백 개의 자세를 전적으로 누드모델로만 충당하는 것은 불가능했다. 따라서 프레스코에 필요한 소묘를 제작할 때가 되자 미켈란젤로가 피렌체와 로마의 골동품에서 영감을 찾으려 한 것은 지극히 당연한 일이었다. 미켈란젤로는 거창한 일을 떠맡은 만큼 고대 조각상들이나 부조에서 아이디어를 빌리는 것, 또는 미술사가들이 말하는 것처럼 '인용하는 것'에 상당히 의존했다. 미켈란젤로의 프레스코에서 이 같은 '인용'이 가장 두드러진 곳은 창세기의 전체 장면 중 다섯 개의 측면에 배치된 총 20점의 누드 인물화다. 여기 나오는 주인공들은 모두 키가 2미터이고 알몸에 가죽 끈을 두르고 있어 미켈란젤로는 이들을 '이그누디(ignudi, 나체의 청년)'라고

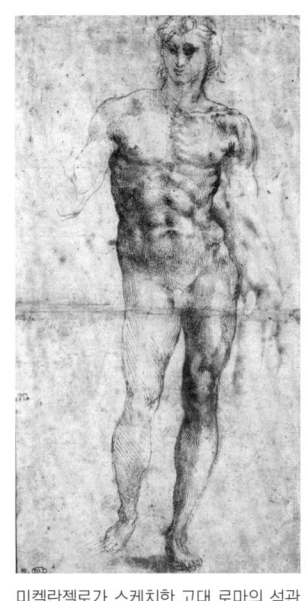

미켈란젤로가 스케치한 고대 로마의 석관 장식 중 일부

불렀다. 천장에 처음 시도한 일련의 도안들 중 하나, 즉 12사도가 들어간 기하학적 형태의 도안은 구도상 원형 장식을 떠받드는 천사들이 필요했다. 애초에 전체 도안을 '일고의 가치도 없다'며 일찍이 폐기해 버렸지만, 원형 장식을 떠받드는 천사의 경우는 달랐다. 미켈란젤로는 이 천사들을 '이교도화' 해서 날개를 떼어냈을 뿐 아니라 우람한 체구를 가진 알몸의 젊은이로 둔갑시켜 이전에 율리우스의 영묘 장식용으로 조각한 '노예' 조상들과 생김새가 비슷했다. 미켈란젤로는 로마의 그리스풍 부조들과 피렌체의 로렌초 데 메디치가 소장한 고대 보석 조각품들을 모사하면서 이그누디들의 자세를 무더기로 발견했다. 이그누디들 중 두 개는 당시 세인들의 관심을 가장 많이 받은 조각상인 「라오콘The Laocoon」을 변형해 모사한 것이다. 미켈란젤로는 「라오콘」이라는 작품을 특이한 관점에서 이해했다.[2]

 기원 전 25년쯤 로도스 섬에서 세 조각가가 한 조가 되어 조각한 이 대리석 조각군#은 트로이의 사제 라오콘이 어린 두 아들과 함께 바다뱀들과 혈투를 벌이는 장면을 묘사한 것이다. 뱀들은 아폴로 신이 라오콘과 아들들을 차례차례 죽이려고 보낸 것이었다. 라오콘은 "그리스인이 보낸 선물을 조심 하라"는 유명한 구절로 트로이인들이 목마의 승강구 뚜껑을 열지 못하게 저지하려고 했던 인물이다.

이 조각은 서기 69년 티투스 황제의 지시로 로마로 옮겨진 후에 수세기 동안 로마 제국의 폐허더미 속에 파묻힌 채로 있다가 1506년 에스퀼리네 언덕에 있는 펠리체 데 프레디 소유의 포도밭에서 오른팔을 제외한 원형 그대로 발굴되었다. 미켈란젤로는 율리우스의 지시로 포도밭의 발굴 현장으로 나가 줄리아노 다 상갈로의 조각 확인 작업을 도왔다. 「라오콘」의 발견으로 흥분한 율리우스는 펠리체에게 그가 죽을 때까지 6백 두카트를 매년 분할해 갚는 방식으로 이 조각상을 사들여 아폴로 벨베데레와 그밖에 다른 대리석 조각들이 전시된 조각 정원으로 옮겼다. 그곳은 브라만테가 바티칸 궁 안에 새로 조성한 정원이었다. 고대 미술의 숭배에 민첩한 이 도시 사람들이 보여준 「라오콘」을 향한 경탄은 도를 넘었다. 조각상을 실은 수레가 교황청 전속 합창단의 노래에 맞추어 굴러가자 환호하는 군중들이 몰려나와 수레에 꽃을 던졌다. 밀랍이나 치장 벽토, 또는 청동이나 자수정으로 된 「라오콘」의 모조품들이 쏟아져 나왔다. 안드레아 델 사르토와 파르마자니노가 나서서 조각을 스케치했으며, 바치오 반디넬리는 프랑스 왕의 부탁으로 새로운 버전의 「라오콘」을 조각했다. 티치아노는 「원숭이 라오콘」을 그렸으며, 학자인 야코포 사돌레토는 이 조각의 헌시를 지었다. 또한 로마에서 기념품으로 팔리는 화려한 장식용 접시에도 라오콘의 형상이 출현했다.

 미켈란젤로도 다른 사람들처럼 이 고대 조상에 매료되었다. 「라오콘」에 나오는 격렬하게 몸을 비트는 남자의 누드는 젊은 혈기가 넘치는 「켄타우루스의 전투」에서 쓸 고문에 시달리는 우람한 체구의 인물상을 찾던 사람에게는 확실히 호소력이 있었다. 발굴 직후에 이 조각을 스케치한 적이 있는 미켈란젤로는 나중에 세 마리 뱀에 엉켜

무명 미술가가 조각한 「라오콘」

꼼짝달싹 못하게 된 인물들을 스케치했는데, 이때 구도한 자세에 훗날 '피구라 세르펜티나타(뱀상像_옮긴이)'라는 절묘하게 어울리는 이름이 붙여졌다. 때마침 율리우스의 영묘 조각 작업에 몰두 중이던 미켈란젤로는 「라오콘」의 새로운 버전을 조각해 영묘에 쓸 생각으로 이것을 스케치한 것 같다. 그러나 영묘 조각 작업이 표류하자 「라오콘」에서 영감을 얻어 스케치한 인물들은 시스티나 예배당 천장에 이식되었다. 그리하여 그들은 예배당 천장에서 뱀이 아닌 로베레 가의 오크 나뭇잎과 도토리로 묵직하게 장식한 화관과 씨름하게 되었다.

노아의 생애 시리즈 중 세 번째이자 마지막 장면인 「노아의 공양The Sacrifice of Noah」 아래를 보면 미켈란젤로가 「라오콘」에서 영감을 받아 그린 두개의 이그누디가 보인다. 「노아의 공양」은 홍수가 물러간 후에 늙은 가장이 식솔들을 데리고 감사 '번제'를 올리는 장면이다.*
미켈란젤로와 조수들은 한 달 가량 노아의 아들들이 제단 앞에서 나무를 나르거나 불을 지피고, 숫양에서 내장을 끄집어내는 등 일에 열중하는 장면을 그렸다. 붉은 옷차림의 노아는 며느리들 중의 하나가 제단쪽으로 횃불을 쳐들고 열로부터 얼굴을 가리려고 애쓰는 광경을 지켜보고 있다. 이 인물들 또한 고대의 조상에게서 영감을 얻어 그린 것들이었다. 노아의 며느리는 오늘날 로마의 빌라 토를로니아에 있는 어느 대리석 석관에 장식된 알테아 인물상을 미켈란젤로가 직접 모사한 것이었다.[3] 그리고 불을 지피는 젊은이는 고대의 공양 부조물에서 나온 것이었다. 이 부조 스케치도 산책하다가 우연히 발견한 부조를 보고 그린 것이었다.[4] 「노아의 공양」에 등장하는 인물들은 비록 이미 조상으로 나온 것이지만 다른 노아 패널에 등장하는 인물들에 비해 훨씬 효과적인 장면을 연출했다. 미켈란젤로는 이 장면에서 비로소 인물들을 상호 관계에 맞게 신중하게 표현했을 뿐만 아니라 압축적이며 동적인 이미지로 그려 극적인 효과를 이루어냈다. 숫양과 씨름하거나 가축 공양물을

---

\* 혹은 노아의 공양 광경을 나타내는 것으로 대다수의 미술사가들이 의견을 같이하고 있다. 그러나 콘디비와 바사리, 두사람은 문제의 패널이 창세기 4장 3절에서 5절까지 나오는 카인과 아벨의 공양 장면을 묘사한 것이라고 주장했다. 이 장면의 해석을 놓고 혼선이 빚어진 것은, 미켈란젤로가 노아의 일대기를 3부작으로 그릴 때 연대순으로 배치하지 않았기 때문이다. 「노아의 공양」 장면은 노아의 일대기에서 가장 먼저 일어난 사건들을 다루고 있다. 따라서 연대순으로 그려졌다면 「홍수」는 예배당 정문 위에서 세 번째 장면인 「노아의 공양」 자리를 차지하고 있을 것이다. 그러나 미켈란젤로는 두 에피소드 장면의 순서를 뒤바꾸어 천장에서 좀 더 넓은 면에는 공포에 넋이 빠진 사람들의 집단 익사 장면을 3미터×6미터 규모로 그렸다. 그리고 더 작은 규모인 1.8미터×3미터의 공간은 「노아의 공양」에 할당했다. 따라서 노아가 홍수가 터지기도 전에 구원받은 것을 감사하는 꼴이 되어, 콘디비나 바사리 같은 이는 아예 문제의 공양 장면이 노아에 앞서 살았던 카인과 아벨의 공양이라고 결론을 내렸다. 바사리는 1550년판 「화가, 조각가, 건축가의 일생」이라는 저서에서 이 장면의 정체를 밝혀냈으나, 1568년판에서는 콘디비의 의견에 따랐다.

주고받으면서 짓는 몸짓은 마치 거울에 비친 것 같은 느낌을 주어 전체 구도에 균형을 줄 뿐만 아니라 「술 취한 노아」에서는 느낄 수 없던 상호 작용의 효과를 일으킨다.

노아의 생애에 관한 3부작이 완성된 시기인 1509년 초가을에는 예배당 천장 전체 면적 가운데 3분의 1 이상이 그림으로 채워졌다.[5] 작업은 나날이 착실히 진행되었다. 그리고 비계 위에서 일한 지 꼭 일 년 만에 전체 천장 면적 중에서 약 360평방미터가 프레스코되었다. 그중에는 선지자 3명과 이그누디 8명, 스팬드럴 한쌍, 반원 공간 4개, 삼각 궁륭 2개가 포함되었다. 한 해 동안 미켈란젤로와 조수들은 총 2백 개 이상의 조르나타를 썼다. 이 같은 성과는 겨울에 여러 차례 일어난 지연사태와 여름에 있었던 미켈란젤로의 병환에도 불구하고 일구어 낸 개가였다.

그러나 미켈란젤로로서는 자축할 기분이 전혀 아니었다. 그는 부오나로토에게 쓴 편지에서 "내 생활은 지금 말이 아닐 정도로 힘들고 몸도 많이 지쳐 있다. 내게는 친구도 하나 없고 있을 필요조차 없다. 밥 먹을 시간도 제대로 없다. 그러므로 너는 또 다른 걱정거리로 나를 괴롭혀서는 안 된다. 지금 내 일만으로도 너무 벅차다."[6]고 말했다.

미켈란젤로는 여전히 그를 성가시게 만드는 가족 문제로 일에 몰두할 수가 없었다. 단정컨대 부친 로도비코는 형수인 카산드라에게 패소해 지참금을 몽땅 물어주어야 할 처지가 된 모양이다. 로도비코는 꼼짝없이 돈을 내놓게 되어 울화가 터질 지경이었다. 미켈란젤로의 말처럼 로도비코는 지난 한 해를 '두려움 속'에서 보냈다. 부친이 소송에서 결국 패하자 이 미술가는 가라앉은 부친의 기분을 끌어올리기 위해 애썼다. "그 문제로 겁먹거나 기죽지 마세요. 가진 것을 다 잃는다고 죽을 수는 없는 겁니다. 제가 조금만 더 일하면 아버님의 손실을 만회하고도 남을 만큼 수입이 생길 겁니다." 하고 부친을 달랬다. 불만에 찬 미망인에게 물어주어야 할 돈은 결국 로도비코가 아닌 미켈란젤로의 호주머니에서 나올 것이 확실했다. 그런데 다행히도 얼마 전 미켈란젤로는 교황한테서 두 번째 분할금으로 5백 두카트를 받았다.

언제나 믿음직스러운 동생이던 부오나로토 또한 '또 다른 걱정거리'가 되고 말았다. 부오나로토는 로렌초 스트로치의 모포가게 점원 생활에 불만을 갖고 제빵 사업에 뛰어들고자 했다. 물론 그 돈은 미켈란젤로의 호주머니에서 나올 것이지만……. 부오나로토는 전에 농사를 하면서 남아도는 밀을 친구들에게 가끔 시세보다 훨씬 싼 값으로 팔았던 점에 착상해 모포에서 밀로 전환하려고 한 것이다. 인색한 편인 미켈란젤로는 밀을 그렇게 헐값에 내다 파는 것에 찬성하지 않았다. 1508년의 풍작 때에 부친이 친구인 미켈레의 어머니에게 150솔디 어치의 밀을 공짜로 주었다고 책망한 적이 있었다. 그래서 부오나로토는 잉여 밀을 좀 더 수익이 남는 곳에 쓰기로 작정한 것 같다. 부오나로토는 새롭고 모험적인 사업에 대한 생각으로 들떠, 인편으로 자신이 만든 빵 한 덩어리를 로마로 보내 미켈란젤로가 맛볼 수 있게 했다. 미켈란젤로는 즐겁게 빵을 먹었지만, 그 사업은 입맛을 돋우는 것이 못 된다고 못 박았다. 미켈란젤로는 "내가 다음에 집에 돌아가서 네가 충분히 성숙했다고 판단이 되면 모포 사업을 할 수 있도록 가게를 차려주겠다." 하고 편지를 쓰고, 이 미래의 사업가에게 딴 생각 말고 계속 열심히 일하라고 매섭게 말했다.

그해 가을에는 군에 있던 막내 동생 시지스몬도마저 미켈란젤로의 속을 썩였다. 시지스몬도는 일 년 전 조반시모네가 그랬듯이 막연한 기대를 갖고 로마로 갈 계획을 세웠다. 미켈란젤로에게 집안 손님은 전혀 필요 없었다. 특히 조반시모네처럼 자신도 제대로 보살피지 못할 만큼 한심한 손님은 더욱 그랬다. 괴질과 말라리아가 물러선 철이 되어 늘 써먹던 로마 공기가 건강에 나쁘다는 구실을 더 이상 되풀이 하지 않고, 동생이 로마에 오는 것을 말리는 것도 그만두었다. 단지 이 어린 친구에게 로마에서 도움을 받을 수 있을 것이라고는 아예 기대주차 말 것을 경고해 달라고 부친에게 부탁했다. "동생인 ㄱ 애를 사랑하지 않기 때문이 아니라, 지금은 도저히 도와줄 수 있는 형편이 아니기 때문입니다." 미켈란젤로는 힘주어 말했다. 만일 시지스몬도가 로마에 갔다면 이 방문은 별다른 일 없이 끝난 것 같다. 왜냐하면 미켈란젤로가 그에 대해 더 이상 언급하지 않았기 때문이다.

피렌체에서 날아온 유일한 희소식은 조반시모네가 적어도 행동에서는 별다른 문제를 보이지 않는다는 것이었다. 미켈란젤로가 분노해서 보낸 편지가 이 젊은 친구에게 깜짝 놀랄만한 효과를 발휘한 것이다. 편지를 보내기 전까지만 해도 조반시모네는 피렌체의 집이나 세티냐노의 농장에서 빈둥거리며 지냈을 것이다. 그러나 이제 자신의 미래를 대담하고도 야심찬 눈으로 보기 시작했다. 조반시모네는 빵 덩어리에서 자신의 미래를 꿈꾼 부오나로토와는 달리, 좀 더 이색적인 사업으로 돈을 벌 꿈에 젖어 있었다. 리스본을 출항해 인도로 가서 온갖 향신료를 가득 싣고 돌아오는 배에 투자할 계획을 세운 것이다. 심지어 이번의 모험적인 첫 사업이 성공하면 십 년 전에 바스코 다 가마가 발견한 항로를 통해 직접 인도로 갈 것이라고 떠들고 다녔다. 항해는 매우 위험이 따르기 때문에 만일 이 사업에 돈을 댄다면 돈뿐 아니라 동생까지도 쉽게 잃어버리고 말 것이라는 것을 미켈란젤로는 분명히 깨달았을 것이다. 그럼에도 불구하고 조반시모네는 이 모험에 기꺼이 목숨을 내걸었다. 어쩌면 "몇 천 번이고 위험 속에 목숨을 걸어야 한다."는 미켈란젤로의 주장에 자극을 받아 '오직 가족들을 돕기 위해 몇 천 번이고 위험 속으로' 뛰어든 것인지도 모른다.

 미켈란젤로는 프레스코를 하면서 믿을 수 없을 정도로 심한 고통과 긴장을 겪었다. 이러한 사실은 편지를 통해 부오나로토에게 "지금까지 겪은 것 중에서 가장 심한 육체적 피로에 시달린다고 말한 데에서도 잘 나타나 있다. 이 무렵 미켈란젤로는 조반니 다 피스토이아라고 하는 친구에게 천장화 작업을 하면서 겪은 끔찍한 육체적 고생을 되돌아보는 재미있는 시 한수를 지어 보냈다. 시에는 붓을 머리 위로 높이 쳐든 자신의 모습을 스케치한 것도 함께 들어 있다. 미켈란젤로는 조반니에게 머리를 뒤로 젖혀 몸을 활처럼 구부리고 턱수염과 붓을 하늘로 향하게 해 물감이 얼굴에 계속 튀는 자세로 작업을 해야 했다고 말했다. 비계 위에서 프레스코를 그릴 때 취한 자세는 목이 졸려 반죽음 상태인 라오콘의 자세처럼 뒤틀어지다시피 해 고통스러워 보였다. 라오콘도 미켈란젤로처럼 머리를 뒤로 젖히고 등을 뒤틀며 하늘 위로 팔을 뻗치고 있다.

 이 일의 긴장이 내게 남긴 것은 부어오른 갑상선종.
 물을 잔뜩 먹은 롬바르디의 고양이처럼,
 아니면 어딘가 다른 나라의 고양이일지도 모르지.
 턱 밑으로 배는 불룩하게 밀려오고

시스티나 천장화의 경험을 다룬 미켈란젤로의 희극시 원고 턱수염이 하늘을 향하니 목덜미에 달라붙는 뒤통수가 느껴지네.
내 가슴은 하르피이아(그리스신화에 나오는 여성의 머리와 새의 몸을 가진
괴물_옮긴이)처럼 축 늘어졌고
얼굴 위로 쉴 새 없이 움직이는 붓에서 '뚝뚝' 떨어진 물감방울들이
내 얼굴을 영롱한 마룻바닥으로 만들어버렸다네.

내 허리는 올챙이배를 가로지르고
내 엉덩이는 평형추 같은 말 엉덩이.
어디로 가는지도 모르고 걷고 있는 이 발걸음의 무의미함이여!

팽팽하게 쫙 퍼진 앞쪽의 살들만큼
뒤로는 접혀져 매듭을 이루니
나는 시리아의 활처럼 휘었다네.

바로 지금 내 머릿속에는
불충스러운 야릇한 생각들이 커져만 가네.
총구가 비뚤어져 있으면 천하의 자네라도 잘 쏠 수 없겠지!

조반니, 이 친구야
어서 와서 죽은 내 그림과 명예를 구해주게.
난 지금 좋지 않은 곳에 있어. 그리고 난 화가도 아니지 않은가![7]

비계가 아무리 정교하고 효율적일지라도 이 대규모 작업에는 어느 정도 육체적 중노동이 불가피했다. 고통과 불편은 프레스코

화가들에게 일종의 직업적 재해였다. 한때 미켈란젤로는 바사리에게 프레스코는 "나이 든 사람한테 어울리는 미술이 아니다."[8] 하고 말했다. 바사리 자신도 토스카나 대공의 궁전에 있는 5개의 방을 프레스코할 때 작업 중 목을 받쳐 줄 버팀대를 따로 만들어야 했다고 주장했다. "그런데도 시력이 크게 상하고 머리에 상처가 났을 뿐만 아니라 아직도 후유증으로 시달린다."[9]고 불평했다. 야코포 다 폰토르모도 그처럼 심한 후유증에 시달렸다. 1555년에 쓴 야코포의 일기장에는 피렌체의 산 로렌추 성당의 「군주의 예배당」을 프레스코하면서 비계 위에 오랜 시간 줄곧 구부리고 서 있었던 것을 자세히 설명한 대목이 있다. 그처럼 일한 결과 끔찍한 요통으로 고생했는데 증세가 심할 때는 밥도 먹을 수 없었다고 한다.[10]

미켈란젤로가 겪은 최악의 증세 가운데 하나는 기이한 형태의 눈의 피로였다. 눈을 위로 오랫동안 치켜뜨고 일하다보니 편지를 읽거나 소묘를 습작할 때에도 한 팔 정도 머리 위에 올려놓고 보아야 했다.[11] 이 같은 쇠약상태가 몇 달 동안 지속되면서 스케치와 밑그림 제작능력도 많이 떨어졌을 것이다. 그러나 바사리의 주장에 따르면, 미켈란젤로는 고통을 꿋꿋하게 잘 참아냈다. "나날이 일에 대한 열의로 불타올랐다. 날마다 능력이 발전하고 향상되자 용기백배해져 피로도 느끼지 않았고 불편한 점이 있어도 개의치 않았다."[12]

그러나 부오나로토에게 쓴 신세 타령조의 편지에는 육체적 피로를 이처럼 영웅적으로 이겨낸 증거를 찾아보기 힘들다. 한 해 동안 녹초가 되도록 비계 위에서 일한데다 가족에 대한 걱정까지 겹쳐 미켈란젤로는 심신이 탈진 상태에 이르렀다. 정신적 지지가 필요하다고 느낀 것을 보면 기분이 침울해진 데에는 또 다른 요인들도 있었을 것이다. "내게는 친구가 전혀 없구나."하고 미켈란젤로는 편지에서 불평한 적이 있다. 그라나치, 인다코, 부자르디니 등이 여전히 현장에 있었다면 친구가 없다고 한탄하는 일도 없었을 것이다. 소수정예의 조수진 중 대부분은 일을 시작한 지 만 일 년이 지난 1509년 여름이나 가을까지는 임무를 모두 끝내고 작업에서 손을 뗐다. 따라서 미켈란젤로는 전체 작업이 아직 3분의 2가량 남은 상태에서 조수들을 새로 뽑아 프레스코 작업을 계속 진행해 나가야 했다.

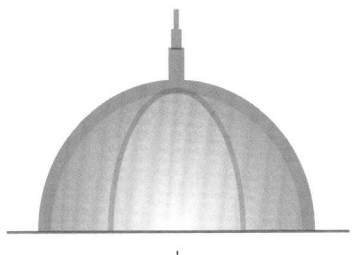

*CHAPTER 17*

# 황금시대

 미켈란젤로는 미신을 잘 믿는 인간이었다. 친구 중에 카르디에레라는 류트 연주자가 있었는데, 어느날 그가 기이한 꿈을 꿨다고 털어놓았을 때 이 미술가는 그 꿈의 신빙성을 굳이 따지려고도 하지 않았다.[1] 그것은 샤를 8세의 프랑스 군대가 이탈리아에 쳐들어온 해이기도 한 1494년의 일이었다. 카르디에레는 대군주 로렌초의 망령이 누더기를 걸치고 자신 앞에 나타나는 꿈을 꾸었다. 망령은 류트 연주가에게, 통치 방식을 바꾸지 않는한 권좌에서 축출당할 것이라는 경고를 아들이자 피렌체의 새 통치자인 피에로 데 메디치에게 전하라고 명령했다. 미켈란젤로는 꿈의 내용을 피에로에게 말하라고 설득했으나 카르디에레는 오만하고 무능하기 짝이 없는 피에로가 두려워 이를

황금시대 235

거부했다. 그러나 미켈란젤로가 거듭 재촉하자 카르디에레는 용기를 내어 피에로를 찾았다. 하지만 피에로는 "부친이 미천한 류트꾼에게 나타날 만큼 그렇게 바닥으로 떨어지지 않았다."고 카르디에레의 말을 무시했다. 그러나 미켈란젤로는 예언이 틀림없이 곧 이루어질 것으로 믿고 카르디에레와 함께 재빨리 볼로냐로 피신했다. 그 직후 피에로 데 메디치는 정말 권좌에서 쫓겨나고 말았다.

꿈과 전조를 믿은 것은 비단 미켈란젤로만이 아니었다. 당시 사회의 모든 계급을 매료시킨 것은 환몽과 점성술, 괴조怪鳥의 예언과 수염 기른 은자의 설교에 이르기까지 지칠 줄 모르고 쏟아져 나오는 온갖 예언적 지식이었다. 심지어 니콜로 마키아벨리 같은 염세적인 사상가조차 예언이나 전조의 심각한 의미를 적극적으로 받아들였다. "어느 도시, 어느 지방에서나 중대 사건은 어떤 것이나 성자나 계시, 또는 천재天災나 점성술적인 암호를 통해 예고된다."[2]고 마키아벨리는 썼다.

로마 같은 도시에서는 예지능력이 있다고 자칭하고 나서면 그가 누구이든 상관없이 사람들이 우르르 몰려들었다. 따라서 거리를 배회하다가 자신의 말에 귀를 기울이는 사람에게 운명을 예언해 주는 자칭 성자와 예언가가 부족한 사태는 결코 일어나지 않았다. 1491년 로마를 찾은 당대의 현자들 중에는 한 수수께끼 같은 걸인이 있었다. 그는 거리와 광장을 어슬렁거리고 다니면서 "그대들에게 이르노니, 오, 로마 주민들이여! 1491년 올해에는 많은 사람들이 눈물을 흘릴 것이며, 그대들에게 환란과 살인, 피의 희생이 뒤따를 것이다."[3] 하고 외쳤다. 일 년 뒤 로드리고 보르자가 교황에 선출되자 또 다른 예언가가 이 도시에 나타났다. 그는 좀 더 낙관적인 메시지인 "평화,

평화!"를 외치고 다녔는데, 많은 사람들이 이 예언자를 '엘리야'라고 부르며 따르자 시 당국은 그를 감옥에 처넣었다.

예언적 지식의 이 같은 종교적 미혹 현상은 그리스 로마 신화에 등장하는 자매들이 미켈란젤로의 프레스코에 다섯 명의 거대한 여성상으로 출현하는 데 힘이 되었다. 이 자매들은 무녀들로 신사에 살면서 광기가 발작할 때 생긴 영감靈感으로 미래를 예언했는데 미래를 예언할 때는 수수께끼나 암호 같은 애매모호한 표현을 주로 사용했다. 고대 로마의 사학자인 리비우스에 의하면, 무녀들이 쓴 예언서는 사제들의 보호 아래 있었고, 필요할 경우 로마 원로원이 참고했다고 한다. 예언서는 기원전 400년경까지 계속 사용 되었다가 나중에 책의 대부분이 반달족의 수령인 스틸리코의 명령으로 소각되고 말았다. 그러나 다시금 무녀의 가르침을 설명하는 새로운 책들이 계속해서 출현했다. 미켈란젤로 시대에 들어와 이 예언서들은 더욱 폭넓게 유포되었는데, 그중에는 『무녀 예언서』라는 필사본도 있었다. 이 특이한 예언서는 실제로는 유대인 기독교도들의 글을 황당하고도 작위적으로 뒤범벅 해 놓은 것에 지나지 않았으나 1509년 당시의 학자들 중에 이 책의 정당성에 의문을 제기해야 한다고 믿은 사람은 아무도 없었다.

기독교 예배당에 등장한 이교도 신화의 인물들은 이상한 침입자로 보였을 것이다. 그러나 기독교회의 두 사제인 락탄티우스와 성 아우구스티누스는 무녀들이 처녀잉태, 예수의 수난, 최후의 심판과 같은 것을 예언했다고 주장함으로써 기독교인들이 그들을 존경할 수 있도록 고결한 이미지를 씌웠다. 그들은 구약성서의 선지자들이 그리스도의 출현을 위해 유대인들을 준비시킨 것처럼 이 무녀들도 이교도인들을 준비시켰다고 주장했다. 따라서 이교도 신화와 기독교의 정통교의를 융합시키려고 애쓴 학자들에게 무녀의 존재나 그들의 예언서는 실로 매혹적인 것이었다. 그들은 속세와 종교, 미술가와 학자들을 다 함께 매료시킨 난해한 이교도 문화와 로마 가톨릭 교회 사이에 그 누구도 부정할 수 없는 연결 고리를 만들어 대립된 두 세계의 현격한 간격을 메웠다.

아퀴나스 같은 신학자들은 이들 무녀에게 구약성서의 선지자들에 필적하는 지위를 부여하지는 않았다. 그러나 중세 시대에 들어와 적어도 기독교 미술에서는 지위를 인정받았다. 15세기에 울름 대성당의 성가대석을 장식한 조각은 대담하게도 그들을 성녀, 그리고 구약성서의 열녀들과 같은 반열에 올려놓았다. 무녀는 이탈리아 미술의 모든 분야에 거의 빠지지 않고 등장하는데, 특히 시에나 대성당의 전면과 피스토이아와 피사의 강단, 기베르티가 피렌체의 세례당 청동 정문에 장식한 것들이 유명하다. 무녀는 프레스코 미술에서도 인기 있는 주제였다. 기를란다요는 산타 트리니타 성당의 사세티 예배당 천장화에 네 명의 무녀를 묘사했으며, 핀투리치오도 보르자 숙소의 선례에 따라 12명의 무녀들을 구약성서에 나오는 12명의 선지자들과 나란히 그렸다. 그 후 페루지노가 페루자의 콜레조 델 캄비오에 이 무녀들의 초상화를 한 자매당 6점씩 그렸다.

미켈란젤로가 시스티나 예배당에 첫 번째로 그린 무녀는 델피카로 그녀는 오이디푸스가 장차 부친을 살해하고 모친과 결혼할 운명을 타고났다고 예언한 것으로 유명하다. 그리스에서 가장 중요한 예언자였던 델피카 무녀는 "너 자신을 알라"는 경구가 전면에 보이는 파르나소스 산 기슭의 아폴로 신전에 살고 있었다. 이곳에서 델피카가 뭔가 수수께끼 같은 것을 발표하면 뒤를 이어 사제들이 나서서 그 의미를 해석했다. 애매모호하기로 악명 높은 델피카의 예언들 중에는 리디아의 왕 크로이소스를 향한 예언도 있었다. 크로이소스는 페르시아를 공격하면 강대한 제국이 파멸될 것이라는 예언을 들었다. 크로이소스는 싸움에서 극적으로 패한 뒤에야 비로소 문제의 제국이 바로 자신의 제국임을 깨달았다. 『무녀 예언서』에 나온 텔피카의 예언은 그에 비하면 덜 애매모호했다. 이 예언서에서 델피카는 예수가 누군가의 배반으로 적의 손에 넘어가 병사들의 조롱을 받으며 면류관을 쓰게 될 것이라고 예언했다.

  1509년 가을에 미켈란젤로와 조수들이 완성한 「델피의 무녀The Delphic Sibyl」에는 모두 합쳐 12조르나타가 들어갔다. 이것은 다시 말해 앞서 스가랴를 그릴 때와 동일한 시간이 소요되었음을 의미했다. 미켈란젤로는 델피카를 마치 누군가의 침입에 깜짝 놀란 듯 곤혹스런 표정으로 입을 벌리고 눈을 크게 뜬 젊은 여성으로 나타냈다. 텔피카는 그들 자매를 유명하게 만든 신적인 광기를 보여 주는 대신, 미켈란젤로가 이전에 여러 번 조각한 성모 마리아의 온갖 표정들을 보여 주었다. 스말티노(화감청색)로 처리한 델피카의 파란 머리 장식은 「피에타」와 「브뤼주의 마돈나The Bruges Madonna」에 조각한 성모 마리아의 것과 닮았다. 「브뤼주의 마돈나」는 1501년에 완성한 성모 마리아와 어린 예수의 조각상으로 플랑드르의 의류 사업가 집안에서 구입해 브뤼주에 있는 가족 예배당에 설치한 것이었다. 그에 반해, 델피카의 머리와 자세는 미켈란젤로의 「피티 톤도Pitti Tondo」(1503년에 완성된 대리석 부조)의 성모 마리아를 연상시키는데 주름 잡힌 의상과 90도로 꺾인 근육질 팔은 아뇰로 도니를 위해 그린 「성가족」을 바탕으로 그린 것이었다.[4] "미켈란젤로의 기억력은 대단했다. 그는 한 번 본 인물은 수천 명이라도 전부 기억해 그렸지만, 동일 자세나 동일 인물을 되풀이해서 다룬적은 한 번도 없다."[5]고 콘디비는 주장했다. 미켈란젤로가 단시간에 수백 명의 자세를 시스티나 예배당에 그릴 수 있었던 것도 엄청난 기억력 때문에 가능했을 것이다.

 미켈란젤로는 계속해서 천장에 고대 로마 최고의 예언자로 여겨진 무녀 쿠마에아를 비롯해 나머지 네 명의 무녀를 그렸다. 신화에 따르면, 쿠마에아는 로마에서 남쪽으로 160킬로미터 떨어진 나폴리 근교에 있는 아베르누스 호반의 작은 동굴에서 살았다. 베르길리우스의 서사시『아에네이드Aeneid』의 주인공 아에네아스가 쿠마에아를 본 곳도 바로 이곳일 것이다. 아에네아스는 이곳에서 쿠마에아가 소름이 돋을 정도의 무아지경에 빠져 토해내는 무시무시하고도 신비한 이야기를 들었을 것이다.[6] 미켈란젤로 시대의 수많은 학자들은 마치 성지라도 순례하듯이 유황 냄새로 구역질나는 호수 옆의 이 동굴을 찾았다. 아베르누스 호수 옆의 이 동굴은 필경 아그리파가 건설한 고대 로마 시대의 동굴들 중의 하나로 포르투스 율리우스라는 항구 시설의 일부였을 것이다. 그러나 이들 학구파 순례자들은 이곳에서 그 옛날 아에네아스와 트로이 친구들이 쿠마에아 무녀와 대화를 나누고 하계下界로 내려가던 모습을 상상했을 것이다.

 이탈리아 미술에서 이 자매들이 누린 인기로 볼 때, 미켈란젤로는 쿠마에아와 다른 무녀들을 천장화에 주인공으로 등장시키면서 굳이 에지디오 다 비테르보 같은 조언자의 충고에 귀를 기울일 필요는 없었을 것이다. 시스티나 천장에 묘사된 무녀들은 락탄티우스의 『신성학회보Divine Institutions』에 오른 10명의 명단 중 상위 5명과 일치하는데, 이 우연의 일치는 미켈란젤로가 프레스코할 인물을 고르기 위해 이 책을 슬쩍 뒤적였을 거라는 추측을 일으킨다. 그럼에도 불구하고 미켈란젤로의 그림에 무녀들이 큰 위치를 점하고 부각된 데에는 에지디오의 탓도 없지 않았는데, 에지디오는 무녀들의 예언, 특히 쿠마에아의 예언에 큰 관심을 보였기 때문이다.[7] 에지디오도 아베르누스 호수의 동굴을 찾아간 적이 있었다. 대담하게도 동굴 밑까지 내려간 에지디오는 악취가 진동하는 공기를 크게 들이마셨는데, 그것은 아에네아스의 말처럼 착란과 마취 상태를 일으킬 만큼 전도성이 강했다고 보고했다.[8]

  에지디오는 쿠마에아가 예언한 것들 중에서 어떤 것은 특별한 의미를 띤다고 생각했다. 베르길리우스의 목가에서 쿠마에아는 한 아기가 탄생해 세상에 평화를 가져오고, 이 세상을 황금시대로 되돌릴 것이라고 예언했다. "이 땅에 정의가 회복되고 황금시대가 돌아오니 / 이때 처음 태어난 아이는 천국에서 보낸 이다."[9] 이 예언에 기독교적인 뼈대를 집어넣는 문제는 아우구스티누스 같은 신학자들이 '첫 아이'를 예수와 동일시함으로써 간단히 해결했다. 잔꾀 많은 에지디오는 한 단계 더 나아가 베드로 대성당에서 행한 설교에서, 쿠마에아가 미리 본 새로운 황금시대를 실제로 연 인물은 당연히 율리우스 2세라고 선언했다.[10]

  이 시대의 이탈리아 예언가들은 사보나롤라처럼 무서운 심판의 도래를 예언한 부류와 그에 비해 에지디오처럼 낙관적인 생각을 가진 부류로 나뉘었다. 하느님이 율리우스 2세와 포르투갈의 마뉴엘 왕을 통해 자신의 계획을 확고하게 실현하고 있다는 믿음이 에지디오적인 낙관론의 근거였다. 실례로 1507년에 마뉴엘은 교황에게 포르투갈이

마다가스카르를 발견했으며, 극동아시아 지역에 대한 정복 사업들도 성공적으로 끝났다고 서신으로 보고해 왔다. 이 놀라운 소식을 접한 율리우스는 즉각 로마에서 3일간 축하 잔치를 벌이겠다고 선포했다. 축하 행사가 한창 무르익었을 때 에지디오가 강단으로 나아갔다. 에지디오는 세상 반대편에서 일어난 이 일련의 대사건들이 성 베드로 대성당의 중건을 위시해 좀더 가까운 곳에서 일어난 다른 대사건들과 함께 율리우스가 신성한 사명을 실천하고 있음을 입증해 보이는 것이라고 주장했다. "보십시오. 하느님이 어떻게 수많은 소리와 예언. 구체적인 선행을 통해 당신을 부르는지를!"[11] 하고 에지디오는 교황에게 설교하면서 기뻐했다. 그는 위업들을 간단히 언급한 다음, 성서와 쿠마에아 무녀의 예언들이 현재 이루어지고 있으며, 또한 머지않아 범세계적인 기독교 왕국의 황금시대가 도래할 것이라고 단언했다.[12]

  에지디오의 말에 모든 로마인이 동의한 것은 아니었다. 미켈란젤로가 시스티나 천장에 그린 쿠마에아 무녀는 율리우스가 자신의 위업으로 도래했다고 선포한 황금시대를 예언한 인물이라기에는 지나치게 기이한 모습이었다. 미켈란젤로는 쿠마에아를 긴 팔에 큰 이두박근과 이마, 아틀라스처럼 큰 어깨 때문에 머리가 왜소해 보이는 괴상한 거인으로 그려 천장 전체에서 체격이 가장 위풍당당한 인물 중의 하나로 만들었다. 미켈란젤로는 쿠마에아를 이렇게 경멸적으로 나타내는 것만으로 성이 차지 않았는지 그녀를 책을 한 뼘 앞으로 내밀고 읽는 원시안으로 만들었다. 시력이 나쁘다고 해서 통찰력이 부족하다고 할 수는 없다. 실제로는 그와 정반대다. 신화에 따르면, 아테네의 목욕 장면을 훔쳐본 죄로 실명당한 티레시아스는 보상으로 예언 능력을 얻었다. 쿠마에아의 손상한 시력 또한 영적 통찰력을 표상한 것이라고 볼 수 있을 것이다.[13] 어쩌면 미켈란젤로는 쿠마에아의 시력이 육체적으로나 정신적으로나 도저히 신뢰할 수 없는 수준이라는 것을 시위하려고 했는지 모른다. 어떤 경우든지 간에 이 흉물스러운 쪼그랑할멈과 그녀의 예언에 대한 미켈란젤로의 태도는 그녀 곁에 있는 두 벌거벗은 아이들 중 하나의 손짓에 함축적으로 나타나 있다. 이 아이는 쿠마에아에게 '손가락질'을 하고 있는데, 단테의 작품에도 묘사되어 있는 이 손가락질은 엄지손가락을 검지와 가운데손가락 사이에 끼워 넣고 내미는 경멸의 동작으로 오늘날에도 이탈리아에서는 여전히 욕으로 통한다.[14]

이 손가락질은 미켈란젤로가 프레스코에 그려 넣은 수많은 음흉한 농담들 가운데 하나였으나 사진이나 망원경 같은 시각 보조기구가 없던 시대여서 마루에 앉은 사람의 육안으로는 도저히 식별할 수 없었다. 무뚝뚝한 성격에도 불구하고 이 미술가는 풍자적인 유머로 유명했다. 일례로 미켈란젤로는 이런 농담을 했다. 어떤 미술가는 황소 그림 하나만큼은 아주 잘 그렸지. 화가라면 누구나 자화상쯤은 다 잘 그리는것 아닌가."[15]

쿠마에아 무녀의 등 뒤에서 손가락질하는 이 벌거벗은 소년은 미켈란젤로가 어떤 경우에도 유머 감각을 잃지 않았음을 보여 준다. 그러나 십자가와 가시에 관한 그의 시처럼, 여기에는 교황이나 황금시대에 관한 에지디오의 터무니없는 주장에 대한 조소도 드러나 있음을 알 수 있다.

로마에서 교황령 수복이라는 교황의 신성한 임무에 불만을 품은 사람은 미켈란젤로만이 아니었다. 1509년 여름에 로마를 찾은 한

황금시대  243

저명한 학자는 율리우스에 대해 그보다 훨씬 더 회의적이었다. 43세의 로테르담 출신 사제인 데시데리우스 에라스무스(Desiderius Erasmus)는 당대 최고의 학자였다. 에라스무스는 해외에 유학 중이던 영국 왕 헨리 7세 주치의의 아들들을 가르치기 위해 3년 전 이탈리아를 방문한 적이 있었는데, 시간을 베네치아와 볼로냐 두 군데에서 나누어 보내다 볼로냐에서 우연히 율리우스의 의기양양한 개선식 장면을 목격했다. 또한 교황의 사촌이며 갑부였던 라파엘로 리아리오 추기경의 초대를 받고 자신이 새로 맡은 학생인 스코틀랜드 왕 제임스 4세의 서자 알렉산더 스튜어트를 데리고 로마에 갔다. 이번 방문에서 알렉산더에게 고전을 가르치는 것 외에도, 사제임에도 불구하고 독신의 맹세를 어긴 부친의 죄를 사하는 특면장을 교황에게서 기필코 받아낼 생각이었다.

　에라스무스는 로마에서 최상의 환대를 받았다. 캄포 데이 피오리 부근에 있는 추기경 리아리오의 호화궁전에서 융숭한 대접을 받았고, 시스티나 예배당 미사에서는 지성소 안쪽에 앉는 영광을 누렸다. 또한 에지디오 다 비테르보와 그에 못지않게 박식하고 총명한 페드로 인기라미도 만났다. 에지디오처럼 아베르누스 호반에 있는 쿠마에아 자매의 동굴을 순행하기도 했다. 그리고 로마의 고대 유적을 순례하고 박물관에 찾아가 소장된 보물들을 둘러보기도 했다. 이때 경험한 것들은 나중에 기억 속에 유쾌한 추억으로 남았을 것이다. 에라스무스는 심지어 시스티나 예배당의 차단막 안쪽에서 제 모습을 갖추어가던 프레스코를 볼 수 있는 특전도 누렸다. 1509년 여름에는 예배당 천장이 로마의 진기珍奇 목록에도 수록되었다. 이것이 가능했던 것은 한때 도메니코 기를란다요의 제자였던 수사신부 프란체스코

안드레 테베(Andre Thever) 작 「데시데리우스 에라스무스」

알베르티니가 로마에서 가장 유명한 유적들과 프레스코들을 실은 안내서 『로마의 새로운 기적Opusculum de mirabilis novae et veteris urbis Romae』을 막 출간했기 때문이었다. 알베르티니는 이 책에서 '미카엘리스 아르칸겔리는 시스티나 예배당에서 프레스코에 열중했다'고 기록했다.[16]

미켈란젤로는 자신의 작업 발판을 외부의 침입자들에게서 빈틈없이 지켜냈다. 그러나 프레스코화를 일반에 공개하지 않던 미켈란젤로도 에라스무스라면 얼마든지 비계 위로 초대해 작업 과정을 지켜보게 했을 것이다. 에라스무스는 회화보다 책에 더 열광했지만, 만일 에지디오 다 비테르보가 천장 도안 작업에 관계했다면 미켈란젤로와 만났을 가능성도 있다. 그들은 볼로냐에 있을 때부터 서로 알고 지냈을 지도 모른다. 왜냐하면 에라스무스가 볼로냐를 방문한 1507년 무렵은 미켈란젤로의 볼로냐 체재 시기와 거의 정확하게 일치하기 때문이다. 그러나 그들이 그곳에서 만났다는 것을 뒷받침할 만한 어떤 기록이나 일화적인 증거는 없다. 그리고 그에 못지않게 두 위인은 한밤중에 스쳐가는 배들처럼 어쩌면 서로를 의식하지 못한 채 지나쳤을 가능성이 높다.

　율리우스가 이 대학자를 '총각과 과부' 사이에서 난 아들이라고 공포함에 따라 에라스무스는 마침내 자신의 임무를 성공적으로 완수했다. 그러나 그 내막의 사정이야 어떻든 '총각과 과부'라는 사실에는 차이가 없었다. 이 특면장은 에라스무스에게서 사생아라는 불명예스러운 딱지를 떼어내고 영국에서 성직에 오를 수 있는 길을 텄다. 로마에 당도하자마자 에라스무스는 이 은전을 받았다. 그 후 캔터베리 대주교에게서 런던으로 다시 돌아와 달라는 초청장과 함께 5파운드의 여행 경비를 받았다. 또한 친구 로드 마운트조이에게서 영국의 새 국왕인 헨리 7세가 1509년 4월에 죽고, 깊은 동정심과 학식으로 명성이 자자한 18세의 미소년이 왕위를 계승한다는 반가운 소식도 들었다. "하늘이 웃고 땅이 기뻐하네. 모든 것이 다 잘 돌아가네."[17] 하고 마운트조이는 헨리 8세의 새로운 통치에 대해 운을 뗐다. 그래도 여전히 내키지 않는 심정으로 에라스무스는 로마를 떠나 영국으로 향했다. 그는 훗날 "나 자신을 로마에서 억지로 끌어내지 않았다면 나는 결코 로마를 떠나지 못했을 것이다. 그곳에서는 누구나 달콤한 자유와 풍부한 도서관, 작가나 학자와의 매력적인 친교와 고대 유적 구경을 즐긴다. 나는 고명한 고위 성직자들에게 존경을 받았다. 그래서 로마로 돌아가는 것보다 더 큰 낙을 상상할 수 없었다."[18]고 회고했다.

그러나 로마와 관련된 것들이라고 해서 다 에라스무스를 즐겁게 한 것은 아니었다. 1509년 가을에 런던에 도착한 에라스무스는 장기간의 여행과 험난한 해협 통과로 인한 스트레스성 신장통증으로 당분간 회복기가 필요해 선량한 친구 토마스 무어의 첼세아 집에 칩거했다. 토마스 무어는 헨리 8세의 대관식을 축하하는 시를 지었는데, 율리우스에 대한 에지디오의 찬사를 그대로 흉내 내어 새로운 황금시대가 곧 도래할 거라고 환호했다. 방안에 틀어박혀 무어의 자식들에 둘러싸여 지내야 했던 에라스무스는 칩거생활 7일 만에 『우신예찬The Praise of Folly』을 저술했는데 훗날 이 논문 때문에 악명을 날리게 되었다. 이 글에 나타난 로마에 대한 인식은, 나중에 에라스무스가 이 도시의 '달콤한 자유'를 찬양한 편지에서 보여 준 것에 비해 꽤 신랄한 편이다. 『우신예찬』은 부패한 궁정 관리들, 추잡하고 무식한 수도승들, 탐욕스러운 추기경들, 오만한 신학자들, 지루한 설교자들, 그리고 다른 사람의 미래를 본다고 주장하는 정신 나간 예언가들을 모두 끌어내어 통렬하게 풍자했다. 그리고 일부분이지만 율리우스와 추기경단 지배 하의 로마 문화를 겨냥하기도 했다.

에지디오와 달리 에라스무스는 율리우스가 새로운 황금시대를 개막할 것이라고 믿지 않았다. 1509년 여름 아베르누스 호의 유황수 옆에선 에라스무스에게는 황금시대의 예언보다 쿠마에아 무녀의 다른 예언이 훨씬 더 맞는 것처럼 보였다. 쿠마에아는 『아에네이드』에서 아에네아스 일행에게 "전쟁과 전쟁이 일으키는 온갖 참상이 보인다. 티베르 강이 핏물이 되어 흐르고 거품을 일으키는 것이 보인다."[19]고 말했다. 에라스무스가 볼 때, 임박한 전쟁과 유혈극에 대한 이 예언은 전쟁광인 율리우스 치하에서 현실로 이루어지고 있었다. 『우신예찬』에 나오는 수많은 조롱거리들 중에는 교회의 이름으로 전쟁을 한 교황에 대한 독설도 들어 있었다. "기독교적인 열정에 불타는 그들은 적지 않은 수의 기독교인들을 피의 제물로 삼으며……불과 칼로 싸우고 있다."[20] 볼로냐의 정복 장면이 에라스무스의 기억에 떠올랐음이 분명하다. 영국에 도착한 에라스무스가 이 글을 쓴 지 얼마 안 되어 과연 교황의 이름하에 기독교인들끼리 피 흘리는 사태가 터지고 말았다.

율리우스는 베네치아 문제로 다시 한 번 속을 썩게 되었다. 아냐델로 전戰에서 패한 베네치아는 로마에 특사를 파견해 강화를 요청했다. 그러나 그와 동시에 이중전술로 오토만 술탄에게 지원을 호소하는 한편, 파상공세를 펴 파두아와 만투아를 점령했다. 이제 그들의 관심은 교황군 사령관이자 루크레치아 보르자의 남편인 알폰소 데스테가 통치하는 페라라로 옮겨갔다. 베네치아 군은 1509년 12월 초에 광역 군사력의 자랑스러운 상징인 갤리 선船에 승선해 포 강을 거슬러 올라갔다. 알폰소는 그들을 맞이할 만반의 태세를 갖추었다. 약관 23세였지만 명석한 지략가였던 페라라 공은 유럽 당대 최고 장수 중의 한 사람이며, 그의 포병대는 세계적인 명성을 날렸다. 대포의 위력에 매료된 페라라 공은 특수 주형틀로 엄청나게 큰 대포를 제작하고 배치해 대단한 성과를 거두었다. 페라라 공이 보유한 가장 무시무시한 무기는 일명 '주님의 마왕'이라는 전설적인 야포였다. 페라라의 궁정 시인인 로도비코 아리오스토의 말에 따르면, "땅이든, 바다든, 하늘이든, 어디든 가리지 않고 불과 힘을 있는 대로 내뱉는다."[21]

1507년 십대의 나이를 넘기자마자 교황군의 지휘봉을 쥔 알폰소는 연속 포격을 쉴 새 없이 가해 볼로냐에서 벤티볼리 일당을 축출했다.

에라스무스의 『천국에서 축출된 율리우스』의 독일판 앞면에 있는 그림

그리고 이번에는 베네치아인들에게 치명타를 입혔다. 알폰소 휘하의 포병들이 육지와 강 위에서 일제히 포격을 가하자 베네치아 함대는 미처 반격이나 도주할 틈도 없이 전멸 당했다. 유럽 전쟁사에서 포병 전술로 이룬 승리 중 가장 신속하고 눈부신 것으로 기록된 이 승리로 베네치아의 부흥염원은 물거품이 되었고, 곧이어 반도 전체가 사나운 폭풍속에 휘말렸다.

에라스무스는 『우신예찬』에서 전쟁광 교황을 공격하면서 그의 이름을 직접적으로 거론하기를 꺼렸다. 그러나 몇 년 뒤 익명으로 『천국에서 축출된 율리우스 Julius Excluded from Heaven』라는 책을 낼 때에는 실명을 거론하며 교황을 비판했다. 이 책은 율리우스를 전쟁과 사리사욕, 개인적인 명예욕에 미친 술주정뱅이에다 불경스런 남색가나 다름없는 허풍쟁이라고 묘사했다. 날카로운 재치와 함께 역사적인 사건에도 예리한 시각을 보인 이 책은, 피로 얼룩진 갑옷을 걸치고 천국의 문 앞에 당도한 율리우스와 '오직 매음굴과 술집, 화약 냄새만이 진동하는 혐오스러운 악당 패거리들'[22]인 그의 추종세력들을 보여준다. 성 베드로는 율리우스가 천국에 들어오는 것을 거부하고, 오히려 율리우스에게 자신이 저지른 수많은 죄를 자복하라고 권고한 다음, 교황으로서의 행적을 "최악의 독재이자 그리스도의 적이며 교회의 재앙"이라고 단죄한다. 그러나 율리우스는 이에 기죽지 않고 좀 더 강한 적이 되어 천국을 힘으로 장악하겠다고 맹세한다.

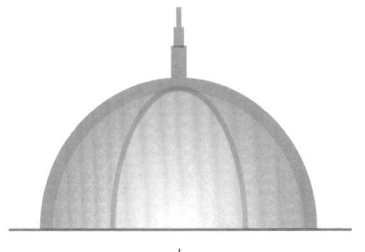

CHAPTER 18

# 아테네 학당

성 베드로: 신학 실력을 출중하게 쌓았느냐?

율리우스: 전혀 그렇지 않습니다. 싸우느라 바빠 그럴 겨를이 없었습니다.

율리우스 2세의 지적·종교적 업적에 대한 에라스무스의 평가는 이렇게 비판적이다.[1] 교황은 비록 삼촌인 식스투스처럼 출중한 신학자는 아니었으나 문학의 주요 후원자였다. 에라스무스는 율리우스가 주는 장학금을 순전히 자만심을 채우기 위해 만든 '변덕스러운 수사修辭'라며 거부했다. 교황은 특히 지지자들에게서 바티칸 도서관과 같은 기관을 육성해 로마에 고전 연구를 부흥시켰다는 칭송을 받았다. 예를 들어, 1508년 그리스도 할례제에서 시인이자 설교자인 조반니 바티스타 카살리는 시스티나 예배당에서 예술과 학문을 진흥시킨 율리우스의 업적을 찬양했다.[2] "그대, 로마가톨릭 교황이신 율리우스 2세는 로마에 새로운 아테네 학교를 세워 빈사상태의 학문 세계를 되살렸으며…… 또한 아테네, 아테네의 경기장, 극장, 신전을 재건하라고 명령하셨습니다."

  이 설교가 행해진 것은 라파엘로가 로마에 오기 일 년 전 무렵이었다. 그러나 이 젊은 화가는 율리우스가 새로운 아테네 신전의 건립자라는 생각을 스탄차 델라 세냐투라의 두 번째 프레스코에 반영했다. 1510년 초까지 거의 일 년을 「성체에 관한 논쟁」으로 보내다시피 한 라파엘로는 반대편 벽으로 건너가 철학의 요정 하단 부분을 그리기 시작했다. 이 프레스코화는 17세기 이후에는 프랑스어 안내서에 표기된 대로 「아테네 학당The School of Ad1ens」[3]으로 통했다. 「성체에 관한 논쟁」이 저명한 신학자들을 모아 놓은 갤러리의 특징을 보였다면, 라파엘로의 새 프레스코는 일단의 그리스 철학자들을 학생들과 함께 모아 놓았다. 교황은 이 프레스코 위로 철학 서적들을 갖다 놓을 생각이었다. 「아테네 학당」은 플라톤, 아리스토텔레스, 유클리드를 비롯해 50명 이상의 인물들이 고전적인 사원의 격자 천장 아래 모여 대화와 탐구에 열중하는 광경을 보여 준다. 천장은 브라만테가 설계한 성 베드로 대성당의 실내가 아닌가 할 만큼 닮아 보인다. 바사리는 라파엘로가 프레스코에 건축적인 특징을 도안할 때 이 건축가의 도움을 받았다고 말했다. 그러고 보면 이 대 건축가는 젊은 피보호자를 도울 시간을 내지 못할 만큼 그렇게 분주하지는 않았던 모양이다.[4] 이 같은 이바지에 라파엘로는 브라만테를 모델로 유클리드를 그려 경의를 표했다. 브라만테처럼 대머리를 한 인물로 그려진 유클리드는 석판 위로 몸을 구부려 자신의 이론 중의 하나를 컴퍼스로 설명하고 있다.

라파엘로는 브라만테 외에도 프레스코에 도움을 준 또 다른 인물의 초상화도 집어넣었다. 라파엘로가 묘사한 플라톤은 머리 가운데가 홀랑 까진 대머리에다 억센 금발머리 타래에 웨이브가 들어간 긴 턱수염을 해 언제나 레오나르도의 초상화로 인식되었다. 플라톤에게 미술가의 특징을 입힌 것은 매우 아이러니하다. 라파엘로도 알고 있었겠지만, 플라톤은 『국가』에서 미술을 탄핵하고 화가들을 자신의 이상도시에서 추방하기 때문이다. 그래도 이 다재다능한 미술가를 철학자의 정점에선 플라톤에 견준 것은, 1509년에 이미 전 유럽에서 전설적이 되다시피 한 레오나르도의 광범위한 연구 성과와 어느 정도 궤를 같이 했다. 이 프레스코화에는 라파엘로가 여전히 의지하며 영감을 얻는 미술가에 대한 찬사를 드러낸 부분이 그밖에 또 있다. 피타고라스(프레스코의 왼쪽 전경에 앉아 있는) 주위에 무리지어 있는 인물들은 레오나르도가 30년 전에 그리기 시작해 계속 미완 상태로 방치해 둔 제단화인 「동방박사들의 경배」에서 성모 마리아 주위에 몰려드는 생동감 넘치는 인물들을 꼭 닮았다.[5]

「아테네 학당」에 나타난 레오나르도에 대한 경의는, 플라톤처럼 이 위대한 현자도 세상 사람들이 배워야 할 스승임을 암시하는 것 같다. 어느 미술사가는 이 같은 제자 의식을 라파엘루의 성격에 나타난 인격적인 특징과 동일시했다.[6] 「아테네 학당」은 유클리드, 피타고라스, 플라톤 같은 학자들이 각자의 문하생들에 둘러싸여 수업을 진행하는 식으로 구성되었는데, 철학 수업도 제자가 스승 밑에서 습작을 하면서 회화를 배우는 미술 수업과 별반 다르지 않음을 보여 준다.* 라파엘로는 알렉산더 대왕의 전속 천문학자이자 지리학자이기도 했던 프톨레마이오스의 제자를 자신을 모델로 하여 수수한 이미지로 그렸다. 그러나 스탄차 델라 세냐투라의 역작으로 라파엘로도 곧 존경받는 대가이자 진지한 학생 집단의 환영을 받는 스승의 반열에 올랐다. 바사리가 묘사한 수십 명의 학생과 조수들이 라파엘로를 둘러싼 장면을 보면, 마치 「아테네 학당」의 한 장면이 그대로 튀어나온 것 같다. "라파엘로가 바티칸 궁으로 출근하면, 언제나 50여 명의 유능하고 뛰어난 화가들이 곁으로 우르르 몰려와 존경의 표시로 함께 동행했다."[7]

　사교적이며 인기를 끌었던 라파엘로는 「아테네 학당」의 모델이 된 인물들 사이에서도 호감을 얻었는데 처음에는 학생으로 나중에는 존경받는 대가로 그들과 어울렸다. 물론 이런 종류의 사교성과 미술 방식은 고독하고 자기 생각에 골똘한 미켈란젤로에게는 이질적인 것이었다. 미켈란젤로의 군중 장면들은 예의바르고 교양 있는 대화에 몰두하는 고상한 무리들을 나타내기보다, 「카시나 전투」나 「홍수」처럼 사지四肢를 뒤틀며 생존을 위해 치열하게 벌이는 투쟁의 광경으로 가득 차 있다. 또한 미켈란젤로는 학생 무리에게 둘러싸여 본 적이 한 번도 없었다. 전해오는 이야기에 의하면, 한번은 라파엘로가 굉장히 많은 측근들에 둘러싸여 바티칸 궁 밖으로 나갔다가 산 피에트로 광장 한가운데에서 평소처럼 혼자 걸어가던 미켈란젤로와 우연히 조우했다고 한다. "떼거리를 몰고 가는 폼이 영락없는 칼잡이야."

---

*「아테네 학당」의 초판 밑그림에서 유일하게 외톨이 철학자로 그려진 인물은 디오게네스였다. 그는 악명 높은 기인으로 나무통 안에 기거하면서 자신을 찾아온 알렉산더 대왕에게 오만방자하게 대꾸를 한 인물이었다. 사회적 규범을 어처구니없이 무시해 아테네인들 사이에서 키온(개)으로 통했다. 라파엘로의 그림에서는 거의 누드 상태로 대리석 계단 위에 천연덕스럽게 누워있다.

하고 미켈란젤로가 빈정대자, 라파엘로는 "혼자 오시는 걸 보고 사형집행관이 나타난 줄 알았습니다." 하고 응수했다고 한다.

두 미술가는 가끔 얼굴을 마주칠 정도로 가까이 살았다. 그러나 미켈란젤로가 바티칸 이쪽 구석에 틀어박혀 지냈다면, 라파엘로는 저쪽 구석에 틀어박혀 지냈다. 라파엘로를 질투심이 강하고 악의에 찬 베끼기 전문가라고 깎아내릴 만큼 경계한 미켈란젤로는, 이 젊은 미술가가 자신의 비계 위에 올라오는 것을 절대로 용납하지 않았다. 훗날 미켈란젤로는 "율리우스 교황과 나 사이에 생긴 모든 불화는 브라만테와 라파엘로의 질투 때문이었다."고 썼다. "두 사람은 나를 망하게 하려 들었다."[8]고 그는 주장했다. 미켈란젤로는 심지어 라파엘로가 브라만테와 공모해서 예배당 안으로 몰래 들어와 프레스코를 미리 슬쩍 훔쳐보려 한다고 단정지었다. 또한 비계 위에서 교황한테 나무 판때기를 집어던지고 피렌체로 도망쳤을 때부터 이 젊은 미술가에게 무언가 꿍꿍이가 있다고 의심했다. 미켈란젤로는 라파엘로가 자신이 없는 사이 브라만테에게 부탁해 예배당 안으로 몰래 진입해서 경쟁자의 표현과 기술을 연구하고, 자신의 작품에 그와 똑같은 웅장미를 집어넣으려 한다고 여겼다.[9] 라파엘로가 미켈란젤로의 작품을 보는 데 흥미를 가진 것은 당연하지만, 이러한 음모설은 말도 안 되는 이야기이다. 그러나 분명한 것은 로마에서 유명한 라파엘로의 매력이 통하지 않은 몇 안 되는 인물 중의 하나가 바로 거칠고 의심 많은 미켈란젤로였다는 사실이다. 「아테네 학당」을 그리던 무렵에 라파엘로는 이미 일단의 재능 있는 조수와 문하생들을 지도하고 있었다. 1990년대에 보존 작업을 하다가 석고 위에서 발견한 일련의 서로 다른 크기의 지문을 통해 라파엘로가 거느린 조수가 적어도 두 명 이상이었던 것으로 판명되었다. 이 흔적들은 프레스코를 하던 화가들이 비계 위에서 넘어지지 않으려고 몸을 벽에 지탱하다가 젖은 인토나코에 남긴 것이다.[10]

이들 조수들의 존재에도 불구하고 이 프레스코의 대부분은 라파엘로가 직접 그린 것이 확실한데 완성까지 모두 49개의 조르나타, 다시 말해 약 2개월의 시간이 소요되었다. 유클리드의 목에는 RVSM이라는 네 글자가 새겨져 있는데 '우르비노인 라파엘로의 작품(Raphael Vrbinus Sua Mano)'을 뜻하는 머리글자들이다. 이렇게 이름까지 새겨 있는 것을 보면 이 작품의 최종 책임이 누구한테 있었는지는 뻔하다.

라파엘로는 「아테네 학당」의 스케치와 도안을 수십 장이나 그렸다. 먼저 잉크로 휘갈겨 그린 조그만 펜시에리(pensieri, 처음 떠오른 아이디어) 그림을 다시 빨간 초크나 검은 초크로 먼저보다 훨씬 더 구체적인 것으로 만들었다. 스케치 중에는 신전 계단에 벌렁 드러누운 디오게네스의 은필 습작도 있는데 팔과 몸통, 심지어 발가락까지 어느 한 부분도 소홀히 하지 않고 세심하게 묘사한 것을 보면, 종이에다 자세를 얼마나 폭넓게 습작했는지 충분히 짐작할 수 있다. 관객의 머리에서 15미터 이상 위에 그려진 미켈란젤로의 프레스코와는 달리, 라파엘로의 프레스코는 아주 가까운 거리에 있어 정밀 조사를 당하기 쉬웠다. 전문가들이나 일반 교황 도서관 방문자들이 프레스코 하단에 그려진 인물들에서 불과 1미터도 떨어지지 않은 곳에 서서 볼 때도 있었을 것이다. 그래서 라파엘로는 주름살이나 손가락 등 온갖 사소한 것에도 신경을 써야 했다. 50여명에 이르는 철학자들의 얼굴과 자세를 일일이 다 그린 라파엘로는 '그라티콜라레(graticolare, 정사각형화)'라는 기술로

라파엘로의 「아테네 학당」 밑그림 1

 먼저 인물들을 크게 확대한 다음, 확대된 인물 도안을 풀 먹인 종이에 옮겨 밑그림으로 완성했다 이 확대 방식은 밑그림에다 자로 정사각형 격자를 그은 다음, 거기에 스케치를 나눠 붙여 인물 크기를 3~4배율로 확대 재생산하는 매우 간단한 방식이었다.
 라파엘로의 「아테네 학당」 밑그림을 들여다보면 인물을 확대할 목적으로 그어 놓은 정사각형들을 지금도 찾아낼 수 있다. 이 밑그림은 스탄차 델라 세냐투라나 시스티나 예배당의 밑그림으로 유일하게 남은 것이다.[11] 높이 2.7미터, 폭 7미터가 넘는 이 밑그림은 검정 초크로 그린 것인데 플라톤과 아리스토텔레스, 그리고 동료 철학자들이 세밀하게 그려진 소묘 밑 부분에는 자로 그은 확대용 정사각형들이 눈에 띈다. 의아하게도 이 밑그림에는 배경에 어떤 건축적 요소도 들어 있지 않다. 이것은 세밀한 건축적 배경을 고안한 사람이 사실은 브라만테였음을 말해 주는 증거이기도 하다.[12]

밑그림은 또 다른 이유로 호기심을 끌었다. 라파엘로나 조수들이 세밀하게 밑그림의 윤곽에 구멍을 냈지만, 어떻게 된 영문인지 밑그림을 젖은 석고에 바르는 일은 뜻대로 되지 않았다. 그처럼 큰 밑그림을 벽에 갖다 붙이는 일이 불가능하지는 않지만 매우 어려운 것이 사실이다. 이런 경우에 미술가들은 언제나 밑그림을 쉽게 다루고자 작은 크기로 잘게 잘랐다. 그러나 라파엘로는 이 방법을 택하는 대신 작업량이 훨씬 더 많이 수반되는 방식을 채택했는데, 다시 말해 밑그림 도안을 여러 부분으로 나눈 다음, 스폴베로 방식을 이용해 작은 종이에 밑그림의 각 부분을 옮겼다. 이것을 '보조 밑그림'[13]이라고 불렀다. 그런 다음 이 작은 밑그림을 인토나코에 고정시켰다. 라파엘로는 이런 식으로 원래의 대형 밑그림은 손대지 않은 채 그냥 남겨두었다. 이처럼 시간을 끄는 접근방식을 굳이 사용한 것을 보면 라파엘로가 왜 애써 밑그림을 보존하려고 했는지, 또 왜 밑그림을 원래 용도와 다르게 사용하려고 했는지에 대한 궁금증이 생기게 된다.

4~5년 전까지만 해도 밑그림은 어디까지나 실용적인 차원에서 그린 소묘일 뿐이어서 회화 작업 도안의 역할이 끝나면 그것으로 밑그림의 생명은 끝났다. 인토나코에 고정해 첨필로 윤곽을 그어 새기거나

쿡쿡 찔러 구멍을 냈기 때문에 밑그림은 자연히 사용기간이 짧고 일회적이 될 수밖에 없었다. 그러나 1504년 피렌체에서 레오나르도와 미켈란젤로가 자신들의 밑그림을 일반에 공개하면서부터 모든 것이 달라졌다. 이 두 밑그림의 인기와 영향력은 실로 대단해 그 후부터 밑그림도 당당히 미술 작품으로 대접을 받게 되었다. 대회의실 전당에서 있었던 한판 승부는 끝내 결론이 나지 않았지만, 어느 미술사가의 말처럼 밑그림을 '미술 표현의 선두자리'[14]로 끌어 올렸다.

라파엘로는 「아테네 학당」이 전시율 밑그림을 한하면서 두 미술 영웅들을 흉내 내고, 그들의 작품을 상대로 자신의 도안 기술과 디자인 능력을 시험했다. 라파엘로의 밑그림이 일반에 공개되었다는 기록은 없지만, 야심가였던 라파엘로는 항상 자신의 작품에 관람객들이 폭넓게 호응해 주길 갈망했다. 미켈란젤로의 경우, 천장화가 공개되면 관람객은 보장되어 있었다. 천장 프레스코가 공개되면 2백여 명에 달하는 교황전속 예배당 회원들뿐만 아니라 유럽 전역에서 온 수천 명의 순례자들이 이 예배당에서 그의 프레스코를 감상할 것이다. 반면에 라파엘로가 기대할 수 있는 관람객들은 교황의 개인 도서관을 드나드는 매우 한정된 인원뿐이었다. 그 이유는 교황의 개인 도서관은 최고의 명성과 풍부한 학식을 갖춘 고위 성직자에게만 출입이 허용된 제한구역이었기 때문이다. 그러므로 라파엘로가 굳이 그렇게 거대한 밑그림을 만든 이유는, 작품의 존재가 바티칸궁 안의 제한구역을 벗어나 일반에게도 알려져서 자연히 미켈란젤로와 레오나르도의 작품과 비교되길 바랐기 때문이다.

라파엘로가 일반에 공개하고자 한 「아테네 학당」은 화가로서 최고조에 달한 기량을 유감없이 보여 주었다. 이 젊은 미술가는 대규모

출연진을 매혹적인 건축 공간 안에 배치한 다음, 그들 각자에게 독특한 표정과 매우 섬세한 감정을 이식했는데 미술가들이 평소 준비한 축복이나 기도, 찬양 같은 판에 박힌 자세와 몸짓에서 탈피해 상상력이 풍부한 표정과 동작, 인물 상호 간의 작용 형태를 나타냈다. 또한 그들을 하나의 집단으로 능숙하게 통합해 이 작품을 회화 구도의 걸작으로 만들었다.* 예를 들어, 라파엘로는 유클리드를 둘러싼 4명의 제자들에게는 서로 다른 자세와 표정을 주어 제각기 서로 다른 감정, 경탄, 집중, 호기심, 이해를 드러나게 했다. 그리고 벽 표면 전체에 넘쳐흐르는 등장인물들의 고상한 동작들은 관람객들의 시선을 한 인물에서 다른 인물로 연속해서 이어지도록 붙잡는다. 간단히 말해서 이 작품은 미켈란젤로가 창세기의 첫 장면에서 실현하지 못한 드라마성과 통일감을 비로소 나타냈던 것이다.

---

\* 다양한 감정의 영역을 표현하는 라파엘로의 능력에 대한 광적인 찬사는, 1809년 영국인 묘비 제작자 조지 쿡(George Cook)과 티. 엘. 버스비(T. L. Busby)가 『라파엘로 두르비노의 밑그림The Cartoons of Raphael d'Urbino』이라는 책을 출판하면서 절정에 달했다. 그들은 이 책에 특정 인물을 특정한 감정 상태와 일치시키는 '정열에 관한 색인'도 함께 포함시켰다.

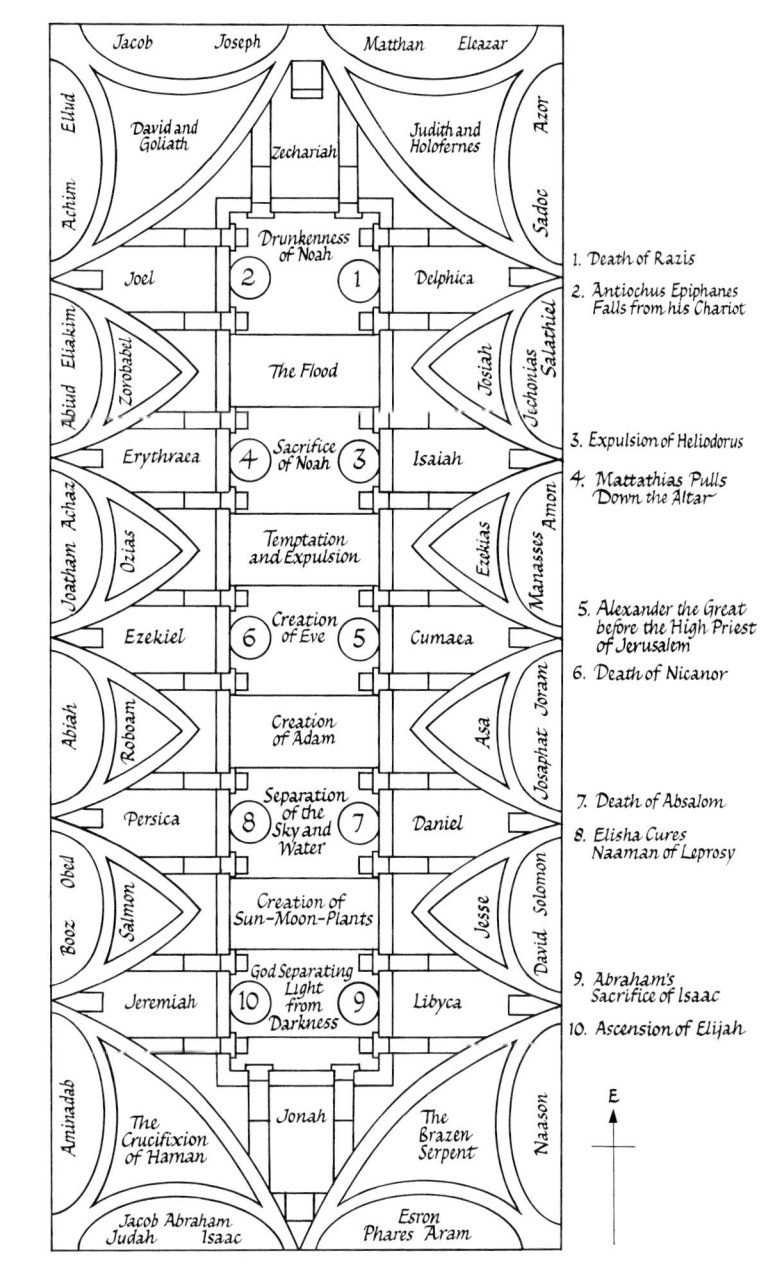

로보암 아비아스 반원 공간

페루지노, 「성 베드로에게 열쇠를 넘기는 그리스도」

나아손 반원 공간

요시아스 예초니아스 살라티엘 반원 공간과 스팬드럴

예언자 요나

라파엘로에 의해 1511년 산타 마리아 델 포폴로에 그려진 교황 율리우스 2세의 초상화

성체에 관한 논쟁

아테네 학당

헬리오도루스의 추방

볼세나 미사

갈라테이아 요정

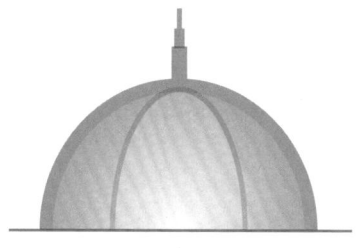

CHAPTER 19

# 금단의 열매

 1510년 2월에 열린 로마 사육제는 여느 때보다 훨씬 더 흥청망청한 잔치판이었다. 낯익은 오락거리는 다 동원되었다. 거리에 황소들을 풀어놓자 기병들이 달려들어 긴 창으로 사정없이 찔러 죽였다. 포폴로 광장에서는 얼룩색의 광대 옷을 입은 사형집행인들이 중죄수들을 참수했다. 광장 남쪽에서는 코르소 거리를 따라 달리는 경주가 있었는데 그중에는 매춘부 사이의 경주도 있었다. 가장 인기 있는 것은 '뮤태인들의 경주'였다. 강제로 동원된 온갖 연령층의 유태인들이 괴상망측한 복장을 하고 달리면 길가의 군중들이 야유를 퍼부었고, 말을 타고 뒤따라오던 병사들은 그들이 전력 질주하도록 투창으로 등이나 엉덩이를 따끔하게 찔러댔다. 잔혹함과 못된 취미에는 끝이 없었다. 심지어 꼽추와 다리 저는 사람들 사이의 경주도 있었다.

이런 정기적인 유희 말고도 1510년의 사육제는 또 다른 기분 전환용 볼거리를 제공했다. 아직 철거되지 않은 구(舊) 성 베드로 대성당 계단에서 베네치아 공화국의 파문조치를 공식적으로 해제하는 행사가 개최되어 군중이 이를 구경하려고 계단 앞 광장으로 몰려들었다. 성서에서 죄를 뜻하는 주홍색 겉옷을 걸친 귀족 출신의 베네치아 특사 5명이 교황과 수십 명의 추기경단 바로 앞 계단에 무릎을 꿇었다. 율리우스는 한 손에는 성서를, 다른 한 손에는 황금 지팡이를 쥐고 성좌에 앉았다. 교황의 발에 키스를 한 5명의 특사들은 사면 조건을 낭독하자 가만히 다시 무릎을 꿇었다. 끝으로 교황 전속 합창단이 미제레레(죽은사람을 위해 부르는 단선율 성가_옮긴이)를 부르자 교황은 황금 지팡이로 특사들의 어깨를 일일이 가볍게 두드려 그들과 성 마르코 공화국이 저지른 교회에 대한 반역죄를 마술처럼 사면했다.

베네치아에 대한 사면 조건은 가혹했다. 로마냐 지방 도시들의 모든 영유권 주장을 포기해야 할 뿐만 아니라 이탈리아 본토에 있는 영토들도 모두 잃게 되었으며, 아드리아 해의 독점 항해권마저 빼앗겼다. 교황은 또한 베네치아가 교회 신부들에게 부과한 세금 납부의 의무를 취소하고, 종교단체에서 몰수한 재산들을 모두 반환하라고 통첩했다. 공화국은 아냐델로 전에서 패한데 이어 알폰소 데스테에게 갤리 선단마저 괴멸 당하자 이들 현안 중 어느 것에도 제 목소리를 낼 수 없었다.

교황과 베네치아 사이의 강화 소식에 프랑스는 분노와 불신감을 나타냈다. 베네치아 공화국의 철저한 파멸 이외에 다른 어떤 것도 바라지 않았던 루이 12세는 교황이 강화조약으로 제 심장을 단도로 찌르는 잘못을 범했다고 반발했다. 율리우스는 루이에게 불편한 감정을 갖고 있었다. 엄밀히 말해서 교황은 확장 일로에 있는 프랑스의 군사력을 억지하기 위해 베네치아와 강화하려고 애써왔다. 루이는 이제 밀라노와 베로나까지 통치하게 되었으며, 피렌체와 페라라는 친프랑스 정권이 통치하고 있었다. 교황의 고향인 제노아에서는 프랑스인들이 반란색이 강한 민중을 통제하기 위해 거대한 요새를 건설했다. 베네치아의 철저한 파멸은 프랑스의 북이탈리아 장악을 완벽하게 보장해줄 뿐만 아니라 로마를 프랑스 왕의 변덕과 공세 앞에 취약하게 노출시킬 것이라는 점까지 율리우스는 잘 파악하고 있었다. 루이는 이미 프랑스인 주교들에 대한 임면권을 자신이 행사하겠다며 성직 문제에 개입했다. 이 요구는 율리우스의 비위를 건드렸다. "프랑스 놈들이 나를 자기네 궁정 신부로 깎아내리려고 발악을 하는군. 나는 누가 뭐라 해도 교황이다! 그놈들은 망하고 난 뒤에나 이 사실을 알거야."[1] 하고 베네치아 특사들에게 큰소리로 말했다.

　교황령을 돌려받고 베네치아와 강화조약을 맺는 데 성공한 율리우스는 모든 정력을 이제 다음 목표, 즉 외세를 이탈리아에서 축출하는 데 바쳤다. '푸오리 이 바르바리(Fuori i barbari. 야만인들을 몰아내자)'는 곧 율리우스의 전쟁 슬로건이 되었다. 그가 생각하는 '야만인'은 이탈리아인을 제외한 나머지 모든 족속들이었는데 그중에서도 프랑스인을 가리켰다. 교황은 영국과 스페인, 독일에서 지원을 받았다. 그러나 이들 국가들 중 어느 나라도 프랑스와 대결할 생각은 없었다. 오직 스위스 연합만이 교황과의 동맹에 적극 찬성했다. 그리하여 1510년 3월 12개의 스위스 주연맹이 율리우스와 5년 기한의 동맹조약을 맺고 교회와 교황궁을 적에게서 지키겠다는 서약을 했다.

보유 병력은 다 합쳐 6천 명밖에 되지 않았지만, 이들은 교황이 전 병력의 파병을 요구해도 기꺼이 수락하겠다고 약속했다.

스위스 군은 유럽 최강이었다. 그러나 6천 명의 보병은 이탈리아 땅에서 진을 친 4만 명의 프랑스 군을 상대하기에는 중과부적이었다. 그러나 조약 문서를 손에 쥔 율리우스는 대담하게 제노아, 베로나, 밀라노, 페라라 등 모든 전선에서 스위스와 베네치아의 지원을 받아 프랑스 군을 칠 계획을 세웠다. 율리우스는 스무 살짜리 조카이자 우르비노 공인 프란체스코 마리아델라 로베레를 교황군 총사령관에 임명하고 나서 특히 한 전투에 관심을 집중했다.

페라라 공인 알폰소 데스테는 한때는 교황에게 좋은 맹우였다. 2년 전에 율리우스는 알폰소에게 값을 매길 수 없는 귀중한 장식품인 황금 장미를 하사했다. 율리우스는 매년 이 선물을 교회의 이익을 위해 최대로 봉사한 지도자들에게 상으로 주었다. 알폰소의 경우에 황금 장미는 교황이 벤티볼리 일당을 볼로냐에서 축출할 때 이바지한 공로로 받은 것이다. 보다 최근에는 포 강둑에서 베네치아 군에게 맹렬하게 화력을 퍼부어 문자 그대로 무릎을 꿇리는 데 가장 큰 공로를 세웠다.

그러나 그 후 알폰소는 전처럼 기특한 행동을 보이지 않았다. 그는 강화조약이 체결된 후에도 계속해서 베네치아를 침공했다. 그런데 더 나쁜 것은 그것이 동맹국인 프랑스의 사주를 받은 행동이었다는 것이다. 게다가 페라라 부근에서 염전을 운영해 교황의 소금 독점권에 도전하기까지 했다. 이런 알폰소의 불충을 에지디오 다 비테르보는 설교를 통해 힐난하고 나섰다. 율리우스는 모반을 일삼는 이 젊은 군주를 굴복시켜야겠다고 결심했다.

안드레 테베가 그린 페라라 공 알폰소 데스테

로마인들은 율리우스의 무력시위를 지지한 모양이다. 4월 25일 성 마르코 축일에 나보나 광장에서는 짓궂은 패거리들이 대좌臺座에 앉은 다 망가진 「파스퀴노The Pasquino」 조각상에 적을 무찌르는 율리우스를 연상시키기 위해 헤라클레스가 히드라의 머리를 두 동강낼 때 입은 복장을 입혀 놓았다. 이 고대 조상은 얼마 전에 파스퀴노라는 교사의 집 정원에서 발굴된 것이라고 한다. 한 남자가 다른 남자를 양팔로 부둥켜안은 모습을 보여 주는 이 조상은, 아마도 『일리아드The Iliad』에서 메넬라오스가 살해당한 패트로클루스의 시신을 끌어안은 장면을 형상화한 것으로 보인다. 로마에서 가장 인기 있는 볼거리 중 하나인 「파스퀴노」는 미켈란젤로가 시스티나 천장을 프레스코할 때 참고한 또 다른 조상이었다. 미켈란젤로가 맨 처음에 묘사한 「홍수」 대목의 일부인, 수염을 단 노인이 맥 빠진 아들의 시신을 끌어안은 장면은 이 조상에서 영감을 얻은 것이 분명하다.

　교황의 무력 공세를 로마에 있는 모든 사람들이 한결같이 찬양고무하지는 않았다. 그해 봄에 교황이 '신 아테네'를 창건했다고 찬양한 바 있는 조반니 바티스타 카살리가 시스티나 예배당에서 한 번 더 일장연설을 했다. 이번에는 교황에게 전처럼 아첨을 떠는 대신, 대국의 왕과 소국의 군주들이 서로에게 일으킨 전쟁으로 기독교인들이 피를 흘린다고 비난했다. 명석한데다 조리 있는 명 연설가였던 장발의 카살리는 사실 설교에서 루이나 알폰소뿐 아니라 교황도 겨냥했다. 그러나 아무도 그의 연설을 심각하게 듣지 않았다. 특히 율리우스가 그랬다. 미켈란젤로도 시에서 율리우스를 가리켜 성배를 두들겨 투구와 검 따위나 만드는 인물이라고 신랄하게 비판했다.

　1510년 초 몇 달 동안 미켈란젤로는 전쟁을 눈앞에 둔 것보다 또 다른 이유로 마음이 어두웠다. 4월에 그는 리오나르도 형이 피사에서 사망했다는 것을 알았다. 리오나르도는 사보나롤라를 지지한 혐의로 수도회에서 성직을 빼앗겼다가 나중에 도미니코 수도회와 화해해 죽기 몇 년 전까지 피렌체의 산 마르코 수도원에서 살았다. 리오나르도는 1510년 초에 피사의 산타 카테리나 수도원으로 거처를 옮긴 후에 36세를 일기로 사망했는데 사망 원인은 밝혀지지 않았다.

　미켈란젤로는 장례식에 불참했는데, 로마에서 맡은 일의 과중함 때문인지는 알 수 없으나 어쨌든 장례식에 참석하러 피렌체 집으로 돌아가지는 않았던 것 같다. 미켈란젤로는 자신과 달리 지적이거나 종교적인 문제에 전혀 관심이 없었던 밑의 세 동생과는 매우 가깝게 지냈으나 이상하게도 형과는 그렇지 못했다.

　이 무렵 미켈란젤로는 천장 중심에 가깝고 「노아의 희생」 바로 다음에 위치한 공간으로 자리를 옮겨 창세기의 마지막 장면인 「유혹과 추방The Temptation and Expulsion」을 그리고 마무리 작업이 한창이었다. 이 장면의 프레스코는 이전의 다른 그림들에 비해 매우 일찍 끝나 조르나타로는 겨우 13개, 시간으로는 다른 장면의 3분의 1밖에 들지 않았다. 이 장면을 이처럼 일찍 끝낸 것은 인다코와 부기아르디니, 그리고 그 외 다른 사람들이 모두 피렌체로 돌아간 것을 감안할 때 매우 놀라운 일이다. 1508년 여름, 팀에 합류한 조반니 미치는 이때 미켈란젤로 곁에 남아 있었고, 피에트로 우르비노도 마찬가지였다.[2] 새로 합류한 프레스코 전문가들 가운데에는 조반니 트리뇰리(Giovanni Trignoli)와 베르나르디노 차케티(Bemardino Zacchetti)가 있었는데 둘 다 피렌체가 아니라 볼로냐에서 북서쪽으로 80킬로미터 떨어진 레조넬에밀리아에서 왔다. 두 사람은 미술가로서는 별로 빛을 내지 못했으나 미켈란젤로와는 좋은 친구로 지냈다.

　미켈란젤로의 마지막 창세기 장면은 둘로 나뉘었다. 왼쪽 반은 아담과 이브가 돌투성이의 황무지인 에덴동산에 찾아와 금단의 열매를 따는 광경을 나타냈다. 오른쪽 반은 그 결과로 천사가 위에서 그들의 머리를 향해 칼을 휘두르며 동산에서 내쫓는 것을 나타냈다. 미켈란젤로는 라파엘로처럼 뱀의 형상을 여성의 몸통과 머리로 나타냈다. 지식의 나무를 통통한 몸통으로 휘감은 뱀이 열매를 하나 따서 이브에게 주자 아담 곁에 누워 있던 그녀는 왼팔을 위로 뻗어 그것을 받으려 한다. 이 장면은 등장인물이 6명에 지나지 않아 그때까지 미켈란젤로가 그린 창세기 장면들 중에서 가장 간단했다. 그러나 덩치는 이전에 다른 패널에 그린 인물들에 비해 훨씬 컸다. 「유혹」의 아담은 키가 거의 3미터에 달해 「홍수」의 작은 인물들과 크게 비교되었다.

성서는 누가 이 열매를 처음 맛보아 인간의 타락을 자초했는지를 완벽할 정도로 분명히 서술했다. "여자가 나무를 본즉 먹음직도 하고 보암직도 하고 지혜롭게 할 만큼 탐스럽기도 한 나무인지라 여자가 실과를 따먹고 자기와 함께 한 남편에게도 주매 그도 먹은지라."(창세기 3장 6-7절) 하고 성서는 말한다. 전통적으로 이 구절을 따르는 신학은 아담을 타락시킨 이브의 행실을 비난한다. 하느님과의 서약을 제일 먼저 어긴 이브는 천국에서 추방당하는 수모를 자초했을 뿐만 아니라 그보다 더한 벌로 남편에게 복종해야 하는 수모를 겪게 되었다. "너는 남편을 사모하고 남편은 너를 다스릴 것이니라."(창세기 3장 16절) 하는 말을 이브는 하느님에게서 들었다.

이 구절은 옛날에 히브리인들이 그랬듯이 오늘날에도 교회가 여성들의 열등한 지위를 정당화할 때 상투적으로 써먹는 구절이다. 그러나 미켈란젤로는 유혹의 성서적인 설명이나 라파엘로식의 묘사와는 궤를 달리해 이 장면을 나타냈다. 라파엘로의 이브는 손에 쥔 열매를 아담에게 맛보게 하려는 성적 매력을 지닌 여성으로 묘사되었다. 미켈란젤로는 라파엘로와 달리 아담을 매우 공격적인 인물로 묘사했는데, 그가 묘사한 것을 보면 탐욕적인 아담이 자발적으로 먼저 나서서 팔을 뻗어 나뭇가지에 달린 과일을 따고 있다. 이것은 역설적으로 아담의 발아래 가만히 누워있는 무기력하고 수동적인 이브의 결백함을 보여 주는 것 같다.

1510년에 이브에 관한 새로운 이론이 떠돌았다. 미켈란젤로가 프레스코를 하기 일 년 전에 독일인 신학자인 코르넬리우스 아그리파 본 네테스하임(Cornelius Agrippa von Nettesheim)은 『여성성의 고상함과 초월성On the Nobility and Superiority of the Female Sex』이라는 책을 출판했다. 아그리파는 여기서 이브가 아니라 아담에게 지식의 나무 열매를 따먹는 것이 금지되어 있었다고 주장했다. "먹는 죄를 저지른 것은 여자가 아니라 남자다. 죽음도 따지고 보면 여자가 아니라 남자가 가지고 온 것이다. 그리고 우리 모두 아담에게서 죄를 얻은 것이지 이브한테 얻은 것이 아니다."[3] 이를 토대로 여성이 공직을 맡거나 복음을 설교하는 것을 거부하는 것은 옳지 않다는 것이 아그리파의 결론이다. 그는 이런 진보적인 견해 때문에 디종 근교의 돌에서 신비철학을 가르치다가 프랑스에서 곧 추방되고 말았다.

미켈란젤로는 운 좋게도 이 장면을 소설처럼 묘사하고도 별다른 소동을 일으키지 않았다. 미켈란젤로가 이런 식으로 그림을 그린 것은 이브를 변명하기 위해서라기보다 아담도 책임을 면할 길이 없다는 것을 지적하기 위해서였다. 그들의 죄의 진짜 본질은, 건장하고 팽팽한 남자가 쭉 뻗고 누운 여자의 다리를 벌리는 자세-이브의 얼굴을 아담의 성기에 클로즈업 시켜 더욱 암시적인 자세-의 도발적인 그림 속에 팬터마임처럼 드러나 있다. 미켈란젤로는 지식의 나무를 무화과나무로 묘사해 이야기의 성적 측면을 더욱 강조했다. 무화과나무는 정욕을 상징했다. 오래 전부터 비평가들은 여자가 뱀과 결합하면서 원초적인 순진함을 상실했다는 '인간의 타락론'에 성적 해석을 가미할 필요가 있다는 주장에 동의해 왔다. 이 점을 감안한다면, 에로틱한 자세에 나타난 그 같은 함축적 의미들은 얼마든지 완벽하게 정당화될 수 있다.[4] 육체적 욕망이 죄와 사망을 세상에 가져왔다고 믿으면, 미켈란젤로가 「유혹」에서 나타낸 것보다 더 생생하게 에덴동산의 치명적인 정욕을 보여 주는 그림은 어디에도 없을 것이다. 대부분의 다른 프레스코 장면들과 달리 이 장면은 완성 이후 거의 3백 년간 한 번도 조각 작품으로 재생되지 않았다. 이러한 사실은 이 장면에 생생한 성적 특징이 포함되어 있다는 주장을 충분히 입증하고도 남는다.[5]

성에 대한 미켈란젤로의 위태롭고도 금욕적인 태도는 언젠가 아스카니오 콘디비에게 한 충고 속에 잘 집약되어 있다. "네가 만일 계속 살고 싶다면 그 짓을 당장 그만 두어라. 정 잘 안 되면 가능한 한 최소한으로 하고."[6] 이 금욕 철학은 「피에타」에서 성모 마리아를 묘사하는 배후의 힘이었다. 「피에타」의 어머니는 장성한 아들을 갖기에는 너무 앳되어 보인다는 비판에 부딪히기도 했지만 미켈란젤로는 비판에 조금도 수긍하지 않았다. 그는 콘디비에게 "정숙한 여자가 그렇지 않은 여자들보다 훨씬 더 앳되어 보인다는 것을 자네가 모른다는 건가?" 하고 묻고는, "몸의 변화를 초래할 지도 모를 음탕한 욕망을 조금도 체험하지 않은 처녀는 더욱 앳되어 보일거야." 하고 말했다.

음탕한 욕망의 흔적은 미켈란젤로가 자신의 오른손 쪽 패널 부분에 묘사한 이브의 몸에 뚜렷하게 남아 있다. 천사가 천국에서 내쫓은 이 여자는, 「유혹」에서 관능적으로 비스듬히 누운 발그스레한 뺨을 가진 젊은여성-어떤 관찰자는 "미켈란젤로가 그린 가장 아름다운 여자 인물화에 속한다."[7]고 했다.-이었다가 흉물스럽게 생긴 얼굴에 뒤엉킨 머리, 주름진 피부와 곱사등을 한 할망구로 바뀌고 만다. 움츠러든 그녀는 젖가슴을 가리고 아담과 천국에서 달아난다. 이때 아담은 천사가 휘두르는 칼에 맞지 않으려고 양팔을 내젖고 있다.

기력 약화라는 성행위 후유증에 대한 미켈란젤로의 두려움은 마르실리오 피치노라는 학자의 영향인 듯하다. 피치노는 섹스가 정신적인 활력을 빼앗고 두뇌를 약화시키며, 또한 소화불량과 심장질환을 초래하기 때문에 학자들의 적이라는 소논문을 쓴 적이 있다. 고행사제이자 철저한 채식주의자였던 피치노는 금욕과 순결로 유명했다. 그러나 한편으로 조반니 카발칸테라는 인물을 육체가 아닌 정신적 차원에서 사랑해, 겉봉투에 '내가 가장 사랑하는 조반니'라고 적힌 편지를 수도 없이 보내기도 했다.

섹스의 두려움은 미켈란젤로를 종종 동성연애자로 자각하게 만들었다. 그러나 미켈란젤로의 성적 선호에 대한 연구는 증거가 사라졌거나 은폐되어 성과가 전혀 없다. 더군다나 '동성애'의 개념은 대체로 근대적인, 특히 프로이트 이후에 출현한 성애 중 하나여서 중세와 르네상스 시대의 사람들에게는 오늘날 우리가 사용하는 용어에 해당하는 말이 없었다.[8] 동성애라는 이 이질적인 풍습과 개념을 나타내는 구체적인 예시는, 미켈란젤로가 산 마르코 정원 학교시절부터 익히 잘 알던 신플라톤주의의 연애에 대한 개념 설명으로만 가능하다. 예를 들어, 피치노는 플라톤의 『향연Symposium』에 서술된 성인 남자와 소년 사이의 정신적 유대를 '플라토닉 연애'라는 용어로 정의했다. 플라톤의 『향연』은 이러한 유대를 순수하고 지적인 연애의 결정판이라고 추켜세웠다. 남녀 간의 사랑은 어디까지나 육체적인 것에 지나지 않아 탐닉하면 두뇌가 쇠약해지고 소화불량이 발생하지만, 플라토닉 연애는 "우리를 천국처럼 숭고한 곳으로 되돌려 보내주려 한다."[9]고 피치노는 주장했다.

또 다른 산 마르코 정원 학교 출신인 피코 델라 미란돌라는 르네상스 시대 신사의 연애생활이라는 것이 얼마나 모호한 것인지를 잘 보여준다. 1486년 당시 23세의 이 젊은 미남 백작은 징세꾼의 아내인 마르게리타와 눈이 맞아 아레초에서 종적을 감추었다. 그렇게 해서 터진 스캔들은 칼부림으로까지 번져 여러 사람이 죽었을 뿐만 아니라 피코 자신도 부상을 입고 치안판사 앞에 끌려가 자기 처지를 변명해야 했다. 피코는 결국 징세꾼에게 사과하고 마르게리타를 당장 돌려보냈다. 그런 다음, 이 겁 없는 젊은 연인은 피렌체로 가 생애의 반려가 된 시인 기롤라모 베니비에니와 열렬한 소네트(14행시_옮긴이)를 교환했다. 이러한 추문에도 불구하고 '수염도 나지 않은 애송이'를 데리고 다니면서 '형언할 수 없는 해악'을 끼치는 사내들에게 재앙적인 존재였던 사보나롤라를 숭배하고 지지하는 마음은 퇴색하지 않았다. 베니비에니를 사랑했지만, 피코는 자신을 남색가라고 생각하지는 않았다. 아니 적어도 사보나롤라의 비난을 산 그런 종류의 남색가는 아니라고 생각했다. 피코와 베니비에니는 결국 사보나롤라가 수도원 부원장으로 있는 산 마르코 성당에 마치 남편과 아내처럼 나란히 묻혔다.

  미켈란젤로도 로마의 젊은 귀족인 토마소 데 카발리에리와 가까이 지내면서 종종 그와 비슷한 동성애적인 면을 보였다. 미켈란젤로는 1532년쯤에 처음 만난 카발리에리에게 강하게 끌렸다. 그러나 카발리에리와의 사랑을 절정까지 끌고 갔는지는 공개된 의문사항이다. 그리고 또한 미켈란젤로가 사내이건 여자이건 누군가를 한 번이라도 끝까지 정열적으로 사랑한 적이 있는지조차도 분명치 않다.[10] 미켈란젤로는 인생을 통틀어 여자들에게 적어도 연인으로서는 철저하다시피 무관심했던 모양이다. "여자는 너무 달라 / 마음이 생기지 않는 것도 당연해 / 현명한 사내라면 그녀한테 뜨겁게 달아올라야 할 텐데."[11] 하고 미켈란젤로는 소네트의 한 구절에서 말했다.

미켈란젤로의 이런 여성혐오증과 정반대인 예를 찾는다면 볼로냐에서 체재한 14개월간을 들 수 있다. 상당수의 전기 작가들은 이때 미켈란젤로가 율리우스 동상 제작에서 얼마동안 손을 떼고 젊은 여자와 사랑에 빠진 것으로 믿고 있다. 당시 미켈란젤로가 연애에 빠졌음을 뒷받침해 주는 증거는 매우 미약하다. 증거라고 해보았자 1507년 12월에 부오나로토에게 보낸 편지의 초고 뒤에 적힌 소네트가 전무이다. 미켈란젤로는 총 3백 수 남짓한 소네트와 마드리갈을 창작했다. 지금까지 남아 있는 대표적인 초기 시들 중 하나로 꼽히는 이 시에서 미켈란젤로는 자신을 소녀의 머리 위에 씌워진 화관으로 젖가슴을 묶는 의상으로 그리고 허리를 끌어안은 장식 띠로 상상했다. 거대한 동상을 제작하면서 연애할 기회가 정말 있었는지 모르지만, 그처럼 공들인 기발한 표현들은 시를 피와 살이 붙은 볼로냐 처녀에게 보내는 열렬한 구애의 글이라기보다는 오히려 문학 습작품으로 보이게 한다.

또 다른 한 전기 작가는 미켈란젤로가 발기부전증 환자이며 소아성애자에다 동성연애자라는 항간의 소문을 해소할 방편으로 이 미술가가 한때 매독에 걸렸을지도 모른다는 가설을 내놓기도 했다.[12] 성병의 증거라고 해봤자 한 친구에게서 온 수수께끼 같은 편지가 전부였는데, 내용은 이 미술가가 치유율이 매우 낮은 만성병에서 완치된 것을 축하한다는 것이었다.[13] 그러나 이것을 증거라고 보기에는 볼로냐에서 벌어졌다는 이성과의 열정적인 밀회를 뒷받침하는 것보다도 근거가 훨씬 더 미약하다. 더욱이 이 설을 잠재울 수 있는 반증으로 미켈란젤로가 매독에 의례 따르기 마련인 시력 상실이나 중풍같은 기력을 약하게 하는 어떤 증세도 없이 89세까지 장수했다는 간단한 사실을 들 수 있다. 결국 미켈란젤로는 콘디비에게 설교한 금욕을 스스로 실천했다고 보는 것이 가장 올바른 시각인 것 같다.

라파엘로의 공방을 지배한 것은 이런 종류의 자기 부정은 결코 아니었다. 친구들 사이에서 인기가 높았던 이 젊은 미술가는 또한 숙녀들에게 헌신적이며 성공한 남자이기도 했다. "라파엘로는 매우 사랑스러운 남자로 여자들을 매우 좋아했으며, 언제든지 그들에게 봉사할 준비가 되어 있었다."[14]고 바사리는 주장했다.

미켈란젤로가 로마에서 얼마든지 가까이 접할 수 있는 육체적 쾌락을 멀리하고 금욕적인 삶을 살았다면, 주위사람들도 다 알 정도로 굉장히 탐욕적이던 라파엘로는 욕구를 채울 수 있는 기회가 얼마든지 있었을 것이다. 로마에는 3천 명 이상의 수도사들이 있었고, 그들에게 강요된 독신주의라는 것은 대체로 부인을 두지 않는 것을 의미했기 때문에 자연히 매춘부가 득실거렸다. 당시의 연대기 저자에 따르면, 전체 인구가 5만 명이 채 안 되는 로마에 둥지를 튼 매춘부 수만해도 자그마치 7천 명이나 되었다.[15]

매춘부들 중에서 돈 많고 세련된 이른바 '코르티자네 오네스티(고급 매춘부)'들이 사는 집은 전면이 선정적인 프레스코로 장식되어 찾기 쉬웠다. 이 집의 창가나 주랑 같은 곳에서는 이들 고급 매춘부가 벨벳 쿠션에 앉아 빈둥거리며 놀거나, 머리를 레몬주스로 잔뜩 적시고 뙤약볕 아래에 앉아 염색하는 모습을 목격할 수 있었다. '코르티자네 디 칸델라(촛불 같은 매춘부)'들은 고급 매춘부들에 비해 매우 열악한 집에 살면서 목욕장이나 보르델레토라는 '야누스의 아치'에서 가까운 미로 같은 더러운 길에서 열심히 장사했다. 그리고 말년에는 대개 율리우스의 삼촌이 건설한 폰테 시스토 다리 밑으로 내려가 기거하다가 생을 마감하거나 산 자코모 델리 인쿠라빌리 병원에 수용되었다. 매독 환자들은 이곳에서 브라질 산産 나무로 조제한 약인 리그눔 비타에(생명의 나무)로 치료받았다

1510년에 로마에서 가장 유명했던 고급 매춘부는 부친이 시스티나 예배당 합창단원인 임페리아라는 여성이었다. 임페리아의 집은 스콧사 카발리 광장에 있는 라파엘로의 집에서 아주 가까웠다. 그 집은 금실로 수놓은 벽걸이 융단에 가려져 있고, 처마 장식이 군청색으로 칠해진데다, 서고에는 부유해 보이도록 장식 된 라틴어 책이나 이탈리아 어 책들이 가득 차있어 라파엘로의 집보다 훨씬 더 호사스러웠을 것이다.

미술가와 고급 매춘부들은 자주 어울렸다. 그래서 라파엘로와 임페리아가 따로 만났다 하더라도 그리 놀라운 일은 아니었다. 고급 매춘부는 미술가에게 누드모델의 공급원이었고, 부유한 후원자들은 종종 미술가에게서 정부의 초상화를 사들였다. 예를 들어 몇 년 전에 밀라노 공작 로도비코 스포르차는 레오나르도에게 정부인 체칠리아 갈레라니의 초상화를 그려달라고 부탁했다. 레오나르도의 서재에서 '줄리아노 데 메디치의 정부 초상화'라고 적힌 것을 보았다는 사람이 있고 보면, 「모나리자」도 어쩌면 고급 매춘부의 초상화였는지 모른다.[16] 「모나리자」는 줄리아노나 이 그림을 주문했을 지도 모를 또 다른 고객의 손으로 넘어가지 않았다. 레오나르도는 이 그림을 유난히 좋아해 프랑스 왕 프란시스 1세에게 팔아넘길 때까지 몇

년 동안 간직했다. 그림 속에 앉아 있는 이 정체불명의 주인공에게 가진 레오나르도의 관심이 단지 미적인 것이었는지, 아니면 다른 어떤 성질의 것이었는지는 아직도 분명치 않다. 그러나 라파엘로와 임페리아의 관계는 이 사랑스런 젊은 화가가 임페리아의 수많은 연인 중 하나였던 사실로 미루어 볼 때 이들의 관계보다 훨씬 더 친밀했을 것이다.[17]

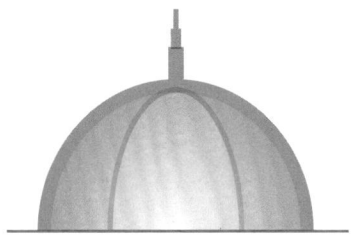

CHAPTER 20

# 야만적인 군중

"나는 지금 여기서 평소와 다름없이 일하고 있단다. 다음 주말이면 그림 작업이, 다시 말해 천장 작업의 첫 부분이 끝날 것이다. 그림의 공개로 돈이 수중에 들어오면 집으로 돌아가 한 달 동안 푹 쉴 작정이다."[1] 미켈란젤로는 부오나로토에게 쓴 편지에서 이렇게 말했다.

그것은 승리의 순간이었다. 2년 동안 쉬지 않고 줄기차게 일한 끝에 미켈란젤로 팀은 마침내 천장 중앙에 다다랐다.[2] 비밀 유지에 남다른 신경을 썼던 미켈란젤로지만, 캔버스와 비계를 걷어내 지금까지 천장에 그린 것들을 일단 일반에 공개한 후에 후반부 작업을 재개키로 했다. 율리우스의 공개 명령도 물론 있었지만, 그 자신도 이 프레스코가 마루에서 볼 때 어떤 효과를 내는지 확실히 알고 싶었다. 그러나 부오나로토에게 보낸 편지에서 미켈란젤로는 놀라울 정도로 풀이 죽어 있었다. "앞으로 일이 어떻게 될지 모르겠다. 나는 지금 안녕치 못하다. 더 이상 편지 쓸 시간도 없구나."[3]

최근에 미켈란젤로가 그린 프레스코화는 이전의 것들과 비교하면 아주 원활하게 이루어진 것들이다. 비교적 짧은 시간 안에 반원 공간과 스팬드럴을 두 개 더 완성했을 뿐 아니라, 선지자 에스겔과 쿠마에아 무녀, 그리고 새로 두 쌍의 이그누디와 천지창조의 다섯 번째 장면인 「이브의 창조The Creation of Eve」 장면을 그렸다. 「이브의 창조」의 세 인물에 들어간 조르나타는 다 해서 4개뿐이었는데, 도메니코 기를란다요가 알았다면 기절초풍했을 만큼 빠른 속도였다. 미켈란젤로가 일을 그처럼 빨리 해치울 수 있었던 것은 밑그림을 인토나코로 옮길 때 스폴베로와 새김 방식을 겸용했기 때문이다. 이 방식은 기를란다요와 조수들이 토르나부오니 성당에서 사용한 방식이기도 하다. 얼굴이나 머리카락 같은 미세한 부분들은 반드시 윤곽을 따라 구멍을 내어 목탄가루를 '탁탁' 쳐서 뿌리는 방식으로 처리했다. 그보다 큰 신체나 옷 같은 부위는 첨필로 윤곽을 그어 처리했다. 이 기술로 미켈란젤로는 점차 자신의 능력에 자신감을 갖게 되었을 뿐 아니라 과업을 하루빨리 끝내고 싶은 욕망에 사로잡혔다. 「이브의 창조」는 성직자석과 비非성직자석을 가르는 대리석 차단막 바로 위의 천장에 그려졌다. 입이 딱 벌어질 정도로 경악한 이브가 선잠에 빠진 아담 뒤에서 비틀거리며 창조주에게 인사를 건넨다. 창조주는 이브에게 마법사가 주문을 외우듯 축복을 내리는데, 이때 그녀를 대하는 표정이 웬일인지 비탄에 차있다. 이것은 미켈란젤로가 생애 최초로 그린 하느님 상像이다. 미켈란젤로는 창조주를 흘러내리는 느낌을 주는 엷은 자색의 겉옷과 희고 웨이브가 들어간 수염을 한 미남형 노인으로 표현했다. 배경으로 나온 에덴동산은 「유혹과 추방」에 나온 것처럼 매력적이라고는 도저히 말할 수 없다. 미켈란젤로는 풍경화를 한 번도 그린 적이 없었고, 프랑스의 플랑드르 화가들이 그린 자연 풍경화를 노파나 소녀들, 또는 수사와 수녀들한테나 어울리는 작품이라고 폄하했었다.[4] 미켈란젤로의 천국은 불에 그을려 죽은 소나무 한 그루와 땅 위로 튀어나온 바위들만이 눈에 띄는 한 떼기의 황폐한 땅으로 그려졌다. 「유혹과 추방」에 나오는 인물들은 능숙하고도 상상력이 풍부한 솜씨로 처리된 반면, 그 옆에 있는 「이브의 창조」 속 인물화들은 매우 실망스럽게 묘사되었다. 「이브의 창조」 도안은 볼로냐의 산 페트로니오 대성당 입구 위에 그려진 야코포 델라 쿠에르차의 「이브의 창조」를 지나치게 많이 인용하는 바람에 과장이 좀 심하다. 또한 원근법적인 단축기술을 전혀 구사하지 않은데다 세 인물 모두 크기를 1미터로 축소하여 마루에서 올려다볼 때 그들을 식별하는 것이 거의 불가능에 가까웠다.

 미켈란젤로의 재능은 그들 바로 옆에 있는 에스겔의 인물화에서 훨씬 잘 발휘되었다. 선지자와 무녀들, 이그누디들은 미켈란젤로가 그때까지 그린 인물화들 중에서 최대 성공작들이었다. 미켈란젤로는 고상하고 질서정연한 화면을 구도하는 데 있어 라파엘로만큼 뛰어나지는 않았지만, 실물보다 더 큰 단독 인물화에서는 근육질의 거상巨像을 창조해내는 재능이 빛을 발했다. 전체 프레스코 작업이 중간점에 도달할 무렵, 미켈란젤로는 마치 텅치 큰 인물화들로 갤러리를 차리기라도 할 듯이 선지자와 무녀를 7명이나 그렸다.

그들은 「노아의 희생」 아래에서 미간을 찌푸리고 적당히 떨어진 곳을 응시하며 사색에 잠긴 이사야에서 볼 수 있는 것처럼 한결같이 책이나 두루마리, 또는 그 밖에 다른 것들을 뚫어지게 응시하고 있다. 이사야의 그런 모습은 사색적이고 우수에 찬 표정의 「다비드」를 연상시킨다. 헝클어진 머리모양의 미남형인 이사야는 왼손이 비정상적으로 큰 것까지 빼닮아 이 유명한 조상을 앉은 자세로 바꿔놓은 듯했다.

에스겔은 이 넓은 어깨의 거인 군단에 새로 덧보태진 인물화로 시스티나 예배당에 썩 잘 어울리는 소재였다. 에스겔은 꿈속에서 아마로 된 한 줄의 실과 계측용 막대기로 무장하고 자신 앞에 나타난 측량관에게서 벽의 두께와 문지방의 높이를 포함한 정확한 치수-이 치수는 시스티나 예배당을 건축할 때 그대로 적용되었다.-를 받은 후에 유대인들에게 예루살렘 성전을 재건하라고 타일렀다. 미켈란젤로가 형상화한 에스겔은 옥좌에서 상체를 오른쪽으로 거세게 비틀고 앉아 마치 누군가에게 대들 듯한 모습을 하고 있다. 얼굴은 측면만 부각되었고, 뭔가에 집중하는 듯한 표정 때문에 눈썹이 위로 치켜 올라가고 턱은 앞으로 쑥 나와 있다. 「이브의 창조」 옆구리를 찌르고 들어온 것은 에스겔과 쿠마에아 무녀 이외에도 4명의 이그누디와 노란색 리본이 달린 2개의 구릿빛 원형이 더 있다. 전체 원형 중 10개가 미켈란젤로의 조수들이 그렸을 만큼 원형 장식은 건축 장식처럼 거의 모두 조수들의 손에 넘어갔다. 그중 1개는 적어도 바스티아노 다 상갈로가 그림은 물론 도안까지 도맡아 한 것으로 보이는데 무엇보다도 이 원형 그림은 상갈로의 그림으로 추정되어온 다른 수많은 그림들과 방식이 매우 유사하기 때문이다.[5] 직경

1.2미터의 이 원형 그림들은 세코로만 그려졌다. 그리고 최초로 그린 두 점을 뺀 나머지 전부는 참고용 밑그림도 없이 그냥 그린 것들이다. 미켈란젤로가 간단히 스케치한 것을 조수들이 참고해 석고에 직접 프레스코했다. 황금색은 구운 시에나 산産 흙을 정제한 후에 수지와 오일 고착제를 넣고 금가루를 입혔다.

원형 그림 10점 속의 장면들은 모두 니콜로 말레르미(Nicoolo Malerrni)의 이탈리아 어 해석본 성서 '비블리아 불가레 이스토리아타Biblia vulgare istoriata'의 1493년판에 실린 목판화에서 영감을 얻은 것들이다. 1490년에 처음 출판된 이 성서는 나중에 큰 인기를 얻어 시스티나 예배당의 천장 작업이 본격화될 무렵에는 6판까지 나왔다. 미켈란젤로도 원전의 사본을 하나 가지고 있었고, 원형 그림을 스케치할 때 참고한 것으로 보인다.

당시 말레르미 성서의 인기로 볼때, 미켈란젤로는 당연히 순례자들이 원형 속의 장면들을 확인하려고 시스티나 예배당 미사에 줄지어 참가하리라고 기대했을 것이다. 장면들 중 많은 것이 이미 다른 곳에도 그려져 있었기 때문에 말레르미 성서를 한 번도 본 적이 없는 문맹자들조차 생소하게 느끼지 않았을 것이며,「홍수」와「술 취한 노아」도 당연히 구별할 수 있었을 것이다. 당시 미술의 존재 이유가 교육받지 못한 사람들에게 글의 내용을 그림으로 전달하는 데 있다는 것을 모르는 미술가는 없었다. 시에나 화가조합규약은 "글을 읽을 줄 모르는 무식한 사람들에게 성서의 내용을 그림으로 보여 주는 것"이 과업임을 명기했다.[6] 그러므로 프레스코는 『비블리아 파우페룸Biblia pauperum』 또는 『빈자의 성서』라는 문맹자용 그림책과 똑같은 기능을 했다. 그리고 미사가 진행되는 몇 시간동안 예배자들은 주위에 있는 삽화들을 둘러보며 생각할 수 있는 시간을 충분히 가졌다.

그렇다면 피렌체와 우르비노에서 온 순례자들은 시스티나 예배당 천장의 원형 그림을 보며 과연 무슨 생각을 했을까? 미켈란젤로가 말레르미 성서에 나오는 목판화를 원형 그림의 소재로 택한 것은 흥미로운 일이다. 전체 원형 그림들 중 5개는 총14권으로 된 성서 중에서 외전으로 불리는 마지막 권인 마카베오 서書의 삽화들을 본뜬 것들이다. 외전(Apocrypha, '숨겨진'의 뜻을 가진 그리스 어 apokrupto에서 유래)은 그 출전이 의심스러움에도 불구하고, 성 제롬이 집대성하고 번역한 공식적인 라틴어본 성서인 불가타 성서에 포함되어 있다. 마카베오 서는 "야만적인 군중을 쫓아내고 세인世人이 다 아는 성전을 복구한"[7] 영웅 일가의 무용담이다. 이 영웅일가에서 가장 눈부신 공을 세운 사람은 유다 마카바이오였다. 무인이자 성직자였던 마카바이오는 기원전 165년에 예루살렘으로 달려가 성전을 재건했다. 유대인들은 이때 일어난 일을 하누카라는 봉헌축제로 기린다.

미켈란젤로가 보여 주는 마카베오 서의 장면은 유대인의 적들이 응분의 벌을 받는 부분이다. 예배당 정문에서 가장 가까운 원형 그림 중에 선지자 요엘 위에 위치한 것이 있는데, 바로 그 안에 이 마카베오 서 2장 9절의 장면이 그려져 있다. 유대인을 정복하기 위해 전차를 타고 예루살렘으로 돌진하던 시리아의 왕 안티오쿠스 에피파네스를 하느님이 땅으로 내던지는 장면이다. 천장을 따라 좀 더 나아가면 선지자 이사야의 머리 위로 마카베오 서 2장 3절의 이야기를 다룬 원형 그림이 나타난다. 재상 헬리오도루스가 성전을 뒤집어 엎어버리라는 왕명을 받고 예루살렘으로 내려오는데 '공포의 기사'를 태운 말이 나타나 가로 막는다. 헬리오도루스는 말발굽에 짓밟히고 긴 몽둥이로 무장한 두 사람에게 매질까지 당한다. 원형 속에는 바로 이 장면이 잘 표현되어 있다.

 종교전쟁, 약탈을 하려는 자들, 침략자들의 위협 아래 놓인 도시, 주님의 도움으로 동포들에게 승리를 안긴 무사 같은 사제-마카베오 서는 거센 정치적 소용돌이가 휘몰아치던 율리우스 2세의 재위기간 중에 시스티나 예배당을 방문한 사람들에게 특별한 반향을 불러일으켰을 것이다. 미술은 단순히 성서상의 사건들을 대중에게 교육하는 것 이상의 역할을 할 뿐만 아니라 정치적 의미를 강요하기도 한다. 예를 들어, 피사와의 전쟁이 한창일 때 피렌체의 집권 세력들이 피사에 대한 승리를 기념하여 그린 「카시나 전투」를 주문한 것도 결코 우연은 아니었다. 시스티나 예배당 천장에 그려진 마카베오 서의 장면도 유심히 살펴보면 미켈란젤로가, 아니 그보다 오히려 그의 조언자가 얼마나 간절히 교황의 권위를 새삼 강조하고 싶어 했는지를 알 수 있다. 1510년 봄이나 여름에 그린 원형 그림 중의 하나는 이 경향을 두드러지게 드러냈다. 말레르미 성서의 마카베오 서 2장 1절에는 외경에 실제로 기술되어 있지 않은 사건을 다룬 목판화가 하나 있는데, 알렉산더 대왕이 예루살렘의 한 고위 성직자 앞에 무릎을 꿇은 장면이다. 알렉산더는 예루살렘의 약탈에 나섰다가 성벽 밖에서 이 고위 성직자를 만났는데 그에게 경외심을 품어 예루살렘을 약탈 대상에서 면제해 주었다. 원형 그림 자체는 왕관을 쓴 알렉산더가 교황 선용 수교관을 쓰고 겉옷을 걸친 인물 앞에 무릎을 꿇은 모습을 나타냈다. 그 점에서 이 그림은 바티칸이 1507년에 주문한 색유리 그림과 비슷한데, 이 색유리 그림에는 루이 12세가 교황 앞에 엎드려 비는 장면이 나타나 있다. 창문과 구릿빛 원형에 담긴 두 그림은 왕을 비롯한 다른 시한부 통치자들이 교황과 같은 종교 지도자에게 복종해야 하는 당위성을 매우 강력하고도 단호하게 나타냈다.

따라서 미켈란젤로는 예배당을 오크나무 잎과 도토리의 꽃 줄무늬로 장식한 것 외에도 구릿빛 원형의 형상을 통해 교회의 적敵은 용서없이 굴복시켜야 한다는 신념을 강조하며 로베레 가 출신의 교황들을 미화했다. 그러나 개인적으로 전사 교황의 호전성이 못마땅했던 미켈란젤로는 자신이 율리우스의 군사 행동을 적극 홍보해야 하는 달갑지 않은 위치에 있음을 어느 정도 내비친 것으로 보인다. 마카베오 서에 나온 삽화들은 당연히 예배당 순례자들에게 낯익었을 것이다. 그러나 마루에서 이 작은 원형 그림을 해독하는 것은 그들 중에서도 시력이 특히 좋은 사람들한테나 가능했을 것이다. 원형 그림에 나오는 인물들은 프레스코 전체에 포진한 훨씬 더 크고 인상적인 인물들 때문에 별로 관심을 끌지 못했고, 따라서 그들이 불러일으키는 정치적 의미도 작은 덩치에 비례해 무디어질 수밖에 없었다. 바티칸에서 미켈란젤로와 지근거리에서 일하던 라파엘로였다면, 이 장면들은 훨씬 더 대담하게 확대 되었을 것이다.

교황의 군사행동에 미켈란젤로가 결정적으로 혼란스런 감정을 가진 것이 프레스코를 시작할 즈음이라면, 프레스코의 전반부를 공개하기 위한 준비단계에 들어간 1510년 여름에는 교황을 지지하는 마음이 완전히 식어버리고 말았을 것이다.

율리우스는 알폰소 데스테의 소문난 저돌성과 이탈리아에 주둔한 프랑스군의 대병력에도 전혀 기죽지 않고 전쟁 준비에 돌입했다. 율리우스는 비밀리에 베네치아 특사에게 "하느님의 뜻에 따라 페라라 공을 파문하고, 이탈리아를 프랑스 세력의 손아귀에서 해방시킬 계획"[8]이라고 통보했다. 그리고 이탈리아에 완강히 버티고 있는 프랑스인들을 생각하면 밥맛이 떨어지고 잠도 제대로 이루지 못할 지경이라고 말했다. 평소 만찬과 수면을 좋아하는 율리우스가 입맛이 떨어지고 잠을 이루지 못한다는 건 드문 일이었다. "어젯밤에 도저히 가만히 드러누워있을 수 없어서 자리에서 벌떡 일어나 방안을 이리저리 왔다 갔다 했다."고 율리우스는 불평했다.

 율리우스는 자신의 사명이 숭고하다고 굳건히 믿었을 것이다. 그러나 알폰소를 파문하고 프랑스 세력을 이탈리아에서 일소하려면 좀 더 많은 세속적인 지원이 필요하다는 것을 깨달았다. 이 점을 염두에 두고 동맹관계인 스위스 연합에게서 정예부대를 지원받아 근위대를 창설하고, 독특한 군장인 검은 베레모와 의전용 검, 단풍색과 녹색 줄무늬의 제복을 착용시켰다. 유럽에서 가장 막강한 보병인 스위스 군에게 가진 율리우스의 신뢰는 거의 종교적이다시피 했다. 지난 세기 그들은 엄격한 규율과 가공할 만한 위력을 갖춘 막강부대로 성장했다. 속도와 기동력을 강화하기 위해 갑옷을 거의 걸치지 않았던 그들은 밀집대형의 소조로 편성·배치되어 있다가 적을 공격할 때는 순식간에 뭉쳐 대부대를 만들었다. 이 전술은 그때까지 난공불락의 위력을 자랑했다. 율리우스는 1506년 페루자와 볼로냐에 대한 십자군원정에서 수천 명에 이르는 스위스 군을 동원했었다. 이때 그들이 실제로 한 일은 교황이 트라시메노 호수에서 뱃놀이를 할 때 나팔을 불어댄 것이 전부였지만, 결과적으로 원정은 성공해 그들의 힘에 맹목적인 신뢰를 가지게 되었다.

 페라라를 향한 공세가 시작된 것은 스위스 군이 아직 알프스를 넘지 않았던 1510년 7월이었다. 여름의 삼복기간은 전쟁하기에 이상적인 시기는 아니었다. 무게만도 20킬로그램 이상이고 통풍도 거의 또는 전혀 되지 않는 갑옷 차림으로 폭염 속에 장거리를 행군하는 것은 실로 마음이 내키지 않았다. 설상가상으로 여름은 전염병, 말라리아, 열병에 걸리기 쉬운 계절로 적들의 총보다 질병으로 쓰러지는 병사의 수가 훨씬 더 많았다. 더구나 불길하게도 페라라는 말라리아의 온상인 늪으로 둘러싸여 있었다. 따라서 알폰소 데스테의 본거지에서 그를 상대로 싸우는 것은 이 군주의 그 유명한 대포보다도 더 위험했다.

처음에는 공세가 운 좋게 잘 이루어져 프란체스코 마리아 휘하의 교황군은 볼로냐 동쪽의 알폰소 영토로 쳐들어갔다. 돌발적인 사태 발전에 놀란 페라라 공은 그로부터 불과 몇 주 만에 율리우스가 페라라를 단념한다면 로마냐의 영지를 모두 내놓겠다고 제의해 왔다. 또한 전쟁 배상금도 지불하겠다고 약속했다. 그러나 한 번 피 맛을 본 율리우스는 협상할 뜻이 전혀 없었다.

알폰소 측 대사는 티베르 강에 빠지고 싶지 않으면 로마를 떠나라는 통첩을 받았다. 로도비코 아리오스토(Lodovico Ariosto)가 바로 이 불운의 밀사로 페라라와 로마 사이의 약 320킬로미터 거리를 봄과 여름 동안 무려 다섯 차례나 왕복했다. 이때 아리오스토는 샤를마뉴 시대의 기사와 기병을 다룬 30만 단어로 된 장시 『광란의 오를란도』를 집필 중이었다.* 검은 곱슬머리, 이글거리는 눈매, 무성한 수염, 그리고 쭉 튀어나온 듯한 코를 가진 아리오스토는 시인의 면모가 훨씬 더 엿보이는 인물이었다. 또한 군인으로도 발군의 면모를 보였다. 그러나 교황과 칼을 맞대고 싶지 않아 서둘러 페라라로 돌아갔다. 뒤이어 더

---

* 『광란의 오를란도』의 초판은 전40권으로 1516년에, 중판 또한 전40권으로 1521년에 출판되었다. 1532년에 비로소 전46권으로 된 한정판이 나왔다.

작자 미상의 판화 「로도비코 아리오스토」

1524년판 아리오스토의 『광란의 오를란도』의 표제화

나쁜 소식이 알폰소에게 날아들었는데 교황이 8월 9일 아리오스토를 교회의 반역자로 낙인찍고 파문했다는 것이다. 또 한 주 후에는 페루자와 볼로냐에서 맛본 무력시위의 영광을 한 번 더 누리고 싶은 나머지 교황이 직접 전투에 나서기로 했다. 1506년과 마찬가지로 노인성 질환을 심하게 앓는 추기경들을 뺀 나머지 전 추기경들에게도 징집령을 내려 로마에서 약 100킬로미터 떨어진 비테르보에 집결시켰다. 한편 교황 율리우스는 평소와 마찬가지로 성찬식 빵을 앞세우고 오스티아 항으로 가 정박 중인 함대들을 순시했다. 그곳에서 베네치아 해군 갤리 선을 타고 북쪽으로 항해하여 시비타베치아 항에서 일단 하선했다가 계속해서 볼로냐 행 육로 여행에 나섰다. 그리하여 출발 3주 후인 9월 22일 볼로냐에 도착했다.

원정대는 불볕을 걱정하기는커녕 행군하는 내내 구질구질한 날씨와 싸워야 했다. 파리데 데 그라시는 "비가 끈질기게 우리를 따라다녔다"[9]고 한탄했다. 또한 원정대가 진흙탕과 빗속을 뒤뚱거리며 힘들게 전진할 때 길을 따라 안코나와 리미니, 포를리 주민들이 몰려나와 "교황을 정중히 맞이해야 함에도 불구하고 오히려 깔깔대며 웃었다."고 불만을 터뜨렸다. 추기경들 중에는 프랑스 출신으로 밀라노의 적진 측에 가담한 루이 충성파도 여러 명 있어 전원이 명령에 복종한 것도 아니었다. 그럼에도 불구하고 볼로냐 입성 축하 행사는 1506년의 개선식을 떠올릴 만큼 요란하게 진행되었다. 볼로냐 주민들에게서 열렬히 환영받는 장면에서 전사 교황은 이번에도 전처럼 승리의 끝자락을 거머잡기 시작한 듯 보였다.

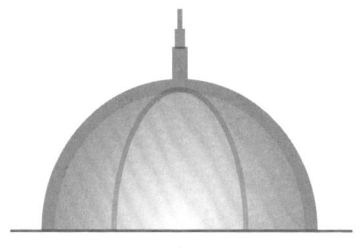

CHAPTER 21

# 다시 볼로냐로

교황의 전시 군 동원령은 미켈란젤로의 입장에서 볼 때 아주 고약한 시기에 터져 나왔다. 율리우스의 출타 소식은 곧 천장 전반부 공개가 수포로 돌아갔음을 의미했고, 그 보다 더 나쁜 것은 당분간 지불을 약속받은 1천 두카트를 받을 길이 없어졌음을 의미했다. 교황한테서 돈을 받은 지도 벌써 일 년이 다 되어 그동안 밀린 급료를 이번에는 꼭 받고 싶었다. "합의에 따라 5백 두카트의 급료가 제게 당연히 지급되어야 합니다."[1] 하고 미켈란젤로는 로도비코에게 보낸 편지에서 불만을 터뜨렸다. "그것 말고도 천장 나머지 반의 작업을 곧 시작할 예정인 만큼 그 금액도 함께 받아내야 합니다. 그러나 교황은 지금 떠나고 없는데다 제게 어떤 지시도 남기지 않았습니다. 저는 지금

무일푼이고 뭘 해야 할지도 모르겠습니다." 부오나로토가 중병으로 앓아누웠다는 소식은 미켈란젤로에게 또 다른 걱정거리를 안겼다. 그는 부친에게 피렌체에 있는 자신의 은행구좌에서 돈을 인출해 동생의 치료비와 약값에 쓰라고 했다. 시간이 지나도 부오나로토의 병세에는 차도가 없고, 교황에게서도 지시나 돈이 일절 오지 않자 자신이 직접 나서서 사태를 해결해야겠다고 결심한 미켈란젤로는 조수들에게 공방에 남아 계속 작업에 매진하라는 말을 남기고 말위에 올라 2년 만에 처음으로 피렌체를 향해 북쪽으로 치달았다.

기벨리나를 지나 집에 도착한 미켈란젤로는, 로도비코가 피렌체에서 16킬로미터 가량 떨어진 산 카시아노에 6개월 임기의 범죄 담당 치안판사로 나가게 되어 부임을 준비 중이라는 것을 알게 되었다. 이 직책은 범법자에게 실형을 평결하고 형량을 선고하는 권한이 있어 명예가 아주 없는 것은 아니었다. 로도비코는 마을의 안전을 책임지게 된데다 성문 열쇠와 필요하다면 민병을 전투에 동원할 권한까지 지니게 되었다. 미켈란젤로가 자신의 은행구좌에서 돈을 꺼내 부오나로토의 치료비로 쓰라는 말에 고무된 로도비코는 직접 산타 누오바 병원에 가서 250두카트를 인출했는데, 그 정도면 치안판사의 격에 맞는 치장을 충분히 하고도 남을 만큼 큰돈이었다.*

부친이 자신의 돈을 이렇게 멋대로 꺼내 쓰자 프레스코의 마무리 예산 부족으로 시달리던 미켈란젤로는 날벼락을 맞은 것 같았다. 게다가 더 고약한 것은 로도비코가 이 돈의 대부분을 이미 다 써버려

---

* 285년 설립된 산타 마리아 누오바 병원은 병원 업무뿐만 아니라 저축은행 업무도 했다. 이 병원은 영리한 투자 덕분에 엄청난 수익을 올려 그보다 연력은 많지만 파산이라는 재앙을 만난 다른 은행들보다 안전한 투자처로 주목받았다. 투자금융의 안전성 때문에 레오나르도 다 빈치나 미켈란젤로 같은 부유층들은 5퍼센트의 이자가 나오는 예금 계좌를 열었다.

원상회복이 불가능하다는 것이었다. 로도비코는 나중에 아들 앞으로 사과의 편지를 썼다. "내가 그 돈을 꺼내 쓴 것은 네가 피렌체로 돌아오기 전에 충분히 도로 채워 넣을 수 있다고 생각했기 때문이다. 너의 지난번 편지를 보고 '미켈란젤로는 적어도 향후 6개월간은 돌아오지 않을 테니까 그 사이에 산 카시아노에서 돌아와 물건을 처분하고 무슨 일이든 마다하지 않고 하면 돈을 꺼내 쓰더라도 나중에 충분히 원상복구 해 놓을 수 있을 거야.' 하고 생각했다."[2]

부오나로토의 상태는 곧 호전되었다. 미켈란젤로가 피렌체에서 계속 미적거리고 있을 이유가 사라졌다. 미켈란젤로는 볼로냐로 출발해 9월 22일 교황과 한날한시에 도착했다. 미켈란젤로는 별로 좋은 기억이 없는 이 도시에 왔다가 교황의 용태가 급격히 악화된데다 성미마저 더욱 고약해진 것을 보고 또다시 좌절감에 빠졌다.

율리우스는 아펜니노 산맥을 넘는 고된 원정길에 나섰다가 혹독한 대가를 치러 이 도시에 도착하자마자 고열로 몸져눕고 말았다. 병고는 이미 궁정 점성술사들에 의해 예고되었다. 그러나 그들이 내린 예언은 율리우스가 67세의 고령인데다 이미 통풍과 매독, 그리고 나중에 걸린 말라리아로 심각한 고통을 겪고 있어서 충분히 예상 가능했다.

그러나 율리우스를 볼로냐에서 쓰러뜨린 것은 말라리아가 아니라 교황 알렉산더 6세의 사망을 가져왔던 삼일열三日熱이라는 병이었다. 교황은 당시 고열 외에 치질도 앓고 있었다. 주치의의 노력에도 불구하고 병세가 완화될 조짐은 전혀 없었다. 매독에는 미나리아재비로도 통하는 애기똥풀이 치료제로 쓰였는데 이 식물이 최상의 치료제로 통한 것은 뿌리의 생김새가 팽창된 직장혈관과 비슷했기 때문이다. 당시 의학이 기댄 희망적인 환상이란 대개 이런 형태였다. 율리우스가 계속해서 생존할 수 있었던 원인은 타고난 강한 체질 탓도 있지만 의사를 무시한 태도에도 있었을 것이다. 다루기가 무척 힘든 환자였던 율리우스는 금지된 음식들을 일절 가리지 않고 마구 먹어치웠으며, 시종들에게는 의사한테 고해바치면 누구든 교수형에 처하겠다고 위협했다.

교황의 심신 상태는 스위스 군이 참전을 포기했다는 재앙적인 소식으로 더욱 호전될 기미를 보이지 않았다. 스위스군은 꺼림칙한 심정으로 알프스를 넘어 코모 호수의 남단에 도착했다가 뜻밖에 바로 회군해 버렸다. 스위스 군의 변절행위로 율리우스는 큰 타격을 입고 곧 밀어닥칠 프랑스 군의 공세에 맥없이 노출되고 말았다. 투르에서 루이 12세는 많은 프랑스계 주교와 추기경, 그 밖에 다른 영향력 있는 인물들을 소집했는데 그들은 설사 상대가 교황이라고 할지라도 얼마든지 정의감을 갖고 싸울 것이라며 루이를 안심시켰다. 이에 더욱 대담해진 프랑스 군은 밀라노 총독 마레샬 쇼몽의 지휘 아래 볼로냐로 진군했는데, 이를 부추긴 것은 복수를 요란하게 외치는 벤티볼리 일당이었다. 교황은 고열로 헛소리까지 했지만 적의 손에 사로잡히느니 차라리 음독자살을 하겠다고 맹세했다.

율리우스에게는 참 다행스럽게도 프랑스 군은 즉각 공세에 나서지 않았다. 9월에 내리기 시작한 장맛비가 10월 말에도 계속 내려 야영지가 수렁으로 바뀌고 길이 진창으로 변해 식량조달이 여의치 않자 프랑스 군은 할 수없이 퇴각하고 말았다. 프랑스 군은 볼로냐에서 북서쪽으로 24킬로미터 떨어진 카스텔프란코 데밀리아로 물러났는데, 회군 도중 약탈을 일삼았다.

교황은 뜻밖의 사태 발전에 크게 고무되었다. 고열조차 가라앉는 듯했다. 볼로냐 주민들이 숙소 발코니 밑으로 몰려와 교황의 이름을 찬양하는 소리를 듣고 창쪽으로 비틀거리며 다가가 성호를 그어 그들을 축복했다. 볼로냐 주민들이 거듭 충성을 맹세하면서 함께 적과 싸우겠다고 외쳤다. 율리우스는 보좌관들이 침대로 다시 부축해 갈 때 "이제 프랑스인을 정복했다."[3]고 외쳤다.

   미켈란젤로는 볼로냐에서 일주일도 채 머물지 않고 9월이 다 가기 전에 떠났다. 그러나 험난한 장거리여행에는 어떠한 보상도 없었다. 고향 친구인 조각가 미켈란젤로 타닐리가 선물로 준 커다란 치즈 한 덩어리를 가지고 로마에 돌아왔을 뿐이다. 그러나 곧 더 좋은 일이 생겼는데 볼로냐 방문 한 달만인 10월 말 교황 금고에서 천장 전반부의 보수비로 5백 두카트가 지불된 것이다. 이것은 세 번째로 수령한 분할금으로 전체 수령액의 절반인 1천 5백 두카트를 그때까지 받아냈다. 미켈란젤로는 돈의 대부분을 부오나로토에게 보내서 산타 마리아 누오바 병원에 입금해 로도비코가 남긴 구멍을 메우게 했다.
   그러나 미켈란젤로는 여전히 불만스러웠다. 알리도시 추기경이 작성한 계약서에 따라 5백 두카트를 더 받아야 한다고 생각했다. 그리고 천장화의 나머지 절반을 작업하기 전에 이 돈을 기어이 받아내겠다고 결심했다. 12월 중순, 미켈란젤로는 도로 사정과 날씨가 극히 좋지 않은데도 불구하고 성좌 앞에 나아가 직접 탄원할 생각으로 재차 여행길에 올랐다. 미켈란젤로는 이번에 5백 두카트를 더 달라고 요구할 뿐만 아니라 산타 카테리나 성당 뒤편의 숙소와 공방을 집세 없이 공짜로 사용할 권리가 자신에게 있음을 입증할 서류를 율리우스에게 제출하고 인정을 받아낼 작정이었다.[4]

한겨울의 매서운 추위 속에 볼로냐에 도착한 미켈란젤로는 다른 사람들과 마찬가지로 교황을 알현하는 순간, 율리우스의 돌변한 모습에 어안이 벙벙했을 것이다. 가을에 열병이 재발한 후에 율리우스는 친구인 줄리아노 말베치의 집으로 숙소를 옮겨 기력을 회복 중이었다. 기록에 의하면, 바로 이 집에서 뭔가 특이한 일이 벌어졌다고 한다. 교황이 수염을 기르기 시작한 것이다. 추기경과 대사들은 도무지 믿을 수 없다는 듯이 눈을 동그랗게 떴다. 그때까지 수염 기른 교황을 본 사람은 아무도 없었다. 만투아 특사는 수염을 깎지 않은 교황은 곰처럼 보였다고 썼다. 교황의 모습에 경악한 또 다른 목격자는 그를 아예 은둔자에 비유하기도 했다.[5] 11월 중순이 되자 구레나룻 수염은 4~5센티미터 크기로 자라났다. 그리고 미켈란젤로가 볼로냐에 도착한 12월에는 무성하게 자라나 있었다.

당시 궁정 관리들이나 미술가들 중에는 턱수염을 기른 사람이 드물지 않았다. 정치가이며 문학가인 발다사레 카스틸리오네도, 미켈란젤로와 레오나르도도 턱수염을 기르고 있었다. 심지어 베네치아 통령들 중 1501년에 죽은 아고스티노 바르바리고라는 인물도 수염을 뽐내고 다녔다. 그러나 율리우스가 수염을 기르는 것은 역대 교황의 전통뿐 아니라 교회법에도 위배되는 일이었다. 1031년 개최된 리모게스 회의에서는 오랜 토의 끝에 초대 교황인 성 베드로가 턱수염을 깎은 전례를 따라 후계자들도 면도를 해야 한다는 결론을 내렸다. 또 다른 이유에서도 사제들은 수염을 기르는 것이 허용되지 않았다. 수염은 성배에 담긴 것을 마실 때 지장을 초래하고, 성별聖別된 포도주방울이 수염에 떨어져 그리스도의 피가 품위를 잃는 운명에 놓일 수 있다고 염려했기 때문이다.『천국에서 쫓겨난

『율리우스Julius Excluded from Heaven』에서 에라스무스는 교황이 나중에 긴 흰 수염을 기른 것은 순전히 프랑스 군에 붙잡히는 것을 피하기 위해 만든 고육지책[6]이라고까지 빈정댔지만, 실은 로마 제국 시대의 동명이인同名異人인 율리우스 카이사르를 흉내 낸 것이었다. 카이사르는 기원 전 54년에 부대가 갈리아인들에게 학살당했다는 보고를 받고 동료들의 죽음을 복수하기 전에는 결코 면도를 하지 않겠다고 맹세한 후에 수염을 기르기 시작했었다. 율리우스도 이 맹세를 한 것이다. 한 볼로냐 연대기 저자는 교황이 복수 차원에서 수염을 기르기 시작했고, 루이 12세를 실컷 두들겨 패 이탈리아에서 몰아낼 때까지 면도를 거부했다고 기록했다.[7]

미켈란젤로는 율리우스가 줄리아노 말베치의 집에서 천천히 원기를 회복하면서 구레나룻 수염을 기른다는 사실을 알았다. 병상의 교황을 즐겁게 해준 것은 단테의 글을 읽어준 도나토 브라만테였다. 그 밖에 교황의 기분을 고양하기 위해 에지디오 다 비테르보가 자리를 지켰다. 에지디오는 곧 설교에서 교황의 새 수염을 모세의 친형이자 최고 제사장이었던 아론의 수염에 비교할 작정이었다.

교황은 와병 중인데다 페라라를 압박 공세 하는 데에 별다른 진전이 없자 낭패감에 빠졌다. 이 상황을 타개하기 위해 12월에 자신의 침실에서 전략 회의를 주재하고, 페라라에서 서쪽으로 40킬로미터 떨어진 요새도시인 미란돌라를 치는 것이 최선책이라는 결론에 도달했다. 미란돌라는 미란돌라 백작의 미망인 프란체스카 피코가 프랑스 군의 지휘관이었던 이탈리아인 잔자코모 트리불치오의 혼외 딸이라는 이유로 페라라처럼 프랑스의 보호 아래 있었다. 율리우스가 느닷없이 공격 작전을 선두에서 지휘하겠다고 선언하자 의사들과 추기경들은 새파랗게 질렸다. 그러나 율리우스의 열병이 최악의 상태인데다 날씨마저 계절에 걸맞지 않게 추워 이 시나리오의 실현 가능성은 거의 없어 보였다. 율리우스는 병상에서 이 문제와 씨름 중임에도 불구하고 미켈란젤로에게 돈을 한 번 더 지불하겠다고 약속했다. 이 미술가는 크리스마스를 고향에서 지내기 위해 피렌체로 돌아갔다. 피렌체에 도착한 미켈란젤로는 집에 좀도둑이 들어 시지스몬도의 옷가지 등을 털어간 적이 있음을 알게 되었다.

1510년 말, 교황의 무력공세와 비바람이 거세게 몰아치는 날씨 탓에 로마에 공무 여행차 온 두 명의 독일인 수사는 큰 곤란을 겪어야 했다. 알프스를 넘는 긴 여행 끝에 두 사람은 12월의 어느 날, 로마의 북쪽 관문과 가까운 산타 마리아 델 포폴로 수도원에 당도했으나 그들이 소속한 수도회 총장인 에지디오 다 비테르보가 교황을 수행해 현재 볼로냐에 체류 중인 사실을 알게 되었다.

에지디오의 지시에 따라 아우구스티누스 은둔자 수도회는 수도사들이 보다 엄격한 계율을 지킬 것을 골자로 한 개혁을 시도하던 중이었다. 개혁 조치로 아우구스티누스 수도사들은 수도원 내에 상주하며 정복을 입고, 모든 사유물을 하나도 빠짐없이 내놓고, 여자들과의 접촉을 엄격히 삼가야 했다. 에지디오와 또 다른 '엄수파'는 보다 느슨한 계율을 선호하며, 엄격한 규율에 열의가 없는 수도회 내의 '컨벤추얼 회'의 반대를 무릅쓰고 개혁 조치를 밀고 나갔다.

에르푸르트의 아우구스티누스 수도원은 반체제 수도사들의 둥지 중 하나였다. 그래서 1510년 가을, 컨벤추얼 회와 뜻을 같이하는 이 수도사들은 에지디오에게 탄원서를 제출하기 위해 로마까지 2천 킬로미터의 왕복 여행에 나설 두 사람을 뽑았다. 수사들 가운데

테오도레 데 브리(「Theodore De Bry」) 작 「마르틴 루터」

 연장자들은 이탈리아 어에 능통하고 여행 경험이 많았지만, 수도회 회칙은 단거리 여행조차 혼자 할 수 없도록 규정하고 있었다. 따라서 연장자들의 여행에는 '소추스 이티네라리우스(socius itinerarius)', 즉 '길동무'가 따라나섰는데, 이번에 나설 연장자에게는 광부의 아들로 재치와 활력이 넘치는 27세의 마르틴 루터(Martin Luther)가 동행했다. 루터에게 이번 여행은 처음이자 마지막 로마 여행이었다. 1510년 12월 마침내 포르타 델 포폴로 관문이 내려다보이는 지점에 도달하자 루터는 땅에 몸을 엎드려 "그대 신성한 로마에 축복이 있기를!"[8] 하고 외쳤다. 그러나 환호는 오래 지속되지 않았다.

 에지디오에게서 탄원의 회신을 기다린 4주 동안 루터는 순례자들을 위한 안내책자로 무장하고 로마 답사에 나섰다. 루터처럼 신앙심이 강하고 활력에 찬 순례자는 없었다. 루터는 산 파올로 푸오리 레

무라에서 시작해 성 베드로 대성당까지 모두 일곱 군데에 이르는 순례자를 위한 교회를 둘러보았다. 루터는 도로 밑의 지하 무덤으로 내려가 좁은 통로 속에 어지럽게 처박힌 46명의 역대 교황과 8만 명에 이르는 순교자들의 유골을 목격했다. 라테란 궁에서는 폰티우스 필라테(빌라도)의 집에서 기적적으로 옮겨 온 성 계단인 스칼라 산타 위를 걷기도 했다. 주기도문을 외우면서 28개의 전 계단에 입맞춤을 한 루터는, 죽은 할아버지의 영혼이 자신의 입맞춤으로 연옥에서 풀려나오리라 믿었다. 훗날 루터는 망자의 영혼을 위해 좋은 일을 할 수 있는 기회가 많이 생겨 부모가 죽지 않고 살아 있는 것이 못내 아쉬울 정도였다고 고백했다.

그러나 이 도시에 대한 루터의 환멸감은 더욱 커져갔다. 그는 사제들이 한심할 정도로 무식한 사실에 주목했다. 루터는 많은 사제들이 고해성사를 제대로 집행하지 못할 뿐 아니라 미사 집전을 "마술 연기하는 것처럼 제멋대로 해치우는 사제들도 있었다"고 썼다. 이보다 더 나쁜 것은 그들 중의 상당수가 영혼불멸 같은 기본적인 교리조차 믿지 않는다고 털어놓을 만큼 철저히 비종교적이라는 사실이었다. 이탈리아 사제들은 실제로 독일 순례자들의 경건한 태도를 조롱하는 농담도 서슴지 않았고, 그들을 부를 때에는 바보라는 의미를 내포하며 '선량한 기독교인'이라는 표현을 쓰기도 했다.

루터의 눈에는 로마 시 자체가 쓰레기 하치장이었다. 주택가 창문 밖으로 마구 내던져진 쓰레기는 하수구를 통해 이미 온갖 오물로 뒤범벅된 티베르 강변으로 흘러들었다. 쓰레기는 사방에 널려 있었는데, 성당의 전면前面조차 가죽 무두장이들이 걸어놓은 짐승 가죽들로 곤욕을 치렀다. 공기 또한 매우 나빠 실수로 열린 창가에서 잠자다가 정체 모를 병에 걸려 고생한 적이 있는데, 루터는 이것을 말라리아로 착각하고 석류를 먹었지만 결국 회복되었다.

　로마 주민들이라고 해서 이와 별반 다르지 않았다. 루터는 나중에 음담패설을 즐긴 인물로 유명했지만, 이때는 사람들이 거리에서 창피한 줄 모르고 함부로 노상 방뇨하는 것에 구역질을 냈다. 워낙 앞뒤 가리지 않고 함부로 방뇨를 해대는 통에, 교회 당국조차 성당 외벽에 성 세바스티아노나 성 안토니우스 같은 종교적인 우상의 초상화를 걸어놓는 등 범법자의 출현을 막기 위해 애썼다. 루터는 이탈리아인들이 손을 요란하게 놀리며 말하는 습관을 비웃었다. "이탈리아 사람들은 이해하기 힘들다. 그들 역시 나를 이해하지 못할 것이다."라고 루터는 훗날 술회했다. 루터의 눈에 이에 못지않게 우스워 보인 것은, 이탈리아 남자들이 아내가 베일을 쓰지 않고 외출하는 것을 절대 허락하지 않는 것이었다. 매춘부가 빈민들처럼 득실댔던 모양이다. 빈민의 대부분은 무일푼의 수사들이었다. 이 하층민들은 방심한 순례자들을 습격해 가며 고대의 잔해 속에 살았지만, 추기경들은 그들의 아방궁에서 퇴폐적인 향락을 즐겼다. 루터는 사제들 사이에 매독과 동성연애가 만연한데다 심지어 교황까지 매독에 걸린 사실을 알게 되었다. 이런 이유들로 인해 독일로 돌아갈 때쯤이 되자 루터는 성스러운 로마에 진저리가 났다. 루터의 임무도 자신의 개혁조치를 밀고나가려는 에지디오가 탄원을 거부해 결국 실패로 끝났다.

　두 수사는 피렌체를 지나고 프랑스 군이 집결한 밀라노를 벗어난 후, 한겨울의 혹독한 추위를 참고 다시 알프스를 넘어 10주 만에 누렘베르그에 도착했다. 오랜 여행에서 가슴에 깊이 간직할 만한 추억거리는 없었지만, 그래도 이 여행은 기적적인 일이었다고 루터는 훗날 주장했다. 또한 이 여행으로 로마가 악의 근원이며, 교황이 오토만 술탄보다 더 악랄한 인간이라는 사실을 알게 되었다고 주장했다.

*CHAPTER 22*

# 속세의 게임

크리스마스부터 신년이 되기까지도 교황의 상태는 호전되지 않았다. 교황은 크리스마스에도 몹시 아파 병상에 드러누운 채로 미사에 참여했다. 그로부터 불과 며칠 후인 성 스테판 축일에는 고열이 계속되는데다 날씨 또한 나빠 볼로냐 대성당까지의 짧은 행차에도 나서지 못했다. 그래서 조카 프란체스코 마리아가 이끄는 교황군이 눈 속을 헤집고 미란돌라를 향할 때에도 여전히 병상에 누워 있어야 했다.

프란체스코 마리아는 숙부에게 매우 실망스런 존재임이 곧 드러났다. 마리아는 로베로 가문에서 율리우스가 엄선해 출세시킨 소수의 인물 중 한 명이었는데, 귀도발도 다 몬테펠트로의 죽음으로 우르비노 공에 임명되었고, 나중에는 교회군의 총사령관에 발탁되었다. 체사레 보르자도 한때 이 총사령관직을 차지한 적이 있었다. 그러나 마리아는 피에 굶주렸던 보르자와 달리 얌전하게 길들여진 전사임이 드러났다. 라파엘로는 「아테네 학당」에서 마리아의 초상화를 피타고라스 바로 옆에 그렸다. 흐르는 듯한 느낌을 주는 겉옷과 어깨까지 내려온 긴 금발머리, 수줍고 여성적인 용모의 젊은이로 묘사된 마리아는 전혀 군인다워 보이지 않았다. 율리우스가 굳이 마리아를 선택한 것은 인민지도자로서 역량을 과시하기보다 오히려 오점 없는 충성심을 보여주었기 때문일 것이다.

또 다른 군사령관에는 만투아 후작 프란체스코 곤차가가 임명되었는데, 교황에게는 마리아보다 훨씬 더 신뢰할 수 없는 인물이었다. 곤차가는 상황이 아주 유리하게 전개될 때에도 전투에 빠지기 위해 매독에 걸렸다는 거짓 핑계(이 병에 감염되었던 것은 사실이지만)를 댄 것으로 유명할 만큼 의심스런 지휘관이었다. 곤차가의 충성심은 둘로 나눠졌다. 곤차가는 딸을 프란체스코 마리아와 혼인시켜 교황의 진영에 뛰어 들었지만, 정작 자신은 알폰소 데스테의 여동생 이사벨과 결혼했다. 이것은 곧 처남을 공격해야 하는 상황을 의미했다. 곤차가는 자신이 도저히 신뢰할 수 없는 인물로 몰리자, 지난여름 갓 열 살이 된 아들을 로마에 인질로 보내 교황을 향한 충성심을 분명히 했다.

여러 날이 지났지만 미란돌라를 공격하는 일은 여전히 이루어지지 않았다. 교황은 자신이 임명한 군 사령관들이 빈둥거리며 시간을 허비하는 것에 격노했다. 마침내 1월 2일 병세가 심하고 날씨 또한 좋지 않은데도 불구하고, 교황은 조금도 주눅이 들지 않고 오히려 나사로처럼 병상에서 벌떡 일어나 미란돌라까지 약 50킬로미터의 빙판길에 나설 채비를 차리는 한편, 자신의 병상을 전선으로 보냈다. 이때 교황은 (성기의 크기를 놓고) 프랑스 왕에게 "누구 것이 더 큰지 한번 붙어보자."[1]고 소리쳤다.

정월에 접어들면서 시스티나 프레스코가 중단된 지도 벌써 4개월이 흘렀다. 공방에서는 작업을 계속 진행했는데, 이 사실은 9월에 조반니 미치가 미켈란젤로에게 조반니 트리뇰리와 베르나르디노 차케티가 천장에 쓸 드로잉을 그리느라 분주하다고 한 편지로 알려졌다. 그러나 미켈란젤로는 기회를 놓쳐 버린 것에 분통이 터졌다. 교황과 추기경단이 로마를 비운 것은 프레스코 작업의 장애물인 미사가 시스티나 예배당에서 더 이상 열리지 않게 되었음을 의미하는 것이었기 때문이다. 이 교황 전속 예배당에서는 매년 30회의 미사가 열렸다. 그때마다 미켈란젤로와 조수들은 비계 위에 오르는 데 지장을 받았다. 이 의식은 한 번 열리면 몇 시간을 끌 뿐만 아니라, 파리데 데 그라시의 감독으로 사전 준비에도 많은 시간이 들어갔다.

"천장 작업이 거의 끝나갈 무렵 교황은 다시 볼로냐로 가버렸고, 그 때문에 나는 돈을 받기 위해 볼로냐로 교황을 두 번이나 찾아가야 했다. 그러나 그런 노력에도 불구하고 아무것도 달라지지 않았고, 교황이 로마에 돌아올 때까지 아까운 시간만 낭비했다."[2]고 미켈란젤로는 10년 후에도 이때의 일을 쓰라린 심정으로 회고했다. 두 번씩이나 방문했지만 '아무것도 달라지지 않았다'는 주장은 미켈란젤로가 크리스마스 몇 주 후에 요구대로 5백 두카트를 받았고, 돈의 절반가량을 집으로 부친 점을 고려하면 상당히 과장되었다고 보여진다. 그러나 천장 프레스코의 후반부 작업은 교황이 돌아와 전반부를 공개한 후에나 가능할 것이라는 이야기는 사실이었다. 긴 간극은 적어도 미켈란젤로와 조수들에게 비계 위에서의 고된 육체노동에서 벗어나 모처럼 푹 쉴 수 있는 기회를 제공했다.

또한 미켈란젤로에게 스케치와 밑그림을 더 많이 준비할 수 있는 시간을 주었다. 1511년 초에 미켈란젤로는 몇 달을 이 준비 작업에 심혈을 기울이며 보냈다. 이때 그린 소묘 작품 중 하나는 크기가 19센티미터×27센티미터에 불과했다. 이것은 종이 위에 붉은 초크로 매우 상세하게 스케치한 것으로 주인공이 몸을 뒤로 젖힌 상태에서 왼팔을 앞으로 내밀고 왼쪽 무릎을 구부린 자세-오늘날 전 세계적으로 유명한 자세-를 취하고 있다. 저 유명한「아담의 창조Creation of Adam」의 아담을 스케치한 것 중에서 유일하게 현존하는 이 그림[3]은 산 페트로니오의 포르타 마냐에 그려진 야코포 델라 쿠에르차의「아담의 창조」속 아담에게서 영감을 얻은 것으로 보인다. 미켈란젤로는 얼마 전 볼로냐에 갔을 당시 이 작품과 조우했을 것이다. 쿠에르차가 그린 장면은 경사진 한 떼기의 땅위에 아담이 몸을 뒤로 젖히고 손을 앞으로 뻗어 겉옷을 두껍게 걸친 하느님에 닿으려고 애쓰는 모습이다. 그러나 미켈란젤로가 그린 인물화는 실제로는 쿠에르차보다 로렌초 기베르티를 본보기로 했다. 피렌체의 포르타 델 파라디조에 부조된 아담은 왼팔을 쭉 뻗고 왼발을 안쪽으로 잡아당긴 자세를 취한 인물화로 미켈란젤로의 소묘에 나오는 아담의 거푸집 역할을 담당했다.

미켈란젤로가 세심하게 그린 아담의 소묘는 다소 딱딱한 느낌을 주는 기베르티의 청동 부조에 자신이 창조한 이그누디가 가진 나른한 관능미를 부여했다. 이 인물상은 실물을 모델로 한 것이 틀림없다.

미켈란젤로의 아담 스케치

미켈란젤로는 자신의 아담을 기베르티의 청동 부조상과 같은 자세로 그릴 결심을 한 후, 누드모델의 자세를 원하는 대로 잡아 몸통과 사지, 근육을 신중하게 스케치한 것으로 보인다. 계절적으로는 한겨울이어서 아마도 미켈란젤로는 따뜻한 날 누드모델을 쓰라는 레오나르도의 세심한 충고를 따를 수 없었을 것이다. 아담 스케치에 나타난 섬세함을 보면 이것이 밑그림을 완성하기 전에 그린 마지막 스케치였음을 알 수 있다. 그리고 이 스케치의 작은 크기는 이것을 천장으로 옮기기 전에 당연히 7~8배로 확대해야 한다는 것을 의미했다. 그러나 이 소묘나 천장에 쓰일 예정이던 다른 어떤 소묘도 천장 그림과 일치한다는 정표를 보여주지 않아 미켈란젤로가 프레스코 준비 차원에서 그린 소묘들이 실제로 어느 정도 확대되었는지는 여전히 수수께끼로

속세의 게임 317

남아 있다.[4] 어쩌면 또 다른 소묘-확대했을 때 천장화와 일치하는 것-가 붉은 초크로 그려진 이 습작과 「아담의 창조」의 밑그림 사이에 있었는지도 모르겠다. 혹은 붉은 초크로 그린 습작들 가운데 두 개를 완성한 후에 하나는 확대하여 천장에 옮겨 베끼는 용도로 쓰고, 다른 것은 원래 형태로 유지해 기념물로 간직하려고 했는지도 모르겠다.

어느 경우든 「아담의 창조」 밑그림은 1511년 초의 몇 달 사이에 완성한 것으로 보인다. 그러나 이것을 예배당 천장에 옮겨 놓으려면 율리우스의 사전 허가가 필요했기 때문에 미켈란젤로는 여전히 더 많은 시간을 기다려야 했다.

"이것은 세계사에 기록되고도 남을 일이다. 중병에 시달리던 교황이 병상에서 벌떡 일어나 정월 엄동설한에 최전선 부대를 몸소 찾아가다니! 역사가들은 반드시 뭔가 기록할 만한 것을 보게 될 것이다."[5] 이것은 율리우스가 임종 자리를 박차고 일어난 지 3주 만에 미란돌라에 급파된 베네치아 특사 기롤라모 리포마노가 쓴 글이다.

역사는 이렇게 해서 만들어졌는지도 모른다. 그러나 미란돌라 원정은 처음부터 운이 따르지 않았다. 교황의 계획에 여전히 아연실색한 상태인 추기경들과 특사들은 교황에게 계획을 재고해 달라고 간청했다. 그러나 교황은 소귀에 경 읽기로 간청을 묵살했다. "로마 가톨릭 교회의 수장이 기독교도의 도시를 쳐부수기 위해 군대를 직접 지휘하는 것은 위엄에 어울리는 일이 아니었지만, 율리우스는 조금도 자제하는 기색을 보이지 않았다."[6]고 훗날 연대기 저자인 프란체스코 귀차르디니는 기록했다. 1월 6일 한겨울의 얼어붙은 공기 사이로 울려 퍼지는 나팔 소리에 발맞춰 율리우스는 볼로냐를 떠났다. 그때 율리우스가 내뱉은 충격적인 신성 모독의 말을 리포마노는 차마

글로 옮겨놓을 수 없었다. 율리우스는 또한 사람들의 기를 살리기 위해 "미란돌라, 미란돌라!" 하고 노래하기 시작했다. 그들을 기다린 것은 매복 중인 알폰소 데스테였다. 교황이 미란돌라에서 불과 몇 킬로미터밖에 떨어지지 않은 산 펠리체를 통과하는 순간, 매복 중이던 알폰소의 군대가 일제히 공격해 왔다. 이와 동시에 그들은 한 모험심 넘치는 프랑스인 대포 제작자가 고안한 썰매에 대포를 싣고 두껍게 쌓인 눈 속을 헤치며 신속하게 이동했다. 율리우스는 견고하게 축성한 산 펠리체 성 안으로 다급하게 후퇴했다. 알폰소의 포병대가 맹렬히 추격하자 포로로 잡히지 않기 위해 가마에서 허겁지겁 기어 나와 성을 연결하는 도개교를 끌어올리는 작업에 가세하기도 했다. "정말 현명한 사람만이 할 수 있는 행동이었다. 한가하게 주기도문이나 외우며 기다리고 있었더라면 교황은 그 자리에서 폭사했을 것이다."[7] 하고 어느 프랑스인 연대기 저자는 썼다.

그러나 알폰소의 군대는 유리한 전황에도 불구하고 강공을 지속하지 않았다. 그들이 후퇴하자 교황은 다시 전진했다. 그렇게 한참을 가다 교황은 미란돌라 성벽에서 바깥쪽으로 수백 미터 떨어진 한 농가에 들러 잠시 쉬었다. 이때 추기경들은 서로 먼저 마구간 안으로 들어가려고 옥신각신하면서 다투었다. 소강상태였던 추위가 다시 거센 기세로 찾아왔다. 강이 얼어붙고, 다시 눈발이 날리고, 모진 한풍이 평원을 가로지르며 울부짖었다. 그 무엇도 프란체스코 마리아에게 전투할 의욕을 북돋우지는 못했다. 마리아는 바람에 펄럭이는 천막 속에 기어들어가 병사들과 카드놀이를 하면서 숙부의 눈을 피했다. 그러나 교황은 그렇게 만만한 인물이 아니었다. 다 벗겨진 대머리에 교황의 예복 이외에는 몸을 덥히는 어떤 옷도 입지 않았던 교황은 말을 타고 진지 주변을 달리면서 대포를 원위치에 갖다 놓으라는 명령과 함께 병사들에게 온갖 욕설을 퍼부었다. "교황의 병이 다 나았음이 분명하다. 교황은 이제 거인의 힘을 가졌다."[8]고 리포마노는 말했다.

 1월 7일 미란돌라에 대한 포위 공격이 개시되었다. 공격 하루 전날에 교황은 농가 바깥에 서 있다가 때마침 날아든 화승 총탄에 하마터면 맞을 뻔 했다. 이에 대응해 교황은 전투지역에 더 바싹 다가가 산타 주스티나 수녀원의 부엌 물건들을 징발하는 한편, 벽 안쪽에 숨어 포병들에게 평소 훈련받은 대로 포격하라고 지시했다. 이들 무기 중 상당수와 공성용 사다리, 투석기 같은 장비들은 도나토 브라만테가 고안한 것이 분명했다. 자신의 일감을 로마에 모두 두고 온 이 건축가는 교황에게 단테를 읽어주는 것 외에도 '포위 공격에 요긴하게 쓰일 독창적인'[9] 무기를 만들어 내느라 눈코 뜰 새 없이 바빴다.

 포격 첫날에 포탄이 날아들어 수녀원의 부엌을 박살내고 시종 두 명을 부상 입힐 때, 교황은 또다시 아슬아슬하게 살아났다. 교황은 성모마리아에게 포탄이 자신을 피해 간 것에 감사드리는 기도를 올리고 포탄을 기념물로 간직했다. 산타 주스티나 수녀원으로 포탄이 비 오듯 쏟아지자 베네치아 병사들은, 교황이 거센 포격을 받고 물러나게 할 의도로 일부러 자신의 병사들 위치를 미란돌라 측 포병들에게 수신호로 은밀히 알려준 것이 아닌지 의심하기도 했다. 그러나 율리우스는 한 발짝이라도 뒤로 물러나느니 차라리 머리에 총을 맞겠다고 선언했다. "교황은 그 어느 때보다 프랑스인들을 증오했다."[10]고 리포마노는 말했다.

 미란돌라는 교황군의 거센 공세에 견디지 못하고 사흘 만에 무너졌다. 교황은 의기양양했다. 성 안의 수비군들이 성문을 움쩍달싹 못하게 해 놓는 바람에, 한시라도 빨리 점령지 안으로 발을 들여놓고 싶었던 교황은 성문 뒤로 거대한 흙무더기를 쌓는 공사에 뛰어들어 손수 흙 바구니를 위로 들어올리기까지 했다. 병사들에게는 보상으로 약탈을 허용했고, 미란돌라 백작부인은 유배에 처했다. 그러나 교황은 이 승리에 결코 만족하지 않았다. "페라라!"[11] 교황은 노래했다. "페라라, 페라라!"

미켈란젤로에게 다소 위안이 되는 일은, 스탄차 델라 세냐투라의 프레스코 역시 교황이 바티칸을 비운 동안 중단되고 말았다는 것이다.[12] 그러나 라파엘로는 미켈란젤로마냥 율리우스를 쫓아가지는 않았다. 그대신 상황을 자신에게 유리하게 활용해 다른 주문을 많이 받아내는 사업가적 수완을 과시했다. 그중에는 소도마의 후원자였던 시에나 출신의 은행가 아고스티노 치기가 의뢰한 접시 도안도 포함되어 있었다. 파란 눈과 빨간 머리를 한 치기라는 인물은 이탈리아 최고 갑부 중의 한 사람으로 라파엘로에게 맡길 뭔가 큰 것을 구상 중이었다. 1509년쯤인가 치기는 티베르 강 옆에 자신의 궁전을 지었다. 발데사레 페루치가 설계한 이 파르네시나 저택은 수목이 무성한 정원과 천장이 둥근 방들, 연극 무대와 강을 내려다 볼 수 있는 로지아(이탈리아 건축에서 한쪽 벽이 트인 방 또는 홀_옮긴이)를 자랑했다.[13] 저택은 또한 로마의 프레스코 작품 중에서 최상의 것을 보여 주었다. 치기는 벽과 천장을 장식하기 위해 소도마와 젊은 베네치아 화가로 전에 조르조네의 문하생이었던 세바스티아노의 델 피옴보를 기용했다. 최고 수준의 미술가들만 엄선해 고용할 작정이었던 치기는 라파엘로도 끌어들였다. 그래서 라파엘로는 1511년 어느 땐가 이 저택의 넓은 1층 살롱 벽에 「갈라테이아의 승리The Triumph of Galatea」 장면을 프레스코할 준비를 했다. 「갈라테이아의 승리」는 해신과 큐피드 신, 한 쌍의 돌고래가 파도를 가로지르며 아름다운 바다 요정들을 끌고 가는 장면으로 완벽하게 마무리되었다.*

그러나 라파엘로는 바티칸에서 하던 일을 멈추지 않았다. 「아테네 학당」을 끝낸 후에도 계속해서 벨베데레 정원이 내려다보이는 창이 딸린 벽을 오늘날 「파르나소스 Parnassus」로 알려진 프레스코로 장식했다. 벽의 맞은편에는 율리우스가 수집한 시집들로 채워진 서고들이 쭉 놓여 있었다. 「성체에 관한논쟁」이 저명한 신학자들을 「아테네 학당」이 탁월한 철학자들을 묘사했다면 「파르나소스」 프레스코는 고대와 당대 시인 28명이 파르나소스 언덕 위의 아폴로 신전 주위에 모여 있는 장면을 보여 준다. 이 들 중에는 호메로스, 오비디우스, 프로페르티우스, 사포, 단테, 페트라르카, 보카치오가 포함되어 있는데, 모두 한결같이 월계관을 뽐내면서 마르틴 루터를 질색하게 만들었던 저 요란한 손짓을 해대며 대화에 열중하고 있다. 라파엘로는 죽은 시인들뿐 아니라 아직 살아 있는 당대 시인들도 장면에 포함시켰는데, 바사리에 따르면 이들의 초상화는 실제 인물을 모델로 했다고 한다. 이들 유명인사들 중에는 사면초가에 몰린 적이 있는 알폰소 데스테의 특사 로도비코 아리오스토도 있었다. 라파엘로가 아리오스토를 스케치한 시점은 1510년 여름에 티베르 강에 빠뜨리겠다는 협박을 받고 로마를 탈출하기 직전이었다.[14] 그 보답으로 아리오스토는

---

* 라파엘로가 「갈라테이아의 승리」를 그린 시기를 놓고 전문가들 사이에 의견이 크게 엇갈린다. 1511년이라는 이른 시점부터 1514년이라는 늦은 시점까지, 정확한 시기를 놓고 온갖 이론들이 거론되었다. 그러나 주문 자체는 교황이 로마에 부재중이고 스탄차 델라 세냐투라의 프레스코가 거의 완성된 무렵이기도 한 1511년에 나왔던 것 같다. 치기는 라파엘로에게서 자신이 원하는 그림을 얻기 위해 율리우스가 떠나고 없는 시기를 이용했던 것으로 보인다.

『광란의 오를란도』에서 라파엘로를 '우르비노의 자랑'으로 묘사하고 당대에서 가장 위대한 화가중의 한 사람이라고 추켜세웠다.[15] 「성체에 관한 논쟁」과 「아테네 학당」의 등장인물 거의 전원이 남성이었던 것과 대조적으로 라파엘로의 「파르나소스」는 레스보스 출신의 위대한 여류 시인인 사포를 포함해 많은 여인들을 등장시켰다. 미켈란젤로와 달리 라파엘로는 여자들을 직접 모델로 썼다. 당시 로마에 떠돌던 풍문으로는, 라파엘로가 언젠가 로마 최고의 미인 중 5명에게 각자가 가진 가장 잘 생긴 부위, 예를 들면 한 사람에게는 코를, 한 사람에게는 눈이나 넝넝이를 취해 완벽한 여자의 초상화를 만들 계획이라며 나체로 자세를 취해 달라고 부탁했다고 한다(이 일화는 제욱시스가 다섯 딸의 아름다운 곳을 골라 신전의 벽화를 그렸다는 키케로의 이야기를 떠오르게 한다). 그럼에도 불구하고 라파엘로는 정작 사포를 그릴 때는 오직 미녀 한 사람만을 필요로 했다고 한다. 그 이유는 라파엘로가 이 위대한 여류시인의 초상화를 그릴 때 당시 유명한 고급 매춘부로 스콧사 카발리 광장에 사는 이웃 임페리아에게서 유일하게 영감을 얻었기 때문이라고 한다. 미켈란젤로가 교황에게 돈을 받기 위해 얼어붙은 이탈리아 가도를 뚜벅뚜벅 걷고 있을 때, 라파엘로는 티베르 강변에 사는 아고스티노 치기의 궁전이 주는 안락함뿐 아니라 로마 제일의 미녀와의 교제를 실컷 즐기고 있었을 것이다.

교황은 미란돌라를 함락했지만 그 여세를 몰아 페라라로 곧장 돌진하지는 않았다. 전처럼 원정군을 직접 인솔하고 싶었지만 돌격작전이 실패하면 포 강을 따라 포진 중인 프랑스 군에게 필경 자신이 생포당할 것이라고 판단했다. 그래서 교황은 2월 7일에 황소가 이끄는 썰매를 타고 두껍게 쌓인 눈 속을 헤치며 볼로냐로 돌아왔다. 볼로냐도 프랑스 군의 위협으로 인해 더 이상 안전지대가 아니었다. 교황은 하는 수 없이 일주일 만에 다시 썰매에 올라 동쪽으로 80킬로미터 떨어진 아드리아 해안의 라벤나로 향했다. 그 후 라벤나에서 페라라 침략을 추진하는 한편, 한가로울 때에는 해변에 나가 멀리서 갤리 선들이 강한 동남풍을 타고 오르내리는 광경을 지켜보면서 7주를 보냈다. 3월에 라벤나를 진동시킨 약한 지진은 교황을 제외한 다른 사람들에게는 불길한 징조로 받아들여졌지만, 교황의 기백은 여전히 꺾이지 않았다. 지진의 후속파로 호우가 쏟아져 작은 호수가 넘치고 홍수로 강둑이 파괴되기도 했지만, 율리우스의 기백은 여전했다.

한편, 군의 사기를 북돋아 주어야 할 교황이 전선을 이탈하자 페라라에 대한 공세도 금방 김빠지는 소리를 내며 활기를 잃었다. 4월 첫째 주에 사태 파악에 나선 율리우스가 볼로냐로 다시 돌아왔다. 교황은 신성 로마 제국의 황제 막시밀리안의 특사를 접견했다. 막시밀리안은 교황에게 베네치아와 강화를 맺고 프랑스와 전쟁을 벌일 것이 아니라 프랑스와 강화를 하고 베네치아를 치라고 촉구했다. 그러나 막시밀리안의 외교 중재 노력은 수포로 돌아갔다. 또 다른 중재 노력 역시 실패했다. 율리우스의 외동딸인 펠리체는 아버지와 알폰소 데스테 사이의 화해를 성사시키기 위해 아직 유아인 자신의 딸과 페라라 공의 아들을 혼인시키자고 제안했다. 그러나 율리우스는 이 제의에 호의적인 반응을 보이기는커녕 바느질에나 신경 쓰라고 거칠게 말하며 펠리체를 당장 사위집으로 돌려보냈다.[16]

5월이 되자 날씨도 조금씩 좋아졌다. 프랑스 군이 재차 볼로냐에 접근했고, 율리우스는 다시 라벤나로 빠져 나갔다. 프란체스코 마리아와 휘하의 부대도 그처럼 하려 했지만 치욕스러울 만큼 공황상태에 빠져 개인용 야전물품뿐 아니라 대포까지 진지에 내팽개치고 적군을 피해 달아났다. 순식간에 모든 것이 프랑스 군의 수중으로 들어갔다. 무방비 상태의 볼로냐도 이내 함락되었다. 그리고 벤티볼리 일당이 5년 가까운 망명생활을 청산하고 다시 정권을 잡았다. 놀라운 것은 교황이 이 소식을 듣고도 예의 습관적인 격분 상태를 보이지 않았다는 것이다. 교황은 조용히 추기경들에게 패전의 책임자는 자신의 조카이며, 프란체스코 마리아는 패전의 대가로 목숨을 내놓을 것이라고 말했다.

프란체스코 마리아는 패전의 책임을 두고 견해를 달리했다. 마리아는 그 책임을 교황이 1508년 전권대사로 임명해 볼로냐에 파견한 알리도시 추기경에게 돌렸다. 알리도시는 무자비한 직무 수행으로 볼로냐에서도 로마에서와 마찬가지로 철저히 기피 인물이 되고 말았다. 볼로냐 주민들은 차라리 벤티볼리 일당의 복귀를 바랄 정도로 알리도시를 기피했다. 이 도시가 다시 벤티볼리오 일당에게 넘어가자 알리도시는 프랑스인보다 볼로냐인을 더 겁낸 나머지 변장을 하고 몰래 성문을 빠져나왔다.

알리도시 추기경과 프란체스코 마리아는 졸지에 라벤나에 소환되어 교황 앞에서 자신의 입장을 변호해야 하는 신세가 되었다. 그들은 율리우스가 도착한 지 닷새 만인 5월 28일 라벤나에 도착했다. 운 나쁘게도 그들은 비아 산 비탈레에서 우연히 마주쳤는데 알리도시는 말을 탄 채였고, 프란체스코는 걷던 중이었다. 추기경이 애써 웃으며 먼저 인사를 건냈다. 그러나 마리아의 대답은 결코 상냥하지 않았다. "이 역적 놈, 결국 여기까지 왔구나! 어디 한번 당해봐라, 네놈이 받아야 할 응보가 어떤 것인지를!" 마리아가 단검을 빼들고 알리도시를 찌르자 알리도시는 말에서 고꾸라져 떨어졌다. 그리고 칼에 찔린 상처 때문에 한 시간 후에 숨을 거두었다. "내가 저지른 온갖 악행의 응보를 결국 이렇게 받는구나."[17] 이것이 알리도시가 마지막으로 남긴 말이다.

알리도시가 끔찍하게 피살 되었다는 소식이 알려지자 사방에서 이를 환영했으며, 심지어 대놓고 축하하는 사람들도 있었다. 파리데 데 그라시는 하느님에게 추기경의 죽음에 대한 감사 기도를 올렸고 기쁨에 충만해 "주께 찬미"[18]하고 일기장에 썼다. "하느님의 심판은 참으로 의로운 것이며, 우리는 하느님께 크게 감사해야한다. 주께서 믿을 수 없는 배신자에게 그 행실에 합당한 응보를 내리셨다." 오직 교황만이 '애통하여 하늘을 향해 절규하고 비탄에 찬 통곡'[19]으로 절친한 친구의 죽음을 애도했다. 정벌의 꿈을 버린 교황은 자신을 로마에 데려다 달라고 요구했다.

그러나 패전보다 더 심각한 문제가 당장 현안으로 급부상했다. 비탄에 빠진 교황이 로마로 돌아오는 길에 우연히 리미니의 한 성당 문에 나붙은 공지문을 발견했다. 거기에는 루이 12세와 신성 로마 제국 황제가 로마 가톨릭 교회의 총회 소집을 제안했다는 발표문이 실려 있었다. 총회는 극도로 중요한 안건만을 다루었다. 추기경과 주교 전원뿐 아니라 교회 내의 다른 주요 성직자들도 참석하는 초대형 집회로 새로운 정책을 세우고 기존의 정책을 갱신하거나 개선했다. 총회는 아주 드물게 열렸지만 일단 열리면 원대한 목표와 결과를 내놓았는데, 경우에 따라서는 재위 중인 교황을 폐위하기까지 했다. 보다 최근에 있었던 한 예로 1414년 소집된 콘스탄체 총회는 반정통파 교황인 요한 23세를 폐위하고 마르틴 5세를 새로 선출해 대분열 시대(두 명의 교황이 각자 자신이 적통이라고 주장하면서 로마와 아비뇽에서 따로 재위한 40년의 기간)를 마감했다. 루이 12세는 교회 내 여러 형태의 권력을 개혁하고, 터키에 대한 십자군원정을 준비하기 위해 총회를 소집한다고 주장했지만, 그 목적이 율리우스를 제거하고 자신과 대립을 일삼는 교황을 아예 왕궁에 붙들어 두기 위한 것임을 아무도 의심치 않았다. 콘스탄체 총회가 대분열 시대를 종결지었다면, 1일 개최할 새 총회는 대분열 시대를 다시 열 것으로 전망했다.

볼로냐의 상실과 알리도시 추기경의 사망 이후로 교황의 측근 보좌관들 중 누구도 먼저 나서서 그에게 최근 소식을 전하지 않았다. 따라서 성당 문에 나붙은 소환장은 교황에게 충격 그 자체였다. 볼로냐에서 세속 권력을 상실한 뒤에 교황은 갑자기 영적 권력마저 내놓아야 할지 모르는 위협적인 상황에 빠졌다.

6월 26일 포르타 델 포폴로 관문을 지나 로마에 돌아온 행렬의 분위기는 침울했다. 교황은 산타 마리아 델 포폴로 성당 앞에서 행진을 중단시키고 안으로 들어가 미사를 집전했다. 미사 도중에 교황은 미란돌라에서 성모 마리아가 자신을 피해가게 한 포탄을 꺼내 재단위의 은제 사슬에 꿰매었다. 미사 후에 행렬은 다시 뜨거운 뙤약볕 아래에서 성 베드로 대성당까지 행진해 나아갔다. "이것은 고생스럽고 기만적이며 전혀 쓸모없었던 원정의 종점이었다."[20]고 파리데 데 그라시는 한숨을 내쉬었다. 율리우스가 프랑스 세력을 몰아내기 위해 원정을 시작한 지 만 10개월이 되었다. 교황의 예복을 입고 코르소 거리를 따라갈 때에도 율리우스는 여전히 흰 수염을 기르고 있었다. 교황이 수염을 면도할 날은 당분간 올 것 같지 않았다.

● ● ●

볼로냐의 상실과 알리도시 추기경의 사망 이후로 교황의 측근보좌관들 중 누구도 먼저 나서서 그에게 최근 소식을 전하지 않았다. 따라서 성당 문에 나붙은 소환장은 교황에게 충격 그 자체였다. 볼로냐에서 세속 권력을 상실한 뒤에 교황은 갑자기 영적 권력마저 내놓아야 할지 모르는 위협적인 상황에 빠졌다.

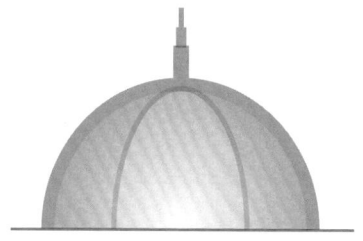

CHAPTER 23

# 새롭고 신기한 회화 방식

1510년 7월 부오나로토에게 보낸 편지에서 미켈란젤로는 시스티나 천장 프레스코의 전반부를 몇 주 안에 공개할 것이라고 밝혔다. 교황이 라벤나에서 돌아온 후에도 7주를 더 기다린 끝에, 그리고 부오나로토에게 편지를 띄운 지 일 년 만에 마침내 천장 전반부의 공개가 이루어지게 되었다. 이처럼 공개가 지연 된 것은 율리우스가 성모 승천 대축일을 공개일로 잡았기 때문인데, 당시 성모 승천 대축일은 대개 8월 15일로 잡혀졌다. 이 날은 율리우스가 아비뇽 대주교로서 1483년 성모 승천 대축일에 맞추어 시스티나 예배당-페루지노와 동료들의 프레스코 장식을 마지막으로 하여 완성된-을 축성한 이후로 그에게 의미 깊은 날이 되었다.

천장 프레스코의 초기 구도 단계에서 율리우스는 여러 차례 비계 위에 올라가 콘디비가 말한 것처럼 미켈란젤로팀의 작업 진척 상황을 점검했을 것이다. 그리고 이제 육중한 비계의 해체로 본래의 목적대로 마루에서 처음으로 천장 프레스코를 보게 되었다. 창 위 벽돌에 낸 돌기 구멍에서 널빤지를 떼어낼 때 먼지가 엄청나게 많이 날렸지만 교황은 괘념치 않았다. 그는 미켈란젤로가 직접 그린 작품을 보고 싶은 열망에, 대축일 전날 밤 '비계를 해체하며 일어난 먼지가 채 가라앉기도 전'[13]에 예배당 안으로 뛰어 들어갔다. 15일 오전 9시 미사가 평소와 다름없이 시스티나 예배당에서 거행되었다.[2] 교황은 평상시와 마찬가지로 바티칸 궁의 3층에 있는 카메라 델 파파갈로, 즉 '앵무새 방'에서 미사용 예복으로 갈아입었다(바티칸에는 새가 정말 많았다. 율리우스는 4층의 대형 새장으로 갈 때면 침실 내에 설치된 계단을 이용했다). 예복 착용 의식이 끝나자 의전용 의자인 세데 게스타토리아에 실려 계단을 타고 두 층 아래의 살라 레자(왕의 방_옮긴이)로 내려갔다. 2줄로 된 스위스 근위대 병사들이 교황 양옆에 서서 호위 태세를 갖추자 교황은 추기경들과 함께 십자가와 흔들 향료를 앞세우고 시스티나 예배당에 입장했다. 교황과 추기경들은 마루에 깐 원형의 로타 포르피레티카 위에 살짝 무릎을 꿇고 일어나 예배당 동쪽의 반 정도를 천천히 돌아 합창단석을 분리한 대리석 차단막 넘어 제일 끝에 있는 지성소로 향했다.

 예배당은 천장화를 최초로 보기 위해 몰려든 순례자와 일반 관람객들로 꽉 찼다. "로마 시민 모두가 미켈란젤로에 대해 나름의 일가견이 있는데다 기대가 워낙 커 다들 보러 왔다."[3]고 콘디비는 전했다. 미사 참여자들 중에 특히 열광하는 한 사람이 있었다. 바로 그 사람, 라파엘로는 지정석에 앉아 경쟁자의 작품을 하나하나 뜯어보았을 것이다. 2년 전에 라파엘로는 비록 명예직에 지나지 않았지만 교황을 보좌하는 서기관(아마도 1천 5백 두카트를 주고 이 자리를 샀을 것이다.)에 임명되면서 교황 전속 예배당의 회원 자격으로 지성소 안에서도 교황과 가까운 자리에 앉았다.

미켈란젤로의 프레스코를 뚫어지게 바라본 라파엘로도 다른 로마인들처럼 '새롭고 놀라운 회화 방식'에 감탄했다. 프레스코는 로마 전체의 화젯거리가 되었다. 콘디비는 라파엘로가 천장 프레스코에 너무나 깊은 인상을 받은 나머지 예배당의 남은 프레스코 주문을 가로채려 했다고 주장했다. 그래서 다시 한 번 더 브라만테의 지원에 기대려고 했다는 것이다. 콘디비의 이야기는 계속된다. 브라만테는 성모 승천 대축일 바로 그 다음 날에 라파엘로를 대신해 교황에게 탄원했는데 이를 들은 미켈란젤로는 크게 화를 냈다. 그리고 율리우스 교황 앞으로 나아가 그동안 브라만테에게 당한 온갖 박해를 낱낱이 고해바치면서 그가 해 온 부당한 짓을 엄중히 항의했다."

라파엘로가 미켈란젤로의 주문 건을 가로채려 한 것이 사실이라면 정말 놀라운 이야기가 아닐 수 없다. 라파엘로는 율리우스가 돌아온 직후에 30개월을 끌어온 스탄차 델라 세냐투라의 벽화 4개를 모두 완성했다.* 「파르나소스」를 완성한 후에 라파엘로는 관심을 이 방의 마지막 남은 벽에 집중했다. 벽 앞에는 교황이 소장한 법률서들이 진열될 예정이었다. 라파엘로는 유리창 위로 고대 철학의

---

* 스탄차 델라 세냐투라의 작업은 1511년쯤 끝이 났다. 유리창의 오목한 부분에 새겨진 글을 보면 이 해에 프레스코가 완성되었음을 의미하는 '최종 기한'이 있을 뿐만 아니라, 율리우스 2세의 재위 8년, 즉 1511년 11월 1일 이전에 완성된 것으로 나타나 있다.

기본 덕목인 신중, 절제, 초지일관의 의연함을 여성으로 의인화해 표현했는데, 특히 마지막 주제의 인물상은 도토리가 달린 오크 나무를 움켜쥐어 율리우스를 미화했다(이렇게 사기가 밑바닥으로 떨어진 시기에 율리우스는 정말 의연한 기개가 필요했다). 유리창 양쪽에는 역사적인 장면들이 프레스코 되었는데 오른쪽 장면에는 「페나포르트의 성 레이몬드한테서 넘겨받은 교서를 승인하는 교황 그레고리 9세Pope Gregory IX Approving the Decretals Handed to Him by St. Raymond of Penafort」. 왼쪽에는 「유스티니아누스 황제에게 법전을 바치는 트리보니아누스Tribonian Presenting the Pandeas to the Emperor Justinian」라는 긴 제목이 붙여졌다. 오른쪽 장면에는 그레고리 9세의 역할로 흰 수염을 기른 율리우스 초상이 나타나 있다. 사제들의 수염 기르는 행위를 명시적으로 금지한 교황칙령에 비추어 볼때, 교서를 승인하는 구레나룻의 율리우스 모습은 참으로 아이러니했다.

 율리우스는 이런 스탄차 델라 세냐투라의 장식에 만족했는지 작업이 끝나자마자 라파엘로에게 옆방도 프레스코해 달라고 주문했다. 그러나 콘디비의 말에 신빙성이 있다면, 교황이 새로운 주문으로 라파엘로를 굳이 특별 취급할 필요는 없었을 것이다.

 사실 라파엘로는 시스티나 예배당의 천장화 작업을 주문받는 것에 어느 정도 구미가 당겼을 것이다. 배타적인 공간인 스탄차 델라 세냐투라보다 많은 사람이 모이는 예배당이 자신의 재능을 과시하고 홍보하는 데 훨씬 유리하다는 사실을 숙지하고 있었을 것이기 때문이다. 라파엘로의 프레스코가 빼어나고 「아테네 학당」이 미켈란젤로가 그린 창세기의 그 어떤 장면보다 우수한 회화임은 분명하지만, 1511년 여름에는 아직 미켈란젤로의 프레스코에 필적하는 평판이나 관심을 끌지 못한 것 같다. 「아테네 학당」의 전시용 밑그림은 이런 상황을 타개하기 위해 만든 것이었다. 즉, 로마 주민 대부분의 접근이 허용되지 않은 교황 숙소에서 기대할 수 있는 관람객보다 훨씬 더 많은 수의 관람객을 사로잡기 위한 고육지책이었던 것이다. 그러나 이 밑그림이 실제로 전시된 적은 단 한 번도 없다.

라파엘로의 계획이나 야망이 무엇이었든지 간에 시스티나 예배당 천장 서반부의 주문은 따내지 못했다. 그 대신 미켈란젤로의 프레스코 공개 직후에 교황 숙소의 방 하나를 더 프레스코 해달라는 주문을 받았다. 그러나 라파엘로는 그에 앞서 「아테네 학당」을 크게 수정했다. 라파엘로는 「아테네 학당」을 고치면서 침울한 '사형 집행관'에 대한 자신의 관점을 많이 반영했음은 물론이고, 미켈란젤로의 양식에서 많은 영향을 받았음을 또한 드러냈다.

1511년 초가을, 라파엘로는 이미 한 해 전에 끝낸 「아테네 학당」으로 다시 돌아갔다. 라파엘로는 이미 색칠이 끝난 플라톤과 아리스토텔레스의 아래 부분 석고에 붉은 초크로 인물화를 하나 스케치했다. 그리고 인물화에 먼저 역 방수 처리를 한 후에 석고에 기름종이를 붙여 초크 인상을 담아냈다. 초크 윤곽이 새겨진 종이는 일단 그냥 놓아두고, 인물화를 스케치한 인토나코 부분을 먼저 긁어내고 그 자리에 새 석고를 칠한 후에 밑그림을 갖다 붙였다. 그 후에 라파엘로는 계속해서 조르나타 하나에 「펜시에로소pensleroso」 또는 「생각하는 사람」으로 알려진 구부정한 몸매의 고독한 철학자를 그렸다.[4]

이 프레스코의 56번째 인물화는 지금까지 에페수스의

헤라클레이토스를 표상한 것으로 인식되어 왔다. 헤라클레이토스는 「아테네 학당」에서 라파엘로가 지식 전달 집단으로 표현한 사제 집단에서 바깥으로 밀려난 소수의 철학자 중 한 사람이다. 헤라클레이토스 주변에는 진지한 철학 문하생이 한 명도 없다. 검은 머리에 수염을 기르고 자신의 문제로 넋이 나간 헤라클레이토스는 움켜쥔 손으로 머리를 괸 채 무언가를 미친 듯이 종이에 휘갈겨 쓰느라 주변에서 벌어지는 철학 논쟁도 완전히 망각한 듯하다. 가죽 장화와 허리에 꼭 끼는 셔츠를 입은 헤라클레이토스는 맨발에 흐르는 느낌의 겉옷을 걸친 다른 동료들에 비해 꽤 현대적인 복장을 하고 있다. 이 인물화에서 가장 재미있는 것은 넓고 펑퍼진 코로 많은 미술가들은 바로 이 코의 특징 때문에 헤라클레이토스의 모델을 미켈란젤로라고 확신했다. 시스티나 천장화를 본 라파엘로는 존경의 의미로 미켈란젤로의 인물화를 프레스코에 추가한 것이다.[5]

헤라클레이토스의 모델이 미켈란젤로가 틀림없다면 라파엘로의 경의는 상반된 측면이 있다. '애매모호한 헤라클레이토스', 또는 '구슬피 우는 철학자'로 불리는 에페수스의 헤라클레이토스는 세계가 끝없이 유전하고 있다고 믿었는데, 이 가설은 그가 말한 "똑같은 강물에 두 번 뛰어들 수 없다", "해는 매일 새로 뜬다"는 매우 유명한 두 가지 격언에 압축되어 있다. 그러나 라파엘로가 이 철학자에게 미켈란젤로의 외모적 특징을 부여한 것은 만물유전의 세계관 때문이 아니었다. 그보다는 전설이 되다시피 한 미켈란젤로의 심술궂은 성미와 경쟁자들에게 보이는 심한 경멸감 때문이었을 것이다. 헤라클레이토스는 피타고라스나 크세노파네스, 헤카타이오스와 같은 선배들에게 경멸에 찬 말들을 거침없이 퍼부었다. 심지어 호머에

「아테네 학당」에 추가한 라파엘로의 「생각하는 사람」

대해서도 그따위 눈먼 시인은 말채찍으로 실컷 두들겨 패주어야 한다고 독설을 퍼부었다. 에페수스 시민들 또한 까다로운 이 철학자의 호감을 사지 못했다. 헤라클레이토스는 그들을 한 명도 남기지 말고 죄다 목매달아야 한다고 썼다.

그러므로 「아테네 학당」에 등장한 헤라클레이토스는 존경하는 미술가에게 손을 들어 경례하는 의미도 있지만 무뚝뚝하고 냉랭한 성미의 미켈란젤로를 웃음거리로 만드는 의미도 있었던 셈이다. 또한 헤라클레이토스를 「아테네 학당」에 편입시킴으로써 스탄차 넬라 세냐투라의 벽에 그려진 라파엘로 자신의 작품들이 시스티나 예배당 천장에 나타난 미켈란젤로 양식의 웅장함과 엄숙함, 강건한 체력과 운동선수 같은 자세, 그리고 활력이 넘치는 색조 때문에 무색해졌음을 암시했다. 달리 말해 미켈란젤로가 개별적으로 분리해 그린 구약성서상의 인물들이 라파엘로가 표현한 「파르나소스」와 「신 아테네」의 고상하고도 감동어린 고전적 세계를 가려버린 것이다.

두 미술가의 서로 다른 양식을 한층 더 이해할 수 있는 한 가지 방법은 250년이 지난 1756년 아일랜드의 정치인이자 작가 에드문드 버크(Edmund Burke)의 『숭고와 미美의 관념에 관한 철학적 연구Philosophical Enqui교 into the Origin of Our Ideas of the Sublime and Beautiful』에서 소개한 이분법을 통해서이다. 버크는 우리가 '미美'라고 부르는 것의 특징을 색조의 평탄함과 미묘함, 그리고 유연함과 우아한 운동감에서 찾았다. 그와 달리 숭고한 것은 거대하고 애매모호한데다 위력적이며 거칠고, 또한 난해한 특징을 지니고 있어서 보는 사람들에게 일종의 충격적인 경탄과 공포심을 일으킨다고 했다.[6] 1511년 당시의 로마인들에게 라파엘로의 작품은 아름답고, 미켈란젤로의 것은 숭고했다.

라파엘로는 이 차이를 누구보다도 날카롭게 인식했다. 라파엘로의 스탄차 델라 세냐투라의 프레스코가 페루지노와 기를란다요, 레오나르도 같은 거장들이 수십 년간의 활동을 통해 이룩한 미술의 완벽함과 극치를 보여 주는 것이라면, 미켈란젤로의 시스티나 예배당 천장화는 완전히 새로운 방향을 설정한 것임을 자신도 분명히 직감하고 있었을 것이다. 미켈란젤로는 특히 선지자와 무녀들, 그리고 이그누디에서 「다비드」 같은 조각품이 가진 힘과 생동감, 압도적인 거대함을 회화 영역에 그대로 옮겨 놓았다. 프레스코 미술은 더 이상 전과 같지 않을 것이다. 그럼에도 불구하고 그들 사이의 경쟁은 곧 재개될 예정이었다. 라파엘로는 조수들과 함께 새로 프레스코해야 할 방으로 옮겨갔다. 그와 동시에 미켈란젤로도 동료들과 함께 시스티나 천장의 서반부를 프레스코 하는 데 필요한 비계 조립의 준비 단계에 들어갔다. 그때까지 한 해 동안 연기해 온 「아담의 창조」를 드디어 그릴 수 있게 된 것이다. 혹은 그렇게 될 것으로 보였다.

그러나 프레스코 공개 사흘 만에 교황이 심한 고열과 두통으로 위독한 상태에 빠지고 말았다. 의사의 진단은 분명했다. 말라리아였던 것이다. 교황이 당장 죽을지도 모른다는 전망에 로마는 혼돈 상태로 급전직하急轉直下했다.

• • •

미켈란젤로의 프레스코를 뚫어지게 바라본 라파엘로도 다른 로마인들처럼 '새롭고 놀라운 회화 방식'에 감탄했다. 프레스코는 로마 전체의 화젯거리가 되었다. 콘디비는 라파엘로가 천장 프레스코에 너무나 깊은 인상을 받은 나머지 예배당의 남은 프레스코 주문을 가로채려 했다고 주장했다.

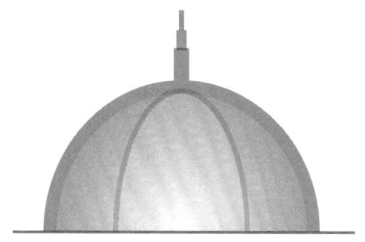

CHAPTER 24 | 유일무이한
최고의 창조자

    6월에 라벤나에서 돌아온 교황은 몹시 바빠 발병이 날 지경이었다. 7월 중순에 교황은 성 베드로 대성당의 청동 문에 로마 가톨릭 교회의 총회를 소집한다는 공고문을 붙였다. 다음해 로마에서 열릴 이 총회는 루이 12세와 그에게 충성하는 반체제파의 추기경들이 소집한 총회에 맞서기 위한 것이었다. 그런 다음, 율리우스는 자신이 소집하는 총회를 지지하는 세력들을 규합하고 반대파들을 격려하기 위해 정치 공작을 벌이는 한편, 유럽의 구석구석에 교서와 밀사를 빠짐없이 보내는 등 정면승부에 과감히 나섰다. 물론 그 와중에도 교황은 한 끼도 거르지 않고 그 어느 때보다 왕성하게 먹고 마셨다. 피로에 지치고 근심에 시달린 교황은 잠시 일을 멈추고 휴식을 취하기 위해 8월 초에 티베르 강 하구에 있는 고대 로마 시대의 항구였던 오스티아 안티카에 하루 일정으로 꿩 사냥을 갔다. 교회법은 수염을 기르는 것과 마찬가지로 사제들의 사냥을 금지했다. 꿩 사냥은 교황을 끝없이 즐겁게 해주었다. 자신이 쏜 총에 새가 맞아 떨어질 때마다 교황은 어김없이 "주위 사람들에게 토막 난 새를 보여 주며 신나게 웃고 떠들어 댔다."[1]고 사냥에 동행한 만투안 특사는 기록했다. 그러나 공중에 나는 새를 잡으려고 8월에 모기들이 바글대는 오스티아의 늪지대를 함부로 밟고 다닌 것은 아무래도 현명한 행동이 아니었다. 교황은 로마에 돌아오자마자 미열로 쓰러지고 말았다. 며칠이 지나 기력을 되찾는 듯했지만 성모 승천 대축일에도 상태가 여전히 좋지 않았던 것 같다. 그리고 시스티나 프레스코의 공개를 불과 며칠 앞두고 교황은 중태에 빠지고 말았다.

　사람들은 모두 교황의 환우가 지난해 겪은 것보다 훨씬 더 위중한 것임을 금방 알아차렸다. "교황은 빈사상태다."[2] 하고 베네치아 특사 기롤라모 라포마노는 적었다. 라포마노는 미란돌라를 포위하고 공격할 당시에 율리우스가 기적적으로 회복한 모습을 목격한 적이 있다. 그러나 "교황은 내게 아무래도 오늘 밤을 넘기기 어려울 것 같다고 말했다." 교황은 이날 밤은 무사히 넘겼지만, 다음날인 8월 24일 상태가 매우 절망적이어서 종부성사까지 거행되었다. 율리우스 본인도 임종이 다가왔다고 믿고 볼로냐와 페라라에 대한 파문 조치를 해제하고, 공직에서 추방한 조카 프란체스코 마리아를 사면하는 등 마지막 은사를 베풀었다. "교황의 생명이 다 된 지금, 나도 여기서 일기를 마감해야겠다."고 파리데 데 그라시는 썼다. 파리데는 추기경들에게서 교황의 장례식과 후계자를 선출할 콘클라베(교황 선거회)를 준비하라는 요구를 받았다.

교황이 위독하자 바티칸에서는 불경스러운 장면들이 속출했다. 율리우스가 병상에 누워 꼼짝 못하자 시종과 다른 교황청 근무자들-구호품 관리사, 교황 행차 선도 관리사, 와인 담당 집사, 제빵사, 요리사 등-이 궁 안을 돌아다니면서 짐을 싸기 시작했다. 그들은 또한 교황의 개인 재산에도 손을 대 상당수를 빼돌렸다. 탐욕이 빚어낸 소동 속에 교황은 11살짜리 인질 페데리코 곤차가와 함께 시종도 하나 없이 침실에 내팽개쳐졌다. 율리우스는 라벤나에서 돌아온 후로 계속해서 페데리코를 곁에 꼭 붙들어 두었다. 이 소년이야말로 임종을 기다리는 교황을 버리지 않은 유일한 인물이었다.

불경스러운 일은 바티칸 밖에서도 벌어졌다. 리포마노가 전한 것을 보면, "로마는 혼란의 도가니에 빠졌으며, 모두가 무장한 상태였다." 중세 시대의 귀족이었던 콜론나와 오르시니 가家가 교황의 죽음이 임박해진 틈을 타 이 도시의 통제권을 장악하고 공화국을 세우려고 기도 했다. 양가의 대표는 로마 시민 중 상당수의 지도급 인사들과 고대 로마 신전에서 회합을 갖고, 그들 간의 의견차에도 불구하고 "로마 공화국의 대의를 위해 신명을 바치겠다."고 맹세했다. 주모자 격인 폼페오 콜론나는 신전에 모인 군중들에게 교황권의 상징인 성직자 통치 체제를 종식하고 옛날의 자유를 회복하자는 연설을 했다. "지금껏 교황이 임종할 때 이처럼 주위가 무기 소리로 시끄러웠던 적은 없었다."고 리포마노는 공포에 치를 떨었다. 엄청난 폭력 사태의 폭발이 임박해지자 로마시의 치안 책임자는 지레 겁을 먹고 안전지대인 산 탄젤로 성으로 피신했다. 예배당 서쪽 부분 위에 설치할 비계 조립에 필요한 것들과 「아담의 창조」를 준비하던 미켈란젤로는 갑자기 불확실한 새로운 상황에 놓이게 된 것을 알아차렸다. 미켈란젤로는 이미 알리도시 추기경이 라벤나에서 살해되는 바람에 졸지에 바티칸 안에서 유일한 맹우盟友이자 보호자를 잃은 터였다. 교황이 죽으면 작업이 이전보다 훨씬 더 심각한 장애에 봉착할 것이 뻔했다. 미켈란젤로의 생각으로는 콘클라베가 시스티나 예배당에서 열리면 그만큼 천장 작업이 지체될 뿐만 아니라 자칫하면 새 교황의 선출과 함께 작업 자체가 폐기될지도 몰랐다. 리포마노는, 추기경들 사이에서는 '프랑스 파派', 다시 말해 루이 12세에 동조하는 추기경에게 승리가 돌아갈 것이라는 의견이 지배적이라고 전했다. 만일 이때 그런 인물이 교황에 선출되었다면 시스티나 예배당에는 그야말로 큰 재앙이 초래되었을 것이다. 왜냐하면 프랑스 왕에게 우호적인 새 교황은 시스티나 예배당이 두 로베레 가家 교황의 기념관으로 바뀌는 것을 원치 않을 것이 분명했기 때문이다. 율리우스는 보르자 방벽에 핀투리치오가 알렉산더 6세를 추켜세우기 위해 그린 프레스코를 긁어내지 않고 그대로 두었다. 그러나 새로 선출될 교황이 그렇게 고분고분할지는 알 수 없었다.

극심한 혼란 속에서 교황은 믿기 어려울 정도로 회복세를 나타내기 시작했다. 교황은 늘 그렇듯이 의사의 지시를 제멋대로 어기는 환자였다. 그래서 식사를 할 때는 매우 드물었지만, 하게 되면 의사의 지시를 무시하고 정어리나 소금에 절인 고기, 올리브, 그리고 당연한 얘기지만 와인 같은 금지된 음식을 요구했다. 의사들은 교황이 뭘 먹고 마시든 상관없이 결국 죽을 것이라고 생각해 배가 터지도록 실컷 먹게 내버려 두었다. 교황은 자두와 복숭아, 포도와 딸기 같은 과일을 달라고 졸랐다. 그러나 이것들을 도저히 그냥 삼킬 수 없어서 살을 씹어 즙을 빼먹은 후에 입 속에 남은 찌꺼기를 한 입 가득 뱉어냈다.

기묘한 식사를 계속하는 사이에 교황의 병세는 호전되었다. 그러나 의사들은 여전히 멀건 고기국물만 처방해 주었는데 교황은 페데리코가 먹여주지 않으면 전혀 입에 대지 않았다. "로마인들은 모두 교황이 완쾌된다면 그건 전적으로 시뇨르 페데리코 덕분이라고 말들 합니다."[3] 하고 만투아 특사는 이 소년의 어머니인 이사벨라 곤차가에게 자랑스럽게 알렸다. 또한 교황이 라파엘로에게 페데리코의 초상화를 프레스코에 넣어줄 것을 부탁했다고 자랑했다.*

종부성사를 받은 지 일주일도 채 안 된 8월 말, 교황은 방에서 악사들의 연주를 듣거나 페데리코와 주사위 놀이와 유사한 트릭 트랙이라는 보드게임을 즐길 수 있을 정도로 상태가 많이 호전되었다. 교황은 또한 신전에서 농성 중인 공화파 폭도들을 응징할 계획도 세웠다. 교황의 호전이라는 놀랍고도 예상 밖의 소식에 반란 세력들은 순식간에 허물어졌다. 폼페오 콜로나는 로마를 탈출했고, 나머지 공모자들은 교황의 권세를 무너뜨릴 의도가 애초부터 없었다고 서로 다투어 맹세했다. 평화가 하룻밤 사이에 회복된 것이다. 통제하기 어려운 로마 군중의 폭력은 율리우스가 아직 살아 있고 건강하다는 사실만으로도 저절로 진압된 듯했다.

교황의 회복은 작업을 계속할 수 있게 된 미켈란젤로에게 더할 수 없이 큰 위안이 되었을 것이다. 비계를 천장의 후반부 위에 설치하는 작업은 9월 말에나 끝났다. 10월 1일에는 다섯 번째 분할금인 4백

---

\* 이 프레스코의 정체를 밝히는 것이 요즘음 토론의 대상이 되고 있다. 토론에 관해서는 본문의 '주'를 참고..

두카트를 받아 그때까지 총 2천 4백 두카트를 벌어들였다. 비계가 새로 설치되자 붓을 놓은 지 꼬박 14개월만인 10월 4일에 회화 작업이 재개되었다.

성모 승천 대축제는 로마인들이 처음으로 시스티나 예배당의 새 프레스코를 구경하는 기회로만 끝나지 않았다. 비계가 제거되자 미켈란젤로 또한 마루에서 프레스코를 평가할 수 있는 실질적인 기회를 처음 갖게 된 것이다. 설사 미켈란젤로를 제외한 모든 로마인이 그의 작품에 깊은 감명을 받았을지라도 정작 본인은 천장 접근방식에 많은 문제가 있음을 발견했을 것이다. 왜냐하면 미켈란젤로는 후반부를 그리면서 이전과는 눈에 띄게 달라진 방식을 구사했기 때문이다.

미켈란젤로가 가진 기본적인 불만은 「홍수」에서 나타난 것처럼 화면을 무질서하게 꽉 채운 인물들 대부분이 한결같이 덩치가 작다는 점이었다. 미켈란젤로는 「홍수」의 인물들이 예배당 마루에서 올려다볼 때 구별하기가 쉽지 않다는 것을 이제야 비로소 알게 되었다. 그래서 창세기 장면의 인물들은 크기를 확대키로 했다. 이 새로운 전략은 선지자와 무녀들에게도 적용되었는데 천장 후반부에 나오는 이들이 이미 그려진 전반부보다 평균 1.2미터 가량 더 큰 사실이 이를 증명해 준다. 스팬드럴과 반원 공간에 그려진 인물들도 똑같이 덩치가 확대된 대신 숫자는 크게 줄었다. 그에 따라 예수의 조상들에게 착 달라붙은 유아의 수도 제단 쪽에 가까울수록 줄어들게 되었다. 「아담의 창조」는 바로 이러한 새로운 접근방식 때문에 빛을 보았다. 이 그림의 전체 화변에는 16개의 조르나타, 다시 말해 2~3주의 작업 시간이 소요되었다. 미켈란젤로는 이 장면을 그릴 때 왼쪽에서 시작해 오른쪽으로 그려 나갔기 때문에 첫 번째로 그린 인물은 아담이었다. 천장 전체의 인물화 중에서 가장 유명하고, 또한 쉽게 식별할 수 있는 이 인물화를 그리는 데는 모두 합쳐 4조르나타 밖에 들지 않았다. 아담의 머리와 그를 둘러싼 하늘을 그리는 데 하루, 몸통과 팔을 그리는 데 하루가 소요되었으며, 양다리에 각각 1조르나타가 들어갔다. 이 속도로 보면 미켈란젤로가 아담을 그리는 데 들어간 시간이 전에 이그누디 한 명에 걸린 시간과 일치한다는 것을 알 수 있다. 나체로 몸을 뒤틀고 있는 아담의 형상은 전반부의 이그누디와 거의 같을 정도로 닮았다.

아담의 인물화에 쓰인 밑그림은 전체를 한꺼번에 석고에 새기는 방식을 사용해, 전에 창세기에서 동원한 방식에서 조금 벗어났다. 이전의 창세기 장면에서는 얼굴과 머리카락의 미세함을 표현할 때에는 항상 스폴베로 방식을 따로 동원했었다. 미켈란젤로는 젖은 석고에 아담의 머리 윤곽을 간단히 새긴 후에 붓으로 인물의 특징을 능숙한 솜씨로 입체감 있게 그려냈는데, 이 기술은 전에 반원 공간에서 완벽하게 터득한 것이기도 했다.

일 년 이상 프레스코에서 손을 떼어야 했던 미켈란젤로는 새로운 절박감으로 작품에 접근했다. 그 절박감은 율리우스의 불확실한 건강과 프랑스 군에 대한 교황의 군사 행동 실패로 촉발된 정치적 불확실성으로 분명하게 드러났다. 미켈란젤로가 작업을 속개하면서 보여 준 맹렬한 가속도의 또 다른 증거는 「아담의 창조」 직후에 그린 반원 공간 장면에서도 찾을 수 있다. 전반부에서 반원 공간에 그림을 그려 넣는 데 모두 사흘이 걸렸지만, '로보암 아비아스(ROBOAM ABIAS)'라는 이름이 새겨진 장면은 조르나타를 단 하나만 사용해 하루 만에 완성하는 경이로운 속도를 과시했다.

미켈란젤로가 그린 아담의 자세는 아담에게서 몇 미터 떨어지지 않은 곳에 그려진 술에 곯아떨어져 누워 자는 노아의 자세와 유사하다. 그러나 전반부에 그린 술 취한 노아가 품위를 잃은 인간의 한 예라면, 후반부에 창조한 아담은 신학적 해석대로 결점이 없는 완벽한 육체를 상징했다. 당시로부터 250년 전에 현란한 문장으로 유명한 프란체스코 수도사 성 보나벤투레는 하느님이 최초의 인간에게 부여한 육체의 아름다움을 이렇게 표현했다. "태양보다 빛나는 천상의 영광으로 입혀져 밝은 빛을 발하는 그의 육체는 찬란하고 섬세하며, 또한 민첩하고 불멸하다."[4] 미켈란젤로 찬미자였던 바사리는 이러한 특질이 모두 아담에 눈부실 정도로 반영되어 있음을 발견했다. "아담의 아름다움과 자세는 외형에서 보이는 것처럼 죽을 운명을 지닌 인간의 붓과 도안에 의해 만들어졌다기보다 우주의 최고 창조자에 의해 새롭게 창조된 것 같다."[5]

르네상스 시대의 미술가에게 자신이 표현한 인물이 생동감 넘쳐 보이는 것 이상의 목표는 없었다. 보카치오에 따르면, 조토가 이전 시대의 화가들과 구분된 것은 "그가 묘사한 것이 복제품이 아닌 실물 자체의 모습을 지녀 그림을 보는 사람들에게 실물 같은 착각을 일으켰기 때문"[6]이었다. 그러나 미켈란젤로의 아담 창조에 대한 바사리의 평에는 2차원적 이미지를 실제로 살아 있는 것처럼 보이게 묘사한 노련한 화가에 대한 칭찬 이상의 의미가 내포되어 있다. 바사리는 미술가의 프레스코는 인간의 창조를 재현한 것이지 단순히 묘사한 것이 아니라고 주장해 미켈란젤로가 붓으로 만든 독창적인 작품을 하느님의 신성한 허가("인간을 우리와 닮은 모습으로 만듭시다")에 비유했다. 만일 미켈란젤로의 아담이 신이 창조한 것과 구별할 수 없을 정도로 완벽하다면 미켈란젤로 자신이 일종의 신이라는 이야기다. 이보다 더한 찬사는 상상하기 어렵다. 그런데 바사리는 미켈란젤로 전기의 서두에서, 미켈란젤로는 지상에 내려온 신의 대리자로 인간들에게 '도안 미술의 완벽함'[7]을 보여 주기 위해 천상에서 내려왔다고 소개했다.

미켈란젤로가 그린 하느님의 인물화도 아담처럼 모두 합쳐 4개의 조르나타에 그려졌다. 하느님의 윤곽은 보통 석고에 새겨 넣는 방식대로 옮겼지만, 머리와 왼손(아담에게 뻗은 손은 아니지만)에는 색가루를 뿌린 흔적이 나타나 있다. 공중에 뜬 채로 아담을 향해 퍼덕거리는 하느님의 자세는 복잡한 형태를 띠고 있다. 그러나 미켈란젤로가 사용한 색들은 기본적인 것들뿐이었다. 가운은 검정색 계통의 모렐로네를, 머리와 수염은 상아를 태워 만든 시료인 아이보리 블랙 소량과 비안코 산조반니를 사용했다. 미켈란젤로의 하느님에 대한 관념은 일 년 전에 「이브의 창조」를 그린 이후부터 달라졌다. 「이브의 창조」에서 하느님은 두툼한 겉옷 차림으로 땅에 발을 딛고 서서 이브를 손짓하여 부른다. 하느님의 손짓에 응하는 이브는 마치 아담의 옆구리에서 태어나는 것 같은 모습이다. 반면에 「아담의 창조」의 하느님은 훨씬 더 얇은 옷차림을 하고 부풀어 오른 망토에 둘러싸여 하늘 위를 날고 있다. 망토 안에는 열 명의 천사들(케루빔)과 수많은 미술사가들이 미처 다 창조되지 않은 이브라고 생각한, 눈을 동그랗게 뜬 젊은 여자가 있다.[8] 그리고 이브를 부르던 그 단순한 손놀림은 이제 프레스코 전체의 의미를 함축적으로 나타내는 바로 그 유명한 아담과 손끝이 닿을 듯 말 듯한 장면으로 바뀌었다.

이 하느님의 형상이 본질적으로 가질 수밖에 없는 우상적 측면 때문에 5백 년이 지난 오늘날의 관람객들은 이것이 지닌 참신함을 외면하는 경향이 있다. 1520년대에 파올로 조비오는 시스티나 천장 프레스코의 인물화들 중에서 '공중을 나는 것으로 묘사한, 천장 한가운데의 노인 인물화'[9]에 주목했다.

발끝부터 무릎까지의 맨살을 드러낸 하느님의 전신상은 노체라 주교에게도 매우 희귀하고 낯선 모습이었다. 8, 9세기의 비잔틴 제국 황제들은 십계명 중 '위로 하늘에 있는 것'(출애굽기 20장 4절)의 형상을 일체 만들지 말라는 두번째 계명에 따라 모든 종교 미술을 파괴하라는 명령을 내렸지만 하느님의 형상화를 유럽 전역에서 공식적으로 금하지는 않았다. 그러나 초기 기독교 미술에서 천지창조의 장면들은 창조주를 천국에서 뻗어 나온 거대한 손으로만 표현했을 뿐, 그 이상 어떤 것도 보여 주지 않았다.*

이것은 일부를 가지고 전체를 나타내는 대유법적 방식인데, 미켈란젤로가 「아담의 창조」에서 보여 준 긴장된 손가락 그림도 이 방식을 되풀이한 것이 아닌가 싶다. 중세 시대를 거치면서 하느님의 형상은 갈수록 더 많은 신체적 특징을 갖추어 갔지만, 미술가들은 하느님을 대체로 젊은 남성으로

플로렌스의 산타 마리아 노벨라 성당에 있는
우첼로 (Paolo Uccello)의 「아담의 창조」

---

* 산 비탈레 성당에 있는 6세기 구약 성서 장면처럼…….

묘사했다.* 오늘날 우리에게 친숙한 턱수염과 긴 겉옷 차림의 노인상은 실제로 14세기 전까지만 하더라도 전혀 시도되지 않았다. 하느님 상은 그 대신 로마에서 볼 수 있는 수많은 유피테르나 제우스신의 고대 조각상들과 부조에서 영감을 얻은 것이다. 그러나 하느님의 형상은 16세기에 들어와서도 그리는 일이 매우 드물어 조비오 주교 같은 전문가조차 '하늘을 나는 노인'을 하느님으로 식별하지 못했다. 조비오 주교는 교양이 풍부한 역사가로 나중에 코모 호수 옆에 지은 별장에다 위인들의 기념관을 설치했다.

하느님이 손끝으로 아담을 창조한 장면 또한 어떠한 성서적 근거도 갖고 있지 않다. 성서는 아담이 어떻게 창조되었는지를 분명하게 서술하고 있다. "여호와 하느님이 흙으로 사람을 지으시고 생기를 그 코에 불어넣으시니 사람이 생령이 된지라."(창세기 2장 7절) 베네치아의 산 마르코 대성당 13세기 모자이크에 나오는 초기의 천지창조 장면은 흙으로 아담의 몸을 빚는 하느님을 보여 주고 있는데, 하느님을 신성한 조각가로 묘사하며 성서의 설명을 충실히 따랐다. 또한 '생기'라는 부분에 착안하여 하느님의 입술에서 아담의 코로 한 줄기의 빛이 쏟아져 들어가는 장면을 그린 예도 있다. 그러나 얼마 안 가 미술가들은 하느님과 아담의 만남을 좀 더 개성적으로 묘사하기 시작했다. 예를 들면, 기베르티의 청동 부조 「포르타 델 파라디조」에서 하느님은 아담이 일어서는 것을 도와주려는 것처럼 그의 손을 꽉 쥐고 있다. 파올로 우첼로도 산타마리아 노벨라의 치오스트로 베르데에 있는 그의 1420년대 작품 「아담의 창조」에 이 모티브를 이용했다.

---

\* 한 예로 14세기 초에 건축가 로렌초 마이타니 (Lorenzo Maitani)가 오르비에토 대성당의 돌출 벽기둥에 부조한 것으로 추정되는 「하느님 아버지 The God the Father」를 들 수 있다

볼로냐의 산 페트로니오 대성당에 있는 야코포 델라 쿠에르차의 「아담의 창조」

그리고 볼로냐에서는 야코포 델라 쿠에르차가 한 손으로는 낙낙한 옷의 소매를 걷어 올리고 다른 손으로는 벌거벗은 아담에게 축복을 내리는 하느님을 그렸다.

이러한 작품들은 한결같이 하느님이 땅 위에 똑바로 서 있는 것을 보여 주고있으며, 특별히 집게손가락으로 접촉하는 모습을 그린 작품은 없었다.* 그러므로 천장 프레스코에 등장한 많은 형상들이 미켈란젤로가 여행이나 습작 중에 우연히 마주친 조상彫像과 부조들을 차용한 것이기는 하지만, 생명의 불꽃이 손가락과 손가락의 스침을 통해 하느님에게서 아담에게로 쏟아져 들어간다는 착상은 전혀 전례가 없는 것이다.

이 독창적인 이미지가 반드시 도상圖像으로 인지되었던 것은 아니다. 콘디비는 이 유명한 손짓을 생명의 주입이라기보다는 기괴하게도 전제적 하느님의 훈계적인 손가락질로 해석했다. "하느님이 아담에게 앞으로 해야 할 일과 하지 말아야 할 일의 규칙을 가르치기 위해 팔과 손을 뻗은것 같다."[10] 이 단순한 접촉은 20세기 후반에 들어와서야 비로소 하나의 기조가 되었다. 전환기는, 출판가인 알베르트 스키라(Albert Skira)가 1951년 다색판의 『회화-색조-역사Painting-Color-

---

* 미켈란젤로에게 낯익었을 또 다른 작품으로는 오르비에토 대성당의 벽기둥에 있는 창세기 장면을 손꼽을 수 있다. 하느님이 엎드린 채 아무 반응을 보이지 않는 아담 위에 똑바로 서서 집게손가락으로 가리키는 것을 보여 주는 장면이다.

History』 전 3권을 간행하면서 아담과 하느님의 몸체 부분을 자르고 쭉 뻗은 손만 부각시킨 사진으로 미켈란젤로를 유럽과 미국의 수많은 독자들에게 소개하면서부터였다.[11] 이를 통해 손가락과 손가락이 맞닿는 이미지가 정착하게 되었다.

그런데 참으로 재미있는 아이러니는 1560년대의 복원 작업으로 미켈란젤로의 친필 서명이 들어간 그림의 주요 부분-아담의 왼손-이 사실은 그의 작품이 아니라고 밝혀졌다는 것이다. 아담의 왼손을 그린 인물은 바로 도메니코 카르네발레(Domenico Carnevale)였다. 그가 그린 집게손가락은 알베르트 스키라의 컬러 사진으로 크게 다루어지며 많은 영향을 끼쳤지만, 그의 이름은 백과사전이나 미술관에서 조차 찾을 수 없다. 1560년대에 들어와, 전에 피에르마테오 다멜리아의 프레스코를 여러 군데 파손시켰던 구조적 결함이 다시 표면화되어 천장에 또다시 여러 줄의 금이 갔다. 1565년, 그러니까 미켈란젤로 사후 일 년이 되던 해에 내려진 교황 피우스 4세의 보수 명령으로 4년에 걸쳐 예배당의 기저를 강화하고 남쪽 벽을 보강하는 공사가 행해졌다. 마침내 건물 구조가 안정되자, 모데나 출신의 카르네발레에게 갈라진 틈에 석고를 바르고 사라진 프레스코 부분을 새로 그려 넣는 일이 맡겨졌다. 흙손과 붓을 「노아의 희생」이라는 중요 부분에 갖다 대는 것 말고도 카르네발레가 손을 댄 것은 「아담의 창조」였는데, 천장에 발생한 금들 중 하나가 천장 위에서 아래로 쭉 내려가면서 아담의 집게손가락과 가운데 손가락이 잘려나갔기 때문이다.

카르네발레 같은 평범한 기량을 가진 미술가에게 손가락 끝을 다시 그리는 작업이 맡겨졌다는 사실은 「아담의 창조」가 반드시 천장 프레스코의 핵심 부분이며 걸작 중의 걸작으로 간주된 것은 아님을 보여주는 또 다른 실례다. 심지어 미켈란젤로의 아담에 찬사를 보낸 바사리조차 옆으로 기대듯 앉은 이 누드화가 천장의 전체 프레스코 중에서 최고봉이라고는 생각하지 않았다. 콘디비도 마찬가지였다. 그 대신 두 사람은 각자 서로 다른 인물화를 하나씩 뽑았다. 그것은 도안과 제작에서 모두 대성공을 거둔, 미켈란젤로가 이제부터 그리게 될 두 편의 그림이다.

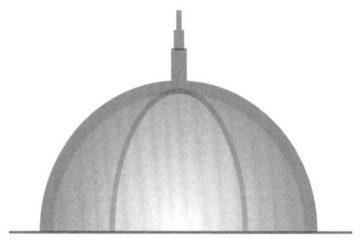

CHAPTER 25 | 헬리오도루스의
추방

「아담의 창조」 작업은 1511년 11월 초에는 마무리된 것으로 보인다. 그러나 이 무렵 시스티나 예배당 바깥에서 일어난 일련의 중대 사건들은 미켈란젤로의 천장화 작업을 또다시 위태로운 지경에 빠뜨렸다. 천장화의 작업이 재개된 지 단 하루만인 10월 5일, 요양 중이던 교황이 대불신성동맹對佛神聖同盟의 결성을 선언했다. 이 동맹을 통해 율리우스와 베네치아는 영국의 헨리 8세, 신성 로마 황제와 손을 잡고 '최강의 군사력'을 구축하여 프랑스 세력을 이탈리아에서 축출하려고 했다.[1] 특히 교황에게는 볼로냐의 수복이 초미의 관심사여서 가능한 모든 수단을 다 동원하려 했다. 교황은 나폴리 총독 라몬 카르도나 휘하의 스페인 군 1만 명을 용병으로 받아들이는 한편, 일 년 전에 자신을 절망의 나락으로 떨어뜨렸던 스위스 군이 다시 알프스를 넘어와 밀라노의 프랑스 군 거점을 공격해 주기를 학수고대했다. 따라서 교황이 곧 장기적인 군사 공세에 들어가면 시스티나 예배당 프레스코 작업은 1510년부터 1511년에 걸친 원정 실패 때 경험한 것처럼, 그의 물적 지원과 관심에서 멀어져 버릴 것이 분명했다.

교황의 공세에 적들도 조직적으로 맞설 준비를 해나갔다. 율리우스의 뜻에 호응하지 않는 반체제파의 추기경들과 대주교들-대부분 프랑스인-이 예정보다 두 달 늦은 11월 1일에 총회를 개최하기 위해 마침내 피사로 왔다. 교황은 그들 중의 네 명을 먼저 파문하고 다른 두 명에게는 총회를 계속 강행하면 처벌을 면치 못할 것이라고 경고했다. 그리고 총회 소집은 교황의 전권에 속하는 만큼 자신이 소집하지 않은 총회 개최는 당연히 불법이라고 못 박았다. 또한 피에로 소데르니의 양해로 반란 세력들의 총회가 피렌체 영내에서 열리는 만큼 책임을 피할 수 없다며 성무聖務 활동을 일체 정지한다는 교서를 내렸다. 성무 중단 조치로 피렌체 공화국과 공화국 인민의 교회 활동과 종교상의 특권이 일시에 정지되었다. 특권 중에는 세례와 종부성사도 포함되어 있었기 때문에, 이는 발령 중에 사망한 시민의 혼을 지옥에 떨어뜨리는 것과 동일한 처사였다.

겨울의 강하와 함께 전선이 형성되었다. 스페인 군은 나폴리에서 동쪽으로 스위스 군은 알프스의 얼어붙은 통로를 지나 남쪽으로 각각 이동했다. 한편, 영국 왕 헨리 8세는 휘하의 함대에 노르망디 해안의 공격 대기 명령을 내렸다. 율리우스는 헨리 8세의 환심을 사기 위해 그가 좋아하는 파르마 치즈와 그리스 산産 포도주가 가득 실린 배를 영국으로 보내 그를 신성 동맹에 끌어들이는 데 성공했다. 당시 배가 템스 강변에 도착하자 교황기가 마스코트로 펄럭이는 희귀하고도 신기한 광경을 목격하려는 런던 주민들이 구름 떼처럼 몰려들었다. 한편, 율리우스와 식도락 취미를 함께 나누는 사이가 된 헨리 8세는 선물을 고맙게 받아들이고 답례로 11월 말 신성동맹에 서명했다.

그러나 스위스군은 또다시 기대를 배신했다. 알프스를 넘어 밀라노 관문에 도착한 이 역전의 용사들은 교황의 어마어마한 신임에도 불구하고 루이의 뇌물공세에 넘어가 스위스로 되돌아갔다. 그들은 12월 말에 회군하면서 기상 악화에 따른 끔찍한 이탈리아 도로 사정 같은 말도 안 되는 회군의 변을 늘어놓았다.

그보다 더 불길한 소식이 곧 로마로 날아들었다. 12월 30일 성난 벤티볼리 지지파 군중이 성 페트로니오 대성당으로 몰려가 미켈란젤로가 제작한 율리우스 동상을 파괴하며 교황에 대한 적개심을 드러낸 것이다. 그들은 동상의 목에 밧줄을 감고 현관 받침대에서 끌어내렸다. 약 4.5톤이나 되는 거대한 동상은 땅바닥에 부딪혀 박살나면서 깊은 웅덩이와 수많은 파편을 남겼다. 동상을 포획한 알폰소 데스테는 몸통을 녹여 거대한 대포를 만들고 '줄리아' 라는 세례명을 붙여 교황의 이름을 희롱했다.* 이런 일련의 사건들에도 불구하고 교황청 등 신성동맹 회원국들의 사기는 조금도 흔들리지 않았다. 프랑스 군 진영에 대한 공격이 마침내 한 달 후인 1월 말로 다가왔으나 교황은 처음으로 전투권에서 벗어나 있었다. 베네치아 군은 밀라노에서 동쪽으로 80킬로미터 떨어진 브레스차라는 요새화된

---

\* 동상의 머리는 페라라 어딘가에 남아 있다가 곧 사라졌다. 대포 제작을 위해 용광로에 녹인 것이 분명하다.

소도시를 포위하고 공격했다. 브레스차가 며칠 만에 함락되자 이탈리아 내 프랑스 세력의 본거지인 밀라노는 갑자기 약화되었다. 바티칸에서 이 소식을 접한 교황은 환희의 눈물을 흘렸다.[2]

미켈란젤로는 율리우스의 치세를 시스티나 예배당 천장에 노골적으로 찬미하는 것을 가급적 피하려 했지만, 라파엘로는 그와 달리 교황의 홍보관 역할을 적극적으로 떠맡았다. 교황의 통치에 대한 두 사람의 관점 차이는 예루살렘 성에서 추방된 헬리오도루스의 이야기를 다루는 태도에서 대조적으로 잘 예시되어 있다. 미켈란젤로가 헬리오도루스의 초상을 메달 속에 숨겨놓다시피 해 사실상 마루에서 거의 관찰할 수 없도록 한 반면, 라파엘로는 아예 프레스코의 한 장면을 이 주제에 통째로 할애했다. 라파엘로의 「헬리오도루스의 추방Expulsion of Heliodorus」이 걸작중의 걸작이었기 때문에, 훗날 스탄차 델라 세냐투라의 옆방은 그 이름을 따 '스탄차 델리오도로(헬리오도루스의 방_옮긴이)'로 불리게 되었다.

라파엘로는 스탄차 델라 세냐투라 안의 줄곧 비어 있던 직경 4.5미터의 반원 공간 벽에 「헬리오도루스의 추방」을 그렸다. 시스티나 천장화의 공개 이후, 라파엘로가 그린 첫 번째 프레스코였던 이 그림에는 미켈란젤로의 작품에 '웅장함과 위엄'을 심어준 활기찬 운동선수 같은 역동적 자세가 그려져 있다. 아스카니오 콘디비는 훗날 라파엘로가 "얼마나 미켈란젤로와 한판 승부를 벌이고 싶어 했는지, 그는 미켈란젤로와 동시대에 태어날 수 있었던 것을 행운으로 여기며 때때로 신에게 감사해 했다."[3]고 단정했는데, 그 근거로 "라파엘로가 부친······이나 페루지노에게서 배운 것과는 전혀 다른 양식을 미켈란젤로의 작품에서 베꼈던" 사실을 상기시켰다. 신체

간의 격렬한 충돌을 담은 「헬리오도루스의 추방」은 헤라클레이토스의 초상과 함께 라파엘로가 미켈란젤로의 양식을 흡수했음을 여실히 보여준다. 그러나 이 프레스코가 성공할 수 있었던 것도 따지고 보면, 그의 초기 작품과 마찬가지로 먼저 배경이 되는 건축물을 웅장하게 구도한 다음, 그 안에 그림 공간을 우아하게 배치함으로써 가능한 것이었다.\*
라파엘로는 「헬리오도루스의 추방」의 배경을 「아테네 학당」과 유사하게 구도했다. 이야기의 무대가 되는 성전 내부는 기둥과 아치, 코린트식 기둥머리, 그리고 창문 사이에 놓인 커다란 대리석 벽에 의해 지탱되는 돔 등 고전적인 구조로 구성되었다. 이런 시대착오적인 건축양식을 의도적으로 택한 것은 도나토 브라만테의 독창적인 건축물이 주는 웅장한 분위기를 무대 배경으로 재현시키기 위해서였다. 또한 그렇게 해서 기원전의 예루살렘을 율리우스 2세 치하의 로마로 착각하게 만들었다. 라파엘로는 또 다른 솜씨로 이런 대비를 더 강력하게 부각시켰다.

라파엘로는 그림 중앙, 다시 말해 황금의 돔 아래쪽에 예루살렘의 고위 성직자인 오니아스의 기도 장면을 그렸다. 오른쪽 전면에는 앞발을 들고 서 있는 백마 아래에 헬리오도루스와 그를 추종하는 약탈꾼들이 겁에 질려 무기력하게 쓰러져 있고, 백마의 등에는 고대 로마의 백인 병장처럼 보이는 인물이 타고 있다. 그리고 공중에는 두 명의 건장한 젊은이가 몽둥이를 휘두르며 그들을 향해 날아가는

---

\* 라파엘로는 「아테네 학당」과 마찬가지로 「헬리오도루스의 추방」에서도 대형 밑그림을 그린 후에 더 이상 손대지 않고 원형 그대로 보존했다. 이 밑그림을 이용해 자신의 디자인을 보다 폭넓게 유포할 작정이었던 것 같다. 나중에 밑그림은 선물 형태로 다른 사람 손에 넘어가 바사리가 활동한 시대에도 계속 존재했다. 바사리는 이 작품의 소장자가 체세나 출신의 프란체스코 마시니였다고 주장했다. 그 후 이 밑그림은 영영 사라지고 말았다.

동작을 보여 헬리오도루스 패거리가 곧 뭇매를 당할 것임을 암시했다.
　정치적인 우의화萬意畵로 보자면 이 그림의 의도는 분명하다. 패배한 헬리오도루스가 약탈품을 마루 위에 쏟아내는 장면은 프랑스인들이 이탈리아에서 쫓겨나는 것을 노골적으로 빗댄 것으로 지금까지 해석되어 왔다. 그러나 라파엘로가 이 그림을 그릴 당시만 해도 그것은 어디까지나 교황의 희망 사항에 불과했다. 헬리오도루스의 운명은, 또한 루이 12세의 동조 세력들뿐만 아니라 벤티볼리, 알폰소 데스테, 반교황파 프랑스인 추기경들, 그리고 심지어 대신전 안에서 농성 중인 폼페오 콜로냐와 공화파 추종세력 같은 교회 파괴분자들-교황은 이들을 자신들의 사적인 이익을 위해 교황권에 속한 것을 탐하는 자들로 치부했다.-에 대한 경고로 비쳐지기도 했다.
　라파엘로는 예루살렘의 정신적 지도자였던 오니아스의 이미지에 시대적 상황을 결부시키기 위해 흰 수염을 붙이고 교황관을 씌운 후, 그의 옷에 파랑과 금색을 입혔다. 이외에도 헬리오도루스의 비극적인 운명을 바로 코앞에서 지켜보는 왼쪽 앞의 십여 명쯤 되는 무리 속에 율리우스의 인물화를 삽입했다. 긴 붉은색 망토를 걸치고 수행원들이 멘 가마에 올라탄 구레나룻의 인물이 바로 율리우스다. 무릎을 꿇은 오니아스를 엄숙하고도 단호하게 바라보는 모습은 어디를 봐도 '일 파파테리빌레(폭군)'를 연상시킨다. 강도 높은 교훈을 통해 교회와 그 최고 통치자의 권위를 설파하려 한 점을 고려하면, 이 프레스코가 한참 후인 1527년 여름에 로마시를 점령한 부르봉 왕의 프랑스 군대에 훼멸당한 것은 결코 우연으로 볼 수 없을 것이다.
　프레스코에 들어간 초상화는 교황뿐이 아니었다. 라파엘로는 친구와 지인들의 초상화도 소홀히 하지 않고 계속해서 프레스코에 그려 넣었다. 그리고 「헬리오도루스의 추방」에는 적어도 동시대인 2명이 포함되었다. 그중 한 쪽은 다른 쪽보다 더 친밀한 관계였는데, 교황의 병상을 줄곧 지킨 어린 인질 페데리코 곤차가를 배려하여 그려졌다. 교황은 라파엘로가 프레스코로 페데리코를 불멸의 인물로 만들어 주길 바랐다. 만투아 공 측의 한 사절은 소년의 모친 이사벨라 곤차가에게 "성하는 라파엘로가 현재 프레스코하는 교황 궁의 침실 벽에 시뇨르 페데리코의 초상도 함께 그려 주길 원한다고 말씀하셨습니다." 하고 전했다.[4] 그러나 라파엘로의 프레스코에 나온 초상화의 어떤 주인공이 페데리코 곤차가라고는 확실히 찍을 수 없다.[5] 그중에서도 가장 그럴듯한 후보는 교황의 부탁이 있은 직후에 그린 「헬리오도루스의 추방」에 나오는 아이들 가운데 한명이 아닌가 싶다.

　라파엘로는 교황의 명령을 성실하게 수행하는 한편, 그림 속에 자신의 개인적인 삶과 관련된 것들을 은근슬쩍 집어넣기도 했다. 한 감상적인 전설에 따르면, 오른팔을 화면 왼쪽으로 뻗은 여자는 라파엘로의 진짜 연인으로 여겨지는 마르게리타 루티로 불렸다. 이 젊은 여자는 스타베레에 있는 아고스티노 치기 별장 부근에 살던 제빵업자의 딸로 라파엘로의 수많은 작품의 소재로 등장했다. 그중에서도 특히 유명한 것은 1518년쯤에 그린 「라 포르나리나 La Fornarina」라는 작품으로 젖가슴을 드러낸 유채화다.[6] 전설에 따르면, 라파엘로는 작품을 망칠 정도로 성에 탐닉했다고 한다. 아고스티노 치기의 파르네시나 별장 「프시케 이야기 The Loggia of Psyche」를 프레스코하기로 한 라파엘로는 아름다운 마르게리타와의 사랑놀이에 빠져 현장에 나타나지 않는 일이 빈번했고, 이에 그 자신도 대단한 여성편력가였던 치기는 마르게리타의 거처를 아예 자신의 별장으로 옮기는 계책을 짜내기도 했다. 지극히 도색적인 이 프레스코화는 그 때문에 제때 완성될 수 있었다. 마르게리타 루티와의 관계가 설사 1511년 가을과 같은 이른 시기에 시작되었다 하더라도 그로 인해 「헬리오도루스의 추방」 작업이 받은 타격은 극히 미미했을 것이다. 「헬리오도루스의 추방」은 조수들의 도움에도 불구하고 작업을 시작한 지 3~4개월 후인 1512년 초쯤에야 비로소 완성되었다.

이 무렵 라파엘로는 한창 바빴지만 율리우스의 초상화를 한 점 더 그렸다. 그것은 패배한 헬리오도루스를 뚫어지게 바라보던 불굴의 권위를 가진 인물상과는 전혀 딴판이었다. 산타 마리아 델 포폴로 교회에 걸어 놓기 위해 그린 높이 1미터의 이 유화에 나타난 교황의 모습은 보는 사람에게 마치 그를 개별적으로 알현하는 것 같은 느낌을 주었다.

성좌에 앉은 68세의 율리우스는 이제 특유의 위풍당당한 풍모는 온데간데없고 기력이 쇠잔해진데다 수심에 차보일 뿐이었다. 교황은 눈을 내리뜬 채 한 손으로는 성좌의 팔걸이를 잡고 다른 한 손으로는 손수건을 움켜쥐었다. 미란돌라 전투에서 진두지휘하며 이 도시를 순전히 그의 의지력 하나로 항복시켰던 불굴의 투사다운 면모는 이제 흰 수염 외에 어떤 곳에서도 그 흔적을 찾을 수 없었다. 오히려 교황은 지난 몇 달 동안 친구 프란체스코 알리도시와 로마냐 땅을 한꺼번에 잃어버렸을 뿐만 아니라, 하마터면 자신의 목숨까지도 잃을 뻔 했다. 그러나 초상화에 나타난 율리우스는 비록 좀 쇠약해 보여도 실제 모습과 너무나 똑같아 산타 마리아 델 포폴로에 걸린 그의 초상화를 본 사람들은 진짜 교황이 나타난 줄로 알고 벌벌 떨었다고 바사리는 주장했다.[7]

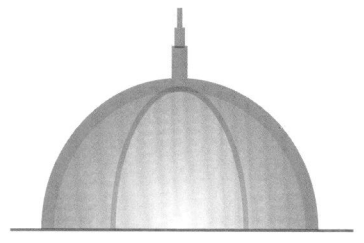

CHAPTER 26

# 라벤나의 괴물

1512년 봄, 라벤나에서 괴물처럼 생긴 한 아이가 태어났다. 이 소름끼치는 기형아는 수녀와 수도사 사이에서 태어난 것으로 추정되는데, 그동안 이 도시를 괴롭혀 온 기형 인간이나 짐승들 중에서도 최신이며 최악의 흉물이었다. 라벤나 사람들은 이러한 기형의 탄생을 불길한 전조로 받아들였다. 라벤나 총독 마르코 코카파니는 그중에서도 특히 최근에 출현한 이 괴물-소위 '라벤나의 괴물'을 보고 엄청난 충격을 받았다. 총독은 즉각 교황에게 이 괴물에 대한 상세한 보고를 올렸다. 총독은 보고서에서 이 괴물의 탄생은 곧 사악한 시대의 도래를 예고해 주는 것이라고 경고하기도 했다.[1]

코카파니와 교황이 이 불길한 전조에 연연한 데에는 그만한 충분한 이유가 있었다. 라벤나에는 신성동맹에게 무기를 공급하는 무기고가 있었다. 게다가 라벤나는 북부 이탈리아에 위치해 프랑스군의 표적이 될 우려가 있었다. 겨울에 신성동맹군이 프랑스 군과 싸워 여러 차례 거둔 승리의 약발도 청년 장군 가스통 드 프와와의 눈부신 작전으로 오래 가지 못하고 곧 증발해 버렸다. 하루아침에 '이탈리아의 전광'이라는 명성을 얻게 된 가스통은 휘하 부대를 이끌고 이례적인 속도로 이탈리아 반도를 남진하면서 프랑스의 영토를 잇달아 탈환하거나 해방시켰다. 2월 1일 밀라노에서 급속도로 남하한 가스통의 군대는 볼로냐 탈환에 나섰다. 그동안 이 도시는 라몬 카르도나 군의 포위공격에 시달리고 있었다. 그는 장거리 대포로 성벽을 집중 포격해 주민들을 공포의 도가니에 빠뜨린 다음 항복을 받을 생각이었다. 가스통은 교황군이 자신의 출현을 기다리며 매복 중인 모데나를 통과해 볼로냐로 진출하기보다, 그와 정반대방향인 아드리아 해안을 따라 두껍게 쌓인 눈 속을 강행군해 볼로냐 외곽까지 진출했다. 그리고 2월 4일 밤, 사방이 눈보라에 뒤덮인 틈을 타 볼로냐를 포위한 적군에 들키지 않고 무사히 볼로냐에 잠입했다. 다음날 성벽 위에 출현한 가스통의 지원군을 본 카르도나 군대는 낙담한 끝에 진지를 파하고 포위망을 풀었다.

 포위공세가 결국 실패로 끝났다는 첫 전황 보고에 짜증을 냈던 교황은 보름 후에 다시 가스통의 눈부신 수훈에 관한 추가 보고가 올라오자 불같이 역정을 냈다. 카르도나가 퇴각하는 사이에 젊은 사령관은 군대를 이끌고 예의 전광석화 같은 속도로 브레스차로 북상해 이곳을 베네치아의 수중에서 탈취했다. 한 연대기 작가에 따르면, 이처럼 예상 밖의 전과를 거둔 가스통은 "전 세계적으로 아주 드문 명성을 얻었다."[2] 그러나 가스통의 진군은 멈출 줄을 몰랐다. 그는 루이 12세의 명령으로 기수를 재차 남쪽으로 돌려 로마를 향해 진격해 나갔다. 피사 총회는 교황의 축출에 실패했으나, 가스통 드 프와는 결코 실패할 것 같지 않았다.

율리우스는 '라벤나의 괴물'담에 조금도 움찔하지 않았을 것이다. 그러나 3월 1일 마침내 신변 안전을 위해 바티칸의 숙소를 벗어나 산 탄젤로 성 안으로 들어가 칩거했다. 이곳은 전통적으로 포위공세에 몰린 교황이 최후의 보루로서 찾는 곳이었다. 그러나 율리우스는 아직 멀리 떨어진 곳에 있는 가스통 드 프와보다 당장 코앞에서 날뛰는 새로운 적의 위협에 직면해야 했다. 프랑스 군이 접근하자 이에 고무된 로마의 귀족들이 바티칸을 공격하기 위해 무장태세로 나선 것이다. 그들은 심지어 율리우스를 납치해 인질로 붙잡아 둘 음모까지 꾸미고 있었다.

산 탄젤로 성으로 거처를 옮기자마자 교황은 돌연 수염을 깎는 충격적인 행동을 보였다. 프랑스인들을 이탈리아에서 몰아내겠다는 맹세는 실현되지 않았으나, 자신과 교황직에 대한 개혁을 곧바로 실천할 것임을 과시하기 위해 수염을 깎고 부활절에 라테란 총회를 개최키로 결심한 것 같았다. 그러나 그의 노력에 모두가 감명을 받은 것은 아니다. 비비에나 추기경은 조반니 데 메디치(훗날 레오 10세_옮긴이)에게 보낸 편지에서, 교황은 수염을 달았을 때가 더 보기 좋았다고 심술궂게 말했다.

교황은 적의 동태에 조금도 주눅 들지 않았음을 과시하기 위한 듯이 이따금 한 번씩 산 탄젤로 성 밖으로 행차했다. 수염을 깎은 교황의 모습이 일반에 처음 공개된 것은 성모 영보 대축일에 시스티나 예배당에 들러 미켈란젤로의 프레스코 작업이 어느 정도 진척되었는지를 확인하려고 피신처에서 잠시 빠져나왔을 때였다.[3] 이 시찰을 통해 율리우스는 새로 완성한 「아담의 창조」를 자신의 눈으로 직접 관찰했다. 이때 교황이 어떤 반응을 보였는지는 유감스럽게도 기록으로 남아 있지 않아 알 길이 전혀 없다. 다만 만투아 공작이 상부에 올린 보고서만이 현재까지 남아 있을 뿐이나 그의 관심은 미켈란젤로의 프레스코화보다 오히려 수염이 없는 교황의 모습에 더 쏠렸던 것 같다.

프레스코를 시작한 지도 어느덧 4년 가까운 세월이 지나자 교황도 미켈란젤로 못지않게 작업이 하루빨리 마무리되길 바랐다. 그러나 1512년 초의 몇 달 간은 프레스코 작업이 상당히 더디게 진행된 것 같다. 1월 초에 미켈란젤로는 부오나로토에게 보낸 편지에서, 프레스코 작업이 이제 마무리 단계에 접어들어 석 달 후면 피렌체로 돌아갈 수 있을 거라고 밝혔다.[4] 그러나 이 예측은 지나치게 낙관적이었다. 천장의 전반부는, 미켈란젤로가 프레스코에 전문가들인 그의 공방 식구들과 달라붙어 작업에 매진했음에도 불구하고 완성하는 데 2년 가까운 시간이 걸렸다. 그러므로 천장화의 후반부를 시작한 지 7개월 만에 작업을 끝내겠다고 장담했다면 정말 허무맹랑한 이야기에 지나지 않는다. 미켈란젤로는 자신의 능력을 과신했거나 하루라도 빨리 작업을 끝내고 싶은 절박한 심정에서 그렇게 말했는지도 모른다. 그래서 석 달 후에 부활절을 앞두고 미켈란젤로가 일정에 수정을 가한 것은 조금도 놀라운 일이 아니다. "제 계산으로는 앞으로 두 달이면 여기 일을 모두 끝내고 집으로 돌아갈 수 있을 것 같습니다." 하고 미켈란젤로는 부친에게 통보했다. 물론 두 달 후에도 미켈란젤로는 여전히 마무리에 대한 뚜렷한 전망을 제시하지 못한 채 계속해서 프레스코에 매달려야 했다.

미켈란젤로는 「아담의 창조」뿐 아니라 양편에 들어갈 인물화들을 스팬드럴과 반원 공간까지 다 채우고, 천장의 중앙선을 따라 화판의 위치를 새롭게 정한 후에 창세기의 7번째 장면에 착수했다. 이것도 천지창조의 한 장면으로 미켈란젤로는 극단적인 원근법으로 하느님을 양팔을 쭉 뻗고 하늘에 떠 있는 형상으로 표현했다. 이 장면이 정확히 천지창소의 몇 번째 날을 나타낸 것인지를 놓고 일어난 논란은 지금도 여전히 가라앉지 않고 있다. 마루에서 자신의 천장 프레스코를 살펴본 후에 단순한 구도가 효과적이라는 결론에 도달한 미켈란젤로는, 이 장면을 형태와 색조를 최소한도로 줄여 표현했다. 그래서 등장인물을 선회(旋回) 하는 하느님과 여러 명의 천사로 국한시킨 후에 이들을 회색 처리한 공간에 단 두가지 색만으로 표현했다. 이러한 극단적인 축약 때문에 도대체 이 장면이 무엇을 뜻하는지를 놓고 지금까지 온갖 추측이 난무해왔다. 가능성이 있는 추측으로는 '육지와 바다의 분리', '땅과 하늘의 분리', '물고기의 창조'를 꼽을 수 있다.* 최소화에도 불구하고, 이 장면을 완성하는 데에는 모두 합쳐 26개의 조르나타가 소요되었으며, 시간으로 따진다면 한 달 이상이 소요되어 앞서 완성한 「아담의 창조」의 16조르나타와 크게 비교되었다.

이렇게 제작 속도가 더디어진 원인 중 하나는 하느님의 자세에

---

\* 콘디비와 바사리는 그림의 주제를 놓고 서로 다른 의견을 보였다. 콘디비는 물고기의 창조를 나타내는 천지창조 제5일째라고 단정한 반면, 바사리는 육지와 바다의 분리를 보여 주는 제3일째라고 주장했다.

있었는지도 모른다. 미켈란젤로가 원근법을 구사해 그린 하느님의 몸을 자세히 살펴보면, 그의 접근 방식이 이전과 크게 달라진 것을 알 수 있다. 미켈란젤로는 여기서 하느님을 '단축법短縮法'으로 그렸던 것이다. 대가들의 전유물이기도 한 이 환상적인 기술은 브라만테의 지적처럼 미켈란젤로가 천장화를 처음 주문 받을 당시만 해도 전혀 경험해 보지 못한 것이었다. 나중에 프레스코 화가들의 기술 수준을 가늠하는 표준이 되다시피 한 이 '단축법'은 천장에 인물이나 물체들을 원근법적으로 배치해, 보는 사람들에게 마치 사람이 실제로 머리 위로 떠오르는 것 같은 착각, 다시 말해 3차원적인 공간감을 불러일으킨다. 미켈란젤로는 원근법적 단축 기술로 예배당 입구 벽 모서리의 삼각궁륭에 골리앗이나 홀로페르네스 등 여러 인물을 그려 넣었다. 그러나 시스티나 천장에 그려진 다른 수많은 인물화들은 새로운 형태의 대담한 자세에도 불구하고 대부분의 경우에 그림 평면과 직각보다 평행을 이루고 있다. 다시 말해, 보는 사람의 머리 위로 덮인 천장에 사람이 서 있는 듯한 것이 아니라 수평의 판에 사람이 서 있는 듯이 그려진 것이다.

 미켈란젤로가 단축 기술을 시도한 것은 천장 프레스코 전반부의 공개에 따른 영향이었음이 틀림없다. 이전에 미켈란젤로는 예배당의 동쪽 끝 부분에 푸른 하늘을 그려 넣어 마치 가공의 공간이 펼쳐져 있는 듯한 환상을 불러일으킨 적도 있었다. 그것은 건물 전체를 가볍고 환상적으로 보이기 위한 단순한 속임수 기술이었다. 그러나 앞으로 그릴 새로운 장면에는 훨씬 더 극적인 효과가 필요하다는 것을 절실히 느꼈다.

 천지창조의 이 장면에서 하느님은 천장에서 45도 각도로 관람객

머리 위로 당장이라도 떨어질 듯이 하강하고 있다. 마루에서 올려다볼 때, 전능한 하느님은 회색빛 하늘을 배경으로 머리와 팔을 관람객을 향해 앞으로 내밀고, 다리는 뒤로 빼 몸을 거의 뒤집은 것 같은 시각적 효과를 냈다. 바사리는, 하느님이 "끊임없이 몸의 위치를 바꾸어 가며 예배당 안에서 걷고 있는 사람들을 모든 방향에서 지켜보고 있는 것"[5]에 주목하며 이 기법을 칭찬했다.

미켈란젤로가 이 장면에서 단축 기술을 놀라울 정도로 정밀하게 사용한 것과 관련해 한 가지 재미있는 의문이 제기된다. 미켈란젤로는 언젠가 미술가는 "눈에 컴퍼스를 달고 살아야 한다."[6]고 주장한 적이 있다 즉, 화가는 도구에 의존하지 않고 오직 직감으로 원근법을 구사할 수 있어야 한다는 것이다. '눈에 컴퍼스를 단' 사람 중에서 최고의 예는 단연 도메니코 기를란다요이다. 그가 로마의 고대 원형 경기장과 수도교를 측량 기구를 일절 사용하지 않고 그린 스케치들은 모두 한결같이 정밀해 후대 미술가들을 경악시켰다. 모두가 이런 초인적인 재능을 갖고 태어난 것은 아니었다. 어쩌면 미켈란젤로도 원근법으로 하느님 같은 특별한 등장인물을 천장에 그려 넣을 때에는 그 자신의 이론에도 불구하고 인위적인 측량 도구를 사용했을지 모른다.

실제로 미술가들 중에는 원근법 도구를 고안하거나 만든 사람들도 있었다. 1430년대에 레온 바티스타 알베르티는 화가들이 그림을 그릴 때 사용할 보조도구를 만든 다음, 이것을 '베일'이라고 명명했다. 이것은 실을 프레임 위에 일정 간격으로 교차해 펴놓고 짜서 만든 일종의 규격화된 격자망이다. 알베르티는 격자망을 통해 자신이 그리고자 한 대상을 연구했다. 그는 기본 지침으로 쓰려고 준비해 놓은 종이 위에 줄을 격자로 그어놓고 그 위에 정사각형 망을 통해 본 형상을 재현했다.[7] 레오나르도와 독일인 화가이자 묘비 제작자인 알브레히트 뒤러도 소묘에 사용하기 위해 이와 유사한 보조도구를 고안(그리고 아마도 사용했을 것이다.)했다. 뒤러는 이것이 특히 인체를 원근법으로 가파르게 단축하는 데 유용하다는 사실을 알아냈다. 미켈란젤로는 이 도구들을 이용해 전능한 하느님이 관람객을 향해 날아오는 듯한 놀라운 효과를 창조했는지도 모른다. 그리고 도구에 의지한 것이 확실하다면, 단축 기술 수준이 놀라울 정도로 향상된 몇 장면을 도안할 때 사용한 것이 분명하다.

이때까지 미켈란젤로는 로마에 몰아친 거센 정치적 격랑에 휘말리지 않은 것 같다. 적어도 피렌체에 보낸 편지에서는 부친을 안심시키기 위해 당시의 상황들을 의도적으로 가볍게 취급했다. 미켈란젤로는 로도비코에게 보낸 편지에서 매우 정제된 문장으로 "로마의 상황은 과거나 지금이나 우려스럽기는 매한가지입니다만, 그렇다고 당장 큰일이 터질 만큼 크게 위태로운 상황도 아닙니다. 상황은 곧 안정될 것입니다. 하느님의 은총으로 당연히 그렇게 될 것입니다."[8] 하고 말했다.

그러나 위기 상황은 가라앉기는커녕 더 험악해졌다. 맹렬한 기세로 남하하던 가스통 드 프와 군대는 4월 1일 진군을 일단 중단하고 알폰소 데스테의 지원을 받아 라벤나에 대한 전면적인 포위공세를 폈다. 신성동맹의 무기고였던 만큼 라벤나는 사력을 다해 방어에 나섰다. 그래서 라몬 카르도나는 자신의 스페인 창기병들을 이끌고 프랑스 군 진영으로 쳐들어가 라벤나 성문에서 3킬로미터 떨어진 지점에서 본격적인 전투를 벌였다.

니콜로 마키아벨리에 따르면, 이탈리아의 전쟁은 "두려움 없이 개전되어 위험 없이 속전되고 손실 없이 종전되었다."[9] 예를 들어 마키아벨리는 안기아리의 전투-레오나르도가 피렌체에서 시도했다가 실패한 프레스코의 주제-에서는 사망자가 단 한 명밖에 없었는데, 그것도 낙마한 어떤 병사가 말발굽에 밟혀 죽어서 생긴 것이라고 주장했다.[10] 그와 비슷한 경우로 페데리고 다 몬테펠트로는 교황 피우스 2세를 대신해 여러 차례 원정에 나섰다가 전리품으로 고작 닭 2만 마리만 생포하고 돌아온 적도 있었다. 그러나 마키아벨리의 이탈리아 전쟁 무혈론은 1512년 4월 7일 부활주일에 라벤나 외곽에서 벌어진 이 전투로 더 이상 통하지 않게 되었다.

일요일은 전통적으로 교전이나 진지 이동이 없는 날이다. 특히 부활주일은 당연히 보통 일요일에 비해 훨씬 더 성스러운 날이었다. 그러나 여러 가지 상황이 겹쳐 가스통 드 프와가 선제공격에 나섰다. 알폰소 데스테와 함께 가스통은 여러 날에 걸쳐 라벤나에 맹공을 퍼부었다. 그리고 성 금요일에는 미켈란젤로가 만든 동상을 녹여 만든 대포인 '줄리아'를 포함한 알폰소 데스테의 야포를 총동원해 이 도시 남쪽 방벽을 집중 포격해 무너뜨렸다. 다음날 라몬 카르도나 휘하의 군대가 회군해 론코 강을 따라 전진한 끝에 프랑스 군 진지에서 불과 1.6킬로미터 떨어진 지점에 참호를 파고 라벤나 방어태세에 돌입했다. 카르도나는 가스통의 전술을 역이용하면 프랑스 군에게 총 한 방 맞지 않고 포위된 도시 안으로 무사히 잠입할 수 있을 것으로 기대했다. 그러나 가스통의 복안은 달랐다. 보급품의 부족으로 교황군을 성 안으로 들여보내 무작정 지구전을 벌일 수가 없었다. 부활주일의 새벽이 밝아오자, 가스통은 알폰소 데스테와 포병대에게 포격 대상을 라벤나의 무너진 성벽에서 반대편의 적군 참호 쪽으로 옮기라고 명령했다. 어느 작가의 말을 빌리면, 그 결과 "전 세계가 그때까지 한 번도 목격한 적이 없는 야전사상 가장 치열한 포격전"이 벌어졌다.[11]

백병전에 들어가기 전까지 적진을 향해 퍼붓는 야포부대의 연속 포격은 어디까지나 적에게 최소한의 손실을 입히는 데 주력했기 때문에 언제나 단시간 안에 끝났다. 그러나 라벤나의 경우는 달랐다. 알폰소 데스테의 지시로 연속포격이 무려 3시간 동안 지속되었다. 그 결과 사상자가 유례없이 속출했다. 알폰소 데스테 공은 프랑스 군과 함께 스페인 군 진영으로 돌진할 때 독자적으로 포병대를 이끌고 전광석화처럼 적진으로 달려가 그들의 측면을 에워싸고 공격을 가한 후에 적의 후방으로 이동해 파고들었다. 이것은 그때까지의 전투에서 유례를 찾을 수 없을 만큼 파격적인 기동포위 전술이었다. 일단 유리한 고지를 차지한 그의 야포 부대는 스페인 기병대와 후방 수비대에 맹포격을 가해 그들을 궤멸시켰다. "포탄이 밀집대형의 병사들 속으로 날아와 터질 때마다 큰 길이 뻥 뚫리고, 투구와 머리, 잘려나간 사지들이 공중으로 솟아올랐다. 정말 잔인한 광경이었다."고 스페인 주재 피렌체 공사는 썼다.[12]

치명적인 연속 포격으로 사상자가 속출하자 넋이 나간 스페인 병사들은 갈팡질팡하다가 참호에서 뛰쳐나와 프랑스 군 진영으로 돌진했다. 백병전이 시작되자 알폰소는 포격을 중단하고 기병대를 모아 스페인 보병부대를 공격했다. 패전 사실을 깨달은 스페인 병사들은 싸울 것을 단념하고 론코 강둑 쪽으로 달아났다. 카르도나를 비롯해 약 2~3천 명에 이르는 병사들은 무사히 강둑에 도달하자 사력을 다해 포를리 쪽으로 줄행랑쳤다. 하지만 오후 4시경 전투가 끝났을 때는 그들처럼 운이 따라주지 않은 1만 2천 명이나 되는

마에스트로 델라 트라폴라(Maestro della Trappola)가 1530년에 그린 「라벤나 전투The Battle of Ravenna」

전사자들의 시신이 벌판을 뒤덮었다. 그들 중 9천 명은 교황이 돈으로 산 용병이었다. 그러므로 라벤나 전투는 이탈리아 역사상 돈이 가장 많이 들어간 전투 중 하나로 기록되었다.

다음날 로도비코 아리오스토가 싸움터로 찾아왔다. 그는 훗날 『광란의 오를란도』에서 땅이 붉게 물들고 도랑이 "사람들의 피로 넘쳤다"고 이 전투의 참혹함을 묘사했다.[13] 라벤나 전투는 그가 쓴 용맹한 기사와 무용, 아름다운 처녀가 등장하는 모험담 속에 그려지는 칼과 기사도의 낭만적 이미지에 확실한 종지부를 찍었다. 아리오스토는 근대 전쟁의 참혹함-아이러니하게도 다른 사람도 아닌 자신의 주군主君의 내포로 빚어진-에 전율하여 이 시에서 기사도의 영웅인 오를란도를 통해 세계 최초의 대포를 저주하고, 그것을 깊은 바닷물 속에 빠뜨렸다. 그러나 아리오스토 같은 이상주의자조차 정지하지 않고 계속 달리는 역사의 숙명을 받아들였다. 이 '악마 같은 신 발명품'은 백 길이 넘는 물 속에 깊숙이 그리고 오랫동안 처박혀 있다가 마술의 힘으로 세상 밖으로 다시 나왔다. 따라서 '세상에 통한의 눈물을 쏟게 만들' 전쟁에서 앞으로 수없이 더 많은 용사들이 쓰러질 것이고, 또한 그 눈물의 대부분은 이탈리아에 쏟아질 것이라고 시인은 통렬히 예언했다. 알폰소 데스테의 영웅적인 무용담에도 불구하고 라벤나 전투의 진정한 승자는 없다는 것이 아리오스토의 결론이다.

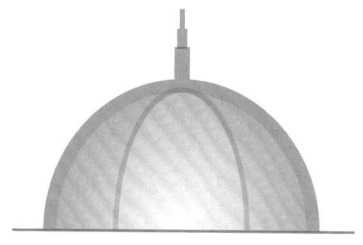

CHAPTER 27

## 기이한 형체들

　라벤나에서의 패전 소식은 교황과 신성동맹 진영에 엄청난 재앙이었다. 며칠 후에 패전 소식이 전해지자 로마는 순식간에 공포에 휩싸였다. 루이의 명령에 따라 프랑스 군은 로마에 진군해 새 교황을 성좌에 앉힐 것이 확실해 보였다. 로마는 시 전체가 약탈당하고 많은 주교들이 칼부림에 희생되지 않을까 전전긍긍했다. 가스통 드 프와 자신도 바티칸 군과의 일전에 앞서 병사들에게 로마의 '사악한 궁전'을 마음껏 약탈해도 좋다고 말했다. 그곳에는 "호사스러운 장식물과 금은보화가 가득하며, 돈 많은 사람들을 수도 없이 붙잡아 한 밑천 잡을 수 있을 것"이라고 약속했다.[1]
　여느 때 같으면 세상에서 가장 용감했을 율리우스도 이런 식의 수사법에는 간담이 서늘했을 것이다. 주교들 중에는 교황의 발아래 무릎을 꿇고 루이와 화해할 것을 간청하는 이들도 있었고, 피난을 권하는 자도 있었다. 오스티아 항에는 갤리 선들이 교황을 안전지대로 모시기 위해 서둘러 만반의 준비에 착수했다. 그에게 피난을 진언한 인물은 바로 돈제로니모 다 비치 스페인 대사였다. 그는, 라벤나의 재앙은 하느님의 징벌이며 교황의 죄가 커 생긴 것이라고 주장했다.

교황은 결국 로마에 잔류키로 결심했다. 그는 비치와 베네치아 대사에게 프랑스 군을 이탈리아에서 몰아내기 위한 준비 비용으로 10만 두카트를 추가로 내놓을 작정이라고 말했다. 임박한 침공의 두려움은 며칠 후에 가스통 드 프와의 이름이 라벤나 전투의 사망자 명단에 오른 것이 밝혀지면서 많이 가라앉았다. 가스통은 그와 마주친 스페인 군의 칼에 맞아 숨졌다. 따라서 출중한 젊은 적장이 사라진 이상, 상황을 타개할 기회는 아직 사라지지 않았다고 율리우스는 생각했다.

미켈란젤로도 로마에서 다른 사람들과 마찬가지로 공포에 치를 떨었을 것이다. 미켈란젤로는 자신의 목숨뿐 아니라 프레스코의 운명에 대해서도 또 다시 걱정해야 하는 신세가 되었다. 서너 달 전에 폭도들이 미켈란젤로가 만든 율리우스 동상을 산 페트로니오 성당 현관의 받침대에서 끌어 당겨 박살내고 녹여버린 사실로 볼 때, 로마가 반反교황 세력의 수중에 떨어지면 시스티나 성당의 프레스코도 똑같은 수모를 당할 것이 분명했다. 루이 12세는 그의 군대가 1499년 밀라노를 침공했을때 레오나르도가 제작한 7.5미터 높이의 기마병 동상 모형-시인과 연대기 작가들이 심하게 과장하여 찬미한 진흙조각-을 궁수들의 사격 연습 표적물로 쓰게 했다.

이상하게도 미켈란젤로는 동상이 파괴된 것에 별로 속이 상하지 않았다. 그것은 어쩌면 율리우스와의 관계가 평탄치 않은데다 볼로냐에서 일할 때 겪은 이런저런 힘든 순간들이 불쾌한 추억으로 주마등처럼 떠올랐기 때문일 것이다. 설사 이것이 사실이 아니라고 하더라도 미켈란젤로의 분노나 실망을 뒷받침해 주는 기록들은 전무하다.* 그러나 지난 4년 동안 심혈을 기울여 온 프레스코화 전체가 입을지도 모를 참화에 결코 무관심할 수 없었을 것이다. 더욱이 가스통 드 프와가 황금을 약탈하고 포로들을 붙잡는 것도 허용하겠다고 한 것을 보면, 그 어떤 것이나 그 누구도 어떤 미술 작품이나 어느 로마 주민도 프랑스군이 바티칸에 당도하는 순간부터 결코 무사하지 않을 것이 분명했다.

라벤나 전戰의 패배로 미켈란젤로도 교황처럼 줄행랑을 치고 싶은 심정이었을 것이다. 미켈란젤로는 1494년 샤를르 8세의 군대가 쳐들어 왔을 때에도 줄행랑을 쳤고, 그 몇 년 후에도 피렌체의 성채로 가다가 공성전이 벌어진 것을 감지하고 도망을 쳤다. 두 차례에 나타난 미켈란젤로의 소심함은 후세의 연구자들에게 당혹감과 억측을 불러일으켰다.[2] 그러나 1512년의 경우, 미켈란젤로는 한 발짝도 뒤로 물러서지 않았다. 그리고 더욱 놀라운 것은, 미켈란젤로가 전체 천장화에서 가장 익살맞은 인물들을 의외로 이 격동기에 그렸다는 사실이다.

천장에 그린 343개의 인체들이 모두 이그누디나 아담처럼 고상하게 생긴 것은 아니다. 수많은 등장인물들, 특히 프레스코화의 가장자리에

---

\* 예를 들어 동상이 파괴되고 난 그 다음 주에 로도비코나 부오나로토에게 보낸 편지에서 미켈란젤로는 동상에 관해 일절 언급하지 않고 있다.

포진한 인물들은 매우 야만적이고 단순해 보였다. 눈에 띌 정도로 흉물스런 인물들 중에는 선지자와 무녀들 밑에 놓인 명패를 붙잡고 있는 어린이들도 포함되어 있다. 어느 미술 비평가는 이 작은 인물들이 이루 말할 수 없을 정도로 혐오스럽게 생겼다고 표현하기도 했다. "그들은 침울하고 왜소하며, 얼굴을 찌푸리고 있을 뿐만 아니라, 말 그대로 소름끼칠 정도로 추하게 생겼다."[3] 또 다른 비평가는 선지자 다니엘 밑에 있는 아이를 그중에서도 특히 비열하게 생긴 아이로 집어 "누더기를 걸친 왜소하고 잔인하게 생긴 부랑아"라고 불렀다.[4]

이 괴물 같이 생긴 작은 인물들은 미켈란젤로가 1512년 초에 공중을 나는 하느님을 단축법으로 완성하고 얼마 후에 그린 것들이다. 그리고 이 무렵, 우연의 일치로 라벤나에서 진짜 살아 있는 '괴물'이 태어났다. 그 직후에 미켈란젤로는 그들 못지않게 꺼림칙한 몰골의 인물을 반원 공간에 그려 프레스코 했는데 그는 오늘날까지 변함없이 예수의 조상인 보아즈(혹은 미켈란젤로가 부른 대로 '부즈'. 이는 라틴어 성경의 철자법을 따른 것이기도 하다.)로 여겨져 왔다. 보아즈는 돈 많은 지주이자 다윗왕의 증조부였는데, 베들레헴 외곽에 있는 보리밭으로 이삭을 주우러 온 과부 룻을 만나 결혼했다. 성서는 보아즈가 점잖고 너그러운 사람이라고 했을 뿐, 더 이상 성품에 대해 언급하지 않았다. 그러나 어떤 이유에서인지 미켈란젤로는 보아즈를 라임 그린색의 겉옷에 핑크색 타이츠를 신고, 자신과 똑같은 표정을 짓고 있는 바보 같은 지팡이에게 화를 내며 으르렁 대는 괴짜 노인으로 풍자했다.[5]

미켈란젤로는 그때까지 내려온 오랜 전통에 따라 이 품위 없게 생긴 인물들을 프레스코의 구석과 틈 사이에 집어넣었다. 불경스런 방주旁註는 그전까지 수세기에 걸쳐 존재한 고딕 미술의 특징을

미켈란젤로의 보아즈 그림

잘 나타내고 있다. 중세 시대의 서적과 건물에는 대개 익살맞고 기괴한데다 때로는 불경스런 형상을 한 수도승과 원숭이, 반인반수의 괴물들이 등장했다. 필경사筆耕士와 삽화가들은 사람이라고도 동물이라고도 할 수 없는 괴물의 우스꽝스러운 모습을 그려 필사본의 기도서 끝자리에 낙서하듯 집어넣었다. 한편, 목조가木彫家들도 수도원의 좌석 받침대나 다른 여러 가지 교회 시설물을 그에 못지않게 야릇한 그림으로 장식했는데, 교회의 위엄에 전혀 걸맞지 않았음은 물론이다. 1153년에 사망한 시토 수도회의 고매한 설교자 클레보의 베르나르까지도 이러한 풍조를 책망하고 나섰으나 중세 미술가들의 괴상망측한 공상은 그 후 몇 세기에 걸쳐 별로 통제받지 않고 계속되었다.

시스티나 천장 전체에 산개되어 있는 익살맞으면서도 반체제적인

기이한 형체들 377

형상들을 살펴보면, 미켈란젤로가 산 마르코 정원 학교에서 공부하던 시절, 단순히 고대 로마의 조각 연구나 마사치오 프레스코의 스케치 같은 미술가 수련 과정만을 이수한 것이 아니라는 것을 알 수 있다. 미켈란젤로는 인체의 이상적인 조화에 대한 강박관념에 사로잡혔지만, 또한 그에 못지않게 조화의 틀을 깬 신체에도 매혹되었다. 콘디비는, 미켈란젤로의 마르틴 숀가우어(Martin Schongauer)의 「유혹받는 성 안토니우스The Temptation of St. Anthony」모사를 그의 가장 초기 작품 중 하나로 손꼽았다. 1480년대에 조각한 것으로 보이는 이 작품은 악마의 손아귀 안에 붙잡혀 고생하는 성인의 모습을 보여 준다. 악마는 비늘이 돋아난 몸통에 대못과 날개, 뿔과 박쥐처럼 생긴 귀와 긴 빨대가 붙은 주둥이가 달려 으스스하게 생긴 괴물이다. 미켈란젤로는 어린 시절 그라나치에게서 이 작품의 모형을 하나 얻어 숀가우어의 악마를 개량해 보기로 하고, 피렌체의 어시장에 나가 물고기의 지느러미 형태와 색깔, 눈의 색깔 등을 습작한 적이 있다. 그 결과, '여러 가지 이상한 형태와 기괴한 분위기의 악마들'[6]이 부각된 그림이 만들어졌다. 그리고 그것은 「다비드」와 「피에타」상이 지닌 완벽한 조화의 누드와는 전혀 차원이 다른 작품이었다.

 시스티나 예배당에서 프레스코 작업에 돌입할 때부터 미켈란젤로는 스팬드럴과 삼각 궁륭 위의 공간을 기괴한 누드로 채울 생각이었다. 이 누드들은 숀가우어의 작품이나 2~3년 전에 「쾌락의 정원Garden of Earthly Delights」을 그린 네덜란드 화가 히에로니무스 보슈(Hieronymus Bocsh)의 해학적이며 환상적인 이미지와도 별로 다르지 않았을 것이다. 이 그누디보다 작은 크기의 이 스물대여섯 점에 이르는 구릿빛 누드들은, 고대 로마 시대에 있어 죽음을 상징하던 양의 두개골로 장식된 우리에 갇혀 발길질하거나 몸부림을 치며 소리를 지르고 있다. 천사 같은 모습의 이그누디들과 달리 구릿빛 누드들은 음흉하고 악마적이다. 특히 그들 가운데 두 인물은 뾰족한 귀 때문에 더욱 인상적이다.

이 흉물들에 대한 미켈란젤로의 관심은 자신의 외모가 별로 매력적이지 않은 데서 비롯되었을 것이다. 미켈란젤로는 비록 이상적인 근육미를 창조한 것으로 명성을 떨쳤지만, 스스로도 탄식하며 인정했듯이, 그 자신은 체구가 전혀 볼품이 없어 기인에 가까웠다. 미켈란젤로는, "나는 내 자신이 아주 못생긴 사실을 잘 안다. 내 얼굴 생김새 때문에 겁먹는 사람까지 있다."[7]는 시를 쓰기도 했다. 또 다른 3운구 연작시에서도 자신의 외모에 대한 신세타령을 했는데 자신을 허수아비에 비교하며 기침하고, 코를 골고, 가래를 뱉고, 소변을 보고, 방귀를 뀌고, 이빨이 빠진 자신의 처지를 자세히 언급했다.[8] 심지어 콘디비조차도 스승이 납작코, 정사각형 이마, 넓은 입술, 거의 다 빠진 눈썹, 그리고 '관자놀이가 귀 밖으로 튀어나온'[9] 특이한 용모를 지녔음을 인정하지 않을 수 없었다.

미켈란젤로는 자신의 자화상을 대리석 조각과 그림으로 여러 점 남겼다. 자화상에는 이따금 정말 못생긴 외모의 특징이 크게 부각되었다. 시스티나 예배당 남동쪽 코너의 삼각 궁륭에 그린 그림은 1509년에 완성되었는데 유대인 여장부 유디트가 네부차드네자르 왕의 군대 총사령관이던 홀로페르네스의 목을 친 구약성서의 외전 이야기를 담고 있다. 미켈란젤로가 묘사한 것을 살펴보면, 유디트와 그녀의 일행은 소름이 끼칠 만큼 기괴한 전승 기념물-납작코에다 수염을 달고 험악하게 노려보는 홀로페르네스의 잘린 머리. 그런데 이 초상화는 미켈란젤로가 별로 영웅적이지 못한 자신의 풍모를 나타낸 것으로 취급되었다.-을 수레에 싣고 다니는 한편 홀로페르네스는 침대 위에 목이 잘린 채 알몸으로 뻗어 누워 있다.

르네상스 시대의 이탈리아는 『광란의 오를란도』의 책장에서 뛰쳐나온 듯한 인물들-준수한 외모에 기골이 장대한-로 충만했다. 예를 들어, 체사레 보르자는 전 이탈리아에서 가장 힘이 세고 매력적인 외모를 지닌 인물로 전해지고 있다. 파란 큰 눈에 근육질의 사내였던 보르자는 손가락 사이에 은화를 여러 개 끼워 넣어 두 겹으로 구부러뜨리고, 말편자를 주먹으로 쳐 똑바로 폈으며, 황소머리를 단 한 차례의 도끼질로 갈랐다. 한때 보르자를 위해 군사 관련 건축가로 활동한 레오나르도도 그에 못지않게 당대 최고의 용모와 초인적인 근력을 지닌 인물이었다. "레오나르도는 화가 날 때면 오른손으로 초인종의 쇠고리나 말편자를 납덩어리처럼 뭉개버리며 화를 풀었다."고 바사리는 말했다.[10]

미켈란젤로는 그와 정반대였다. 볼품없는 용모에 기형적인 체구를 가진 미켈란젤로는 치마부에나 조토처럼 지독하게 못생긴 인물들을 그대로 빼닮았다. 조토와 관련해 보카치오는 『데카메론The Decameron』에서 "자연은 가끔가다 한 번씩 괴물처럼 흉측하게 생긴 사람들에게 천재를 심어준다."[11]며 감탄한 적이 있다. 라파엘로의 자화상이 청아한 아름다움과 두상의 조화로운 균형으로 후대 사람들을 열광시켰다면, 홀로페르네스가 증명하듯이 미켈란젤로의 자화상은 기괴한 분위기를 띠고 있다. 이 미술가는 자신도 잘 알고 있었듯이 기형적으로 생긴 신체 구조 때문에 그의 손으로 창조한 아담이나 머리 위에서 헤라클레스 같은 자세로 깊은 감동을 주는 장대한 체구의 이그누디보다 오히려 수척한 보아즈나 험상궂은 홀로페르네스와 비슷해 보였다.

• • •

이 괴물 같이 생긴 작은 인물들은 미켈란젤로가 1512년 초에 공중을 나는 하느님을 단축법으로 완성하고 얼마 후에 그린 것들이다. 그리고 이 무렵, 우연의 일치로 라벤나에서 진짜 살아 있는 '괴물'이 태어났다.

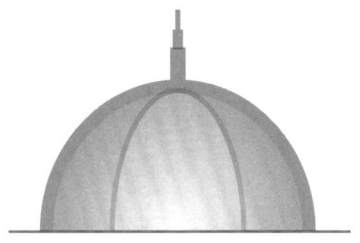

CHAPTER 28

# 신앙의 갑옷과 빛의 검

 예상과는 달리 루이 12세의 프랑스 군은 부활주일에 거둔 대첩의 여세로 곧장 남하해 교황을 폐위하거나 로마를 약탈하지 않았다. 대신 프랑스 군은 가스통 드 프와의 죽음으로 사기가 착 가라앉아 라벤나 외곽의 기지에서 맥 빠진 상태로 대기 중이었다. "엄청난 대가를 치르고 거둔 승리에 그들은 무기력해졌을 뿐 아니라 의기소침하기까지 해, 정복자라기보다는 오히려 피정복자처럼 보였다."고 어느 연대기 작가는 기록했다.[1] 반면 헨리 8세와 스페인의 페르디난드 왕은 교황에게 프랑스와 계속 싸울 것임을 거듭 다짐했다. 심지어 돌아간 스위스 군이 참전을 위해 이탈리아로 곧 다시 올 것이라는 성급한 관측도 제기되었다. 순식간에 로마의 분위기가 일신했다. 라벤나에서 참화가 발생한 지 2주도 채 안 된 성 마르코 축일에 로마인들은 너도나도 할 것 없이 저항의 의지를 과시하기 위해 흉갑과 투구로 된 마르스 신의 의상인 파스퀴노를 걸쳐 입고 거리로 쏟아져 나왔다.

반교황파 추기경들은 여전히 독자적인 총회의 개최 의지를 굽히지 않았다. 이에 교황은 종교 전선에서도 프랑스 세력과 속전속결을 벌일 필요가 있었다. 피사에서 성난 교황파 군중들에게서 축출당한 반교황파 추기경들은 밀라노로 자리를 옮겼다. 4월 21일 라벤나 사태에 자극을 받아 더욱 대담해진 반교황파 추기경들은 율리우스에게 종교적, 세속적 권한을 박탈하는 결의안을 채택했다. 교황도 이에 대처하느라 정신없이 바빴다. 원래 부활절을 기념해 소집키로 했다가 전쟁으로 연기된 기독교 총회는 파리데 데 그라시가 나서서 개최 준비를 이미 완료해 놓은 상태여서 5월 2일 개최키로 최종 확정되었다. 이날 저녁 교황은 가마를 타고서 무장한 근위대의 호위 속에 바티칸에서 5킬로미터 떨어진 라테라노에 있는 산 조반니까지 기념 행진에 나섰다. 이 옛 대성당은 잘 알려진 대로 '로마와 전 세계 모든 교회의 어머니이자 우두머리' 였다.

성당 바로 옆의 라테란 궁은 1377년 그레고리 11세가 바티칸으로 거처를 옮기기 전까지 역대 교황의 정식 숙소였다. 거처를 옮긴 이유는, 티베르 강과 산 탄젤로 성 옆에 위치한 바티칸이 폭도와 침략자들에게서 훨씬 더 안전할 것이라는 판단 때문이었다. 이후로 라테란 궁은 쇠잔의 길로 접어들었지만, 율리우스는 공사 중인 성 베드로 대성당이나 바티칸 궁보다는 이곳이 총회 장소로 적합하다고 판단했다. 물론 폭도와 침략자들은 여전히 골칫거리였다. 그래서 율리우스와 추기경들은 이 궁 안에 발을 들여 놓기 전에 우선 궁

주변에 병사들을 배치해 경비를 강화시켰다.

개최지의 이름을 따 라테란 총회라고도 불린 이 회의는 다음날인 성 십자가 발견 축일에 열렸다. 16명의 추기경과 70명의 주교라는 참석자 수는 상대방인 루이 12세의 주선으로 밀라노에서 열린 총회를 간단히 제압했다. 뿐만 아니라 오락적인 면에서도 훨씬 더 나았을 것으로 보인다. 프랑스와의 선전宣傳 싸움에서도 반드시 이겨야한다고 결심한 율리우스는 최고의 연사들을 차출했다. 목소리가 지닌 음악적 아름다움으로 에라스무스를 감동시킨 페드로 인기라미는 회의 진행 담당 서기로 임명되었다. 그는 개최 선언문을 대성당 뒤쪽에 앉은 사람들까지 다 알아들을 수 있도록 우렁찬 목소리로 낭독했다. 웅변술에 있어서 이탈리아에서 페드로를 압도할 수 있는 유일한 인물인 에지디오 다 비테르보까지 합세해 개막 연설을 했다.

에지디오의 연설 솜씨는 눈이 부실 정도로 훌륭했다. 성령 강림 미사에서 강단에 나온 에지디오는 회중들에게 라벤나의 패배는 하느님의 섭리로 이루어진 것이라고 말했다. 게다가 이 패배는 라벤나에서 괴물같은 인간들의 출현으로 이미 예고되어 있었노라고 주장했다. "언제 이렇게 빈번하게, 또 이렇게 끔찍하게 생긴 괴물과 흉조, 불가사의한 일, 하늘의 위협과 지상의 공포를 예감하게 하는 전조들이 한꺼번에 나타난 적이 있었습니까?" 하고 청중들에게 반문했다. 그리고 이 모든 두려운 징표들은 로마 가톨릭 교회가 자신의 싸움을 외국 군대에 맡긴 것에 대해 하느님이 보여 준 불쾌감이라고 말했다. 따라서 이제 교회가 직접 전쟁에 나서야할 뿐만 아니라 '신앙의 갑옷'과 '빛의 검'[2]을 믿어야 한다고 결론지었다.

에지디오의 연설이 끝나자 이에 감격한 추기경들이 이곳저곳에서 손수건을 꺼내 눈물을 닦는 모습이 보였다. 그리고 회의 진행에 대만족한 교황은 그동안 행사 준비에 애쓴 파리데 데 그라시에게 주교직을 약속했다.

그 후에 2주 동안 회의가 수없이 열렸다. 먼저 반교황파 총회에서 처리한 안건들을 무효화 시킨 후에 터키에 대한 십자군 원정의 불가피함 같은 다른 주요 안건들을 토의했다. 그리고 나서 교황은 다가오는 여름철 무더위를 피하기 위해 11월까지 총회를 연기했다. 율리우스의 기분도 좋아졌다. 총회가 무사히 잘 끝나고 군사적인 위협도 시간이 흐르면서 현저히 줄어들었다. 18개월 사이에 세 번째로 알프스를 넘은 스위스 군이 마침내 베로나에 당도했다. 율리우스는 몇 달 전에 그들이 프랑스 왕의 뇌물을 받은 사실을 기억하고 그들에게 아주 근사하게 생긴 모자와 장식용 검을 하사했다. 스위스 군은 이에 대한 보답으로 당장이라도 프랑스군을 공격할 것처럼 행동했다.

프랑스 군의 침공 위협에도 불구하고, 라파엘로 역시 미켈란젤로처럼 로마에 남아 바티칸을 프레스코하는 데 매진했다. 1512년 초의 몇 달 사이에 여러 명의 새 조수가 팀에 합류했다. 공방에서 잡일을 담당하여 '파토레(메신저)'로 통한 피렌체 출신의 15세 조반니 프란체스코 펜니는, 라파엘로가 스탄차 델리오도로에서 작업을 개시한 직후부터 그의 밑에서 일하기 시작했다.[3] 다른 조수들도 함께 프레스코에 나섰는데 피렌체 출신으로 과거에 기를란다요의 문하생이었던 발디노 발디니도 이들 중에 섞여 있었다.[4] 라파엘로의 조수로 일하고자 기회를 엿보는 사람들은 항상 많았다. 바사리에 따르면, 당시 로마에는 "화가를 직업으로 하면서 라파엘로의 눈에 들어 일을 얻고 유명해지기 위해 소묘 기술을 서로 경쟁하는 젊은이가 많았다."고 한다.[5]

미켈란젤로 또한 그 이름만으로도 야심 있는 젊은 미술가들을 충분히 매료시켰지만 정작 제자들을 거느리는 데는 무관심했다. 미켈란젤로는 노년에 자신은 한 번도 공방을 운영한 적이 없다고 말한 적이 있다.[6] 이 말에는 아들을 도메니코 기를란다요의 문하생으로 맡기는 것을 보류하겠다던 로도비코의 말처럼 높은 자부심이 엿보인다. 미켈란젤로는 조수를 고용해 작업하길 좋아했다. 그러나 단순히 노동력을 산다는 의미였을 뿐, 라파엘로처럼 그들의 재능에 자양분을 주는 것 따위에는 전혀 관심이 없었다. 미켈란젤로는 종종 자신의 소묘를 수습생들에게 습작용으로 내놓기도 했지만, 대부분 조수들을 가르치는 일에 관심을 보이지 않았다. 콘디비의 말처럼 미켈란젤로가 자신의 미술을 주입하려고 한 것은 "어디까지나 귀족이지 평민"이 아니었다.[7]

라파엘로가 택한 새로운 프레스코의 주제는 1263년 오르비에토에서 일어난 기적의 이야기였다. 보헤미아에서 로마로 여행하던 사제가 최종 목적지를 1백 킬로미터 앞두고 볼세나에서 잠시 여행길을 접고 산타 크리스티나 성당에서 미사를 집전했다. 사제한테는 화체설化體說, 다시 말해 빵과 와인이 문자 그대로 그리스도의 몸과 피로 바뀐다는 교리에 대한 의구심이 늘 따라다녔다. 그러나 산타 크리스티나에서 미사 도중에 성별聖別된 성체聖體에 피의 십자가가 나타난 것을 보고 소스라치게 놀랐다. 사제는 이 피의 십자가를 성별된 빵과 포도주 아래에 깐 흰 성체포(성배를 놓는 천)로 닦아내려 했지만 그때마다 새로운 피의 십자가가 나타났다. 이로 인해 사제가 그동안 품어온 의심들이 모두 사라졌고, 성체포는 피의 십자가와 함께 오르비에토 대성당의 높은 제단 위에 놓인 은제 성궤 안에 간직되었다.[8]

볼세나의 기적은 율리우스에게는 특별한 의미가 있었다. 1506년 페루자와 볼로냐에 대한 정벌에 나섰을 때, 율리우스는 오르비에토에서 행군 중인 군대를 세우고 바로 이 대성당에서 미사를 올린 적이 있었다. 율리우스는 미사 후에 피로 물든 볼세나의 성체포를 경모의 대상으로 일반에 공개했다. 이 일이 있고 불과 일주일 만에 페루자로 또 두 달 후에는 볼로냐로 계속 승리의 행진을 이어가자 율리우스는 지난번 오르비에토 방문이 운명적인 일종의 순례이며, 그 보답으로서 신은 두 반란 도시를 정복시켰다고 받아들이게 되었다.[9]

라파엘로는 페루자에서 교황의 개선 행진 광경을 목격했을 것이다. 1506년 당시에 라파엘로는 소규모 프레스코인 「삼위일체와 성인들The Trinity and Saints」을 페루자의 산 세베로 성당 벽에 그리던 중이었다. 성체포의 기적에 대한 교황의 믿음으로 볼 때, 교회의 일대 위기라 할 수 있는 이 시기에 라파엘로에게 그 기적을 주제로 한 그림을 그리도록 지시한 것은 극히 자연스런 일이었다. 라파엘로는 성체에 뜬 피의 십자가를 성체포로 닦는 극적인 순간 속에 산타 크리스티나 성당에 있던 30여 명의 예배자들을 함께 그려 넣었다. 재단 쪽에는 양초를 손에 쥔 무사들이 사제 뒤에서 무릎을 꿇고 있고, 마루에는 여신도들이 이리저리 흩어져 앉아 아이들을 무릎 위에 올려놓고 어르고 있다. 중앙에는 제단에 무릎을 꿇은 눈에 띄는 인물이 한 사람 있는데, 바로 수염을 단 대머리의 율리우스다. 이것은 또한 라파엘로가 바티칸 궁에 그린 교황의 네 번째 초상화이기도 하다.

이 장면이 나타내는 당시와의 연관성은 프레스코 오른쪽 하단에 있는 다섯 명의 스위스 병사(그중 한 명은 라파엘로의 또 다른 자화상이다.)들에 의해 더욱 분명해 졌다. 이들 병사들이 종교화에 그려지는 것이 어색한

라파엘로의 「볼세나 미사」의 스위스 근위대 병사들

일은 아니었다. 율리우스는 1510년 교황의 공식 호위부대로 스위스 근위대를 창설하고 매우 독특한 줄무늬의 제복과 베레모, 의전용 칼을 주었다. 이 복장은 미켈란젤로가 디자인한 것으로 전해지고 있다. 교황의 호위대는 미사에 참석 중인 교황을 보호하고, 심지어 예배당 안에서 소란을 피우는 사람을 밖으로 끌어내 기합을 주기도 했다. 그러나 「볼세나 미사The Mass of Bolsena」에 이 제복의 인간들이 출현한 것에는 또 다른 의미가 있다. 이상한 일이지만, 라파엘로의 처음 구상에는 그들의 모습이 포함되어 있지 않았다. 초기 스케치에 등장하는 인물들은 율리우스와 경악한 회중(프레스코에 나타난 것과 다른 자세를 취하고 있다.)뿐이고, 스위스 용병들은 흔적조차 없다. 그로 미루어 보면, 이 스케치의 제작 시기는 스위스 군의 출현이 요원해 보이던 1512년 초였던 것으로 보인다. 그러나 그로부터 몇 달 후에 두 차례나 실망을 겪은 끝에 마침내 교황의 믿음과 인내는 보답을 받았다.

5월 셋째 주, 베로나에 당도한 1만 8천 명의 정예 스위스 군대는 그 이후에도 계속 남진해 6월 2일 발레지오에 도착하여 그들보다 며칠 늦게 도착한 베네치아 군과 합류했다. 거의 그와 동시에 그동안 교황의 압력에 시달려 온 막시밀리안 황제가 가스통 드 프와의 휘하에 들어가 라벤나 전투에 참가했던 독일군 병사 9천 명을 소환하자 프랑스 군은 당장 치명타를 입었다. 독일군의 철수로 루이는 단번에 병력의 절반을 잃어버렸다. 게다가 헨리 8세의 영국 함대가 프랑스 북부 해안에 상륙하고 스페인 군이 피레네 산맥을 넘어 프랑스 안으로 진격해 오는 불리한 상황에서 프랑스로부터 지원군을 차출하는 것은 도저히 불가능했다.

이 같은 파상적인 대규모 공세에 직면한 프랑스 군은 이탈리아에서 철수하는 것 외에 별다른 선택의 여지가 없었다. "루이 12세의 병사들이 일출 직전의 안개처럼 사라졌다."[10]고 환희에 찬 어느 관찰자는 기록했다. 그것은 마카베오 서에서 그대로 튀어 나온 것이 아닌가 싶을 정도로 전사戰史상 가장 아슬아슬한 대역전 드라마 중 하나였다. 마치 헬리오도루스의 이야기가 이탈리아를 무대로 재연된 것 같은 기분이었다. 볼로냐의 함락 소식은 특히 율리우스에게 큰 기쁨을 안겼을 것이다. 볼로냐는 교회의 이름으로 벤티볼리 가에게서 다시 회수되었다. 교황은 프랑스 군의 퇴각 소식에 "파리데, 우리가 전쟁에서 결국 이겼네. 우리가 이겼단 말일세!" 하고 의전장에게 말했다. 이에 파리데는 "하느님께서 성하를 이처럼 즐겁게 해주셨습니다." 하고 응답했다.

로마에서 거행된 승전 축하 행사는 교황이 5년 전에 볼로냐에서 승리하고 돌아왔을 때보다 훨씬 더 큰 환호성이 터져 나오는 가운데 진행되었다. "지금까지 로마에 입성한 그 어떤 황제나 개선장군도 오늘 교황이 누린 것 같은 큰 영예를 누리지 못했다."고 베네치아 공사 리포마노는 당시의 광경을 옮겨 적었다. 교황은 빈콜리에 있는 산 피에트로 성당에서 하느님께 이탈리아를 해방시켜 주신 데에 대한 감사 예배를 올렸다. 그리고 바티칸으로 돌아오는 길에 군중에게 뜨거운 환호를 받았다. 시인들은 운을 띄워 교황을 찬양했다. 그들 중 아리오스토의 친구이기도 한 마르코 기롤라모(Marco Girolamo)는 교황의 영웅적인 공적을 기록으로 남기기 위해 『율리아드The Juliad』라는 제목의 서사시를 창작하기도 했다.

산 탄젤로 성의 옥상에서는 축포가 발사된 데 이어 밤에는 불꽃놀이가 어둠 속을 수놓았고, 3천 개의 촛불을 든 촛불 행렬이 시가지를 누비고 다녔다. 구호품이 로마 시의 각 수도원에 배분되었으며, 율리우스는 기분이 너무 좋은 나머지 무법자들과 죄수들의 사면령까지 발표했다. 6월 말에 당시 영웅시되던 일단의 스위스 용병들이 로마에 도착했다. 일주일 후인 7월 6일에 교황은 스위스 병사들에게 '교회의 자유를 위한 수호자'라는 칭호를 내리는 교서를 발표하고 스위스의 모든 도시에 승전 기념품으로 실크 깃발을 보냈다. 교황이 그들에게 사은의 징표로 내린 영예는 비단 그것만이 아니었다. 그들이 나타난 직후에 라파엘로는 '볼세나 미사'의 도안에 수정을 가해 사실은 마지못해 참전한 이 병사들에게 영광스런 자리를 마련해 주었다.

• • •

"언제 이렇게 빈번하게, 또 이렇게 끔찍하게 생긴 괴물과 흉조, 불가사의한 일, 하늘의 위협과 지상의 공포를 예감하게 하는 전조들이 한꺼번에 나타난 적이 있었습니까?" 하고 청중들에게 반문했다. 그리고 이 모든 두려운 징표들은 로마 가톨릭 교회가 자신의 싸움을 외국 군대에 맡긴 것에 대해 하느님이 보여 준 불쾌감이라고 말했다. 따라서 이제 교회가 직접 전쟁에 나서야할 뿐만 아니라 '신앙의 갑옷'과 '빛의 검'을 믿어야 한다고 결론지었다.

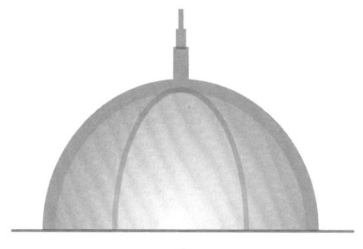

CHAPTER 29

생각하는 사람

스위스 군이 로마에 온 지 2주가 될 무렵 미켈란젤로는 시스티나 예배당의 비계 위에서 한 저명인사를 맞이했다. 알폰소 데스테는 교황과 강화 협상을 위해 로마를 방문 중이었다. 프랑스 군이 돌연 이탈리아에서 사라지면서 하루아침에 사면초가 신세가 된 알폰소는 신성동맹의 처분에 맡겨진 신세가 되었다. 무적을 자랑하던 포병군도 이제는 교황의 군세에 대항할 수 없었다. 옛 친구에게 용서를 빌 수밖에 없게 된 알폰소는 로도비코 아리오스토 대사를 대동하고 7월 4일 로마에 나타났다.

알폰소의 출현에 로마 전체가 들썩거렸다. 율리우스는 페라라 공의 처단은 하느님의 뜻이라고까지 단언했었다. 그리고 이제 그 단죄의 시간이 도래한 것이다. 알폰소의 사면식은 수년 전에 베네치아인들에게 행해진 것과 똑같이 매우 장중하고도 치욕적일 터였다. 말 털 셔츠를 입고 목에 밧줄을 감은 페라라 공이 성 베드로 대성당 계단 위로 올라가 무릎을 꿇을 것이라는 소문이 삽시간에 퍼졌다. 당대 가장 위대한 군인 중 한명이 치욕을 당하는 광경을 볼 수 있을 거라는 생각에, 사면식 날로 정해진 7월 9일 대성당 앞 광장은 몰려드는 인파로 그야말로 입추의 여지가 없었다. 그러나 사면식은 실망스럽게도 바티칸 궁 안에서 비공개로 진행되었으며 말 털 셔츠나 밧줄 같은 것은 전혀 등장하지 않았다. 오히려 알폰소는 알현실에서 '폭군'을 기다리는 동안 바이올린 연주가들의 연주를 감상하며 과일이 가득 든 쟁반과 포도주를 대접받았다. 그런 다음, 교황을 상대로 저지른 죄를 모두 용서받고 율리우스와 따뜻하게 포옹함으로써 의식은 모두 끝났다.

로마를 방문한 알폰소는 기회를 효과적으로 잘 이용한 것 같다. 만투아 공사에 따르면, 사죄의 의식이 있은 며칠 후에 알폰소는 바티칸에서 점식 식사를 마친 교황에게 미켈란젤로가 프레스코하고 있는 시스티나 예배당 천장화를 직접 한번 보고 싶다는 의향을 피력했다.[1] 알폰소의 조카로 로마에서 인질 생활을 3년째 하고 있는 페데리코 곤차가가 당장 나서서 방문 시간을 조정했다. 율리우스는 페데리코의 청이라면 그를 놓아주는 것 빼고는 어떤 것도 거절하지 않았다. 그리하여 어느 날 오후, 알폰소는 몇몇 다른 귀족들과 함께 사다리를 타고 미켈란젤로와 조수들이 작업 중인 비계 위로 올라갔다.

프레스코를 보는 알폰소의 표정은 놀라움 그 자체였다. 시스티나 예배당에서 프레스코 작업을 재개한 지 9개월 만에 미켈란젤로는 이제 도저히 믿기 어려울 정도의 빠른 속도와 빼어난 솜씨로 프레스코에 박차를 가해 마침내 천장의 서쪽 끝에 다다랐다. 이제 작업의 종료를 의미하는 제단 쪽 벽까지 뻗어나가는 것을 막는 것은 감질날 정도로 작은 몇 개 남지 않은 흰 석고 바탕면들 뿐으로 이것들만 다 채우고 나면 그의 고생도 함께 끝나는 것이었다. 그와 달리 비계의 다른 한 쪽에는 이미 눈부신 형상들로 꽉 찬 천장이 30미터 이상 뻗어 있었다.

창세기의 마지막 두 장면 「해와 달과 식물의 창조The Creation of the Sun, Moon, and Plants」와 「빛과 암흑을 가르는 하느님God Separating Light from Darkness」은 일폰소가 오기 얼마 전에 완성되었다. 이 패널들 중의 첫 번째 것은 천지창조 제3, 4일에 일어난 일들을 보여 준다. 그림 왼편에는 하느님이 공중에서 손짓으로 식물들-몇 포기 안 되는 푸른 잎-을 창조하는 뒷모습이 나타나 있다. 그리고 오른편에는 하느님이 하늘에 떠서 「아담의 창조」를 연상시키는 자세로 오른손으로는 해를, 왼손으로는 달을 가리키고 있다. 갈릴레오가 망원경으로 달의 분화구 지형을 어렴풋하지만 인류 최초로 보여 주기 한 세기 전, 미켈란젤로가 그린 달은 직경 1.2미터 정도의 밋밋한 회색 궁형에 불과했다. 달의 윤곽선이 완벽한 것은 해와 마찬가지로 컴퍼스를 사용해 인토나코에 새겼기 때문이다. 미켈란젤로는 메달을 그릴 때와 같이 석고에 먼저 못을 박고 끈을 하나 맨 뒤, 못 박은 곳을 중심으로 360도 회전하면서 줄을 그어 달을 만들었다.

천시창소 제1일을 나타내는 「빛과 암흑을 가르는 하느님」은 창세기 연작 중에서 가장 수수해 등장하는 인물은 기껏해야 구름 속을 도는 하느님뿐이다. 빛과 암흑을 가르느라 두 팔을 머리 위로 치켜들고 자연과 씨름 중인 하느님은 엉덩이와 어깨를 서로 다른 방향으로 트는 콘트라 포스토 자세를 취하고 있다. 앞서 그린 두 천지창조 장면처럼 능숙한 단축 기법으로 처리한 이 인물화는 그때까지 미켈란젤로가 단축법으로 그린 것들 중에서 가장 성공적일 뿐만 아니라 이탈리아인이 그린 다른 어떤 그림과 비교해도 단연 앞서는 최고의 수작이다. 만일 알베르티의 '베일'같은 원근법 도구를 사용했다면, 미켈란젤로는 틀림없이 이것을 모델의 발에서 위로 똑바로 세워 사용했을 것이다. 그리고 모델은 몸을 뒤로 빼 오른쪽으로 틀고, 머리를 뒤로 젖힌 다음 두 팔을 치켜들고 미켈란젤로가 격자를 통해 자신의 형체가 어느 정도 극단적으로 단축되었는지를 가늠할 수 있도록 했을 것이다.

 이 마지막 천지창조 장면은 또 다른 이유에서도 주목할 만하다. 믿기 힘든 이야기지만, 미켈란젤로는 여기서 5평방미터의 석고를 단 하루 만에 해치웠다. 미켈란젤로는 나사 모양으로 창공을 누비며 나아가는 하느님의 인물화를 밑그림으로 준비해 놓았으나 막상 젖은 석고에 붓을 댈 때에는 석고에 새겨진 밑그림의 윤곽을 완전히 무시하고 인물화를 마음껏 즉흥적으로 그려 나갔다. 이 장면이 교황의 옥좌 바로 위라는 굉장히 눈에 띄는 위치에 그려진 것을 보면, 프레스코 제작이 종반 시점에 이르면서 미켈란젤로의 자신감이 어느 정도 대담해졌는지를 짐작할 수 있다. 미켈란젤로는 처음에는 비교적 사람들의 눈에 잘 띄지 않는 곳에다「홍수」장면을 '숨겨놓느라' 6개월 이상을 고군분투했지만, 이제는 창세기의 마지막 장면을 조르나타 한 장에 마치 아무 힘도 기울이지 않은 것같이 단숨에 그릴 수 있게 되었다.

 미켈란젤로는 이렇듯 미친 듯이 작업에 열중한 탓이었는지, 6개월 전에 자신의 율리우스 동상을 녹여 대포를 만든 페라라 공이 느닷없이 비계 위로 찾아왔을 때에도 예상 외로 반감을 나타내지 않았다. 미켈란젤로는 페라라 공이 보여 준 순발력 있는 재치와 미술에 대한 깊은 이해에 마음이 이끌렸을 것이다. 알폰소는 아내 루크레치아와 함께 미술가들을 아낌없이 돌보아 주었을 뿐 아니라 그들의 재능도 볼 줄 아는 수준 높은 후원자였다. 최근에는 안토니오 롬바르도를 끌어들여 페라라에 있는 궁의 방에 대리석 부조를 조각케 했고, 또 다른 방에는 위대한 베네치아 미술가인 조반니 벨리니를 위촉해 「신들의 축제」를 그리게 했다. 알폰소 자신도 취미삼아 미술에 손을 댄 적이 있는데 적을 초토화하는 거대한 대포를 만들지 않을 때에는 마졸리카라는 주석으로 덧칠한 토기를 만들었다. 알폰소는 예배당 나들이를 완벽히 즐기느라 다른 일행들이 내려간 뒤에도 비계 위에 남아 오랫동안 미켈란젤로와 대화를 나눴다. 알폰소는 "천장의 인물화를 직접 보는 것으로만 만족할 수 없었는지 그림에 대한 찬사도 아끼지 않았다."고 공사는 보고했다. 미켈란젤로의 프레스코에 깊은 감명을 받은 알폰소는 작품을 직접 주문하려 했다. 미켈란젤로가 제의를 그 자리에서 수락했는지의 여부는 알 수 없다. 프레스코에 대한 거부감과 교황의 묘에 대한 열의를 고려하면, 앞으로 붓에 의존하는 또 다른 작업은 결코 하고 싶지 않았을 것이다. 그러나 알폰소는 교황처럼 불같은 성미를 가지긴 했지만 그렇게 간단히 포기하고 물러설 사람이 아니었다. 미켈란젤로는 18년이라는 세월이 흐른 후에 알폰소를 위해 페라라 궁을 「레다와 백조」로 장식했다.

알폰소는 라파엘로에게는 이날 미켈란젤로에게 보여 준 것 같은 관심을 나타내지 않았다. 그래서 미켈란젤로는 더 기뻐했을 것이다.

"페라라 공이 내려오자 일행들은 그를 교황의 숙소로 데려가 라파엘로의 작품도 보여 주려 했다. 그러나 페라라 공은 가고 싶어 하지 않았다."고 공사는 기록했다. 무엇 때문에 알폰소가 라파엘로의 프레스코를 보지 않으려고 했는지는 지금도 여전히 수수께끼로 남아 있다. 아무래도 이 패배한 배반자는 스탄차 델리오도로에서 율리우스를 예찬하는 선전물과 마주치는 것이 꺼림칙했을 것이다. 여하튼 사나운 전사인 알폰소가 질서와 우아함을 강조하는 라파엘로보다 격렬함을 강조한 미켈란젤로를 선호한 것은 당연한 일이다.

사다리를 타고 미켈란젤로의 비계 위로 올라간 일행 중에는 알폰소의 대사로 프레스코에 넋을 잃은 로도비코 아리오스토도 끼어 있었다. 그로부터 4년 후에 발행된 『광란의 오를란도』에서 아리오스토는 시스티나 예배당 방문의 순간을 회상하며 미켈란젤로를 "초인의 미카엘, 성스러운 엔젤"[2]이라고 불렀다. 예배당의 견학은 아리오스토의 기분을 유쾌하게 전환시켰을 것이다. 당시 아리오스토는 공작과 교황 사이의 강화회담에서 구체적인 내용을 놓고 교황 측과 분주히 협상을 벌였다. 율리우스는 알폰소를 교회의 징벌에서 구제해 주었으나 여전히 진심으로 신뢰하지는 않았다. 율리우스는 알폰소가 페라라를 통치하는 한 교황령이 프랑스의 위협에서 진정으로 안전하지는 않을 것으로 믿고, 공에게 페라라를 바티칸에 양도하는 대신 리미니나 우르비노 등 다른 공국을 가지라고 명령했다. 수백 년 동안 페라라 왕의 적통을 이어온 왕가 출신인 알폰소는 페라라보다 훨씬 작은 공국을 받기 위해 자신의 타고난 권리를 양도할 뜻이 전혀 없었다. 그러나 전혀 예상 밖의 놀라운 승리에 고무된 율리우스는 타협할 마음이 조금도 없었다. 2년 전 아리오스토는 협상 도중, 당장 로마를 떠나지 않으면 티베르 강에 빠뜨려 물귀신으로 만들어버리겠다는 협박을 받은 적이 있다. 율리우스의 무리한 요구로 교황과 알폰소 사이의 관계가 급속히 악화되자 페라라 공과 대사는 신변에 위험을 느끼기 시작했다. 알폰소는 율리우스가 페라라를 직접 통치하기 위해 자신을 로마에 붙잡아 둘 것으로 굳게 믿었다. 그리하여 미켈란젤로의 비계 위에 올라간 지 불과 며칠 만인 7월 19일 밤, 알폰소는 아리오스토와 함께 포르타 산 조반니 성문을 몰래 빠져나가 로마 탈출에 성공했다. 그들은 몇 달 동안 부리나케 달리거나, 교황이 심어 놓은 첩자들의 눈을 피해 숲 속에 숨기를 반복하면서 『광란의 오를란도』에 나오는 방황하는 주인공들과 별반 다르지 않은 체험을 해야 했다.

누구나 예상했듯이 페라라는 또다시 교회의 적으로 낙인 찍혔고, 페라라인들은 몇 년 전 페루자와 볼로냐인들이 받은 것과 똑같은 대우를 받았다. 그러나 교황의 관심은 페라라보다 프랑스 왕을 외골수로 지지하고 신성동맹에 가입하길 거부한 또 다른 고집불통 공국 쪽에 더 집중되었다. 8월이 되자 교황은 다른 신성동맹 서명자들과 합의해, 그동안 라벤나 전의 패배를 설욕하기 위해 절치부심 중이던 라몬 카르도나 총독과 휘하의 스페인 군 5천 명을 그들의 뜻과는 다른 전선으로 보내 무력시위에 나서도록 했다. 볼로냐에서 출동한 총독 휘하의 병사들이 한여름의 무더위에 버티면서 아펜니노 산맥을 넘어 계속 남하함에 따라, 피렌체는 이제 교회를 배반한 죄 값을 톡톡히 치러야 하는 신세가 되었다.

미켈란젤로의 동생 부오나로토는 피렌체의 기벨리나 거리에 살면서 자신의 신상과 관련된 문제에 골몰해 있었다. 알폰소가 로마 탈출에 성공할 즈음, 부오나로토는 형에게서 모포가게 주인이 될 생각이라면 좀 더 참고 지내야 할 것이라는 편지를 받았다. 미켈란젤로는 최근 시스티나 예배당 일로 번 돈 가운데 상당액을 한 농장에 투자했는데, 농장 구입은 산 카스치아노에서 임기를 마치고 돌아온 지 얼마 안 되는 로도비코에게 맡겨졌다. '로지아'로 명명된 이 부동산은 피렌체에서 북쪽으로 불과 몇 킬로미터밖에 떨어지지 않은 파네의 산 스테파노에 있었는데, 이곳은 미켈란젤로가 어린 시절을 보낸 세티냐노에서도 아주 가까웠다. 그러나 미켈란젤로는 나중에 로지아로 은퇴해 장작을 패고 포도밭이나 일구며 지낼 생각은 없었다. 키케로나 그와 함께 잘 나가던 원로원 동료들이 국사의 부담이나 로마의 무더위를 피해 포도나무 넝쿨이 무성한 호화 별장에서 망중한을 즐긴 이래, 시골에 별장을 두는 것은 자존심 강한 이탈리아인이라면 누구나 선망하는 일이었으나 미켈란젤로는 달랐다. 로지아는 어디까지나 투자일 뿐이며, 산타 마리아 누오바에서 받는 5퍼센트의 이자보다 더 많은 수익을 챙길 수 있는 이재 수단에 지나지 않았다. 그러나 미켈란젤로는 스스로 지주가 됨으로써 자신이 믿은 부오나로티 가의 옛 영광을 회복하는 데 다소나마 기여했다고 생각했다.

부오나로토는 형의 이번 투자를 환영하지 않았다. 이제 만 35세로 하루라도 빨리 모포가게 주인이 되길 염원했던 부오나로토는 지난 7월 미켈란젤로에게, 형이 로지아를 매입함으로써 지난 5년간의 약속을 저버린 것은 아닌지 심히 우려된다는 편지를 보내왔다. 이에 대한 대답은 단호했다. 미켈란젤로는 부오나로토에게 신뢰심이 겨우 그 정도밖에 안 되냐고 힐난을 퍼붓고는 좀 더 참고 지내라고 명령했다. "나는 이 세상 그 누구보다 열심히 일하며 살아왔다. 이 엄청난 중노동으로 이제 몸의 어디 하나 성한 곳이 없고 너무 지쳐 있다. 그렇지만 우리가 목표한 것을 이루기 위해 참고 지내고 있다. 이제 너도 두 달만 더 참으면 된다. 나보다 몸이 천 배 만 배 성한 만큼 그때까지 잘 참고 기다릴 수 있을 것이다."하고 미켈란젤로는 화난 투로 답장을 썼다.[3]

부오나로토는 지금까지 미켈란젤로가 가족들이 뭔가를 요구할 때마다 피렌체에 내미는 이미지-끝없는 걱정과 중노동, 질병의 연속에도 불구하고 모든 것을 참으면서 고군분투하는 인물-에 이미 식상해 있었다. 그러나 미켈란젤로가 부오나로토에게 프레스코의 완성 시점을 거듭 다시 고쳐 예고하면서 일감이 이제 두 달 치 정도밖에 남지 않았다고 말한 것을 보면, 적어도 '엄청난 노고'의 끝은 눈앞에 나타나기 시작한 것으로 볼 수 있다. 그로부터 한 달이 지나서도 미켈란젤로는 여전히 9월 말까지는 일을 다 끝낼 수 있을 것으로 예상했다. "이것은 너무나 큰 작업이어서 보름 만에 끝낸다는 것은 사실 불가능하다. 어쨌든 모든 성인들 앞에 맹세컨대 그 사이에 내가 죽지 않으면 집으로 돌아갈 것이다. 집으로 돌아가고 싶은 마음이 너무나 간절해 무슨 수를 써서라도 일을 빨리 끝내려고 하고 있다."

프레스코의 최종 마무리 순간이 다가오자 미켈란젤로는 우울하고 착잡한 심정을 예배당 북쪽 천장에 배치한 인물에 반영했다. 「빛과 암흑을 가르는 하느님」을 그리고 조금 지나서 완성한 선지자 예레미야는 성좌에 무너져 내린 듯 꼼짝 않고 앉아 있다. 예레미야의 자세는 마치 오귀스트 로댕(Auguste Rodin)의 유명한 조각 「생각하는 사람The Thinker」을 예고하는 것 같다. 미켈란젤로의 이 인물화가

로댕에게 영향을 끼쳤음은 물론이다. 긴 수염과 흐트러진 회색 머리의 노인인 예레미야는 무지하게 큰 오른손으로 턱을 괴고 맨바닥을 응시하고 있어 침울한 표정으로 사색하는 듯한 인상을 준다. 예레미야는 미켈란젤로가 무녀들 중에 마지막으로 그린 거대한 「리비아의 무녀」와 마주 보고 앉아 있다. 두 인물의 몸짓은 눈에 띄게 대조적이다. 리비아의 무녀가 취한 자세는 극적이고도 대담한데, 이 자세를 취하려면 모델은 몸통을 오른쪽으로 심하게 뒤틀고 양팔을 머리 높이까지 올리는 한편, 왼발의 발가락을 벌린 채 구부리고 앉아야 했다. 불편하기 짝이 없는 이 자세는 틀림없이 모델에게 심한 고통을 주었을 것이다. 그와 반대로 예레미야의 한가로운 자세는 모델에게도 그다지 부담이 없었음을 짐작케 한다. 이 자세의 무난함은 사람들이 일반적으로 예레미야를 미켈란젤로의 또 다른 자화상으로 보는 근거이기도 하다. 미켈란젤로를 빼닮은 선지자 예레미야는 예배당의 다른 한 쪽 천장 끝에 효수(梟首)된 형태로 그려진 홀로페르네스의 찡그린 얼굴처럼 못생겼으나 미켈란젤로 특유의 당당한 모습은 나타나 있지 않다. 그 대신 미켈란젤로가 가진 또 다른 개성적 특징이 잘 나타나 있다.

"슬프다 나의 근심이여. 어떻게 위로를 얻을 수 있을까."(예레미야 8장 18절) 무뚝뚝하기로 소문난 예레미야는 성서의 한 대목에서 탄식했다. 또한 "내 생일이 저주를 받았더면, 나의 어미가 나를 생산하던 날이 복이 없었더면"(예레미야 20장 14절) 하고 한탄했다. 이러한 염세론은 예레미야가 살았던 시대가 바빌로니아인들이 예루살렘에 침입해 성전을 무너뜨리고 유대인들을 포로로 끌고 간 이후의 암흑시대에 속한 사실로 설명할 수 있다. 예레미야는 예루살렘의 한스러운 운명을 또 다른 곳에서도 애달파했다. "슬프다 이 성이여. 본래는 거민이 많더니 이제는 어찌 그리 적막히 앉았는고. 본래는 열국 중에 크던 자가 이제는 과부 같고······."(예레미야 애가 1장 1절)

예레미야는 10년 전에도 강렬하게 언급된 적이 있었다. 사보나롤라가 자신을 이 선지자에 비교해 예레미야가 예루살렘의 멸망을 네부카드네자르에게 예언한 것처럼 자신도 피렌체의 피침을 이미 예언했었다고 주장한 것이다. 처형되기 전에 행한 마지막 설교에서 사보나롤라는 한 발 더 나아가 선지자가 고통 속에서도 할 말을 다 한 것처럼 자신, 기롤라모 수사도 결코 침묵하지 않을 것이라고 말해 자신을 예레미야와 동일시했다. 사보나롤라는 죽기 몇 주 전에도 "여러분은 나를 이 세상 전체와 싸우는 인간, 투사로 만들었다."고 주장하며 이 선지자의 말을 되풀이 했다.[4]

미켈란젤로 또한 자신을 투사라고 생각했다. 무뚝뚝함으로 유명한 미켈란젤로가 스스로를 히브리 예언가들 중에서도 가장 음울한 인물에 비유한 것은, 라파엘로가 미켈란젤로를 고집 세고 심술궂은 헤라클레이토스로 묘사한 것 못지않게 설득력이 있다. 사실 시스티나 천장의 예레미야는 라파엘로가 그린 「아테네 학당」의 '생각하는 사람'- 몸을 구부정하게 숙이고 발을 꼰 채 손으로 무거운 머리를 지탱한 모습과 너무나도 흡사해 미켈란젤로가 예레미야를 그리기 전에 스탄차 델라 세냐투라에 들어가 경쟁자의 작품을 훔쳐본 것이 아닌가 하는 의문도 생긴다. 미켈란젤로는 1512년 여름쯤에는 라파엘로가 프레스코에 자신의 초상화를 덧보탰다는 것을 확실히 눈치 챘지만, 미켈란젤로가 라파엘로의 작품을 참고해 예레미야의 초상화를 그렸다는 주장을 뒷받침할만한 증거는 아직까지 나오지 않았다.

미켈란젤로는 자신을 슬픈 예레미야 애가의 작자로 묘사해 라파엘로의 농담에 동참했다. 그러나 애가에서 시도한 특징적 묘사는 여전히 많은 진실을 담고 있다. "나의 행복은 우울에서 비롯된다"고 미켈란젤로는 한 자작시에서 말했다. 그가 쓴 시의 대부분은 늙음과 죽음, 쇠망에 대한 어두운 명상으로 차있다.[5] "이 세상 그 어떤 것도 태어나면 반드시 죽게 되어 있다."고 또 다른 시에서 노래한 미켈란젤로는 계속해서, "눈동자라는 눈동자는 모두 금방 깜깜하고 소름끼치는 안와眼窩로 바뀐다."고 노래했다. 미켈란젤로는 50대 중반에 쓴 이 자작시에서, 심지어 자살은 "비참하고 불행한 계약생활자에게 어울리는 일"이라고 말하며 자살을 갈망기도 했다.

미켈란젤로가 정말 비참함과 불행을 타고 난 인간이라면, 편지에서 수없이 늘어놓은 불평에서 알 수 있듯이 시스티나 예배당 천장에 그린 작품들은 그를 더욱 불행하게 만들었을 것이다. 미켈란젤로는 결코 끝날 것 같지 않은 비계 위에서의 과로로 참담한 심정이었을 뿐 아니라, 예배당 밖에서 벌어진 일련의 사건들로 인해 끝없이 골치가 아팠다. 미켈란젤로는 예레미야처럼 험난하고 힘든 시대를 살 팔자였다. 그리고 프레스코의 완성이 몇 달 남지 않았을 때, 또 다른 걱정거리가 불쑥 튀어나왔다.

"집으로 돌아가고 싶다"[6] 미켈란젤로는 8월 말경 부오나로토에게 쓴 편지에서 이렇게 말했다. 그러나 그로부터 불과 며칠 만에 미켈란젤로의 고향은 어느 연대기 작가가 일컬었듯이 '소름끼치는 공포의 파도'에 휩쓸렸다.

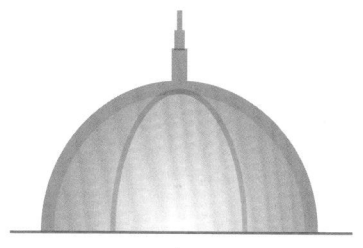

CHAPTER 30

# 고난의 시기

1512년 여름 수십 년 만에 최악의 뇌우가 피렌체를 집중 강타했다. 그중에서도 가장 위력적인 뇌우가 피렌체를 덮쳤을 때, 이 도시의 서북단에 있는 포르타 알 프라토 관문에 벼락이 떨어져 금색 백합꽃 무늬로 장식한 문장이 관문탑에서 떨어져 나갔다. 피렌체인들은 벼락이 치면 반드시 뭔가 불길한 일이 터진다고 생각했다. 1492년 로렌초 데 메디치의 죽음도 따지고 보면 대성당 돔에 떨어진 벼락의 충격으로 대리석 석가래들이 빌라 카레기 쪽으로 와르르 무너져 내리면서 이미 예고된 것이었다. 당시 그곳에는 로렌초가 고열로 앓아누워 있었다. 대리석 붕괴 사고의 전말을 보고받은 일 마니피코는, "나는 이제 죽은 목숨이다."라며 탄식한 것으로 전해진다. 공교롭게도 로렌초는 대리석 붕괴 사고 사흘째인 수난 주일에 숨을 거두고 말았다.

포르타 알 프라토에 피해를 낸 벼락 또한 그 의미가 분명했다. 문장에 박은 금색의 백합이 프랑스 왕의 문장이다 보니 피렌체인들은 교황의 원수인 루이 12세를 지지한 죄로 이제 꼼짝없이 처벌받을 것이 분명했다. 그리고 벼락이 포르타 알 프라토 관문 위에 떨어진 사실로 미루어 볼때, 이 가공할 보복은 프라토라는 피렌체에서 북서쪽으로 수십 킬로미터 떨어진 방위도시를 거쳐 올 것으로 다들 점쳤다.

우려는 곧 현실이 되고 말았다. 8월 셋째 주에 라몬 카르도나가 이끄는 5천 명의 정예 부대가 피렌체를 향해 진군하던 중 프라토를 공격했다. 교황과 신성동맹 맹우들은 피에로 소데리니가 수반으로 있는 피렌체 공화국을 무너뜨린 후에 1494년 이후부터 계속 망명생활을 해 온 로렌초 데 메디치의 아들들에게 다시 프라토를 넘기기로 결정했다. 피렌체를 정복하는 것은 벤티볼리 일당을 볼로냐에서 몰아내고 알폰소 데스테를 페라라에서 끌어낸 것보다 더 간단할 것으로 보였다. 한 번도 전투 역량을 시험받은 적이 없는 사령관과 실전 경험이 전무한 소부대 밖에 없는 피렌체인들은, 처음부터 카르도나 휘하의 잘 훈련되고 전투로 단련된 스페인 군의 적수가 되지 못했다. 총독이 군대를 거느리고 아펜니노 산맥의 계곡을 따라 남하해 오자 피렌체 거리는 짙은 공포에 휩싸였다.

공포 분위기 속에서 피렌체도 서둘러 방어대책을 세웠다. 공화국 민병대의 총책임자인 니콜로 마키아벨리는 피렌체 주변에 흩어져 있는 시골 마을에서 향토민과 농부들을 보병으로 징집했다. 긴 창으로 무장한 2천 명의 하층민 출신 병사들은 탑의 일부가 날아간 관문 아래에서 행군 대형을 짠 다음, 지원을 위해 프라토로 떠났다.

아펜니노 산맥 아래의 평원에 위치한 프라토는 이 도시 최고의 성유물인 성모 마리아의 거들로 유명했다. 거들은 그녀가 성 토마스에게 준 것으로 프라토 대성당의 특별 예배당에 보관되어 있었다. 그러나 앞으로 며칠 안에 이 도시의 이름은 다른 무언가-프라토를 라벤나보다 더 끔찍한 비극의 장소로 만든 사건-의 동의어가 될 운명이었다.

스페인 군은 마키아벨리의 민병대를 열심히 뒤쫓아 8월 말에 프라토의 방벽 앞에 나타났다. 대규모 병력에도 불구하고, 카르도나의 병사들은 한눈에 봐도 위풍당당한 군대라는 느낌이 들지 않았다. 야포부대의 장비는 대포 2문이 전부였는데 그마저 경포로 알려진 소구경 대포여서 어이가 없었다. 그들은 형편없는 식량 공급으로 힘을 잃은 데다 길에서 8개월을 지내 완전히 지쳐 있었다. 라벤나에서 결사적으로 도망쳐 나온 스페인 병사 일부는 이탈리아 도로에서 설치는 산적들의 습격을 받아 희생되기까지 했다.

포위공세에 들어간 카르도나 군은 성과를 별로 기대하지 않았다. 방벽에 대한 포격을 개시한 지 얼마 안 되어 그들의 야포중 하나가 두 쪽으로 갈라져버려 단 1문밖에 남아 있지 않았다. 굶주린 데다 사기마저 가라앉은 그들은 피렌체에게 공화국을 공격할 뜻이 전혀 없으며, 그들은 어디까지나 공화국 정부의 신성동맹 참가를 설득하기 위해 온 것뿐이라며 피렌체에 즉각 휴전을 제의했다. 그러나 기고만장해진 피렌체인들은 제의를 거부했고, 이에 스페인 군은 할 수 없이 하나뿐인 대포를 동원해 방벽을 향한 포격을 재개했다. 한나절 동안 포격한 끝에 놀랍게도 성문 하나에 작은 구멍이 생겼다. 이 구멍을 통해 스페인 군이 아무런 저항도 받지 않고 안으로 난입하자 겁에 질린 마키아벨리의 풋내기 병사들은 무기를 버리고 필사적으로 달아났다.

그 결과 마키아벨리가 후회스러운 어조로 서술한 것처럼 "비탄스러울 정도로 참담한 광경"[1]이 벌어졌다. 스페인 창병들은 프라토의 자갈 길 위에 갇힌 신병들과 프라토 주민들에게 조금도 자비를 베풀지 않았다. 또 다른 기록에 따르면, 이후 몇 시간은 오직 "울부짖음, 도주, 폭행, 약탈' 피와 살육의 연속"[2]이었다. 날이 저물 무렵, 방벽 안에 너부러진 피렌체인과 프라토인의 시체만 해도 2천 구가 넘었다. 반면에 단 한 명의 사망자만을 낸 스페인 군에게는 이제 피렌체 관문까지 이틀간의 행군 여정만이 남아 있을 뿐이었다.

"사람의 목숨이 어떤 재산보다 소중합니다. 유사시에는 재산이나 기타 다른 물건은 내버려두고 먼저 안전한 곳으로 대피해 목숨을 건져야 한다는 것을 꼭 명심하십시오."[3] 프라토가 약탈을 당하고 일주일도 채 안 된 9월 5일에 미켈란젤로는 이처럼 극도로 흥분한 상태로 부친에게 편지를 썼다. 군인뿐 아니라 민간인들까지도 무참하게 집단 학살한 것은 10년 전에 체사레 보르자가 이탈리아 반도를 유린한 이래 최악의 만행이었다. 살육 소식을 접한 피렌체는 충격과 두려움에 빠졌다. 며칠 후에 로마에서 소식을 접한 미켈란젤로는 자신의 가족이 고향에 밀어닥친 '끔찍한 재앙'을 피하려면 어떻게 처신해야 하는지에 대해 나름대로 뚜렷한 주관을 가지고 있었다. 미켈란젤로는 로도비코에게 산타마리아 누오바의 계좌에서 돈을 인출해 가족들과 시에나로 피신하라고 당부했다. 그리고 "역병이 돌 때처럼 움직여야 합니다. 먼저 도망부터 치세요." 하고 부친에게 신신당부했다.

그러나 피렌체의 위기 상황은 미켈란젤로가 이 편지를 쓸 때 이미 해소 단계에 접어들었다. 피에로 소데리니는 스페인 군에게 뇌물을 주면 피렌체를 재앙에서 구할 수 있고, 또 그렇게 되면 메디치 가를 여전히 궁지에 가두어 놓을 수 있을 것으로 자신했다. 카르도나가 돈을 선뜻 받는 바람에 피렌체 시민들은 15만 두카트의 배상금 부담을 고스란히 떠안게 되었으나, 소데리니와 공화국 정부는 여전히 메디치 가의 복권을 위해 퇴진하라는 카르도나의 압력에 시달렸다. 사태가 이렇게 돌아가자 스페인 군의 접근으로 이미 대담할 대로 대담해진 메디치 가 지지파들인 일단의 젊은이들이 시 청사로 난입해 정부 통제권을 장악했다. 소데리니는 바로 그 다음날인 9월 1일 시에나로 망명했다. 무혈 쿠데타로 로렌초의 아들 줄리아노 데 메디치가 피렌체 공화국의 통치권자로 취임했다. 마키아벨리는 훗날 소데리니가 도망치기 직전에 시 청사에 벼락이 떨어진 사실을 기억했다. 마키아벨리의 의견에 따르면, 이것도 중대 사건 전에 반드시 일어나는 천재지변의 한 예였다.

마키아벨리는 메디치 가의 복귀 이후를 낙관했다. 정권 교체 1~2주 후에 마키아벨리는, "이 도시는 지금까지 매우 평온한 편이다." 하고 썼다. 그리고 "메디치 가 아들들의 협력으로 피렌체가 그들의 부친인 대 로렌초의 선정으로 누렸던 행복한 시대를 다시 누릴 수 있기를 갈망한다."[4]고 썼다. 애석하게도 마키아벨리는 공직에서 쫓겨났고, 그 직후에 반(反)메디치 음모 혐의로 구금되어 스트라파 고문을 받았다. 이 형벌은 고문당하는 사람의 양팔을 등 뒤로 댄 다음, 밧줄로 묶어 공중에 매다는 고문으로 매우 잔인했다. 고문의 결과는 어깨의 탈골과 고통으로 인한 고뇌에 찬 자백이었다. 사보나롤라도 이 고문을 당한

힌치클리프(Hinchcliff)의 「니콜로 마키아벨리」판화

뒤에 온갖 종류의 범죄를 자백했는데 그중에는 교황 알렉산더 6세를 축출하기 위해 줄리아노 델라 로베레와 공모한 일까지 있었다. 그러나 마키아벨리는 그런 식의 자백을 강요당하지 않았다. 몇 달 후에 감옥에서 풀려남과 동시에 피렌체에서 추방당한 마키아벨리는 43세의 나이로 로도비코 부오나로티가 얼마 전에 치안판사로 있던 산 카스치아노 부근의 작은 농장으로 은퇴했다. 그곳에서 맨손으로 개똥지빠귀를 잡고 밤에는 선술집에 나가 동네 사람들과 트릭 트랙 게임을 하면서 말년을 보냈다. 이때 마키아벨리는 정치를 극히 냉소적으로 다룬 『군주론The Prince』을 집필하기 시작했다. 그리고 글에서, "인간은 모두 배은망덕하고 변덕스러운 거짓말쟁이 사기꾼에 지나지 않는다."[5]고 신랄하게 말했다.

 미켈란젤로는 마키아벨리와 달리 메디치 가의 복귀에 매우 신중한 태도를 취한 것으로 알려졌다. 로렌초의 아들인 피에트로 데 메디치가 훗날 피렌체 시민의 손에 추방당했을 때, 미켈란젤로는 이 집안과의 긴밀한 관계 때문에 한때 볼로냐로 긴급 피신해야 했었다. 그런데도 메디치 가가 거의 20년 만에 권좌에 복귀하는 순간, 미켈란젤로와 가족이 전처럼 수난을 겪지 않을까 두려워한 것은 참으로 아이러니하다. "말이든 행동이든 조금이라도 오해를 살만한 일은 일체 하지 마세요." 하고 미켈란젤로는 부친을 설득했으며, 부오나로토에게도 비슷한 지침을 내렸다. "하느님 말고는 누구든지 절대로 친구로나 친하게 사귀지 마라. 그리고 그 누구에 대해서도 좋든 나쁘든 아무 말도 하지 마라. 그랬다가 혹시 나중에 무슨 일을 겪게 될지 모른다. 오직 네 일에만 신경 쓰도록 해라."[6]

피렌체의 새 귀족들이 마키아벨리를 어떻게 다루었는지 살펴보면, 미켈란젤로가 그렇게 주의를 환기한 데에는 그만한 이유가 있었던 것을 알 수 있다. 그래서 부오나로토에게서 자신이 반反메디치 발언을 했다고 보고되었다는 소식을 듣고는 매우 괴로워했다. "그들의 귀에 거슬리는 말은 단 한마디도 하지 않았습니다." 하고 미켈란젤로는 부친에게 항변했다. 물론 프라토에서 일어난 잔혹한 일을 비난한 적은 있다고 시인했다. 그렇지만 돌멩이도 실제로 말할 수만 있다면 프라토에서 벌어진 노략질에 온갖 욕설을 퍼부을 것이라고 말했다.

귀향을 목전에 둔 미켈란젤로는 그 바람에 피렌체에 갔다가는 보복을 당할지도 모른다는 두려움에 빠졌다. 미켈란젤로는 탐문을 통해 자신에 관한 악의적인 소문의 진원지를 파헤쳐 달라고 동생에게 부탁하며 로도비코에게 말했다. "부오나로토에게 그 사람이 내가 메디치 가에 대해 나쁘게 말하는 것을 어디에서 들었는지 알아봐 달라고 하세요. 소문이 어디서 나오는지를 알아야 저도 대비를 할 수 있습니다." 높은 명성에도 불구하고-어쩌면 그 때문이겠지만-미켈란젤로는 메디치 가와 공모해 자신의 이름을 더럽히려는 적대 세력이 피렌체에 있다고 믿었다.

미켈란젤로는 당시 금전적인 문제로도 골치가 아팠다. 미켈란젤로는 알리도시 추기경이 작성한 계약서에 적힌 2천 9백 두카트를 이미 다 수령했으나 여느 때처럼 교황에게서 돈을 더 받아내려고 애썼다. 또한 부친이 2년 사이에 두 번이나 은행 계좌에서 빼돌려 쓴 돈을 채워 넣어야 했다. 산타 마리아 누오바의 예금통장에서 시에나 도피자금을 마련하라는 아들의 지시에 따라 로도비코는 굳이 도피할 필요가 없는데도 불구하고 재빨리 40두카트를 인출해 써버렸다. 미켈란젤로는 인출한 돈을 어느 정도나마 원상회복해 주기를 부친에게 기대하는 한편, 그가 더 이상 돈을 인출할 수 없도록 조치했다. 그러나 곧 부친 앞으로 청구된 전혀 예상치 못한 비용 가운데 일부를 또 떠맡게 되었다. 피렌체 시민들이 자유를 향유하는 대가로 신성동맹에 지불키로 한 배상금 중 로도비코의 몫인 60두카트의 청구서가 부친 앞으로 날아 든 것이다. 로도비코는 분담금을 반밖에 낼 수 없는 형편이어서 나머지 30두카트는 결국 미켈란젤로의 호주머니에서 나오게 되었다.

당시 부친 문제와 피렌체의 위태로운 정치 상황, 끝없는 프레스코 작업 등으로 미켈란젤로가 겪은 좌절감은, 프라토 대학살이 발생한 지 한 달 만인 1512년 10월 로도비코 앞으로 보내 온 편지에 잘 나타나 있다. 미켈란젤로는 편지에서 놀라울 만큼 자기연민의 감정을 토로했다. "저는 지금 비참하기 짝이 없는 생활을 하고 있습니다." 미켈란젤로는 예레미야의 한탄조로 불평하기 시작했다. "제 삶은 힘든 작업으로 너무나 피곤한데다 천가지 만가지 걱정에 둘러싸여 비참하기 짝이 없습니다. 지난 15년간 저는 단 한 시간도 행복하지 않았습니다. 아버지를 도와 드리기 위해 모든 것을 감수했지만, 아버지께서는 이 점을 조금도 인정하거나 믿지 않으셨습니다. 하느님, 우리의 죄를 용서하소서."

근심과 좌절감이 고조하고 첩첩이 쌓여가던 시기였음에도 불구하고, 미켈란젤로는 천장에 매우 감동적이고 성공적인 장면을 몇 점 그려 넣었다. 여름부터 초가을 사이의 많은 시간을 미켈란젤로와 조수들은 예배딩 시쪽 끝 모서리에 있는 두 개의 삼삭 궁늉과 그 사이의 좁은 벽 공간을 프레스코 하느라 바쁘게 보냈다. 그중에 가장 먼저 프레스코한 패널은 예배당 입구에서 제단을 바라볼 때 왼쪽 부분에 속한 공간으로 여기에 그 유명한 「하만의 십자가 처형 The Cruciflxion of Haman」장면이 그려져 있다. 이 그림은 절정에 달한 미켈란젤로의 기량을 유감없이 보여 주는 걸작이다. 「하만의 십자가 처형」의 배경을 이루는 것은 마치 오페라처럼 복잡한 이야기를 써 놓은 구약성서의 에스더 서書이다. 하만은 인도에서 시작해 에티오피아까지 뻗은 페르시아 제국을 통치하는 아하수에로 왕의 총리대신이었다. 아하수에로는 왕비에 간택되려고 몰려든 처녀들을 위해 규방을 설치하고 7명이 넘는 내시를 투입해 왕비를 간택하게 했는데, 아하수에로의 총애로 왕비가 된 처녀는 에스더라고 하는, 이전에는 전혀 몰랐던 유대 미인이었다. 에스너는 사촌이자 왕의 시종인 모르드개에게서 자신의 종교를 절대 비밀로 하라는 말을 들었다. 모르드개는 한때 내시 두 명이 꾸민 아하수에로 왕 시해 음모를 캐내 왕의 생명을 구한 적이 있으나, 훗날 재상 하만 앞에서 다른 시종들과는 달리 충성의 맹세를 거부해 하만의 환심을 잃고 말았다. 오만한데다 복수심에 불탄 하만은, "유다인을 노소나 어린아이나 부녀를 무론하고 죽이고 도륙하고 진멸하고 또 그 재산을 탈취하라."(에스더 3장 13절)며 왕의 이름으로 포고령을 내려 페르시아에서 유대인의 몰살을 명령했다. 그러고는 이에 만족하지 않고 오만한 모르드개를 특별히 따로 처단할 목적으로 22미터 높이의 교수대를 만들어 세웠다.

시스티나 예배당의 모퉁이에 설치된 4개의 삼각 궁륭의 프레스코는 청동 메달에 그려진 것처럼 유대인들을 적시에 적의 계략에서 구원한 내용을 묘사하고 있다. 그중에서도 「하만의 십자가 처형」은 완벽한 예다. 하만이 내린 대학살 명령은, 에스더가 용감하게 개입해 자신도 유대인이며 하만의 피비린내 나는 숙청의 희생물이 될 위험에 처했다고 아하수에로 왕에게 탄원하면서 돌연 중단되었다. 왕은 즉각 포고령을 취소하고 모르드개를 처형하려고 만든 교수대에 하만을 대신 매달았다. 그리고 모르드개를 총리대신에 임명해 자신의 목숨을 구해준 것에 뒤늦게나마 보은했다.

미켈란젤로가 묘사한 하만은 다른 보통 미술가들의 표현처럼 교수대에 매달려 있지 않고 나무 위에 못 박혀 있다. 따라서 일반적으로 볼 때, 이 히브리인의 적敵은 십자가형을 당한 예수를 연상시키는 자세를 하고 있는 셈이다. 라틴어 성서는 하만이 교수대가 아닌 50큐빗(약 25미터_옮긴이) 높이의 십자가를 준비하는 과정을 자세히 열거해 미켈란젤로의 묘사에 성서적 근거를 부여했다. 그러나 라틴어를 거의 해독할 수 없었던 미켈란젤로는 단테의 『신곡』- 여기서도 하만은 십자가형에 처해진 것으로 묘사되었다.[7] - 에 언급된 것을 그대로 따랐거나, 아니면 단테보다 더 해박한 신학자의 가르침에 따른 것 같다. 신학자들은 이 이야기와 예수 수난의 상이한 점에 주목하고, 두 형벌 모두 구제를 예고한다고 지적했다.[8] 따라서 십자가를 통한 구원의 형상은 예배당의 제단 벽에도 아주 잘 어울렸다.

24일간에 걸친 작업 끝에 「하만의 십자가 처형」은 힘 있는 구도, 특히 나무 위에서 사지를 쭉 편 하만의 나신이 지닌 생기 때문에 매우 인상적이었다. 감탄한 바사리는 이 인물을 "가장 아름답고 가장 난해한"[9] 인물이라고 묘사하고, 천장화 전체 인물들 중에서 가장 인상적인 인물로 취급했다. 이 장면에서 미켈란젤로는 하만의 발 위치를 엄격히 잡기 위해 수많은 예비 스케치를 그리며 리허설을 되풀이했다. 따라서 난해함을 지적한 바사리의 말은 백번 옳다. 이 인물은 모델에게 분명 큰 시련을 안겨주었을 것이다. 하만의 자세는 두 팔을 쭉 뻗고, 머리는 뒤로 떨어뜨리고, 엉덩이는 뒤틀고, 왼발은 뒤로 빼고, 체중을 오른발에 싣고 있기 때문이다. 이 자세는 격렬한 체조 형태 때문에 「리비안 무녀」의 자세와도 비교된다. 「하만의 십자가 처형」에 들어간 소묘가 천장의 다른 어떤 장면보다 많이 남아 있는 사실로 미루어 볼 때, 모델은 이 자세를 꽤 오랫동안 유지해야 했을 것이다. 「하만의 십자가 처형」의 도안을 확정하고 석고로 옮길 때는 1미터 떨어진 곳에 위치한 「빛과 어둠을 가르는 하느님」의 장면에서 나선형으로 상승하는 창조주를 그릴 때처럼 자재화법에 호소하지 않았다. 그 대신 석고에 하만의 윤곽을 새길 때 밑그림을 아주 상세하게 옮겼다. 그래서 이 인물 하나를 그리는 데 4조르나타가 들어갔다. 절정에 접어든 미켈란젤로의 기량을 고려하면, 특히 직전에 그린 하느님을 포함해 최근에 그린 인물들이 모두 하루 만에 완성된 사실로 볼 때 이것은 아주 느린 속도였다. 하만의 팔과 머리에는

미켈란젤로의 「하만의 십자가 처형」 스케치

아직도 못 구멍이 수없이 남아 있는 것을 보면, 미켈란젤로가 당시 밑그림을 오목한 표면에 고정시키고 윤곽을 젖은 석고에 새기는 과정에서 얼마나 고심했는지를 잘 알 수 있다.

난해한 장면을 마치자 앞으로 남은 공간은 몇 미터 정도에 불과했다. 제단 위의 반원 공간 두 군데와 두 번째 삼각 궁륭, 예배당 출입구 위의 성좌에 앉은 스가랴 바로 맞은편의 삼각형 모양의 천장 끝부분이 남은 전부였다. 미켈란젤로는 삼각 공간에 마지막 선지자인 요나를 그릴 작정이었다. 반면에 삼각 궁륭에는 「놋뱀The Brazen Serpent」을 그려 넣기로 했는데, 이 장면은 「하만의 십자가 처형」보다 훨씬 더 어려운 것으로 밝혀졌다.

마침내 과업의 마무리 단계에 접어들자 미켈란젤로는 지금까지 적용해 온 간소한 접근 방식을 버리고 「놋뱀」에서 갑자기 20인 이상의 인물이 뒤섞인 시각적으로 복잡한 회화를 그렸는데, 매우 이채로운 것으로 관심을 끌었다. 미켈란젤로는 이 작품 하나를 갖고 시간을 질질 끌며 작업하다 30조르나타 또는 약 6주라는 믿을 수 없을 만큼 긴 시간을 써버려 9월 말까지 프레스코를 완성하고 피렌체로 돌아갈 것이라고 한 예측은 여지없이 빗나가고 말았다. 이 장면보다 시간이 많이 걸린 곳은 3년 전에 처음 프레스코한 창세기의 두 장면뿐이다. 미켈란젤로는 프레스코를 필사적으로 마무리 지으려고 했을 것이다.

그러나 그럴수록 미켈란젤로의 예술적 야망은 조금도 꺾이지 않았다. 「놋뱀」은 민수기에 나오는 사건으로 광야에서 방황하던 이스라엘 사람들이 굶주림과 갈증에 불평을 늘어놓았다가, 이에 화가 치민 하느님이 독아를 가진 사나운 뱀을 보내 그들의 불평보다 훨씬 더한 고통을 맛보게 되는 장면을 묘사하고 있다. 이때 살아난 이스라엘 사람들이 모세와 함께 하느님에게 이 끔찍한 벌을 거두어 달라고 탄원하자 하느님은 그들에게 놋으로 된 뱀을 만들어 장대 위에 달아 놓으라고 명령하고 "뱀에게 물린 자마다 놋뱀을 쳐다본 즉 살더라."(민수기 21장 9절) 하고 말한다. 날개를 편 독수리 같은 모습으로 나무에 사지가 묶인 하만처럼 놋뱀은 십자가 처형을 형상화한 것으로 그 자체가 그리스도의 구원을 연상시키는 역할을 한다. 예수 자신도 요한복음에서 이 비유를 든 적이 있다. "모세가 광야에서 뱀을 든 것 같이 인자도 들려야 하리니, 이는 저를 믿는 자마다 영생을 얻게 하려 하심이니라."(요한복음 3장 14-15)

미켈란젤로는 들뜬 마음으로 삼각 궁륭에 그림을 그렸다. 이 장면은 심판받은 이스라엘 사람들과 뱀에 휘감긴 「라오콘」의 자세가 가진 유사함 때문에 마음에 들었던 것으로 보인다. 같은 주제를 묘사한 과거의 작품에서는 뱀이 희생물을 휘감고 조이는 모습이 아니라, 모세가 청동의 뱀을 높이 쳐든 장면이 중심이 되어 있었다.[10] 그러나 미켈란젤로는 모세를 생략하고 그 대신 심판받은 이스라엘 사람들의 운명을 강조하기로 했다. 따라서 이 장면은 미켈란젤로가 좋아하는 주제들 중 하나-근육이 뒤틀리고 등뼈가 돌아가는 격렬한 투쟁을 말하는데, 여기서는 독사들에게 휘감겨 빽빽하게 무리 지은 반라의 인물들이 몸부림치는 전투-를 주로 다뤘다.

라오콘과 그의 자식들 외에 삼각 궁륭 오른쪽에 그려진 비틀린 인물들은 「카시나 전투」의 병사들과 「켄타우로스의 전투」의 반인반수 인물들을 연상시킨다. 미켈란젤로는 한 이스라엘인을 나타내기 위해 「켄타우로스의 전투」의 자세를 그대로 차용했다. 이 장면은 또한 심판 받은 사람들의 모습 때문에 「홍수」를 연상시킨다. 그러나 미켈란젤로가 「놋뱀」을 「홍수」보다 더 좁고 오목한 표면에 그릴 때 시도한 방식은 비계 작업 4년차에 접어들면서 미켈란젤로의 기량이 얼마나 대담해지고 동시에 성공했는지를 잘 나타낸다. 뒤틀린 인체들 가운데 몇몇에는 단축법이 대가답게 발휘되어 있지만 전체적인 구도의 통일성은 급경사 진 삼각 궁륭의 모서리 사이에 잘 짜 맞추어 넣어 마치 파도치는 듯한 인상을 불러일으키는 다양한 인체들과 천장에 이 장면이 존재한다는 것을 시각적으로 강하게 암시하기 위해 눈부실 정도로 밝게 색칠한 오렌지색과 초록색의 배합으로 유지되었다.

「놋뱀」의 이야기는 미켈란젤로의 예술적인 감각을 매혹시켰을 뿐만 아니라 종교적 확신을 뒷받침했다. 프라토의 대학살이 발생하던 무렵에 완성한 이 장면에는 사보나롤라의 영향으로 형성된 미켈란젤로의 신앙이 반영되어 있다. 미켈란젤로는, 인간들은 자신들의 사악한 방식 때문에 심판과 고통을 면할 수 없는데 오직 하느님에게 용서를 간구할 때에만 비로소 해방될 수 있다고 믿었다. 이스라엘 사람들이 제멋대로 행동해 뱀의 대 습격을 초래한 것처럼 피렌체인들은 그들의 죄악 때문에 라몬 카르도나와 스페인 군대의 급습을 초래했으며, 그것은 또한 분노한 하느님이 가한 징벌이기도 하다고 미켈란젤로는 부친에게 말했다. "우리는 체념하고, 자신을 하느님에게 온전히 맡기고, 우리들의 행동에 잘못된 점이 있음을 인정해야 합니다. 왜냐하면 이 불행들은 우리의 잘못된 행동으로 인해 생겨났기 때문입니다."[11] 하고 미켈란젤로는 피비린내 나는 노략질이 있은 직후에 부친에게 보낸 편지에서 말했다. 이 주장은 피렌체인들이 그들이 지은 죄 값으로 샤를르 8세의 군대에게 호되게 당할 것이라고 한 사보나롤라의 주장의 복사판이기도 하다. 미켈란젤로가 삼각 궁륭을 프레스코할 때 머릿속에는 사보나롤라가 외친 말들이 메아리쳤을 것이다. "오 피렌체, 오 피렌체, 오 피렌체여! 너의 죄악으로, 너의 잔인함으로, 너의 탐욕으로, 너의 정욕으로, 너의 아욕으로 이제 네게 시련과 고난이 있을 지라!"

미켈란젤로 자신이 겪었던 역경들-적어도 비계 위에서 겪었던 역경들-은 이 편지를 부친에게 쓰던 무렵에는 거의 끝난 것이나 다름없었다. 「놋뱀」의 완성 후에도 미켈란젤로는 계속해서 마지막 남은 두 개의 반원 공간과 그 아래 공간을 프레스코했다. 두 개의 반원 공간 중의 하나에는 아브라함과 이삭을 그렸는데 그들도 예수의 다른 조상들처럼 무기력한 자세를 취하고 있다.[12] 그로부터 며칠 후인 10월 말에 미켈란젤로는 피렌체에 다시 또 편지를 보냈다. "그동안 해 온 예배당 회화 작업이 이제 다 끝났습니다." 미켈란젤로는 편지에서 담담한 어조로 말했다. 늘 그랬던 것처럼 미켈란젤로는 자신이 거둔 성과에 별로 기뻐하지 않았다. "다른 것들은 제가 원한 대로 되지 않았습니다."[13] 하고 미켈란젤로는 로도비코에게 신세를 한탄하는 어조로 말했다.

• • •

당시 부친 문제와 피렌체의 위태로운 정치 상황, 끝없는 프레스코작업 등으로 미켈란젤로가 겪은 좌절감은, 프라토 대학살이 발생한지 한 달 만인 1512년 10월 로도비코 앞으로 보내 온 편지에 잘 나타나 있다. 미켈란젤로는 편지에서 놀라울 만큼 자기연민의 감정을 토로했다.

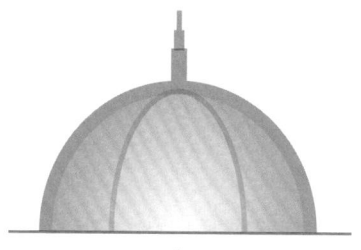

CHAPTER 31

# 마지막 터치

1512년 10월 31일 교황은 만성절 전야에 바티칸에서 파르마 대사를 위한 연회를 열었다. 만찬이 끝나자 일행들은 궁내 극장으로 자리를 옮겨 희극 2편과 시낭송을 감상했다. 그 후에 오후 늦게 율리우스는 평소 습관대로 침실로 물러나 잠깐 오수에 들어갔다. 그러나 아직 오락 일정이 다 끝나지 않았다. 해가 지자 교황은 17명의 추기경 등을 대동하고 저녁 예배에 참석하러 시스티나 예배당으로 향했다.

살라 레자에서 예배당 안으로 줄지어 들어오는 그들의 눈앞에는 마음을 사로잡는 광경이 펼쳐졌다. 미켈란젤로와 조수들은 지난 며칠 동안 대형 비계를 해체해 치우느라고 분주했다. 프레스코를 시작한 지 4년 4주 만에 마침내 미켈란젤로는 프레스코 전체를 한꺼번에 일반에 공개할 수 있게 된 것이다.

천장 프레스코 작업의 후반부에 등장하는 인물화는 모두 대형 크기에, 이전보다 재료를 훨씬 더 능숙하고 독창적으로 구사한 것들이어서, 만성절 전야에 공개된 프레스코는 약 15개월 전 미완성 작품을 일반에 공개했을 때보다 훨씬 더 크고 깊은 감동을 불러일으켰다. 콘디비의 의견에 따르면, 교황과 추기경 일행이 예배당 안으로 들어가면서 바라본 인물들 중의 하나는 천장에 그려진 수백 명의 인물들 중에서도 가장 큰 경외심을 불러일으켰다. 그것은 예배당 반대편 끝으로 들어오는 예배 참석자의 시야에 정면으로 들어오는 곳에 위치한 요나였다. 요나는 「하만의 십자가 처형」과 「놋뱀」 사이의 좁은 공간을 차지하고 있다. 콘디비는 이것을 '대 역작'이라고 평가했고, "선을 다루고 단축법과 원근법을 구사한 수준을 보면 이 위인의 지식이 대단한 경지에 도달했음을 느끼게 한다."[1]고 했다.

오목한 표면에 그려진 요나는 다리를 벌리고 얼굴을 위로 향한 채, 몸을 오른쪽으로 틀어 왼쪽으로 기울이고 상체를 뒤로 젖히고 있다. 번민하는 듯한 이 자세는 다른 동료 선지자들보다 이그누디 쪽에 더 가깝다. 이 작품에서 콘디비가 무엇보다 감명을 받은 것은, 미켈란젤로가 단축법을 믿을 수 없을 만큼 정교하게 발휘해 입체화법을 창안했다는 점이다. 요나가 프레스코된 표면이 관람객 쪽을 향해 굽어져 있음에도 불구하고 미켈란젤로는 이 선지자를 몸을 뒤로 기울인 형태로 묘사했다. 그래서 "뒤쪽으로 단축되어 보이는 몸통이 실은 올려다보는 관람객과 가장 가까운 위치에 있고, 앞으로 튀어나온 듯 보이는 양다리는 눈에서 가장 멀리 떨어진 곳에 있다." 브라만테는 미켈란젤로가 단축법을 전혀 모르기 때문에 머리 위의 표면에 그림을 그릴 만한 능력이 없다고 말한 적이 있는데, 미켈란젤로는 이에 대해 요나로 의기양양하게 대응한 셈이다.

선지자 요나는 니네베로 가서 그곳 사람들의 사악함을 꾸짖으라는 하느님의 명령을 받는다. 그러나 사명을 불쾌하게 여겨 거절하고, 그 대신 반대 방향으로 가는 배를 탔다가 화가난 여호와가 풀어놓은 사나운 폭풍우 속에 갇힌다. 겁에 질린 선원들은 폭풍이 일어난 원인을 알자 승객을 바다 속으로 던져버린다. 그러자 바닷물이 잠잠해지고 '큰 물고기'가 하느님이 하는 일을 탐탁지 않게 여기는 선지자를 삼킨다. 요나는 물고기의 뱃속에서 사흘 밤낮을 보내다가 물고기가 토하는 바람에 마른 땅 위로 뛰쳐나온다. 요나는 정식으로 세례를 받고 니네베가 장차 멸망할 것이라고 예언하는데 니네베 주민들이 그 말에 놀라 자신들이 저지른 사악한 행위를 회개하고, 이에 하느님이 이들을 불쌍히 여기자 이를 보고 크게 실망한다.

신학자들은 요나를 예수의 탄생과 부활을 예언하는 인물로 간주했다. 그 때문에 시스티나 예배당 안의 요나의 위치는 제단 위로 정해져 있다. 심지어 예수도 자신을 이 선지자에 비유하기도 했다. "요나가 사흘 밤낮을 큰 물고기 뱃속에 있었던 것 같이 인자도 사흘밤낮을 땅속에 있으리라."(마태복음 12장 40절)하고 예수는 바리새인들에게 말했다. 그러나 미켈란젤로의 프레스코에 나타난 이 선지자의 자세는 과연 성서의 어느 대목을 묘사하려 한 것인가를 놓고 학자들로 하여금 씨름하게 만들었다. 어떤 학자들은 이 프레스코가 하느님이 니네베를 멸망시키지 않은 것에 대한 요나의 분노를 보여 주는 것이라고 주장한 반면, 다른 이들은 물고기가 요나를 토하는 순간을 나타낸 것이라고 주장했다.[2] 문제의 이야기가 무엇을 뜻하든지 간에 요나는 몸을 뒤로 젖힌 채 눈길을 위로 향하고 천장의 그림을 망연자실한 표정으로 쳐다보는 것 같이 묘사되어 있는데 이는 결코 우연히 이루어진 것이 아니다. 레온 바티스타 알베르티는 미술가들에게, 작품 안에 감상자들의 관심과 감정을 유도하는 '관객'을 집어넣어 그들을 특정 방향으로 유도해 장면을 감상하게 만들거나, 섬뜩한 표정과 험상궂은 눈짓을 그려 자극할 필요가 있다고 갈파한 적이 있다.[3] 살라 레자에서 예배당 안으로 들어오는 예배자들의 시선이 요나에게 향하고, 머리 위에 있는 웅장한 프레스코를 올려다보다 저도 모르게 뒷걸음질 치거나 위압당한 표정을 짓는 것을 보노라면 미켈란젤로도 알베르티의 조언을 받아들인 것이 틀림없어 보인다.

전체 프레스코가 공개되자, 이것을 보고 홀딱 반한 교황은 '큰 만족감'[4]을 나타내고 천장의 그림들을 하나하나 뚫어지게 쳐다보았다. 프레스코가 완성된 바로 다음날 시스티나 예배당을 찾은 내방객들도 그에 못지않게 미켈란젤로의 작품에 압도되었다. "천장화가 공개되자 각지의 사람들이 그것을 보려고 달려오는 소리가 귀에 울릴 정도였다. 그것은 과연 사람들이 보고 어안이 벙벙해질 만큼 위대한 것이었다."[5]고 바사리는 썼다. 특히 마지막으로 그린 두 개의 이그누디는 매우 독특한 역작으로 힘과 고상함에 있어서 「라오콘」 같은 고대의 걸작품을 능가했다. 이 이그누디들은 인체 해부와 미술의 한계를 허물어뜨린 미켈란젤로의 신기에 가까운 대가적 솜씨를 유감없이 보여 준다. 대리석이든 회화든 일찍이 그처럼 경이로운 신기술을 완벽하게 발휘해 인체에서 표현 가능한 모든 것을 드러낸 미술가는 존재하지 않았다. 라파엘로가 그린 개개의 인물들이 고상한 조화의 틀 속에 아무리 능란하게 통합되어 있다 할지라도, 그들 중 어느 누구도 미켈란젤로가 창조한 나신의 거인들이 가진 박력은 없었다.

예레미야 위에 그린 두 개의 이그누디 중 하나는 사실상 이그누디 그림으로는 마지막 작품인데, 이 작품을 살펴보면 미켈란젤로가 경쟁자를 얼마나 크게 앞질렀는지를 알 수 있다. 상반신을 허리까지 앞으로 푹 숙이고, 몸통을 왼쪽으로 살짝 기울이고, 오른팔은 뒤로 오크 잎 화관까지 뻗은 자세의 독창성과 복잡함은 심지어 고대의 대표적이며 고전적인 미술 작품보다도 훨씬 뛰어나다. 만일 남성 누드가 1512년 무렵에 모든 미술가들의 실력을 검증하는 장르였다면, 미켈란젤로가 마지막으로 그린 소수의 이그누디들은 그들에게 거의 불가능한 기준을 제시한 것이나 다름없다.

율리우스는 새 프레스코를 크게 치하 했지만, 아직 완결된 것은 아니라고 생각했다. '룰티마 마노(마지막 손질)'가 결여되었다는 것이다. 핀투리치오의 겉치레 양식에 익숙했던 율리우스는 미켈란젤로에게 "프레스코를 좀 더 사치스럽게 보이도록" 다시 손질하라[6]고 다그쳤다. 미켈란젤로는 그까짓 세코 손질을 몇 군데 하기 위해 비계를 다시 조립할 생각은 없었다. 교황이 바란 것은 천장이 벽과 짝을 이루는 것이었다. 벽면의 프레스코는 외관이 금색으로 장식된 데다 하늘은 군청색으로 얼룩졌는데, 두 가지 색은 모두 세코로 따로 첨가한 것들이다. 미켈란젤로는 특히 프레스코의 지속성을 강화하고, 어쩌면 '부온 프레스코의 대가'라는 명성을 더 높이기 위해 그런 덧칠은 가능한 한 피했는지도 모른다. 그래서 미켈란젤로는 교황에게 덧칠 작업이 불필요하다고 단언했다.

"정말 금을 사용해 다시 손질할 필요가 있네." 하고 교황은 고집했다.

"저는 금으로 만든 옷을 입고 다니는 사람을 지금까지 한 번도 본 적이 없습니다." 하고 미켈란젤로가 대꾸했다.

"그림이 가난해 보일 텐데." 교황이 반박했다.

"제가 저기에 그린 인물들도 가난합니다." 하고 미술가는 농담처럼 말했다.[7]

결국 교황의 태도는 누그러졌고, 금색과 군청색으로 덧칠하는 일은 결코 일어나지 않았다. 그러나 이것으로 그들 간의 의견 충돌이 막을 내린 것은 아니다. 미켈란젤로는 여전히 자신이 수고한 것에 비해 보상을 제대로 받지 못했다고 믿고 있었다. 프레스코를 공개할 때까지 수령한 금액은 모두 3천 두카트에 달했지만, 재정 상태는 절망적이라고 주장했다. 미켈란젤로는 상황이 조금만 더 악화되었더라면 "하느님과 함께 가는 것"[8] 말고는 더 이상 선택의 여지가 없었을 거라고 나중에 기록했다.

미켈란젤로가 왜 자신의 가난을 그렇게 신파조로 한탄했는지는 정말 가늠하기 어렵다. 천장화 작업은 대규모 작업이었음에도 불구하고 비용은 그렇게 많이 들지 않았다. 피에로 로셀리에게 85두카트, 밧줄 제작자에게 3두카트, 안료에 25두카트, 임대료에 25두카트, 그리고 조수들에게 기껏해야 1천 5백 두카트 가량을 지출한 것이 거의 전부다. 또 다른 1백 두카트는 아마도 붓과 종이, 소맥분, 모래, 포촐라나, 그리고 석회 같은 달리 구분한 물품을 구입하는 데 썼을 것이다. 따라서 미켈란젤로는 1천 두카트 이상의 순이익을 올린 셈이다. 다시 말해 매년 약 3백 두카트를 4년에 걸쳐 급료로 받은 셈인데, 피렌체나 로마의 보통 장인들이 받은 급료의 3배에 해당하는 액수였다. 추기경이나 은행가의 기준에서 본다면 미켈란젤로는 시스티나 예배당에서 올린 한 건으로는 결코 부자가 되지 못했을 것이다. 그렇다고 해서 미켈란젤로의 주장처럼 가난한 집에 살지도 않았을 것이다. 1천 4백 두카트를 내놓고 로지아를 산 것을 보면 현금 부족 같은 것에도 시달리지 않았던 것 같다. 농장을 장만한 일로 유동자산의 고갈에 직면했다면 그건 어쩔 수 없는 일이다. 교황이 책임질 일이 아니었다. 미켈란젤로의 불평의 뿌리는 아마도 약정된 3천 두카트 외에 일을 잘 마무리하면 일종의 보너스인 상금을 추가로 받기로 계약했었는데, 이것을 한 푼도 받지 못했다고 생각한 데 있었을 것이나. 그래서 천상화 작업을 마무리하고 난 후에 돈을 그 자리에서 받지 못하자 버럭 화를 냈다. 그러나 곧 2천 두카트라는 후한 보너스를 받고 만족해했다. 보너스가 "자신의 목숨을 살렸다."고 후에 미켈란젤로는 주장했다. 그러나 몇 년 후에 이 큰 보너스가 프레스코와 아무 상관이 없음을 깨닫고는 분통을 터뜨렸다. 이 돈은 그때까지 계속 미루어져 온 영묘 조각 작업을 드디어 미켈란젤로의 손으로 시작함에 따라 지불된 일종의 선수금이었다. 프레스코에 대한 성과 보너스를 끝내 받지 못한 미켈란젤로는 이번이 비록 처음은 아니지만 교황에게 속은 느낌을 아무래도 지울 수 없었을 것이다.

 그러나 미켈란젤로도 돈을 받을 때에는 기분이 좋았다. 그리고 천장 프레스코가 끝나자 붓을 내려놓고 몇 년 만에 처음으로 망치와 끌을 쥘 채비를 했다.

 교황의 영묘 조각에 쓰일 대리석 석재들은 채석된 지 6년 넘게 산 피에트로 광장에 방치되었는데, 도둑들이 몇 개 훔쳐간 것 외에는 아무도 관심을 보이지 않았다. 미켈란젤로는 프레스코 작업에 몰두할 때도 이 영묘 작업을 단 한 번도 잊은 적이 없다. 그리고 루스티쿠치 광장에서 시스티나 예배당으로 갈 때마다 자신의 야망이 어떻게 좌절되었는지를 고통스러울 만큼 생생하게 일깨워주는 이 대리석 더미를 스쳐 지나갔을 것이다.

프레스코를 완성한 미켈란젤로는 교황이 자신을 처음 로마로 불러 맡기려고 했던 작업을 재개하기로 결심했다. 그리고 천장 프레스코를 개방하고 며칠 만에 영묘 스케치를 다시 그리기 시작했다. 또한 이 스케치들을 본뜬 목각 모델을 짜기 시작했고, 티베르 강 건너 트라야누스 원기둥 부근의 마르첼로 데코르비(까마귀길)에 있는 로베레 일가의 큰 집을 임대 계약했다. 이 집은 산타 카테리나 뒤편의 스튜디오에 비해 훨씬 큰데다 채소밭, 닭, 샘, 그리고 포도주 저장실까지 있는 정원과 조수들이 편히 쉴 수 있는 작은 집 두 채까지 딸려 있어 스튜디오로는 완벽했다. 그 후 얼마 안 되어 피렌체에서 두 명의 조수가 내려왔다. 그러나 지금까지 항상 그랬듯이 미켈란젤로는 이번에도 그들 때문에 고민했다. 그들 중 한 사람인 실비오 팔코네는 로마에 오자마자 몸져누워 미켈란젤로는 할 수 없이 내내 그를 돌보아야 했다. 다른 한 명은 '지저분하기 짝이 없는 녀석'으로 미켈란젤로를 끊임없이 괴롭혀, 결국 그를 피렌체로 돌려보냈다.

곧이어 교황의 영묘 조각 사업에 중대한 변화가 초래되었다. 율리우스는 프레스코의 공개 몇 주 후에 69번째 생일 축하 잔치를 열었고, 또한 격동의 재위 십 년째를 맞이했다. 지금까지 여러 번 저승사자를 감쪽같이 속여 온 교황은 중병과 수차례의 암살기도를 물리치고 살아났으며, 매복 기습과 납치를 모면했고, 또한 미란돌라 외곽에서 벌어진 야전에서 포탄이 살짝 비켜 가서 터지는 바람에 무사히 살아남으로써 자신에게 불리한 예언이나 전조 따위는 아예 무시했다. 역경들을 무사히 헤쳐 나갔지만 거기에는 필연적으로 대가가 따라붙었다. 그리고 1513년의 신년 벽두부터 교황은 병을 앓기 시작했다. 1월 중순이 되자 교황은 식욕을 완전히 상실했는데, 이것은 율리우스 같은 대식가에게는 정말 심상찮은 증상이었다. 그러나 포도주에 원기회복제가 들어있다고 확신해, 여덟 가지의 각기 다른 포도주 중에서 어느 것이 몸에 가장 이로운지 알기 위해 다 맛을 보아야겠다고 고집을 부리기도 했다. 누워서도 계속 일하고 싶어 한 율리우스는 침상을 옆방인 카메라 델 파파갈로로 옮기고 곁에 앵무새 새장을 두고는 내사들이나 다른 방문객들을 접견했다.

여전히 식사나 수면을 제대로 하지 못했지만, 교황은 2월 중순경 증상이 많이 호전되어 침대 위에 앉아 파리데 데 그라시와 달콤한 백포도주를 한 잔씩 마셨다. 파리데는 율리우스가 "매우 기분이 좋고 유쾌해 보여"[9] 기뻤다. 비록 잠시뿐이었지만 율리우스가 다시 저승사자를 감쪽같이 속일 수 있을 것으로 보였다. 그러나 다음날 엉터리 만병치료제인 금가루를 탄 음료를 마시고 난 후부터는 밤사이에 상태가 급속히 악화되었다. 다음날인 2월 21일 아침에 로마 주민들은 '폭군'의 서거 소식을 접하게 되었다.

며칠 후 파리데 데 그라시는 도무지 믿어지지 않는다는 투로 일지에 "이 도시에서 지금까지 40년간 살아왔지만 군중들이 이처럼 많이 운집한 교황의 장례식은 일찍이 본 적이 없다."고 썼다. 교황의 상례식은 사육제와 겹쳐 로마 시민은 유례없이 발작적이라 할 만큼 흥분상태였다. 서거한 교황이 성 베드로 대성당에 안치되자 군중들은 스위스 근위대를 떠밀고 교황의 발에 키스하려고 했다. 심지어 율리우스의 반대파들조차도 눈물을 쏟아내면서 교황이 이탈리아와 교회를 "프랑스계 야만인들의 속박"에서 구했다고 큰소리로 외쳤다.

성 베드로 대성당에서 행해진 장례식의 추모 연설자는 페트로 인기라미였다. "오, 하느님!" 하고 페트로는 낭랑한 목소리로 탄식했다. "오, 하느님! 그분의 제국통치 능력은 어디에서 나왔으며, 인내는 또 어디에서 나왔으며, 경륜은 또한 어디에서 나온 것입니까? 그분의 숭고하고도 결코 깨어지지 않는 기상에 감히 어떤 힘이 맞서겠습니까?"[10] 그 후 율리우스는 반쯤 지어진 대성당에서 성가대의 합창이 울려 퍼지는 가운데 식스투스 4세의 묘 옆 가묘에 안치되었다. 나중에 미켈란젤로가 짓는 기념관이 완성되면 그곳으로 시신이 이장될 예정이었다.

기념관의 건설은 곧 실현될 돌파구를 찾게 되었다. 율리우스가 죽기 전에 마지막으로 행사한 통치권 중에, 미켈란젤로가 영묘 조각에 계속 매진하길 바라며 1만 두카트를 따로 마련해 놓았다는 교서가 포함되어 있었던 것이다. 원래 기념관은 빈콜리의 산 피에트로 성당에 지을 생각이었으나, 나중에 생각을 바꿔 성 베드로 대성당의 재건축 공사가 완료되면 그곳에 지을 계획이었다. 그러나 임종 자리에서 율리우스는 시신이 재위 기간을 가장 고상하게 증언할 업적물 아래 안치되길 희망했다. 그래서 자신의 영묘를 시스티나 예배당 안에 웅장하게 짓도록 요구했다. 율리우스는 미켈란젤로의 걸작, 그것도 하나가 아니라 둘 아래에서 영면하고 싶었던 것이다.

율리우스의 죽음에 대한 미켈란젤로의 반응은 기록이 없다. 한때 교황과의 친밀한 관계를 생각해 기대에 잔뜩 부풀었던 미켈란젤로는 1506년 영묘 문제를 놓고 교황과 의견 충돌을 한 후부터 사이가 멀어졌다. 이때 일어난 일을 미켈란젤로는 결코 잊지 않았으며 먼 훗날에도 여전히 감정이 나빴다. 그러나 율리우스는 이런저런 결점에도 불구하고 후원자들 중에서 가장 위대한 인물이며 일의 계획과 이상에 있어 미켈란젤로 자신 못지않게 불가능할 정도로 큰 규모를 고집했다. 또한 정력과 야심에서도 저돌적이었으며, '격렬함'이 천장화의 곳곳에 나타난 것처럼 자신 못지않게 과격한 인물이었음을 미켈란젤로도 틀림없이 인정했을 것이다. 율리우스가 성 베드로 대성당 지하에 안치되고 얼마 후, 미켈란젤로의 새로운 프레스코* 아래에서 열린 교황 선거회에서 피렌체의 대 군주 로렌초 데 메디치의 아들인 소반니가 37세의 나이로 교황 레오 10세로 선출되었다. 어릴 적 미켈란젤로와 친구로 지냈던 레오는 풍부한 교양과 온화하고 너그러운 성품을 지닌 인물이었다.

 레오는 율리우스 2세의 사후 명예에도 예를 갖추었다. 적어도 재위 초에는 미켈란젤로에게 호감을 품고 앞으로 계속해서 대형 작업을 적극 밀어주겠다고 약속했다. 레오는 교황에 선출되자마자 자신의 그 같은 뜻을 구체적으로 뒷받침하기 위해 미켈란젤로에게 율리우스 기념관 조각 작업을 계속 맡기는 것을 골자로 한 새 계약서를 내밀었다. 모두 40점에 이르는 실제 크기의 이 대리석 인물상들은 여전히 영묘 장식용으로 계획되었고, 총 보수는 1만 6천 5백 두카트로 크게 인상되었다. 수백 톤의 카라라 산産 대리석들이 짐수레에 실려 산 피에트로 광장에서 까마귀길의 작업실로 재빨리 옮겨졌다. 로마에서 말을 타고 도망친 지 만 7년 만에 미켈란젤로는 마침내 자신의

---

\* 교황 선거회 동안 메디치 추기경은 페루지오의「성 베드로에게 열쇠를 넘기는 그리스도」아래에 놓인 방을 차지하는 행운은 얻지 못했다. 치루로 인한 상처 부위가 심하게 곪아 몸이 많이 쇠약해진 메디치는 예배당 앞자리에 있는 파리데 데 그라시의 방을 배정받았다. 이곳은 병을 치료하는 데 필요한 의료 기구와 의약품이 있는 성구실에서 가까웠다.

'본업'이라고 부르는 일에 복귀한 것이다.

*EPILOGUE*

# 신들의 언어

시스티나 천장화를 완성한 미켈란젤로는 이후에도 51년을 더 살면서 긴 일생동안 회화와 대리석 조각 분야에서 수많은 걸작들을 쏟아냈다. 1536년 미켈란젤로는 시스티나 예배당에 다시 돌아와 「최후의 심판」이라는 또 다른 프레스코를 제단 벽에 그렸다. 그리고 참으로 묘한 일이지만, 말년에는 성 베드로 대성당 건축 총책임자가 되었다. 도나토 브라만테는 1514년 70세의 일기로 죽었지만, 대성당 건축 작업은 율리우스가 초석을 깐 이후 1백 년 넘게 지속되었다. 그래서 결코 끝나지 않는 일을 의미할때 쓰는 말인 'la fabbrica di San Pietro(성 베드로 대성당 공사)'라는 현대 이탈리아 어 표현을 낳게 되었다. 그 전에 라파엘로도 브라만테에게서 건축 총책임자 직을 물려받아 스승의 원래 설계안을 크게 수정하기도 했다. 미켈란젤로는 이 초대형 작업을 그로부터 삼십 년이 더 지난 1547년에 넘겨받고 다른 분야에서처럼 뛰어난 업적을 거둬 16세기 건축가들 중에서도 가장 독창적이고 영향력 있는 인물로 평가받았다. 건축은 자신의 '본업'이 아니라고 주장하면서 교황 바오로 4세의 주문을 마지못해 받아들였던 미켈란젤로는 대성당 돔을 혼자 도맡아 설계했다. 장엄한 돔은 오늘날에도 여전히 바티칸뿐만 아니라 로마 시 전체의 스카이라인을 지배하고 있다.\* 라파엘로는 미켈란젤로와 같은 긴 경력을 누려보지 못했다. 심지어 바티칸 궁의 방 장식도 다 끝내지 못하고 죽고 말았다. 율리우스가 죽는 순간, 라파엘로는 스탄차 델리오도로(엘리오도로의 방_옮긴이)에 들어갈 세 번째 프레스코인 「쫓겨난 아틸라The Repulse of Attila」를 막 그리기 시작하던 참이었다. 이 프레스코를 완성하자 「베드로의 구원The Liberation of St. Peter」이라는 또 다른 프레스코가 라파엘로를 기다렸다. 1514년 프레스코들을 다 끝내자 레오에게서 교황 숙소 바로 옆방으로 오늘날 스탄차 델 인첸디오(보르고 화재의 방_옮긴이)라고 불리는 방을 당장 프레스코해 달라는 의뢰를 받았다. 이 방에 붙여진 이름은 그 안에 그려진 프레스코 중 하나인 「보르고의 불Fire in the Borgo」의 이름을 본떠 지어진 것이다. 그리고 방 전체의 프레스코 장식은 조수들의 지원을 받아 1517년에 끝냈다.

라파엘로는 벽걸이용 양탄자 디자인과 궁내 관리들과 추기경들의

---

\* 미켈란젤로의 성 베드로 대성당 돔 설계안은 사후에 자코모 델라 포르타(Giacomo della Porta)에 의해 일부 수정되었다. 자코모는 1590년에 도메니코 폰타나(Domenico Fontana)와 공동으로 최종 돔 설계안을 완성했다.

초상화, 그리고 당연한 이야기지만 또 다른 프레스코들을 포함해 작업을 수없이 수주했다. 성 베드로 대성당에서 일하는 것 외에 바티칸의 건축 총책임자 자리까지 맡아 브라만테가 몇 년 전에 시작한 로지아를 완공하고 실내 장식까지 해치웠다. 또한 아고스티노 치기의 주문으로 영안 전용 예배당을 설계했으며, 새로 즉위한 교황의 동생인 줄리아노 데 메디치의 로마 근교 별장도 설계했다. 라파엘로는 피아차 스콧사 카발리에 있는 누추한 숙소를 박차고 나와 팔라초 카프리니로 옮겼는데, 브라만테가 설계한 이 대규모 숙소를 마치 자신의 개인 궁전처럼 사용했다.

라파엘로는 또한 숱한 염문을 뿌리고 다녔다. 제빵업자의 딸인 마르게리타 루티와의 애정 행각뿐만 아니라 유력한 추기경인 베르나르도 도비치 다 비비엔나의 조카딸로 라파엘로가 그린 수많은 초상화의 주인공이기도 한 마리아라는 젊은 여성과도 사랑에 빠졌다. 그러나 라파엘로가 결혼식을 계속 미루는 바람에 둘 사이에 혼인 서약이 이루어지지 않았다. 바사리에 따르면, 결혼식을 미룬 이유는 이중적이었다. 라파엘로는 추기경이 되고 싶었다. 그런데 추기경 직은 누구든지 결혼을 하면 당연히 물러나야 하는 자리였다. "라파엘로는 애정유희로 무리하게 기분을 풀려고 했다."[1]고 바사리는 주장했다. 혼례가 계속 연기되자 마리아는 비탄에 빠져 결국 죽고 말았다고 한다. 그리고 마리아가 죽은지 불과 며칠 만인 1520년 성聖 금요일 밤에 라파엘로도 무분별한 환락에 빠졌다가 죽고 말았다. 바사리는 라파엘로가 이날 밤 "평소보다 훨씬 더 심하게 무절제한 환락에 빠졌었다."고 주장했다.[2] 라파엘로도 셰익스피어처럼 자신의 생일에 죽었는데, 그날은 바로 37번째의 생일이었다.

교황궁의 한 목격자에 따르면, 라파엘로의 요절夭折로 "정말 수많은 사람들이, 또 어느 누구도 예외 없이 큰 슬픔에 빠졌다. 37세의 젊은 나이로 삶을 마감한 이 특별한 인간의 죽음은 화제의 중심으로 떠올랐다. 라파엘로의 두 번째 삶-시간과 죽음에 지배되지 않는 명성 속의 삶-은 영원히 지속될 것이다."[3] 로마 주민들은 바틴간 궁의 벽에 갑자기 발생한 균열로 레오와 수행원들이 궁전의 붕괴를 피해 달아나는 것을 보고 하늘도 이 미술가의 죽음을 슬퍼하고 있다고 생각했다. 그러나 균열들은 라파엘로가 최근 바티칸에 가한 구조적인 변경으로 생겨난 것이지 결코 하늘의 슬픔 때문에 생긴 것은 아니었다.

라파엘로의 시신은 그가 마지막으로 그린 「그리스도의 변용The Transfiguration」 아래의 관대 위에 안치되어 일반에 공개되었다. 시신은 자포자기 끝에 죽은 예비신부 마리아 다 비비엔나와 판테온에 합장되었다. 제빵업자의 딸인 마르게리타는 라파엘로가 고상한 삶을 살 수 있도록 남겨준 돈으로 수녀원에 들어간 것으로 전해지고 있다. 그런데 마르게리타는 수녀원에 들어갈 때 비밀을 하나 지니고 갔다. 라파엘로가 그린 마르게리타의 초상화인 「라 포르나리나」에 대한 최근의 X-레이 분석 결과, 왼손 세 번째 손가락에 정사각형의 루비 반지가 끼워진 사실이 밝혀진 것이다. 라파엘로가 마리아와의 결혼식을 미룬 진짜 이유가 바로 여기에 넌지시 나타나 있다. 라파엘로는 이미 마르게리타와 혼인했던 것이다. 그때도 지금처럼 결혼반지는 왼손의 약지손가락에 끼게 되어 있었는데, 이 손가락에서 나온 특별한 정맥, 즉 '베나 아모리스(vena amoris)'가 심장에 직접 연결된 것으로 믿었기 때문이다.* 반지는 라파엘로의 조수 중 한 사람이 사후에 발생할지도 모를 스캔들을 피하기 위해 그려 넣은 것으로 거의 5세기 동안 사람들의 눈에 띄지 않은 채 남아 왔다. 라파엘로는 요절할 때까지 교황의 숙소였던 살라 디 콘스탄티노(콘스탄티누스 대제의 방_옮긴이)의 네다섯 번째 방에 프레스코를 하기 위해 한창 비계를 세우던 중이었다. 비록 라파엘로의 프레스코가 바티칸 궁의 교황 숙소에 처박혀 시스티나 예배당의 미켈란젤로 작품에 가려 빛을 잃었지만, 라파엘로는 그래도 사후에는 이 위대한 맞수와의 경쟁에서 승리했다. 라파엘로가 땅속에 묻힌 지 얼마 안 되었을 때, 미켈란젤로의 친구인 세바스티아노 델 피옴보가 교황 레오에게 살라 디 콘스탄티노의 프레스코를 미켈란젤로에게 맡길 것을 청원했다가 거절당했다. 교황은 라파엘로의 제자들-뛰어난 재능을 가진 어린 줄리오 로마노를 포함해-이 스승의 밑그림을 여전히 갖고 있으며, 또한 밑그림의 도안대로 벽을 프레스코하기 때문에 청을 들어 줄 수 없다고 했다. 살라 디 콘스탄티노의 프레스코는 결국 1524년에 이들 조수들의 손으로 잘 마무리 되었다.

미켈란젤로의 율리우스 영묘 조각 작업은 간헐적으로 진행되었다. 그래서 시스티나 예배당을 프레스코할 때보다 훨씬 더 큰 시련을 겪어야 했다. 미켈란젤로는 영묘 조각을 하면서 작업 중단을 밥 먹듯이 되풀이한 끝에, 시작한 지 30년이 넘는 1545년에야 간신히 엉묘를 완성했다. 그러나 완성된 영묘는 율리우스의 희망과는 달리

---

\* 그러나 「혼례 Sposalizio」에서 라파엘로는 요셉이 성모 마리아의 오른손 약지손가락에 반지를 끼워주는 모습을 묘사했다. 이 동작은 페루지노의 「성모마리아의 결혼식Marriage of the Virgin」 장면을 베낀 것이다. 여기서도 마리아는 오른손을 요셉에게 내밀고 있다.

시스티나 예배당이 아니라 콜로세움 건너편에 소재한 빈콜리의 산 피에트로 성당 수랑(袖廊)에 설치되었다. 또한 교황이 마음속으로 꿈꾸던 웅대한 규모의 기념관도 아니었다. 영묘에 들어갈 동상의 크기와 수는 율리우스의 후계자들의 요망에 따라 크게 축소되었다. 설계안은 영묘의 꼭대기에 3미터 높이의 삼중관을 쓴 '폭군'의 인물상을 세우도록 했으나, 실제로는 만들 생각조차 하지 않았다. 결국 영묘 조각의 대부분은 라파엘로 다 몬텔루포(Raffaello da Montelupo) 같은 미켈란젤로가 고른 다른 조각가들의 손으로 만들어졌다. 그런데 이보다 더 중요한 것은 율리우스의 시신을 원래 계획대로 대규모 지하 매장지로 이장하지 않았다는 사실이다. 그 대신 성 베드로 대성당의 가묘에 식스투스 4세의 유해와 나란히 눕혀졌다.

미켈란젤로는 부오나로토에게 한 약속을 지켰다. 그리고 1514년 세 동생들에게 피렌체에 모포가게를 차릴 수 있게 1천 두카트를 빌려주었다. 그들은 상점을 수십 년 동안 그런 대로 성공적으로 경영했다. 동생들 중에 유일하게 결혼해서 자녀까지 둔 부오나로토는 역병에 걸려 1528년에 51살로 죽었는데, 미켈란젤로는 그의 죽음에 크게 낙담했다. 그로부터 20년 후, 젊은 시절 먼 이국땅을 항해하며 진귀한 물건들을 사고팔아 한 밑천 잡을 생각이었던 조반시모네가 결국 꿈을 이루지 못하고 죽었다. 조반시모네는 임종에서 죄를 참회했는데, 이것을 본 미켈란젤로는 동생이 천국에서 구원받을 것이라고 확신했다. 군인이던 시지스몬도는 1555년에 세티냐노의 가족농장에서 죽었다. 부친 로도비코가 1531년 87세로 죽자 미켈란젤로는 그의 죽음을 기리는 긴 시를 한 수 썼다. 시에서 '그렇게 자주 자신의 반감과 분노를 산'[4] 한 인간의 상실로 '커다란 슬픔' 과

로마 시 빈콜리의 산 피에트로 성당에 미켈란젤로가
제작하여 설치한 율리우스의 영묘

'눈물이 치솟는 비통함'을 애틋하게 읊조렸다.

미켈란젤로는 1564년 89번째 생일을 불과 며칠 앞두고 로마에서 숨을 거두었다. 유해는 조르조 바사리의 조각 작품으로 장식한 산타 크로체 성당 안에 묻히기 위해 피렌체로 옮겨졌다. 피렌체 시민들이 쓴 시와 찬사들을 새긴 추모비가 곧 세워졌다. 한결같이 미켈란젤로를 조각과 회화, 건축 분야에서 온갖 경쟁자들을 물리치고 세계 최정상에 군림한 역사상 가장 위대한 미술가라고 찬양했다.(5) 이 찬사들은 나중에 국장으로 치러진 장례식에서 피렌체 공화국의 공식적인 찬사로 추인되었다. 시인이자 사학자이며 피렌체 한림원의 최고위급 인사인 베네데토 바르키는 추모사에서, 만일 미켈란젤로가 존재하지 않았다면 우르비노의 라파엘로가 세계에서 가장 위대한 미술가가 되었을 것이라고 주장했다. 두 인물이 바티칸에서 프레스코를 시작한 지도 벌써 50년이 지났으나 그들 맞수간의 경쟁은 여전히 모든 사람들의 기억 속에 생생히 남아 있었던 것이다.

 미켈란젤로의 작품 중 시스티나 예배당의 천장 프레스코만큼 명성을 안겨준 것은 없다. 시스티나 예배당은 오늘날 사실상 미켈란젤로라는 이름의 동의어가 되다시피 했다. 이 프레스코는 공개와 동시에 「카시나 전투」의 밑그림처럼 미술가들의 배움의 전당이 되었다. 특히 매너리즘으로 알려진 후대 화풍의 대표자격인 로소 피오렌티노와 야코포 다 폰토르모 같은 새로운 세대의 토스카나 화가들 사이에 커다란 관심을 불러 일으켰다. 교황 레오 10세가 재위할 때, 미술 순례를 위해 로마로 남행한 로소와 폰토르모는 시스티나 예배당의 천장화에 나타난 휘황찬란한 색채와 관능적인 활기를 자신들의 작품에 채워 넣었다. 그들보다 훨씬 더 먼 곳에 살던 미술가들도 미켈란젤로의 작품에 주목했다. 티치아노는 시스티나 천장 프레스코가 완성되기도 전에 이미 거기에 나오는 상당수의 인물들을 모방했다. 1511년 가을, 당시 26세였던 이 베네치아 화가는 파두아의 스쿠올라 델 산토에 작은 크기의 프레스코를 그렸는데, 여기에 미켈란젤로의 「유혹」에 나오는 몸을 뒤로 젖힌 이브의 인물화를 모사해 넣었다.[6] 티치아노는 이 시기에는 로마를 방문하지 않았던 것으로 전해진다. 천장 프레스코의 전반부가 처음 공개되었을 때, 이것을 본 다른 미술가들이 미켈란젤로의 인물화들을 스케치해 손에서 손으로 전달되었는데 그중 상당수를 본 것이 틀림없다. 모델 책처럼 사용된 이런 종류의 스케치를 위한 시장이 금방 형성되었다. 천장 프레스코 전체가 공개된 이후, 어느 땐가 레오나르도 쿤지라는 무명의 미술가가 프레스코 전체를 모두 소묘로 모사했다. 라파엘로의 조수인 페리노 델 바가가 이 특이한 소묘 모음집을 구입했는데, 나중에 이 프레스코의 주제들 가운데 상당수를 빌려 로마의 산 마르첼로 알 코르소 예배당을 「이브의 창조」로 장식하는 등 여러 곳의 천장을 장식했다.

  이탈리아에서 조판공으로 이름을 날린 마르칸토니오 라이몬디는 1520년대에 시스티나 천장 프레스코의 여러 장면을 조판해 인쇄했다. 그 뒤 수십 년에 걸쳐 다른 수많은 인쇄본들이 쏟아져 나왔는데, 멀리 네덜란드의 조판공들까지 가세해 미켈란젤로의 인물화들을 재생했다. 다음 세기에 들어와 인물화들 가운데 한 점을 유명한 화가이자 수집광인 렘브란트 반 레인이 암스테르담에서 경매를 통해 구입했다. 조판 인쇄물들은 시스티나 예배당까지 가서 직접 견학하는 것 못지않게 미켈란젤로의 작품들을 유럽인들의 뇌리 속에 각인시켜, 어떠한 미술 공부도 미켈란젤로의 작품들에 대한 지식을 제대로 갖추지 않는 한 불완전한 것으로 만들었다. 영국의 조슈아 레이놀즈 경은 런던의 왕립 미술원에서 학생들에게 미켈란젤로의 프레스코-그는 이것을 '신들의 언어'[7]라고 불렀으며, 그 자신도 1750년의 로마 방문 시 이것을 필사했다-를 필사하라고 권했는데, 이때 그 이유에 대해 꽤 긴 설명을 늘어놓았을 것이다. 미술가들은 시스티나 예배당을 아이디어 창고로 활용했으며, 또한 레이놀즈 이후에도 계속해서 매우 오랫동안 아주 많은 화가들이 필사했다. 카미유 피사로 같은 프랑스의 인상파 화가는 나중에 미술가들이 미켈란젤로의 작품을 일종의 '작품집'으로 취급해 내용물들을 '샅샅이 뒤지는 것'[8]까지 관찰했다. 실제로 피터 폴 루벤스(Peter Paul Rubens)에서 윌리엄 블레이크(William

Blake)와 멕시코의 위대한 프레스코 화가인 디에고 리베라(Diego Rivera)에 이르기 까지 주목할 만한 거의 모든 화가들이 4세기가 넘는 세월동안 천장 표면에 나타난 미켈란젤로의 지칠 줄 모르는 인물화 작품집을 '샅샅이' 뒤져 거기에 나타난 다양한 행동과 자세를 재생해냈다. 그래서 이들의 행동과 자세의 윤곽은 오늘날 지도상의 이탈리아만큼이나 눈에 익숙해졌다. 루벤스는 1602년 이그누디와 「놋뱀」을 초크로 습작했으며, 앤트워프로 돌아간 후에 '질풍노도' 처럼 발전한 작품들에서는 몸을 뒤로 뒤틀어 영웅적인 분위기를 연출한 누드를 주로 등장시켰다. 블레이크의 첫 그래픽 미술 작품은 아담 모기시의 시스티나 프레스코 조판을 필사한 것이다. 디에고 리베라는 1920년대 초에 이탈리아에서 프레스코를 스케치하고 습작하면서 17개월을 보냈다. 일반에 최초로 공개된 디에고의 벽화는 1922년 멕시코시티의 에스쿠엘라 나시오날 프레파라토리아에 그려진 「창조Creation」인데, 이 작품에는 왼쪽 무릎을 뒤로 빼고 땅에 털썩 앉은 아담의 나신이 등장한다.

그러나 미켈란젤로의 프레스코에 모든 사람들이 감동한 것은 아니었다. 위트레흐트 출신의 청교도 학자로 1522년 1월에 레오 10세한테서 교황의 자리를 물려받은 하드리아누스 6세에게는 그저 마르틴 루터가 교회에 증오의 채찍을 휘두르기 위해 동원한 부패한 로마의 또 다른 단면에 지나지 않았다. 하드리아누스 6세는 기독교 예배당보다는 공중 목욕탕에나 어울릴 법한 형상 아래에서의 미사 집전을 도저히 참을 수 없어 천장에서 프레스코를 뜯어내고 마루 위로 집어던져 산산조각 내려 했다. 다행히 하드리아누스 6세는 재위 18개월 만에 죽었다.

바사리는, 프레스코는 "손상을 입지 않는 한 어떤 것에도 견딜 수 있다"고 확신했다. 수백 년의 세월을 경이로울 정도로 잘 버텨온 미켈란젤로의 프레스코화는 바사리의 주장을 뒷받침하는 최고의 예다. 천장 프레스코화는 지붕이 새거나 벽이 휘어지는 일, 1797년에 일어난 산 탄젤로 성의 폭발 사고 같은 파괴 위협마저 거뜬히 이겨내며 거의 원형 상태로 보존되어 왔다. 산 탄젤로 성의 폭발 사고 때에는 그 여파로 예배당이 매우 심하게 흔들려 천장에 프레스코 된 「델피카 무녀」 위의 이그누디 석고 덩어리 일부가 떨어진 적이 있다.*
프레스코는 또한 수세기에 걸쳐 잠시도 방심할 수 없을 만큼 끝없이 공격해 온 온갖 공해 물질도 견뎌냈다. 수천 번 넘게 행해진 각종 미사에서 발생한 향초와 약초의 연기, 매번 교황 선출 추기경회의가 끝날 때마다 투표용지를 태우는 의식**을 벌이면서 생긴 연기와 기름을 떼는 로마의 중앙 공급식 난방, 백만 대가 넘는 자동차가 배출하는 부식성 물질들, 여기에 1만 7천 명에 이르는 일일 방문객이 예배당 대기 속에 뿜어내는 4백 킬로그램의 수분이 증발과 응결을 되풀이하면서 야기한 손상까지도 다 극복했다.

물론 프레스코에 손상이 전혀 발생하지 않은 것은 아니다.

---

* 벽이 불안정한 것은 예배당이 애초에 빈약한 지반 위에 세워지면서 생긴 고질적인 결함 때문이다. 특히 출입문 쪽 벽이 가장 큰 영향을 받았다. 1522년 하드리아누스 교황이 예배당 안으로 들어갈 때 출입문 바로 위의 상인방이 무너져 내렸는데, 이때 하드리아누스는 가까스로 화를 면했으나 스위스 근위대 병사 한 명은 깔려 죽었다.

** 이 의식은 투표용지를 시스티나 예배당의 굴뚝과 연결된 아주 오래된 난로에 가득 넣고 난로 위의 흑색과 백색 손잡이 중 하나를 잡아당기는 것이다. 굴뚝 밖으로 나오는 연기는 손잡이를 잡아당길 때 방출되는 화학 물질들로 인해 검거나 희어져 추기경회의가 새 교황의 선출에 성공(흰색)했거나 실패(검은색)한 것을 표시했다. 1978년 8월에 열린 교황 선거회에서는 요한 바오로 1세가 교황에 선출되었는데, 이때 누군가가 굴뚝 청소를 소홀히 해 예배당 내부는 온통 검은 유독성 연기로 가득 찼었다. 111명의 추기경들이 거의 질식할 뻔했을 뿐만 아니라 프레스코에 그을음이 한층 더 가해졌다.

미켈란젤로가 살아 있을 당시만 해도 이미 겨울에 예배당을 난방하느라 땐 화롯불이나 미사 때 태운 양초 연기, 향불에서 생긴 검댕과 그을음이 프레스코에 여러 겹 씌워져, 나중에 프레스코 원래의 광채를 복원하기 위한 시도가 수차례 있었다. 1560년대에 도메니코 카르네발레(Domenico Carnevale)가 한 수리와 재손질을 시발로 수백 년간 복원 노력이 계속 이어져 왔다. 1625년에 시모네 라기(Simone Laghi)라는 피렌체 미술가는 린넨 조각과 딱딱하게 마른 빵 조각으로 프레스코에 쌓인 그을음을 가능한 한 많이 제거했다. 다음 세기에 아니발레 마추올리(Annibale Mazzuoli)가 이탈리아인들이 주로 해용제로 사용하던 그리스 산産 포도주를 스펀지에 묻혀 프레스코 표면을 닦아냈다. 그런 다음 마추올리와 그의 아들은 카르네발레처럼 특정 부위를 세코로 다시 손질한 후에 표면 전체에 보호 광택제를 듬뿍 발랐다.[9]

  이후에 이루어진 복원 사업은 보다 더 정교한 기술에 의존했다. 1922년 무한 가치를 지닌 소장 미술품의 보존 중요성에 비로소 눈을 뜬 바티칸 당국은 실험실을 가동해 그림의 복원에 나섰다. 그리고 그로부터 60년 만에 실험실은 가장 큰 도전에 나섰다. 이전의 복원 작업 과정에서 프레스코에 덧칠한 접착제와 광택제가 얇은 조각으로 일어나면서 미켈란젤로의 그림도 함께 조각조각 일어나는 사태가 발생하자, 이에 충격을 받은 바티칸 당국은 1980년 천장 프레스코를 상대로 역사상 가장 철저한 복원 작업을 진행했다. 일본의 텔레비전 방송사인 NTV가 자금을 대 바티칸의 수석 복원 전문가인 지안루이기 콜라루치(Gianluigi Colalucci)가 수백 만 달러가 드는 복원 작업을 개시했다. 수십 명의 전문가들이 한꺼번에 동원된 작업은 미켈란젤로가 프레스코를 그릴 때 투입한 것보다 두 배나 많은 시간이 걸렸다.

국제적인 조사 위원회의 감독을 받은 콜라루치의 해결 방식은 일종의 첨단 마술의 결합체로 천장 프레스코의 형상들을 디지털 방식으로 분석해 대용량 데이터베이스에 저장하는-그리고 구식의 고된 방식도 병행했다.-컴퓨터도 동원했다. 분광 기술은 미켈란젤로가 사용한 물감의 화학적 구성 성분들을 찾아내 이것을 카르네발레 같은 후대의 복원가들이 첨가한 것들과 구분지었다. 따라서 이전 복원가들이 세코로 첨가한 것들이 그을음이나 다른 이물질들과 함께 제거되었는데, 이때 사용한 AB57은 특수 세척 해용제로 중탄산염을 소재로 만들어졌다. 복원 전문가들은 일본제 습포지에 이 해용제를 묻혀 3분가량 가만히 두었다가 증류수를 살짝 묻혀 천장 표면을 닦았다. 석고의 갈라진 틈새는 석회와 대리석 가루의 혼합물인 '스투코 로마노'로 채워 넣는 한편, 부식 부위에는 비나파스라고 하는 고형화 물질을 주입했다.

이 단계의 작업을 마무리하고 전체 프레스코에서 몇 군데를 골라 수성물감으로 재손질을 했다. 바티칸의 복원 전문가들은 미켈란젤로의 비계 디자인을 모방해 만든 특수 알루미늄 비계 위에서 이 수성물감들을 평형필법과 수직필법으로 첨가해 후세들이 미켈란젤로의 작품이 종결된 지점과 최근의 복원 작업이 시작된 지점을 구분할 수 있도록 해 놓았다. 끝으로 프레스코를 가장 심하게 훼손시키는 오염 물질들에서 색을 보호하기 위해 프레스코의 일부를 파라로이드 B72라고 하는 아크릴 도료로 코팅 처리했다.

프레스코를 보호하기 위한 그 밖의 추가 조치들도 취해졌다. 예배당 안의 국지성 기후를 통제하기 위해 유리창을 용접해 밀봉하고, 저열등을 일렬로 설치하고, 그와 함께 공기를 정화하고, 실내 온도를 항상 섭씨 25도로 유지하는 최첨단 에어컨디션을 설치했다. 바티칸 궁의 교황 숙소와 연결된 계단에는 항진 융단을 깔았다(교황 숙소에 있는 라파엘로의 프레스코 또한 이와 유사한 기술에 힘입어 복원되었다). 전면적인 수술 작업은 1만 5천 장의 사진과 40킬로미터 분량의 16미리 필름을 기록물로 남기고 1989년 12월에 완료되었다.[10]

서양 문명에서 신기원을 연 위대한 업적들 중 하나를 이렇게 전면적으로 복원하는 일에 비판이 전혀 없었던 것은 아니다. 특히 5백 년이라는 긴 세월동안 켜켜이 쌓여 있던 찌꺼기를 제거하자 전혀 예상치 못한 영롱한 빛깔이 드러나 바티칸의 복원 전문가들은 험담꾼들에게서 '베네통 미켈란젤로'를 창작했다는 비아냥거림을 들어야 했다.[11] 1980년대 중·후반기에는 신문과 언론 전면에 복원 문제를 놓고 찬반론자들이 서로 상대방에게 적대감을 노골적으로 드러낸 채 격렬한 논쟁을 벌였다. 그래서 앤디 워홀(Andy Warhol)과 빌딩이나 암벽을 선명한 천으로 감싼 작품으로 유명해진 불가리아 태생의 예술가 크리스토(Christo) 같은 인물들조차 싸움으로 끌어들였다. 비판은 궁극적으로 미켈란젤로 자신이 접착제가 기본 성분인 안료와 광택제들을 프레스코에 많이 사용했는데, 콜라루치가 해용제로 검댕 막을 제거하면서 이것들마저 벗겨버렸다고 본 데서 비롯되었다. 복원 반대론자들은 미켈란젤로가 세코 덧칠을 광범위하고도 두드러지게 함으로써 프레스코의 어둠을 더욱 심화시켜 전체 구도를 더욱 더 어두운 색조로 통일시켰다고 주장했다. 반면에 복원론자들은 미켈란젤로가 프레스코의 대부분을 거의 부온 프레스코로 그렸으며, 색조가 실제보다 더 어둡게 된 것은 대기 속에 있는 공해 물질의 작용과 과거에 있었던 형편없는 복원 작업들 때문이라고 반박했다.

바티칸은 프레스코의 오물 제거 작업 현황을 설명하면서 일관성을 잃는 경우가 많았는데, 그때마다 복원 작업 비판자들에게 새로운 공세의 빌미를 주었다. 그들 중에는 미국의 명망 있는 미술사가인 제임스 베크(James Beck) 컬럼비아 대학 교수도 포함되어 있었다. 예를 들어, 바티칸 당국은 처음에는 프레스코에서 파라로이드 B72의 사용을 '절대적이고 완벽하며 총체적인' 것이라고 발표했다가, 몇 달 후에 비판자들이 도료가 나중에 틀림없이 불투명해 질 것이라고 주장하자 보호광택제는 소수의 반원 공간에만 사용했고, 다른 부분에는 일절 사용하지 않았다는 궁색한 변명을 늘어놓았다.[12] 바티칸은 미켈란젤로의 군청색 사용 가능성을 거론할 때에도 갈팡질팡했다. 만일 이 색깔이 프레스코에 원래 존재했다가 나중에 사라진 것이라면, 그것은 결국 용해제의 사용에서 비롯된 것이라고밖에 볼 수 없다.[13]

복원 작업은 그 방식에 대한 일부의 우려에도 불구하고, 그동안 잘 알려지지 않았던 미켈란젤로의 프레스코 기법과 다른 미술가들의 영향, 조수들의 작업 참여 범위 등과 관련해 매우 놀라울 만큼 새로운 정보를 많이 제공했다. 미켈란젤로가 이 회화에서 세코 방식의 재손질을 얼마나 많이 했는지에 관한 논쟁은 결코 일단락되지 않고 앞으로도 계속 이어져 나갈 것이다. 그러나 당대 부온 프레스코의 대가 중 한 사람인 도메니코 기를란다요의 피렌체 공방에서 부온 프레스코 기술을 배운 미켈란젤로는 처음에는 위태로울 만큼 서툰 실력을 느러냈지만, 점차 이 기술을 시스티나 천장에 확대·적용해 나간 것으로 나타났다. 미켈란젤로가 조수들에게 맡긴 역할의 최대치 또한 좀 더 분명해졌다. 프레스코 과정에서 미켈란젤로가 조수진을 이끈 정황들이 구체적으로 드러남에 따라, 1965년 어빙 스톤(Irving Stone)의 소설 『고뇌와 환희The Agony and the Ecstasy』를 각색한 영화에서 찰톤 헤스톤(미국의 영화배우―옮긴이)이 연기한, 비계 위에 드러누워 혼자 고군분투하는 미술가의 이미지를 도려내는 것이 불가피하게 되었다. 이러한 이미지는 AB57이 포함된 종이로 매연이나 그을음의 피막이 닦여짐과 함께 결국 사라지고 말 매력적인 허구에 불과하다.[14] 이러한 신화가 탄생한 것은 바사리나 콘디비, 그리고 훨씬 나중인 1780년대에 쓴 로마 기행문[15]에서 시스티나 예배당에 가보지 않고서는 인간의 성취 한계를 도저히 점칠 수 없을 것이라고 한 독일의 시인 괴테, 그리고 미켈란젤로에게도 또한 이들 못지않은 큰 책임이 있다.

우리는 이제 시스티나 예배당의 천장화가 결코 한 개인의 작품이 아니라는 사실을 알게 되었다. 미로처럼 복잡하게 얽힌 바티칸의 회랑을 빠져나와 시스티나 예배당으로 들어가 여러 줄의 긴 나무 의자에 털썩 주저앉았다가 선지자 요나를 따라 부지불식간에 눈을 위로 치켜 뜬 수백만 명의 방문객들의 머리 위로 떠오르는 환상은 그럼에도 불구하고 여전히 눈부시다.

## 옮긴이의 말

예술가, 그중에서도 특히 미술가의 생애와 작품을 다룬 책이 장기간 베스트셀러에 오르는 일은 매우 드물다. 주제나 소재가 대중적 관심을 끌기에 무리가 있기 때문일 것이다. 그런데 로스 킹의 『미켈란젤로와 교황의 천장』은 2003년 출판되자마자 전 세계 독자들에게 선풍적인 인기를 끌었을 뿐만 아니라 권위 있는 비평가상들까지 휩쓸었다. 신물이 날 정도로 들어온 르네상스 시대 인물들에 관한 이야기로……. 더군다나 부르크하르트의 『이탈리아 문예 부흥사』 같은 르네상스 결정판조차 찬밥 신세를 면치 못하는데 말이다. 그것은 무엇보다도 저자 킹이 시스티나 천장화의 예술적 가치에 대한 본질적인 분석을 아주 새로운 각도에서 치밀하게 전개할 뿐만 아니라, 이 시대 최고의 이야기꾼답게 시스티나 주변에서 소용돌이치는 르네상스 천재들의 치열한 각축전과 그들의 파란만장한 삶의 현장으로 독자들을 이끌어 새로운 별천지를 보여 주기 때문일 것이다.

프레스코의 문외한인 미켈란젤로의 능력을 믿고 그에게 시스티나 천장을 맡긴 율리우스, 미켈란젤로가 자신을 천거해 사실상 자살행위나 다름없는 천장화를 그리도록 사주한 장본인으로 철석같이 믿은 건축가 브라만테, 조각가를 벽돌공 사촌쯤으로 비하하면서 미켈란젤로와 대결에 나섰다가 크게 망신당한 레오나르도 다 빈치, 일찍이 피렌체의 멸망을 예언했다가 그 흔적을 천장화에 남기고 불타 죽은 수도사 기롤라모 사보나롤라, 사생아라는 딱지를 떼기 위해 로마까지 찾아와 마침내 교황에게서 '수사와 수녀 사이에서 합법적으로 태어난 자'라는 인정서를 손에 쥔 에라스무스, 새파랗게 젊은 나이에 혜성같이 나타나 페루지노 등 당대 최고의 화가들을 하루아침에 퇴장시키고 미켈란젤로의 아성에 도전하다가 비극적으로 생을 마감한 이탈리아 역사상 최고의 꽃미남 라파엘로……. 상상해 보라, 절대 권력자가 화려한 궁궐을 빠져나와서 시장터의 진흙탕 길을 지나 더럽고 지저분한 미술가의 공방으로 찾아가 인생과 예술을 놓고 미술가와 열띤 논쟁을 벌이는 장면을!

킹에 따르면 그들은 천적이자 소울메이트였고, 서로 절실히 필요로 하면서도 서로에게 지독히 냉정하게 굴었다. 율리우스는, 돈 문제로 옥신각신하다가 달아난 미켈란젤로를 데려오기 위해 피렌체에 쳐들어 갈 듯이 겁을 주었다. 이에 기겁한 피렌체 원수 소데리니는 이탈리아, 아니 온 우주에서 제일가는 미술가라고 미켈란젤로를 추켜세우면서 등을 떠미는 한편, 교황에게는 미켈란젤로를 살살 구슬리라고 충고했다. 시스티나 천장화는 어쩌면 '일 파파 테리빌레(폭군)'의 인내의 대가인지도 모른다. 허구한 날 달려와 온갖 불평을 터뜨리고 요구사항을 내미는 미켈란젤로를 다독이고 비위를 맞추어 준 대가 말이다. 그게 어디 쉬운 일인가? 폭군으로서는 환장할 일이었을 것이다.

그러나 미켈란젤로에게도 천장화는 목숨을 건 일대 도박이었다. 그래서 좀 더 완벽한 인물화를 그리기 위해 시체 해부에까지 손을 대 살인마라는 누명을 뒤집어쓰기도 했다. 그리고 천지창조 장면 옆에 난데없이 악동들이 손가락으로 욕하는 장면을 끼워 넣어 시스티나 예배당이 성화로 도배된 것으로 믿는 사람들을 당혹시키기도 한다. 부부싸움 하는 예수의 조상도 끼어 있다. 이처럼 시스티나 천장은 미켈란젤로와 르네상스가 상상하거나 체험한 온갖 별스러운 것들로 차있다.

로스 킹은 프레스코야말로 르네상스 예술의 정화라고 말한다. 당시 프레스코 화가들은 캔버스에 그리는 행위를 계집애들이나 하는 짓이라고 내리깎고 프레스코, 그중에서도 특히 천장 프레스코야말로 진정 사나이들의 미술이라고 자부했다. 킹은 이 책을 통해 천장화에 도전한 미켈란젤로가 독자적으로 개발한 물감에서부터 '부온 프레스코' 등 그가 동원한 프레스코 기법들을 하나하나 추적해 나간다. 동성애가 기승을 부리던 당시, 미켈란젤로는 천장에 여인화를 그리면서 남자 모델을 대용했다. 그래서 세상에서 가장 아름다운 「피에타」 여인을 조각한 자의 작품으로는 도저히 믿어지지 않을 만큼 천장화의 여성들은 한결같이 억세고 박력에 차 보인다.

킹은, 자신을 항상 조각가로 소개하고 왕족 출신이라고 믿은 미켈란젤로의 대척점에 라파엘로를 세웠다. 라파엘로는 동물들과도 격의 없이 대화를 나누는 성자의 면모를 가졌지만, 숱한 여자들의 들끓는 애정 공세에 이기지 못하고 결국 젊은 나이에 쓰러지고 만

비극적인 인물이다. 킹은 라파엘로가 시스티나 천장화의 전반부가 공개되었을 때, 전혀 새로운 스타일의 그림을 보고 큰 충격을 받아 이미 완성한 자신의 벽화 일부를 떼어내고 거기에다 미켈란젤로를 모델로 한 천장화풍의 투박한 인물화를 새로 그려 넣었다고 소개한다. 훗날 로댕의 「생각하는 사람」의 근거가 바로 여기에서 마련된 것이다.

전 세계적인 베스트셀러로 주목받은 이 책이 우리말로 번역되어 나오기까지 3년이나 더 걸렸고, 다시 절판되는 아픔을 겪었다. 이처럼 난관을 헤치고 나온 것이기에 의미가 깊다. 책에 실린 70여점에 이르는 희귀한 그림과 소설을 읽는 듯한 로스 킹의 문장들을 다시 독자들에게 2020년 소개할 수 있어 더 귀하고 소중한 마음이다.

신영화

## 미켈란젤로와 교황의 천장 관련 연표

**관련목록**

1443 제노아 근교의 알비솔라에서 율리우스 2세(줄리아노 델라 로베레) 탄생

1471 식스투스 4세(율리우스의 숙부). 교황에 선출

**천장 벽화와 미켈란젤로 관련**

1475 3월 미켈란젤로 탄생

1477 시스티나 예배당의 건설(설계는 바치오 폰텔리) 시작. 식스투스 4세, 피렌체와 전쟁돌입

1481 교황과 피렌체. 화의를 맺음. 시스티나 예배당 완성 로렌초 메디치, 시스티나 예배당의 벽화를 그리기 위해 페루지노, 보티첼리, 기를란다요 등을 로마로 보냄

1483 라파엘로 산티 탄생. 시스티나 예배당의 봉헌식 거행

1484 식스투스 4세 사망

1488 미켈란젤로, 도메니코 기를란다요의 제자로 들어감

1490 기를란다요, 토루나부오니 예배당의 벽화 「성모 마리아 전」「세례자 성 요하네스 전」 완성(완성에 5년 가까이 소요)

1490 미켈란젤로, 조각 공부 시작

1492 알렉산더 6세(로드라고 보르자. 체자레 보르자의 아버지). 교황에 선출 4월 로렌초 데 메디치 서거

1492 샤를르 8세, 이탈리아 침입. 11월 피렌체에 입성. 기를란다요 서거

1494 미켈란젤로, 볼로냐에서 조각 제작을 의뢰 받음

1496 미켈란젤로, 로마로 가 「피에타」 상 주문을 받음

1498 사보나롤라 처형. 샤를르 8세를 대신해 루이 12세가 프랑스 왕위에 오름.
다 빈치「최후의 만찬」완성
1503 율리우스, 교황에 선출. 그 직후 영묘 설계 시작
1504 9월, 완성에 3년이 걸린 「다비드」가 시 청사 앞에 설치되고, 그 직후에 시 청사 대회의 실의 벽화로 「카시나 전투」를 의뢰 받음
1504 다 빈치「모나라자」완성
1505 초에「카시나 전투」의 밑그림이 산타 마리아 노벨라 교회에 전시됨. 2월, 율리우스의 부름으로 로마에서 영묘 작업 시작
1505 벨베데레 회랑의 설계와 건설 시작(브라만테에 따라). 산 피에트로 대성당 해체가 시작됨
1506 4월, 미켈란젤로, 로마 탈출
1506 봄, 율리우스, 전쟁 준비에 돌입. 8월, 교황은 페루자, 볼로냐를 향해 출전 9월 3일 페루자에 무혈 입성한 2개월 후에 볼로냐 입성. 11월, 미켈란젤로에게 청동상의 제작을 명령(완성에 14개월 소요). 연말 재건을 목표로 브라만테의 제안을 산 피에트로 대성당 설계안으로 채택함.
1507 초, 교황, 로마로.
1508 2월, 교황 동상이 봉헌됨. 4월, 미켈란젤로가 로마로 불려옴. 5월, 시스티나 예배당 천장화 제작에 착수. 6월, 숙부 프란체스코 부오나로티 서거. 8월 말, 조수 전원을 모음. 가을에 로마로 불려감. 9월, 최초의 소묘군 완성.
1508 최초의 소묘군이 완성된 때, 핀투리치오, 산타 마리아 델라 포폴로 교회의 천장화에 매달림. 라파엘로, 바티칸 궁전의 벽화 제작에 참여
1509 초,「홍수」완성. 초가을, 노아 3부작(「홍수」,「술 취한 노아」,「노아의 희생」) 완성.「델피의 무녀」완성
1509「홍수」가 완성된 때에 라파엘로, 스탄차 델라 세냐투라의 옆 벽을 장식하는 프레스코화의 첫 번째 작품「성체에 관한 논쟁」에 착수. 4월, 율리우스, 베네치아 파문. 5월, 베네치아 군이 북이탈리아의 아냐델로에서 프랑스 군에 격파됨. 여름에 에라스무스, 로마 방문
1510 4월, 형 리오나르도 서거(36세). 창세기의 연작 네 번째「유혹과 추방」완성. 다섯 번째「이브의 창조」완성. 한여름에는 천장 중앙부에 돌입. 9월과 12월, 미켈란젤로가 2번에 걸쳐 볼로냐를 방문해 교황에게 급료를 직접 부탁. 9월부터 다음달 10월에 걸쳐 천장화 제작중단
1510 초에 라파엘로「아테네 학당」착수. 2월, 율리우스, 베네치아의 파문 해제. 7월 교황의 페라라 원정 시작. 9월, 교황 스스로 볼로냐 원정에 나섬
1511 1월, 미켈란젤로 여섯 번째 작「아담의 창조」밑그림 완성. 10월, 중단했던 천장화 제작 작업이 14개월 만에 재시.
1511 1월, 교황, 볼로냐에서 미란돌라에 진군. 5월, 알리도시 추기경 서거. 계속해서 볼로냐 공략. 6월, 율리우스가 패하고 돌아옴. 8월, 스탄차 델라 세냐투라의 벽화 4개 완성(약 30개 월 소요).

초가을에 라파엘로, 다시 「아테네 학당」에 전념. 10월, 율리우스, 대불신성동맹 결성을 선언.
1512 3월경에 미켈란젤로, 7번째 작 「하늘과 물의 가름」에 착수. 알폰소 데스테가 로마에 도착하기 직전에 「해와 달과 식물의 창조」, 「빛과 암흑을 가르는 하느님」 완성. 계속해서 「예언자 예레미야」, 「하만의 십자가 처형」(완성에 24일 이상 소요) 「놋뱀」(완성에 3주간 소요) 완성.
1512 초, 라파엘로가 「헬리오도루스의 추방」 완성. 3월, 로마를 목표로 한 가스통 드프아를 대비해 율리우스, 바티칸 궁전에서 산 탄젤로 성으로 거처를 옮김. 4월, 라벤나 전투에서 교회군 패전. 5월 반교황파에 대항하는 율리우스가 라테라노공 회의 개최. 7월, 교황과 화평교섭을 행하기 위해 알폰소 데스테가 로마에 도착. 9월, 피에로 소데리니, 피렌체를 벗어 남.
1513 2월 율리우스 사망이 로마 시민에 전해짐
1514 브라만테 서거(70세)
1516 로도비코 알폰소 작 『광란의 오를란도』 간행
1520 라파엘로 사망(37세 )
1530 페라라 공을 위해 「레다와 백조」를 그림
1536 다시 시스티나 예배당으로 돌아가 최후의 심판에 착수
1545 율리우스의 영묘 완성
1547 산 피에트로 대성당의 건축 책임자가 됨
1564 미켈란젤로 서거(89세)
1565 피우스 4세, 시스티나 예배당의 수복을 명함

주

### 1 : 소환

**1** Ascanio Condivi, The Life of Michelangelo, trans. Alice Sedgwick Wohl, ed. Hellmut Wohl, 2nd ed. (University Park: Pennsylvania State University Press, 1999) p.6 참조

**2** Charles de Tolnay, Michelangelo, vol. 1, The Youth of Michelangelo (Princeton: Princeton University Press, 1943), p.91.

**3** 미켈란젤로의 로마 소환 관련 부분은 Michael Hirst, "Michelangelo in 1505", Burlington Magazine, November, 1991, pp. 60-765.

**4** 상갈로와 브라만테의 경쟁은 Arnaldo Bruschi, Bramante (London: Thames and Hudson, 1977) p.178.

**5** Michelangelo Buonarroti, The Letters of Michelangelo, ed. E. H. Ramsden, (London: Peter Owen, 1963), vol.1, pp.14-15.

**6** Condivi, The Life of Michelangelo, p.35.

**7** The Letters of Michelangelo, p.15.

**8** Ludwig Pastor, The History of the Popes from the Close of the Middle Ages, ed Frederick Ignatius' Antrobus et al. (London: Kegan Paul, Trench, Trubner, 1898), vol.6, pp.213-214.

**9** Christine Shaw, Julius II: The Warrior Pope (oxford: Blackwell, 1993), p.304.

### 2 : 음모

**1** Bruschi, Brarnante, pp.177-179.

**2** Condivi, The Life of Michelangelo, p.4.

**3** The Letters of Michelangelo, vol. 1.p.15.

**4** Condivi, The Life of Michelangelo, p.30.

**5** Benvenuto Cellini, The Autobiography of Benvenuto Cellini, trans. George Bull(London: Penguin, 1956), p.31.

**6** Roberto Salvini and Euore Camesasca, La Cappella Sistina in Vaticano (Milan: Rizzoli, 1965, pp.15-23 실제 건축 현장 책임자는 조반니노 데 돌치(Giovannino de' Dolci) 였다. 예루살렘의 솔로몬 성전과 시스티나 예배당을 비교하려면 다음을 참조. Eugenio BaUisti, 'Il significato simbolico della Cappella Sistina", Commentari 8(195), pp.96-104와 Battisti, Rinascimento e Barocca (Florence: Einaud, 1960), pp.87-95.

**7** Karl Lehmann, 'The Dome of Heaven", Art Bulletin 27 (1945), pp.1- 27.

**8** 이 편지는 Paola Barocchi and Renzo Ristori, Il Carteggio di Michelangelo, ed. (Florence: Sansoni Editore, 1965), vol.1, p.16에 복제되어 있다.

**9** 프레스코 회화를 미켈란젤로에게 의뢰하자는 생각은 어쩌면 상갈로에게서 나왔는지도 모른다. Giorgio Vasari, Lives of the Painters, Sculptors, and Architects, trans, Gaston du C. de Vere (London: Evelyman's Library, 1996), vol.1, p.706.

**10** Il Carteggio di Michelangelo, vol.1, p.16.

**11** 최근 발견된 문서에 의하면 미켈란젤로와 기를란다요 공방의 관계는 12세 때인 1487년까지 거슬러 올라간다. 이때 스승의 말에 따라 빚 3플로린을 대신 받아왔다. Jean K. Cadogan, "Michelangelo in the Workshop of Domenico Ghirlandaio", Burlington Magazine, January 1993, pp.30-31.

**12** Condivi, The Life of Michelangelo, p.10.

**13** 많은 미술사가들의 의견에 따르면, 미켈란젤로의 작품으로 간주되는 2개의 또 다른 초기 그림은 진품이라기에는 논란의 소지가 많다. The Entombment (in the National Gallery, London) and the so-called Manchester Madonna.

**14** Leonardo da Vinci, Treatise on Painting, trans. A. Philip McMahon (Princeton: Princeton University Press, 1956), vol.1, pp.36-37.

**15** Giorgio Vasari, Vasari on Technique, trans. Louisa S. Maclehose, ed. G. Baldwin Brown (NewYork: Dover, 1960), p.216.

**16** Il Carteggio di Michelangelo, ed. Paola Barocchi and Renzo Ristori (Florence: Sansoni Editore, 1965) vol.1, p.16.

### 3 : 전사교황

**1** 보르자 궁전의 타락에 관한 목격담은 At the Court of the Borgias, Being an Account of the

Reign of Pope Alexander VI Written by His Master of Ceremonies, Johann Burchard, ed. and trans. Geoffrey Parker (London: Folio Society, 1963), p. 194에 서술되어 있다.

**2** Cellini, The Autobiography of Benvenuto Cellini, p.54.

**3** The Letters of Michelangelo, vol.1, p.15.

**4** Pastor, History of the Popes, vol.6, pp.508-509.

### 4 : 참회

**1** 두 사람의 관계에 관한 자세한 내용은 James Beck, "Cardinal Alidosi, Michelangelo and the Sistine Ceiling", Artibus et Historiae 22 (1990), pp.63-77, Hirst, "Michelangelo in 1505", pp.760-766.

**2** Pastor, History of the Popes, vol. 6, p.510.

**3** Condivi, The Life of Michelangelo, p.38.

**4** The Letters of Michelangelo, vol. 1, p.148.

**5** Tolnay, Michelangelo,' vol.1, p.39.

### 5 : 젖은 석고 위의 회화

**1** I Ricordi di Michelangelo, ed. Paola Barocchi and Lucilla Bardeschi Ciulich (Florence: Sansoni Editore, 1970), p.1.

**2** Beck, "Cardinal Alidosi, Michelangelo, and the Sistine Ceiling", p. 66.

**3** The Letters of Michelangelo, vol. 1, p. 41.

**4** Vasari, Vasari on Technique, p. 222.

**5** Giovanni Paolo Lomazzo, Scritti sulle arti, ed. Roberto Paolo Ciardi (Florence Marchi and Bertolli, 1973), vol. 1, p. 303

**6** Vasari, Lives of the Painters, Sculptors, and Architects, vol. 1, p. 57. 카발리니에 관한 바사리의 평은 신뢰하기 어렵다. 프레스코 회화의 본거지를 토스카나로 만들려는 열망 때문에 카발리니를 조토의 제자로 만드는 등 카발리니의 영향을 편의적으로 무시했다.

**7** Vasari, Lives of the Painters, Sculptors, and Architects, vol. 1, p. 114.

**8** William E. Wallace, "Michelangelo's Assistants in the Sistine Chapel", Gazette des Beaux Arts II (December, 1987), p. 204.

**9** Vasari, Lives of the Painters, Sculptors, and Architects, vol. 2, p. 665.

**10** Frederick Hartt, "The Evidence for the Scaffolding of the Sistine Ceiling", Art History 5 (September, 1982), pp. 273-286, Fabrizio Mancinelli, "Michelangelo at Work : The Painting of the Lunettes", in The Sistine Chapel: Michelangelo Rediscovered, ed. and trans. Paul Holberton (London: Muller, Blond, and White, 1986), pp. 220-234. 비계 형태의

또 다른 대안적 견해는 Creighton E. Gilbert, "On the Absolute Dates of the Parts of the Sistine Ceiling", Art History 3 (June, 1980), pp. 162-163 과 Gilbert, Michelangelo on and off the Sistine Ceiling (New York: George Braziller, 1994), pp. 13-16 등에 나타나 있다.
**11** Condivi, The Life of Michelangelo, p. 101.
**12** de Tolnay, Michelangelo, vol. 2, p. 219.

## 6 : 도안

**1** 1 Ricordi di Michelangelo, p. 1.
**2** 알리도시가 장식 도안에 적극 참여 했다는 설은 Beck, "Cardinal Alidosi, Michelangelo, and the Sistine Ceiling", pp. 67, 74 참조. 몇 년 후에 추기경이 직접 도안한 복잡한 형태의 청사진을 미켈란젤로에게 건네주며 또 다른 프레스코를 그리도록 한 점에 주목했다. 이 사실은 미켈란젤로가 시스티나 예배당 프레스코의 도안 청사진을 이미 제작한 경험이 있음을 암시한다.
**3** 계약서에 관해서는 Gaetano Milanesi, "Documenti inediti deli' arte toscana dal XII al XVI secolo", Il Buonarroti 2 (1887), pp. 334-338.
**4** Bemard Berenson, Italian Painters of the Renaissance (London : Phaidon, 1968), vol. 2, p. 31.
**5** Lione Pascoli, Vite de' pittori, scultori ed architetti modemi (1730), facsimile edition (Rome: Reale Istituto d'Archaeologia e Storia deli' Arte, 1933), p. 84. 미술가들이 후원자들의 제약에서 점차 해방되는 것은 Vincent Cronin, The Florentine Renaissance (London: Collins, 1967). pp. 165-189 와 Francis Haskell, Patrons and Painters: A Study of the Relations Between ltalian Art and Society in the Age of the Baroque, revised ed. (New Haven: Yale University Press, 1980), pp. 8-10 참조.
**6** 이 관점은 바사리가 만든 것이며, Levels of Unreality: Studies in Structure and Construction in ltalian Mural Painting During the Renaissance (Stockholm: Almquist and Wiksell. 1963). p. 173. Sven Sandström에게서 지지를 받았다.
**7** The Letters of Michelangelo. vol. 1. p. 148.
**8** 안드레아스 트라페춘티우스(Andreas Trapezuntius)의 이력과 식스투스 4세 시대 로마의 지적 풍토에 관해서는 Egmont Lee. Sixtus IV and Men of Letters (Rome : Edizioni di Storia e Letteratura. 1978) 참조.
**9** 에지디오 다 비테르보의 사상과 이력의 대강은 시스티나 예배당 프레스코 도안 참가 가능성을 일축한 John W. O'Malley. Giles of Viterbo on Church and Reform: A Study in Renaissance Thought (Leiden: E. J. Brill. 1968) 참조. 참가 가능성을 말한 학설로는 Esther Gordon Dotson. "An Augustinian Interpretation of Michelangelo's Sistine Ceiling".

Art Bulletin 61 (1979 ), pp. 223- 256. 405-429 참조. Dotson은 비테르보가 '이 프로그램을 공식화한 인물' 이며, 프로그램은 성 아우구스티누스의 신시神市를 바탕으로 했다고 주장했다. 그러나 미켈란젤로와 에지디오 사이를 연결할 어떠한 문서도 존재하지 않음을 인정했다. Frederick Hartt는 또 다른 자문관의 존재 가능성을 열어놨는데 교황의 조카인 마르코 비제리오 델라 로베레 (Marco Vigerio della Rovere)가 이 작업의 도안에 관련되었다고 보는 것이다. Hartt. History of Italian Renaissance Art Painting. Sculpture. Architecture (London: Thames and Hudson. 1987). p. 497 참조.

**10** The Life of Michelangelo. p. 15.

**11** Charles de Tolnay는 미켈란젤로가 산 마르코 정원 학교에서의 경험으로부터 큰 수확을 얻었다고 확신했다. 미켈란젤로에게 그곳은 일종의 '영감靈感의 샘' 이었다. 세속적 아름다움을 신神적 이상의 반영이라며 숭배한 미학 개념은 바로 이 학교에서 빚어진 것이기도 했다. 미켈란젤로는 인류의 존엄성을 창조의 제왕 차원에서 인식했다. 그런 인식론에 바탕을 둔 종교론 또한 이 학교에서 빚어진 것이기도 했다. 종교론은 윤리관, 범신론, 기독교주의는 우주적 진리가 외형적으로 다르게 표상된 데에 지나지 않는다고 여긴 것이다. (Michelangelo, vol. 1. p. 18) 미켈란젤로의 작품에 나타난 신플라톤주의적인 상징주의 연구는 Erwin Panofsky. "The Neoplatonic Movement and Michelangelo". in Studies in Iconography : Humanistic Themes in the Art of the Renaissance (New York: Oxford University Press, 1939). pp. 171-230.

**12** Charles de Tolnay는, 미켈란젤로의 성서이야기는 양식적으로는 "초기 르네상스 시대의 부조 작품에 뿌리를 두고 있다.…… 그러나 이 정도로 거대한 .'부조 조각적인' 성서이야기가 천장에 그려진 것은 처음으로 그때까지는 모두 벽과 문에만 나타났었다." (Michelangelo. vol. 2. pp. 18-19)고 말한다. 또 다른 영향을 끼친 것으로는 산타마리아 노벨라에 있는 키오스트로 베르데에 그려진 파올로 우첼로의 프레스코(현재는 심하게 훼손되어 있다)이다. 이 그림은 아담의 창조, 이브의 창조, 이브의 유혹, 홍수, 희생제, 술 취한 노아 등 시스티나 예배당과 같은 내용의 장면들을 많이 묘사한다. 미켈란젤로는 기를란다요와 산타 마리아 노벨라에서 함께 작업하면서 이 형상들과 많이 친숙해졌을 것이다.

**7 : 조수들**

**1** Ezio Buzzegoli, 'Michelangelo as a Colourist, Revealed in the Conservation of the Doni Tondo", Apollo (December 1987), pp. 405-408.

**2** The Letters of Michelangelo. vol. 1, p . 45.

**3** I Ricordi di Michelangelo, p. 1. 피렌체에 있는 로렌치아나 메디치 도서관의 부오나로티 문서 보관소에 보존되어 있다. 이 문서는 Michael Hirst에 의해 1508년 4월에 만들어진 것으로 밝혀졌다. 'Michelangelo in 1505", p. 762 참조.

4 우르바노가 시스티나 예배당 작업에 참가한 것은 Wallace, "Michelangelo's Assistants in the Sistine Chapel", p. 208 참조.
5 Vasari, Lives of the Painters, Sculptors. and Architects. vol. 2, p . 51.
6 de Tolnay, Michelangelo, vol. 1, p. 31.
7 Vasari, Lives of the Painters, Sculptors, and Architects, vol. 2, p. 310.
8 Charles Seymour, ed., Michelangelo : The Sistine Chapel Ceiling (New York: W. W. Norton, 1972), p. 105.

### 8 : 부오나로티 가家

1 Condivi, The Life of Michelangelo, p . 5.
2 Il Carteggio di Michelangelo, vol. 2, p. 245.
3 Condivi, The Life of Michelangelo, p. 9.
4 The Letters of Michelangelo, vol. 1. pp. 45-46.
5 피렌체의 지참금은 Christiane Klapische-Zuber, Women, Family and Ritual in Renaissance Italy, trans. Lydia Cochrane (Chicago: University of Chicago Press. 1985), pp. 121-122.
6 30대에 과부가 된 여성 들 중 11%만 재혼을 했고, 40대 이후의 여성들은 사실상 재혼의 기회가 없었다고 보는 것이 타당하다.
7 Wallace, 'Michelangelo's Assistants in the Sistine Chapel", pp. 204-205.
8 The Letters of Michelangelo, vol. 1, p. 46.
9 Fabrizio Mancinelli는 미치를 조각가라고 단정했다("Michelangelo at Work: The Painting of the Lunettes", p. 253) 그러나 몇 년 후 주장을 철회했다. "사실 미치의 직업이 무엇이었는지는 전혀 암시된 적이 없다." ( "The Problem of Michelangelo's Assistants, in The Sistine Chapel: A Glorious Restoration, ed. Pierluigi di Vecchi and Diana Murphy, [New York: Harry N. Abrams, 1999]. p. 266. n. 30)이 그러나 미켈란젤로는 한 편지에서 미치가 산 로렌초 성당에서 일한다고 보고했다(The Letters of Michelangelo, voI. 1, p. 46). 당시 로렌초 성당에서 북쪽 수랑 부분 장식이 한창 진행 중이었던 걸로 보면 미치는 프레스코 전문화가로 추측된다.
10 미켈란젤로에게 일할 뜻을 밝힌 미치는 로마로 와 시스티나 예배당에서 일하고 싶어 하는 또 다른 인물이 있음을 알렸다. 피렌체 출신의 화가인 라파엘리노 델 가르보(Raffacllino del Garbo)였다. 그러나 미켈란젤로가 제안을 받아들였는지의 증거는 없다. De Tolnay는 라파엘리노의 그림들이 필리피네스크 형식(그의 스승인 필리피노 리피의 형식)을 두드러지게 나타내는데, 시스티나 예배당에는 그런 형식의 그림이 전혀 발견되지 않은 점을 들어 시스티나 예배당에서 일하지 않았음을 주장했다. Michelangelo, vol. 2, p. 115. 그러나 Wallace는 미치가 편지를 쓴 시기는 천장화 작업을 시작하던 무렵이었다고 지적한다. 즉, "미켈란젤로와 그라나치가

적극적으로 조수를 구할 무렵이어서 라파엘리노의 참가 가능성을 깎아내려서는 안 된다."고 주장한다("Michelangelo's Assistants in the Sistine Chapel", p. 216). 바사리와 콘디비도 라파엘리노의 참가를 전혀 언급하지 않는데, 이것 또한 라파엘리노가 관련이 없음을 짐작하게 한다. 그러나 이들 전기 작가들은 미켈란젤로와 일한 조반니 미치와 문서에 기록이 남아있는 다른사람에 대해서도 전혀 언급하지 않았다.
**11** de Tolnay, Michelangelo, vol. 2, p. 9.

### 9 : 심연의 샘
**1** 작업 실태는 Michael Hirst, Michelangelo, and His Drawings (New Haven: Yale University Press, 1988), pp. 35-36과 Catherine Whisder, Drawings by Michelangelo and Raphael (Oxford: Ashrnolean Museum, 1990), p. 34 참조.
**2** Scritti d'arte del cinquecento, ed. Paola Barocchi (Milan and Naples: Ricciardi, 1971), vol. 1, p. 10.
**3** 창세기 8장 10절. 모든 기독교 성서 인용문들은 달리 출처를 밝히지 않는 한 개정된 표준판(London: William Collins, 1946)에서 사용했음.
**4** 상세한 내용은 de Tolnay, Michelangelo, vol. 1, p. 218 과 vol. 2, p . 29 참조. 프레스코의 배경에 등장하는 인물들 중 상당수는 미켈란젤로 자신의 「카시나 전투」에 나오는 목욕하는 병사들을 살짝 변형시켜 사용한 것들이다(vol. 2, p. 29).
**5** Mancinelli, "The Problem of Michelangelo's Assistants", pp. 52- 53.
**6** Carmen C. Bambach, Drawing and Painting in the ltalian Renaissance Workshop: Theory and Practice, 1300-1600 (Cambridge: Cambridge University Press, 1999), p. 366.
**7** The Letters of Michelangelo, vol. 2, p. 182.
**8** Lene Østermark-Johansen, Sweetness and Strength : The Reception of Michelangelo in Late Victorian England (Aldershot, Hants.: Ashgate, 1998), p. 194.
**9** Condivi, The Life of Michelangelo, p. 105.
**10** Roberto Ridolfi. The Life and Times of Girolamo Savonarola trans Cecil Grayson (London: Routledge and Kegan Paul, 1959), P .80.
**11** Edgar Wind, "Sante Pagnini and Michelangelo: A Study of the Succession of Savonarola", Gazette des Beaux Arts 26 (1944), pp. 212-213.
**12** 사보나롤라의 배타적인 구약성서 이용은 Donald Weinstein, Savonarola and Florence: Prophecy and Patriotism in the Renaissance (Princeton: Princeton University Press, 1970), p. 182.
**13** 미켈란젤로의 미술에 미친 사보나롤라의 영향을 주장한 것은 Julian K1aczko, Rome and the Renaissance: The Pontificate of Julius II, trans. John Dennie (London: G. P. Putnam's

Sons, 1903), p. 283 과 Charles de Tolnay, The Art and Thought of Michelangelo (New York: Pantheon, 1964), Ronald M. Steinberg, Fra Girolamo Savonarola, Florentine Art, and Renaissance Historiography (Athens, Ohio: Ohio University Press, 1977), pp. 39-42 와 Cronin, The Florentine Renaissance, p. 296. Cronin은 "사보나롤라의 저작과 설교는 보티첼리와 시뇨렐리 등 많은 피렌체 화가들 사이에 기독교를 보복. 공포, 단죄의 관점에서 보는 '퇴보적인' 미술을 일으켰다고 주장했다. De Tolnay도 마찬가지로 미켈란젤로의 미술에는 사보나롤라의 말이 깊이 메아리치고 있다고 생각했다.(pp. 62-63) 그러나 Steinberg는 미켈란젤로의 도상과 사보나롤라의 설교 사이의 직접적인 연관성을 증명하기란 어렵다고 주장하면서 사보나롤라의 영향을 인정하는 데 매우 신중했다. 이 어려움은 부분적으로 미켈란젤로의 신학적 스승에 대한 지식의 결핍 뿐만 아니라 자신의 미술 작품의 주제에 대한 침묵에서 기인한다. 자신의 산 마르코 수도원 후계자를 통한 사보나롤라의 영향에 관해서는 Wind, "Sante Pagnini and Michelangelo", pp. 211-246 참고.

**14** Antonio Paolucci는 순결한 아름다움을 지닌 바티칸의 「피에타」조차 사보나롤라의 가르침에서 영향을 받았다고 주장했다. Paolucci's Michelangelo: The Pietás (Milan Skira, 1997), pp. 16-17.

## 10 : 경쟁

**1** Pastor, History of the Popes, vol. 6, p. 308.
**2** Klaczko, Rome and the Renaissance, p. 151.
**3** 이 관점은 Michael Levey, Florence: A Portrait (London: Pimlico, 1996), pp. 226-265 참조.
**4** 이 이야기는 Vasari, Lives of the Painters, Sculptor, and Architects, vol. 1, p. 593 참조. André Chastel은 페루지노에 관한 일화는 "경찰 문서나 재판 기록으로도 확인되지 않는다. 그러나 이 일화에 의심을 품어야 할 이유는 없다."고 지적했다. Chastel, A Chronicle of Italian Renaissance Painting, trans. Linda Murray and Peter Murray (Ithaca: Cornell University Press, 1984), p. 137.
**5** 바티칸 팀에 다양한 미술가들을 끌어다 키우는 브라만테의 역할은 Bruschi, Bramante, p. 178 참조.
**6** 라파엘로의 초기 시타 디 카스텔로에서의 업적은 Tom Henry, "Raphael's Altarpiece Patrons in Città di Castello", Burlington Magazine, May 2002, pp. 268-78 참조.
**7** 라파엘로의 콜레지오 델 캄비오 활동 참여 여부는 미술사가들 사이에 논쟁거리가 되어왔다. 라파엘로의 참여론은 Adolfo Venturi, Storia dell'arte italiana (Milan: Ulrico Hoepli, 1913), vol. 7, pp. 546-549 참조. 판단 유보론과 관련해서는 Alessandro Marabottini et al., eds., Raffaello giovane e Citta di Castello (Rome: Oberon, 1983), p. 39 참조.

8 토스카나에 대한 또 다른 맹목적 애국주의 사건, 즉 한 세기 전에 있었던 세례당 문 경쟁 건은 Levey, Florence: A Portrait, p. 120 참조..

9 Arnaldo Bruschi에 의하면 브라만테는 라파엘로를 로마로 끌어들이는 데 주도적 역할을 했다(Bramante, p. 178).

10 라파엘로가 로마에 도착한 날짜는 알려지지 않았다. 로마 출현에 관한 기록은 1509년 1월까지 없었다. 어쩌면 이곳에 1508년 9월에 이미 와 있었는지도 모른다. 이때 라파엘로는 학수고대하던 일-상당수의 미술사가들은 이것을 바티칸 침소 장식 작업으로 풀이했다.-의 의뢰와 관련해 프란체스코 프란차에게 편지를 보냈다. 그러나 라파엘로의 이름은 소도마, 페루지노와 다른 미술가들의 활동을 기록한 장부의 원본에 올라 있지 않다. 라파엘로는 어쩌면 나중에 팀에 합류했을 것이다. 라파엘로의 1508년 이전 로마 방문을 지지하는 입장은 John Sheannan, "Raphael, Rome, and the Codex Excurialensis", Master Drawings (summer 1977), pp. 107-146 참조. Shearman은 라파엘로가 훨씬 이른 1503, 1506년 또는 1507년에 다시 로마를 방문한 것으로 추측했다.

## 11 : 일대 시련

1 The Letters of Michelangelo, vol. 1, p. 48.

2 Condivi, The Life of Michelangelo, p. 57.

3 John Sheannan, "The Chapel of Sixtus IV", in The Sistine Chapel: Michelangelo Redlscovered ed. Paul Holberton (London: Muller, Blond, and White, 1986), p. 33. 천장은 그 다음 4세기동안 꾸준히 물이 새어 1903년 재건되었다가 1978년 원상태로 복원되었다.

4 Vasari on Technique, p. 222.

5 Steffi Roettgen, ltalian Frescoes, vol. 2, The Flowering of the Renaissance, 1470-1510, trans. Russell Stockman (New York: Abbeville Press, 1997), p. 168. 마찬가지로 필리피노 리피가 산타 마리아 노벨라의 스트로치 예배당에 자신의 프레스코를 그릴 때 그 역시 부온 프레스코 방식으로만 그림을 그려야 한다는 계약 하에 놓여 있었다. Eve Borsook은 1500년에 들어와 부온 프레스코는 학문적으로도 우수한 평가를 받기에 이르렀다고 주장한다. …… 바사리와 다른 많은 사람들에게 프레스코 미술은 미술가의 속도와 즉흥적 능력을 재는 시험 무대였다.

6 Mancinelli, "The Problem of Michelangelo's Assistants", p. 52.

7 Vasari, Lives of the Painters, Sculptors, and Architects, vol. 2, p. 667.

8 Condivi, The Life of Michelangelo, p . 58.

9 바사리의 주장에 대한 현명한 교정안은 Wallace, "Michelangelo's Assistants in the Sistine Chapel", pp. 203-216.

10 The Letters of Michelangelo, vol. 1, p. 48.

11 Condivi, The Life of Michelangelo, p. 106.

**12** Barocchi, Scritti d'arte del cinquecento, vol. 1 . p. 10.
**13** de Tolnay, Michelangelo, vo1. 1, p. 5.
**14** Condivi, The Life of Michelangelo, p. 106.
**15** Vasari, Lives ofthe Painters, Sculptors, and Architects, vo1. 2, p. 736.
**16** Donato Giannotti. Dialogi di Donato Giannotti. ed. Deoclecio Redig de Campos (Florence: G. C. Sansoni. 1939). p. 66.
**17** Il Carteggio di Michelangelo. vol. 3. p. 156.
**18** Vasari, Lives of the Painters, Sculptors. and Architects, vo1. 1. p. 607.

## 12 : 마르시아스의 참변

**1** Vincenzo Golzio, Raffaello nei documenti, nelle testimonianze de contemporanei, e nella letteratura del suo secolo (Vatican City: Panetto and Petrelli, 1936). p. 1.
**2** Vasari, Lives of the Painters, Sculptors, and Architects, vo1. 1, p. 710.
**3** 바사리가 마자 차를리 (Magia Ciarli)의 실제 사망 시점을 10년 뒤로 잡은 것을 보면 라파엘로의 성장에 관한 바사리의 평은 축소해서 받아들일 필요가 있다.
**4** 라파엘로의 청아한 용모는 후대에 많은 화제를 낳았다. 독일의 생리학자들은 라파엘로의 인간성과 천재성의 실마리를 찾기 위해 자화상을 상세하게 분석했다. 그중에서도 Karl Gustav Carus는 라파엘로의 '성격의 관능성, 혈기왕성함, 영성靈性' 이 균형잡힌 두개골에 나타나 있다고 강조했다. Oskar Fischel, Raphael, trans. Bernard Rackham (London: Kegan Paul, 1948). p. 340 참조. 1833년 라파엘로의 것이라고 주장된 두개골이 사기임을 밝히기 위해 판테온에 있는 무덤을 파고 두개골을 비롯한 유해를 발굴했다. 그때까지 수십 년 동안 유해는 유럽의 박물관들에서 여러 차례 순회 전시되었다. 로마 대학의 한 의과대 교수는 라파엘로의 해골을 검사한 후에 화가에게 커다란 후두가 있었다고 판명했다. 라파엘로는 다른 수많은 매력적인 특징과 함께 남자다운 바리톤 음성도 소유했던 것이다.
**5** Vasari, Lives of the Painters, Sculptors. and Architects, vo1. 2, p. 422.
**6** 율리우스 도서관과 스탄차 델라 세냐투라를 연결 짓는 논쟁의 여지가 없는 결정적인 문서상의 증거는 존재하지 않는다. 그들에 대한 감정은 주로 서재의 일부인 세냐투라의 장식 도안에 근거한 것이다. 이에 대한 긍정적인 논리의 주장으로는 John Shearman, "The Vatican Staze: Functions and Decoration". in Procccdings of the British Academy (London : Oxford University Press, 1973), pp. 379-381이 있다. Shearman은 율리우스 재위 당시 스탄차 델라 세냐투라는 바로 옆방, 즉 현재 스탄차 델 인첸디오 (Stanza dell Incendio)로 불리는 방에 있었다고 주장한다(p.377).
**7** 율리우스 서재의 내용물은 Léon Dorez, "La bibliothéque priveée du Pape Jules II" Revue des Bilbliothéques 6 (1896), pp . 97-124.

8 벽 하단부에 그려진 장면과 당시 인물들과의 관계는 Ernst Gombrich. "Raphael's Stanza della Segnatura and the Nature of Its Symbolism", in Symbolic Images: Studies in the Art of the Renaissance (London : Phaidon, 1972), pp. 85-101.

9 최근 스탄차 델라 세냐투라의 보존 작업에도 불구하고 라파엘로와 소도마가 이곳 천장에서 공통 작업을 했는지의 여부는 밝혀지지 않았다. 소도마가 천장에서 작업하는 동안 라파엘로는 벽에서 일했고, 소도마가 두 번째 구획을 완성한 후에서야 비로소 천장 작업에 개입하기 시작했다. Roberto Bartalini, "Sodoma the Chigi, and the Vatican Stanze", Burlington Magazine, September 2001, pp. 552-553.

10 Kenneth Clark, Leonardo da Vinci (London : Penguin, 1961), p. 34.

11 소도마의 지불은 G. I. Hoogewerff , "Documenti, in parte inediti, che riguardano Raffaello ed altri artisti contemporanei", in Atti della Pontificia Accademia Roma di Archeologia, Rediconti 21 (1945-46), pp. 250-260 참조.

12 이 형식상의 차이점은 Bartalini, "Sodoma, the Chigi, and the Vatican Stanze", p. 549 참조.

### 13 : 진짜 색채

1 D.S. Chambers, "Papal Conclaves and Prophetic Mystery in the Sistine Chapel", Journal of the Warburg and Courtauld Institutes 41 (1978), pp. 322- 326.

2 Vasari, Lives of the Painters, Sculptors, and Architects, vol. 2, p. 666.

3 Robert J. Clements, ed., Michelangelo: A Self Portrait (New York: New York University Press, 1968), p. 34.

4 중앙의 패널에서 반원 공간에 이르는 예배당의 중심선에 대해 수직으로 작업을 진행해 간 미켈란젤로의 방법은 Mancinelli, "Michelangelo at Work", p. 241 참조. 미켈란젤로가 반원 공간을 다른 부분과 병행해서 그려나갔는지 마지막에 모아 그렸는지는 연구자들 사이에서도 의견의 일치를 보이지 않는다. Charles de Tolnay는 1945년, 반원 공간이 그려진 것은 미켈란젤로가 그 이외의 프레스코화를 모두 끝냈다고 말한 1511-12년 이후라고 지적한다(Michelangelo, vol 2 p. 105). 이 견해는 최근 Creighton Gilbert에 의해서도 차용되었다("On the Absolute Dates of the Parts of the Sistine Ceiling", p. 178) 다른 미술사가들, 예를 들어 Fabrizio Mancinelli는 반원 공간의 그림 작업은 나중에 별도로 이루어진 작업의 일부가 아니라 천장의 나머지 부분들과 동시에 진행되었다고 주장하며 별도 진행설을 부정했다. Mancinelli "The Technique of Michelangelo as a Painter: A Note on the Cleaning of the First Lunettes in the Sistine Chapel", Apollo (May 1983), pp. 362-363. "반원 공간의 그림 작업은 천장 전체의 작업 진행과 밀접하게 연결되어야 하며, 이 두 작업 단계는 실제로 별도로 이루어진 것이 아니라 서로 밀접히 상관되어 있었다."(p.363)는 논문 주제는 The

Sistine Chapel (London: Constable, 1978)의 p. 14에 나타난 이전의 자신의 입장, 즉 "반원 공간 작업은 나중인 1512년에 진행되었다."는 주장을 수정한 것이다. Mancinelli의 수정된 견해는 "반원 공간과 삼각형 형태의 둥근 천장 부분(공복)들은 이들 부분들과 어울리는 중앙부분들과 함께 처리되었다." 는 이전의 Johannes Wilde의 주장을 따른 것이다. "The Decoration of the Sistine Chapel", Proceedings of the British Academy 54 (1958), p. 78, note 2. Wilde의 연대기 주장은 Sidney Freedberg, Painting of the High Renaissance in Rome and Florence (Cambridge, Mass.: Harvard University Press, 1972), p . 626, Painting in Italy, 1500- 1600 (London: Penguin, 1971), p. 468, Michael Hirst, "Il Modo delle attitlldini : Michelangelo's Oxford Sketchbook for the Ceiling", The Sistine Chapel: Michelangelo Rediscovered, pp. 208-217, Paul Joannides, "On the Chronology of the Sistine Chapel Ceiling", Art History (September, 1981년), p. 250-252 참조.

**5** John Gage, Colour and Culture: Practice and Meaning from Antiquity to Abstraction (London : Thames and Hudson, 1999, p. 131.

**6** Robert W, Carden, ed., Michelangelo: A Record of His Life as Told in His Own Letters and Papers (London : Constable, 1913), pp. 57-58.

**7** Evelyn Welch, Art in Renaissance ltaly (Oxford : Oxford University Press, 1997), p.84.

**8** Mary Merrifield, The Art of Fresco Painting (London, 1846 : reprint, London: Alec Tiranti, 1966), p. 110.

**9** 미켈란젤로의 안료는 Mancinelli, "Michelangelo at Work", p . 242, The Art of the Conservator, ed, Andrew Oddy (London : British Museum Press, 1992), p. 98의 "Michelangelo's Frescoes in the Sistine Chapel" 참조.

**10** Cennino Cennini. Il Libro dell' arte: The Craftsman's Handbook, trans. Daniel V. Thompson (New Haven: Yale University Press, 1933), p. 27.

**11** 예를 들어, Pietro Perugino 같은 성공적인 미술가는 피렌체에서 화실을 일 년간 빌리는 비용으로 금화 12플로린을 지불했다. A. Victor Coonin, "New Documents Concerning Perugino's Workshop in Florence", Burlington Magazine, 1999년 2월 , p.100.

**12** 기를란다요가 부온 프레스코로 군청색을 사용한 것은 Roettgen, ltalian Frescoes, vol. 2, p. 164 참조. 군청색의 시스티나 예배당 천장 사용 가능성은 1980년부터 1989년까지 논란 속에 이루어진 미켈란젤로 프레스코의 복원사업과 함께 주요 쟁검이 되어왔다. 이 문제는 비디킨의 비잔틴, 중세, 근대 미술 분야 큐레이터로 복원 작업을 진두 지휘한 Fabrizio Mancinelli가 1994년 숨질 때까지 사용한 군청색을 놓고 터져 나온 수많은 상충된 주장 때문에 더욱 모호해졌다. 문제는 복원 전문가들이 프레스코를 깨끗하게 하려는 열정에서 미켈란젤로가 덧칠한 세코(군청색 줄까지 포함해)를 제거했거나 세코 칠-대부분 여러 색채들을 어둡게 만들었다.-들이 이전 복원가들의 솜씨일 가능성이 높다는 점이다. Mancinelli는 미켈란젤로의 군청색 사용 여부와 설사

사용했다 하더라도 여기에 세코 덧칠을 했는지 여부를 놓고 심히 오락가락했다. 파브리치오는 1983년 파란 색들(구체적으로 거명하지 않았다.) 중 세코로 덧칠된 것들이 있다고 주장했다. 1986년 미켈란젤로가 프레스코에 세코 덧칠을 전혀 하지 않았고, 군청색을 부은 프레스코로 덧보탰다고(이 주장은 그 다음 해 런던에서 열린 한 심포지엄에서 되풀이 되었다.) 주장하면서 견해를 수정했다. 복원사업이 완료된 지 2년이 지난 1991년 파브리치오는 자신의 생각을 또다시 번복했다. 천장의 푸른색은 군청색이 아니라 화감청색이라고 주장했다. 그러나 1992년 또다시 주장을 번복해 어쨌든 군청색이 사용되었다고 주장했다. 이런 상충된 입장을 바탕으로 미켈란젤로가 실제로 군청색을 시스티나 천장에 사용했는지 여부를 결정하는 것은 불가능하다. 그러나 스가랴의 옷깃 등 수많은 곳에 이 색깔이 쓰였음을 나타내는 증거는 많다. 스가랴의 옷깃에는 세코 덧칠도 있다.

파브리치오의 번복을 거듭한 입장, "Michelangelo at Work", pp. 218- 259, 'The Technique of Michelangelo as a Painter', pp. 362-367, "Michelangelo's Frescoes in the Sistine Chapel", pp. 89-107. 시스티나 예배당 복원사업에 대한 비평, James Beck and Michael Daley, Art Restoration: The Culture, the Business, and the Scandal (London : John Murray, 1993)

**13** Condivi, The Life of Michelangelo, p. 58.

**14** Gianluigi Colalucci, "The Technique of the Sistine Ceiling Frescoes", in de Vecchi and Murphy, The Sistine Chapel: A Glorious Restoration, p. 34. 콜라루치는 미켈란젤로가 세코 덧칠을 한 경우는 대부분 '제한적이고 눈치 챌 수 없는' 수준에 그쳤다고 주장한다.

**15** 반원 공간 그림에 관한 논의는 Mancinelli, "Michelangelo at work", pp . 242-259에서 충분히 볼 수 있다.

**16** 스폴베로와 살짝 예리하게 파는 방식에 관한 정보뿐 아니라 조르나타의 수에 관해서는 Bambach, Drawing and Painting in the ltalian Renaissance Workshop, appendix 2: "Caroon Transfer Techniques in Michelangelo's Sistine Ceiling", pp. 365- 67.

**17** 스팬드럴과 반원 공간의 등장인물을 실제 인물과 연결해 일일이 확인하기는 어렵다. 스팬드럴의 등장인물을 명판에서 확인할 수 있는 경우도 있지만, 한 사람 혹은 두 사람의 이름만 있는 명판도 있어 어려움에 부딪힌다. 스팬드럴이나 반원 공간의 명판과 인물을 1대 1의 관계로 설정하기란 어렵다는 의견이 많다. 따라서 다비드 왕의 명판이 있는 반원 공간에서 그런 인물을 찾는 것은 헛수고인 셈이다. Lisa Pon은 "각각의 인물이 누구인지를 확인하기란 어렵다. 하나의 집단으로 혹은 명판의 이름과 어떤 관계인지를 통해 그 인물이 예수의 조상이라고 말할 수 있다."고 말했다. Pon, "A Note on the Ancestors of Christ in the Sistine Chapel", Journa of the Warburg and Courtauld Institutes 61 (1998), p. 257 참조.

**18** De Tolnay, Michelangelo, vol. 2, p. 77.

**19** Paul Joannides, Titian to 1518: The Assumption of Genius (New Haven: Yale University Press, 2001), p. 161. 이 그림은 영국 월트셔 시의 롱리트 하우스에 전시되었으나

2002년 여름에 도난당했다.

**20** Allison Lee Palmer, "The Maternal Madonna in Quattrocento Florence: Social Ideals in the Family of the Patriarch", Source : Notes in the History of Art (Spring 2002), pp. 7-14 참조. Palmer는 이러한 이미지들이 "가족 내의 모범적인 행동규범을 보여 주는 적극적인 역할을 한다."고 주장했다(p. 7).

**21** De Tolnay, Michelangelo, vol. 2, p. 77.

**22** Robert S. Liebert, Michelangelo: A Psychoanalytic Study of His Life and Images (New Haven: Yale University Press, 1983), p. 28.

## 14 : 그가 성전을 지으리라

**1** Pastor, History of the Popes, vol. 6, p. 285.

**2** Shaw, Julius II, p. 246.

**3** Frederick Hartt, "Lignum Vitae in Medio Paradisi: The Stanza d'Eliodoro and the Sistine Ceiling", Art Bulletin 32 (1950), p. 130.

**4** 이 그림은 Charles de Tolnay가 정확히 감정하였고, 현재는 우피치 미술관에 있다 (Michelangelo, vol. 2, p. 55). 이후 스가랴에 턱수염을 덧그렸는데, 율리우스의 뺨에 털이 돋아나기 시작한 것이 1510년 이후였기 때문이다.

**5** John W. O'Malley, "Fulfilment of the Christian Golden Age Under Pope Julius II: Text of a Discourse of Giles of Vitero, 1507", Traditio (1969), pp . 265-338. p. 320. 이 부분은 이사야 6장 1절부터의 인용이다. 역사를 예언이라고 본 에지디오의 사상에 관해서는 Marjorie Reeves, "Cardinal Egidio of Viterbo: A Prophetic Interpretation of History", in Prophetic Rome in the High Renaissance Period, ed . Marjorie Reeves (Oxford: Clarendon Press, 1992), pp. 91-119 참조.

**6** Michelangelo Buonarroti, Complete Poems and Selected Letters of Michelangelo, trans. Creighton E. Gilbert (Princeton: Princeton University Press, 1980), p. 8. 이 시의 연대를 1496년 미켈란젤로가 로마에 처음 도착하던 무렵으로 보는 편집인들도 있다. 그러나 Christopher Ryan은 교황 율리우스 2세가 군사 문제에 직접 개입함으로써 오히려 시적 소재로 잘 어울렸을 것이라고 주장한다. Michelangelo: The Poems (London : J. M. Dent, 1996), p. 262 참조. Ryan은 이 시의 연대를 1512년쯤으로 보고 있다. 그러나 성묘 선립이 좌절되었음을 씁쓸해 한 언급, 즉 Ryan이 "이곳에서 나는 일을 빼앗겼다"고 해석한 대목과 교황의 군국주의 성향으로 볼 때, 이 시가 만들어진 시기는 1506년이나 1508년이 유력하다. 어쨌든 이 시는 알렉산더 6세가 아니라 율리우스 2세에 대한 탄핵문 같다.

**7** Fabrizio Mancinelli는 라파엘로가 스탄차 델라 세냐투라를 '거의 한 손으로만' 그렸다고 주장한다. The Dictionary of Art, ed . Jane Turner (London: Macmillan, 1996), vol. 26, p.

817 참조. 그러나 적은 숫자라고는 해도 조수와 도제를 거느렸음은 분명하다. John Shearman은 라파엘로가 스탄차 델라 세냐투라에서 일한 1, 2년은 작업상 아주 사소한 도움만 필요했을 것이라고 지적했다. "Raffaello e la bottega", in Raffaello in Vaticano, ed. Giorgio Muratore (Milan: Electa, 1984), p. 259 참조. 나중에 공방에서 함께 지낸 줄리오 로마노, 조반니 다 우디네, 프란체스코 펜니, 페리노 델 바가, 펠리그리노 다 모데나 같은 추종자들은 당시에는 아직 라파엘로에게 사사하지 않았다. 일례로 1509년 줄리오 로마니는 겨우 10살에 지나지 않았다.

**8** John Shearman, "The Organization of Raphael's Workshop", in The Art Institute of Chicago Centnnial Lectures (Chicago: Contemporary Books, 1983), P.44.

**9** John W. O'Malley, "Giles of Viterbo: A Reformer's Thought on Renaissance Rome", in Rome and the Renaissance: Studies in Culture and Religion (London Variorum Reprints, 1981), p. 9.

**10** Raphaelis Urbinatis Vita, in Golzio, Raffaello nei documenti, p. 192. 「성체에 관한 논쟁」의 숨은 조언자는 에지디오 다 비테르보라는 설도 있다. Heinrich Pfeiffer, Zur lkonographie von Raffaels Disputa: Egidio da Viterbo und die christliche pla-tonische Konzeption der Stanza della Segnatura (Rome : Pontificia Universitas Gregoriana, 1975)

**11** 사보나롤라와 줄리아노 델라 로베레의 관계에 관해서는 Wind, "Sante Pagnini and Michelangelo", pp. 212-214.

**12** 인기라미의 스탄차 델라 세냐투라 장식 작업 참가를 주장하는 설은 Ingrid D. Rowland "The Intellectual Background of The School of Athens: Tracking Divine Wisdom in the Rome of Julius Ⅱ", in Raphael's "School of Athens", ed. Marcia B. Hall (Cambridge: Cambridge University Press, 1997), pp. 131-170 참조.

### 15 : 가족사업

**1** Vasari, Lives of the Painters, Sculptors, and Architects, vol. 1, p. 663.
**2** Condivi, The Life of Michelangelo, p. 58.
**3** Vasari, Lives of the Painters, Sculptors, and Architects, vol. 2, p. 675.
**4** Shaw, Julius Ⅱ, p. 171.
**5** Vasari, Lives of the Painters, Sculptors, and Architects, vol. 2, pp. 662-663.
**6** Pastor, History of the Popes, vol ˙ 6, p. 214.
**7** The Letters of Michelangelo, vol. 1, p. 50.
**8** De Tolnay, Michelangelo, vol. 2, p. 25.
**9** Leon Battista Alberti, On Painting, trans. Cecil Grayson, ed. Martin Kemp (London: Penguin, 1991), p. 76. 알베르티는 1436년 이 작품을 라틴어에서 이탈리아어로 번역했다.
**10** Vinci, Treatise on Painting, vol. 1, pp. 106-107, 67.

**11** Albetti, On Painting, p. 72.

**12** 이 기술은 레오나르도의 스승인 안드레아 델 베로키오가 발명했는데, 이후 기를란다요도 사용하였다. Jean K. Cadogan, "Reconsidering Some Aspects of Ghirlandaio's Drawings", Art Bulletin 65 (1983), pp. 282-283.

**13** Frances Ames-Lewis, "Drapery 'Pattern' Drawings in Ghirlandaio's Workshop and Ghirlandaio's Early Apprenticeship", Art Bulletin 63 (1982), pp. 49-61.

**14** Lynne Lawner, Lives of the Courtesans: Portraits of the Renaissance (New York: Rizzoli, 1986), pp . 8-9.

**15** Alberti, On Painting, p. 72.

**16** Vinci, Treatise on Painting, vol. 1, p. 129.

**17** Condivi, The Life of Michelangelo, p. 99.

**18** James Elkins, "Michelangelo and the Human Form: His Knowledge and Use of Anatomy", Art Bulletin 7 (June 1984), p. 177.

**19** 지나치게 큰 머리와 돌출된 눈 등 「다비드」에는 해부학적으로 기묘한 부분이 있다. 하지만 그것은 당초에 이 조각상을 대성당의 버팀대 위라는 높은 장소에 설치할 예정이었기 때문인지도 모른다.

**20** Condivi, The Life of Michelangelo, p. 97.

## 16 : 라오콘

**1** 이 주장과 관련해서는 De Tolnay, Michelangelo, voI. 1, p. 471 참조. 이 스케치는 또한 루브르 미술관에도 있다. De Tolnay는 "미켈란젤로는 비망록에 고전작품의 자세와 인물상을 다수 기록해서 다양하게 조합하거나 변형해 사용했다."고 지적했다.

**2** 라오콘은 오늘날 헬레니즘 시대의 모방으로 간주된다.

**3** Ernst Gombrich, "A Classical Quotation in Michelangelo's Sacrifice of Noah", Journal of the Warburg Institute (1937), p. 69.

**4** 이 언급은 Ernst Steinmann, Die Sixtinische Kapelle (Munich : Verlagsanstalt F Bruckmann, 1905), voI. 2, pp. 313-315 참조.

**5** Lutz Heusinger는 1509년 가을, 이때까지 미켈란젤로는 "대형 장면 3개와 그 주변부를 완성했다."고 썼다. Fabrizio Mancinelli and Lutz Heusinger, The Sistine Chapel (London: Constable, 1978), p. 14 참조. 이 부분에 소요된 조르나타의 수는 Bambach, Drawing and Painting in the ltalian Renaissance Workshop. appendix 2, pp. 366-367 참조.

**6** The Letter of Michelangelo, vol. 1, p . 54.

**7** Complete Poems and Selected Letters of Michelangelo, pp. 5-6.

**8** Bambach, Drawing and Painting in the ltalian Renaissance Workshop, p. 2.

**9** Vasari, Lives of the Painters, Sculptors, and Architects, vol. 2, p. 669.
**10** Merrifield, The Art of Fresco Painting, pp. 112-113.
**11** Condivi, The Life of Michelangelo, p. 58.
**12** Vasari, Lives of the Painters, Sculptors, and Architects, vol. 2, p. 699.

### 17: 황금시대

**1** 카르디에레의 설화는 Condivi, The Life of Michelangelo, pp. 17-18 참조.
**2** Discourses on the First Decade of TitllS Livius, in Niccolo machiavelli. The Chief Works and Others, trans. Allan Gilbert (Durham, N.C.: Duke University Press, 1965), vol. 1, p. 311.
**3** Ottavia Niccoli, "High and Low Prophetic Culture in Rome at the Beginning of the Sixteenth Century", in Reeves, Prophetic Rome in the High Renaissance Period, p. 206.
**4** 이 비교에 관해서는 de Tolnay, Michelangelo, vol. 2, p. 57 참조.
**5** Condivi, The Life of Michelangelo, p. 107.
**6** Virgil, The Aeneid, trans. W. F. Jackson Knight (London: Penguin, 1956), p. 146.
**7** 무녀에 대한 에지디오의 해석은 O 'Malley, Giles of Viterbo on Church and Reform, p.55 참조.
**8** Edgar Wind, "Michelangelo's Prophets and Sibyls", Proceedings of the British Academy 51 (1965), p. 83, n. 2.
**9** Virgil, The Eclogues and the Georgics, trans. C. Day Lewis (Oxford: Oxford University Press, 1963), Eclogue 4, lines 6-7.
**10** O'Malley, "Fulfilment of the Christian Golden Age Under Pope Julius II", pp.265-338
**11** O'Malley, Rome and the Renaissance, p. 337.
**12** 르네상스에서 황금시대의 개념은 Emst Gombrich, "Renaissance and Golden Age", Journal of the Warburg and Courtauld Institutes 24 (1961), pp. 306-309, O 'Malley, Giles of Viterbo on Church and Reform, pp. 17, 50, 103-104, 또한 Harry Levin, The Myth of the Golden Age in the Renaissance (Bloomington: Indiana University Press, 1969) 참조.
**13** Paul Barolsky는 쿠마에아와 페르시카 같은 무녀가 시력을 상실한 대목을 보면, 미켈란젤로가 현자의 시력을 불완전하게 그림으로써 반대로 심안心眼의 위대함을 강조하려 했다고 지적한다. Barolsky's "Looking Closely at Michelangel's Seers" 참조. Source: Notes in the History of Art (summer 1997) p. 31.
**14** 단테의 관련 페이지는 The Divine Comedy, vol. Inferno, trans. John D. Sinclair (London: Bodley Head, 1948), canto 25, line 2 참조.
**15** Vasari, Lives of the Painters, Sculptors, and Architects, vol. 2, p. 743.

**16** Francesco Albertini, Opusculum de mirabilis novae et veteris urbis Romae, in Five Early Guides to Rome and Florence, ed, Peter Murray (Famborough, Hants: Gregg International Pubishers, 1972).

**17** Desiderius Erasmus, Opus Epistolarum des. Erasmi Roterdami, ed. P. S. Allen (Oxford: Oxford University Press, 1910), vol. 1, p. 450.

**18** Albert Hyma, The Life of Desiderius Erasmus (Assen, The Netherlands: Van Gorcum, 1972), p. 68.

**19** Virgil, The Aeneid, p. 149.

**20** Desiderius Erasmus, The Praise of Folly and Other Writings, ed. and trans. Robert M. Adams (NewYork: W. W. Norton, 1989), p. 71.

**21** Lodovico Ariosto, Orlando furioso, trans, Guido Waldman (Oxford: Oxford University Press, 1983), canto 25, line 15.

**22** Erasmus, The Praise of Folly and Other Writings, p. 144.

### 18 : 아테네 학당

**1** Erasmus, The Praise of Folly and Other Writings, p. 146.

**2** 카살리의 설교 전문은 John W. O'Malley, "The Vatican Library and the School of Athens: A Text of Battista Casali, 1508", Journal of Medieval and Renaissance Studies (1977), pp. 279-287.

**3** 스탄차 델라 세냐투라의 네 점의 벽화를 완성한 시기와 작업 순서는 논의가 많지만, 좀처럼 의견의 일치를 보지 못했다. 많은 비평가들은 「성체에 관한 논쟁」을 최초 「아테네 학당」을 두 번째나 세 번째로 그렸다고 믿는다. 그러나 Matthias Winner는 「아테네 학당」을 4개의 벽화 중 가장 먼저 그렸다고 주장한다. "Il giudizio di Vasari sulle prime tre Stanze di Raffaello in Vaticano", in Raffaello in Vaticano, ed. Georgio Muratore, pp. 179-93 참조. Bram Kempers는 이 주장을 "Staatssymbolick in Rafaels Stanza della Segnatura", Incontri: Rivista di Studi Italo Nederlandesi (1986-87), P 3-48에서 되풀이 했다. 그러나 또 다른 학자는 「아테네 학당」을 마지막으로 그렸다고 주장한다. Cecil Gould, "The Chronology of Raphael's Stanze: A Revision", Gazette des Beaux Arts (November 1991), pp. 171-82'.

**4** 「아테네 학당」의 도안 작업에 브라만테가 개입했는지는 판단을 내릴 수 있는 분서가 없어 논의 대상이 되어왔다. 20세기 브라만테 연구의 최고 권위자인 Arnaldo Bruschi는 공동 작업은 불가능하다고 보았다(Bramante, p. 196). 그러나 다른 학자인 Ralph Lieberman은 그보다 훨씬 더 회의적이다 두 사람의 합작을 주장한 바사리의 기록은 많은 부분 의문점이 있다. 벽화의 도안을 브라만테의 공으로 돌리는 주장은 "브라만테가 라파엘로의 작업을 도왔다는 사실적 증거보다 교회와 그림 사이의 단순한 상이점을 바탕으로 했다고 여겨진다" (The Architectural

Background", in Hall, Raphael's "School of Athens", p, 71) Lieberman은 무엇보다도 먼저 그림의 건축물 배경이 브라만테의 베드로 대성당 설계안보다 막센티우스의 바실리카를 바탕으로 했다고 주장한다. 두 번째로는 그림 속의 건축 도안이 실제로는 시공이 불가능해 노련한 건축가인 브라만테의 개입 가능성을 차단한다고 주장한다. "완숙한 나이에 접어든 브라만테가 교회 교차로의 설계를 몇 년에 걸쳐 작업한 끝에 프레스코의 건축물을 그렸는데, 고작 그린 것이 그렇게 비합리적인 통로에 지나지 않는다면 실로 우스운 일"이라고 Liebermann은 적고 있다 (ibid., p. 73), 「아테네 학당」에 그려진 건물을 재건축하려는 시도가 여러 차례 있었다. Emma Mandelli, 'La realtá della architettura 'picta' negli affreschi delle Stanze Vaticane", in Gianfranco Spagnesi, Mario Fondelli, and Emma Mandelli, Raffaello, 1'architettura "picta": Percezione e realtá (Rome: Monografica Editrice, 1984), pp, 155-79 참조.

**5** 차용은 Gombrich, "Raphael's Stanza della Segnatura and the Nature of It's Symbolism", pp, 98-98에 지적되어 있다.

**6** A. P. Oppé, Raphael, ed. Charles Mitchell (London : Elek Books, 1970), p, 80.

**7** Vasari, Lives of the Painters, Sculptors, and Architects, voI. 1, p, 747.

**8** The Letters of Michelangelo, vol, 2, p, 31.

**9** Vasari, Lives of the Painters, Sculptors, and Architects, vol, 1, p. 723.

**10** 이 분석에 관해서는 Arnold Nesselrath, Raphael's "School of Athens" (Vatican City : Edizioni Musei Vaticani, 1996), p. 24 참조.

**11** 이 밑그림은 현재 밀라노의 암브로시아나 도서관에 소장되어 있다. 라파엘로의 「아테네 학당」 밑그림과 스탄차 델라 세냐투라에서 사용한 기법은 Eve Borsook, "Technical lnnovation and the Development of Raphael's Style in Rome", Canadian Art Review 12 (1985), pp. 127-36 참조.

**12** 현재 분실된 밑그림은 그림의 위쪽 절반에 쓰기 위한 것으로 건축적 특징을 보여 준다. Nesselrath, Raphael'S "School of Athens", pp, 15-16 참조.

**13** Oskar Fischel, 'Raphael's Auxiliary Cartoons", Burlington Magazine (October 1937), pp, 167-68, and Borsook, "Technical lnnovation and the Development of Raphael's Style in Rome, pp. 130-31.

**14** Bambach, Drawing and Painting in the ltalian Renaissance Workshop, p . 249.

**19 : 금단의 열매**

**1** Pastor, History of the Popes, vo1. 6, p' 326,

**2** Wallace, "Michelangelo's Assistants in the Sistine Chapel', p.208.

**3** Comelius Agrippa von Nettesheim, De nobilitate et praecellentia foeminei sexus, Gilbert, 'The Proportion of Women", in Michelangelo on and off the Sistine Ceiling, p.96.

**4** 에덴동산의 성적 의미 연구가 최근에 많이 이루어졌다. Phyllis Trible, God and the Rhetoric of Sexuality (London: SCM, 1992), John A. Phillips, Eve: The History of an Idea (San Francisco : Harper and Row, 1984), Jean Delumeau, The History of Paradise: The Garden of Eden in Myth and Tradition (New York: Continuum, 1995), Leo Steinberg, 'Eve's Idle Hand", Art Journal (winter 1975-76), pp. 130-35 참조. 현대 학자들만 타락에 대한 성적 해석에 열을 올리는 것은 아니다. 성적 해석은 심지어 예수 시대 이전에도 받아들여졌다. 쿰문 교단의『세렉 하에드(회중규정)』는 히브리어 '선악의 지식'을 '성적 성숙'으로 해석했다. 유대인족들 중 쿰문 교단의 신주들은 서기 전 150년부터 서기 70년에 걸쳐 사해 북서쪽의 유대 사막 지역에 살았다. 이후로도 필로 유다에우스(유다야 철학자), 알렉산드리아의 클레멘트(초기 기독교 교부) 등의 저자들은 뱀을 성적 욕망이나 사악한 생각과 동일시했다. 보다 최근에 들어와 학자들은 모세 5경의 가장 오래된 자료 '낙원 추방'이 적힌 기원전 9-10세기에 가나안 지역에서 다산교가 번창했는데, 이들에게 뱀은 남근의 상징이었음을 지적했다.

**5** Steinberg, 'Eve's Idle Hand", p, 135.

**6** Condivi, The life of Michelangelo, p. 146, n. 128. 이 충고는 콘디비의 원고 여백 부분에 기록되었다.

**7** De Vecchi and Murphy, The Sistine Chapel: A Glorious Restoration, p, 91의 Maria Piatto의 캡션 참조.

**8** Michel Foucault, The Uses of Pleasure : A History of Sexuality, trans, Robert Hurley (London : Penguin, 1987), vol. 2, Michael Rocke, Forbidden Friendships Homosexuality and Male Culture in Renaissance Florence (Oxford: Oxford University Press, 1996), pp,11-13.

**9** Marsilio Ficino, The Letters of Marsilio Ficino, ed. and trans. by members of the Language Department of the School of Economic Science, London (London Shepheard-Walwyn, 1975-99), vol. 4, p, 35.

**10** James Beck은 "미켈란젤로의 성경험이 이성이든 동성이든 간에 미미하거나 아예 없었을 것"으로 추측한다. The Three Worlds of Michelangelo (New York: W. W Norton, 1999), p. 143.

**11** Complete Poems and Selected Letters of Michelangelo, p. 145.

**12** Giovanni Papini, Vita di Michelangelo nella vita del suo tempo (Milan: Garzanti, 1949), p. 498.

**13** The Letters of Michelangelo, vol .1, p. 48.

**14** Vasari, Lives of the Painters, Sculptors, and Architects, vol. 1, p. 737.

**15** Lawner, Lives of the Courtesans, p. 5.

**16** 한 세기 후 퐁텐블로 궁전의 재산목록에도「모나리자」는 창부의 초상으로 기록되어 있다.

**17** 라파엘로와 임페리아의 관계는 Georgina Masson, Courtesans of the Italian Renaissance (London: Secker and Warburg, 1975), p. 37 참조.

## 20 :야만적인 군중

**1** The Letters of Michelangelo, voJ. 1, p. 54.

**2** 모든 비평가들이 미켈란젤로가 실제로 이 정도의 진전을 이룩했다고 보지는 않는다. 가장 주목할 만한 것은 Creighton Gilbert의 주장으로 미켈란젤로가 반원 공간을 제외한 나머지 천장 부분의 작업을 1510년 여름까지 완결했다는 것이다("On the Absolute Dates of the Parts of the Sistine Ceiling", p. 174). Gilbert의 주장은 반원 공간이 별개로 이루어진 후기 작업이라고 가정하면 사실일 가능성이 높다. 이 주장은 Paul Joannides에게서 비판을 받았는데, 이렇게 경이적인 속도로 제작했다고 믿을 수 없다는 것이었다("On the Chronology of the Sistine Chapel Ceiling", pp. 250-252).

**3** The Letters of Michelangelo, vol. 1, p. 54-55.

**4** Kenneth Dark, Landscape into Art (London: John Murray, 1949), p. 26.

**5** De Tolnay, Michelangelo, vol 2, pp. 72, 76. 압살롬의 죽음을 그린 특별한 메달은 제작 종반에 그려졌다. de Tolnay의 주장이 옳다면 바스티아노는 작업을 처음부터 끝까지 관여한 것이 된다.

**6** Welch, Art in Renaissance ltaly, p. 137.

**7** 마카베오 서 2장 22절. 출전은 The Apocrypha, revised ed. (Cambridge: Cambridge University Press, 1895)

**8** Marino Sanuto, I diarii di Marino Sanuto (Venice: F. Visentini, 1901), vol. 10, col. 369

**9** Pastor, History of the Popes, vol. 6, p. 333.

## 21 :다시 볼로냐로

**1** The Letters of Michelangelo, vol. 1, p. 55.

**2** Linda Murray, Michelangelo: His Life, Work, and Times (London: Thames and Hudson, 1984), p. 63.

**3** Pastor, History of the Popes, vol. 6, p. 338.

**4** 이 문서는 Hirst, 'Michelangelo in 1505", appendix B, p . 766에 게재됨.

**5** 율리우스의 수염과 의미는 Mark J. Zucker, 'Raphael and the Beard of Pope Julius II", Art Bulletin 59 (1977), pp. 524- 533 참조.

**6** Erasmus, Julius Exduded from Heaven, in The Praise of Folly and Other Writings, p.148.

**7** Pastor, History of the Popes, vol. 6, p. 339 n.

8 Heinrich Boehmer, Martin Luther (London: Thames and Hudson, 1957), p. 61.

## 22 : 속세의 게임

1 Shaw, Julius n, p. 269.

2 The Letters of Michelangelo, vol. 1, p. 148.

3 영국 박물관은 오랫동안 아담의 머리 부분을 습작한 것으로 간주되어 온 초크화를 소장하고 있다. 그러나 현재 이 작품은 네바스티아노 델 피옴보의 『나사로의 부활』을 기초로 한 소묘의 하나로 여겨진다. Ludwig Goldscheider, Michelangelo: Drawings (London: Phaidon, 1951), p. 34.

4 이 문제와 관련해서는 Michael Hirst, "Observations on Drawings for the Sistine Ceiling", in de Vecchi and Murphy, The Sistine Chapel: A Glorious Restoration, pp. 8-9 참조

5 Shaw, Julius n, p. 270.

6 Francesco Guicciardini, The History of Italy, ed. and trans. Sidney Alexander(London : Collier-Macmillan 1969), p. 212 ' 귀차르디니는 교황을 비판한 저서를 1530년대에 썼다.

7 Klaczko, Rome and the Renaissance, p. 229.

8 Pastor, History of the Popes, vol. 6, p. 341.

9 Vasari, Lives of the Painters, Sculptors, and Architects, p. 664. 브라만테는 레오나르도가 설계한 무기들, 예를 들어 증기의 힘으로 날아가는 포탄, 폭탄, 기관총, 급속도로 날아가는 석궁들에 대해 익히 알고 있었을 것이다.

10 Pastor, History of the Popes, vol. 6, p. 341.

11 Shaw, Julius II, p. 271.

12 Cecil Gould는 "스탄차 델라 세냐투라의 작업은 교황이 부재한 10개월 동안 중단 되었으리라 추측하는 것이 당연하다."고 말한다("The Chronology of Raphael's Stanze", p. 176). 굳이 '중단' 할 필요까지는 없었지만 라파엘로가 다른 주문을 받아 일했다면 더디게 진행되었을 것이다.

13 파르네시나라는 이름은 '대추기경'인 알레산드로 파르네세가 빌라를 차지한 1580년대부터 불렸다. 빌라 파르네시나의 건축 설계는 라파엘로의 솜씨라는 설도 있다.(Oppé, Raphael, p. 61 외 참조). 이 주장을 받아들이는 학자는 거의 없다. 무엇보다도 빌라의 작업은 라파엘로가 로마에 첫발을 대기 전인 1506년에 이미 시작된 것으로 보이기 때문이다.

14 프레스코에 등장하는 아리오스토를 확인하려면 Gould, "The Chronology of Raphael's Stanze", pp. 174-175 참조.

15 Ariosto, Orlando furioso, canto 33, line 2.

16 Shaw, Julius II, pp. 182-183.

17 Pastor, History of the Popes, vol. 6, p. 350.

18 Klaczko. Rome and the Renaissance, p. 242..

19 Guicciardini, The History of Italy, p. 227.
20 Pastor, History of the Popes, vol. 6, p. 362.

### 23 : 새롭고 신기한 회화 방식

1 Condivi, The Life of Michelangelo, p. 57. 파리데 데 그라시는 1511년 8월 15일 일기에서 교황이 전날 밤에 베일을 벗은 천장화를 처음으로 보러갔다고 기록했다.
2 미사 시간은 일정치 않다. 그러나 성일聖日이나 축일의 미사는 오전 9시에 열렸다. The New Catholic Encyclopedia (New York: McGraw-Hill, 1967), vol. 9, p. 419.
3 Condivi, The life of Michelangelo, p. 57.
4 「생각하는 사람」을 프레스코에 추가시키는 데 라파엘로가 사용한 기법에 관해서는, Nesselrath, Raphael's "School of Athens", p. 20 참조. 「생각하는 사람」이 당초 「아테네 학당」 밑그림에 없었던 것으로 보아 나중에 추가된 것으로 보인다(이 밑그림은 현재 밀라노의 암브로시아나 도서관에 소장되어 있다). 또한 반죽을 검사한 결과, 나중에 벽에 따로 인토나코를 추가했을 때 그려진 것으로 증명되었기 때문이기도 하다. 추가분이 그려진 시기는 확실치 않다. 그러나 라파엘로가 스탄차 델라 세냐투라의 작업이 끝남에 따라(1511년 여름 또는 가을 어느 땐가) 추가분을 그렸을 가능성이 가장 높다.
5 이 호기심을 자극하는 이론은 Deodecio Redig de Campos, Michelangelo Buonarroti nel IV centenario del "'Giudizio universale" (1541-1941) (Florence: G. C. Sansoni, 1942), pp. 205-219에서 처음 제시했고, 같은 저자의 Raffaello nelle Stanze (Milan: Aldo Martello, 1965)에서 되풀이했다. Roger Jones와 Nicolas Penny는 이 설을 믿기 어렵다고 하면서도 강력한 반론을 전개하고 있지는 않다. Raphael(New Haven: Yale University Press, 1983), p . 78 참조. 반면 Ingrid D. Rowland는 "헤라클레이토스가 미켈란젤로의 얼굴과 작풍을 나타낸다."고 주장한다("The Intellectual Background", in Hall, Raphael's "School of Athens", p. 157). Frederick Hartt는 "헤라클레이토스의 특징은 분명히 미켈란젤로의 특징이기도 하다."고 주장한다 (History of Italian Renaissance Art, p. 509).
6 Edmund Burke, A Philosophical Enquiry into the Origin of Our Ideas of the Sublime and Beautiful, ed. James T. Boulton (Notre Dame, Ind.: University of Notre Dame Press, 1986), esp. pp . 57-125.

### 24 : 유일무이한 최고의 창조자

1 Klaczko, Rome and the Renaissance, p. 246.
2 Pastor, History of the Popes, vol. 6, p. 369.
3 Klaczko, Rome and the Renaissance, p. 253.
4 St. Bonaventure, Lignum vitae, Hartt, "Lignum Vitae in Medio Paradisi", p. 191.

**5** Vasari, Lives of the Painters, Sculptors, and Architects, vol. 2, p. 670.
**6** Giovanni Boccaccio, The Decameron, trans. G. H. McWilliam, 2nd ed. (London: Penguin, 1995), p. 457.
**7** Vasari, Lives of the Painters, Sculptors, and Architects, vol. 2, p. 642.
**8** 이 젊은 여성의 정체를 둘러싼 논의는 Leo Steinberg's "Who's Who in Michelangelo's Creation of Adam : A Chronology of the Picture's Reluctant Self-Revelation", Art Bulletin (1992), pp. 552- 566 참조. 그 이외에도 성모마리아, 사피엔티아(지혜)를 들 수 있다. Steinberg는 또한 하느님의 통 큰 망토 속에 있는 루시페르와 악마같이 생긴 인물의 정체를 밝혔다.
**9** Barocchi, Scritti d'arte del Cinquecento, vol. 1, p. 10.
**10** Condivi, The Life of Michelangelo, p. 42.
**11** Lionello Venturi and Rosabianca Skira - Venturi, Italian Painting: The Renaissance, trans. Stuart Gilbert (New York: Albert Skira, 1951), p. 59. 미켈란젤로와 이 출판물과의 관련은 Steinberg, "Who's Who in Michelangelo's Creation of Adam", pp. 556-557 참조.

### 25 : 헬리오도루스의 추방

**1** Guicciardini, The History of Italy, p . 237.
**2** Pastor, History of the Popes, vol. 6, p . 397.
**3** Condivi, The Life of Michelangelo, p . 94.
**4** 전시회 안내서에 복제된 문서, Raffaello, Elementi di un Mito: le fonti, la letteratura artistica, la pittura di genere storico (Florence: Centro Di, 1984), p. 47.
**5** 라파엘로의 바티칸 프레스코에 관한 바사리의 주장은 오인된 부분이 많아 신뢰할 수 없긴 하지만 「아테네 학당」에 페데리코가 그려져 있다는 기록이 있다(더 의심스러운 일은 「헬리오도루스의 추방」에 당시 12세였던 줄리오 로마노가 교황의 가마를 나르는 수염달린 남성으로 그려져 있다고 기록한 점이었다). Cecil Gould도 문제의 프레스코화를 「아테네 학당」이라고 하면서도 다른 인물을 페데리코와 통일하다고 주장했다("The Chronology of Raphael's Stanze", pp. 176-178). Gould의 주장은 이 작품, 즉 스탄차 델라 세냐투라의 프레스코 중 마지막으로 그려진 것이 1511년 여름까지 그려지지 않았다는 가정을 근거로 했다.
**6** 「라 포르나리나」의 모델이 정말 마르게리타 루티였는지는 확실치 않다. 당초에는 창부의 초상화로 여겨졌지만, 1세기 후 1618년에 처음으로 라파엘로의 정부로 추정되었다. 임페리아, 페라라의 베아트리체, 알비니아(역시 고급 창녀)와 동일시되기도 했다. Carlo Cecchelli, "La 'psyche' della Farnesina", Roma (1923), pp. 9-21, Emilio Ravaglia, "Il volto romano di Beatrice ferrarese" Roma (1923), pp . 53-61, Francesco Filippini , "Raffaello e Bologna", Cronache d'Arte (1925), pp. 222- 226 참조. 이 그림과 그와 관련된 신화의 의미 있는 논의는 Lawner, Lives of the Courtesans, pp.120- 123 참조. La Fornarina의 신화에 대한 회의적인

입장은 Oppé, Raphael, p. 69 참조.

**7** Vasari, Lives of the Painters, Sculptors, and Architects, vol. 1, p. 722. 이 그림은 현재 런던의 내셔널 갤러리에 소장되어 있으며, 16세기의 복사본은 피렌체의 우피치 미술관과 피티 궁에 있다.

### 26 :라벤나의 괴물

**1** Niccoli, "High and Low Prophetic Culture in Rome at the Beginning of the Sixteenth Century", pp. 217-218.
**2** Guicciardini, The History of ltaly, p. 250.
**3** 교황의 시찰을 보고하는 사람은 이사벨 데스테에 의해 로마에 파견된 그로시노이다. Alessandro Luzio, 'Isabella d'Este di fronte a Giulio Ⅱ", Archivio Storico Lombardo, 4th series (1912), p. 70 참조.
**4** The Letters of Michelangelo, vol. 1, p. 64.
**5** Vasari, Lives of the Painter, Sculptors, and Architects, vol. 2, p. 670.
**6** Martin Kemp, The Science of Art: Optical Themes in Western Art from Brunelleschi to Seurat (New Haven: Yale University Press, 1990), p. 41.
**7** Alberti, On Painting, pp. 65-67. 르네상스 시대의 원근법 도구는 Kemp, The Science of Art, pp. 167-188 참조.
**8** The Letters of Michelangelo, vol. 1, p. 64.
**9** Michael Mallett, Mercenaries and Their Masters: Warfare in Renaissance ltaly (London: Boldey Head, 1974), p. 196.
**10** Mallet은 사실상 양측의 손실이 9백 명 정도 된다고 주장한다.
**11** F. L. Taylor, The Art of War in Italy, 1494-1529 (Cambridge : Cambridge University Press, 1920), p. 188.
**12** Pastor, History of the Popes, vol. 6, p. 400.
**13** Ariosto, Orlando furioso, canto 33, line 40.

### 27 : 기이한 형체들

**1** Guicciardini, The History of ltaly, p. 244.
**2** Kenneth Dark는 "도덕적 용기와 육체적 고통에 무관심한 이 인물이 왜 비이성적인 공포의 반복에 시달려야하는가"에 관해 심리학자들의 분석도 있지만, 실제로는 달아 날만한 충분한 이유가 있고, 자신의 천재성을 지킬 의무감을 느낀 것은 아닌가 생각한다("The Young Michelangelo", in The Penguin Book of the Renaissance, ed. J. H. Plumb [London: Penguin, 1991, p. 102).
**3** Klaczko, Rome and the Renaissance, p . 354.

4 De Tolnay, Michelangelo, vol. 2, p. 68. De Tolnay는 천장화를 신플라톤주의 시점에서 분석하고, 미켈란젤로가 천사 같은 이그누디와 대조적인 '인간성의 최하급'으로써 이러한 인물을 그리려했다고 주장한다.

5 미켈란젤로가 천장화에서 희화적인 요소라고 부른 것, 보다 폭넓게 말하자면, 과소평가된 미켈란젤로 작품의 유머적인 역할을 주제로 한 소수의 연구논문들 중 하나는 Paul Barolsky, Infinite Jest: Wit and Humor in Italian Renaissance Art (Columbia: University of Missouri Press, 1978).

6 Condivi, The Life of Michelangelo. p. 9.

7 Complete Poems and Selected Letters of Michelangelo. p. 142. 못생긴 자신의 외모에 대한 미켈란젤로의 몽상은 Paul Barolsky, Michelangelo's Nose: A Myth and Its Maker (University Park: Pennsylvania State University Press, 1990) 참조.

8 Complete Poems and Selected Letters of Michelangelo, pp. 149- 151.

9 Condivi. The Life of Michelangelo, p. 108.

10 Vasari. Lives of the Painters. Sculptors. and Architects, vol. 1. p. 639.

11 Boccaccio, The Decameron, p. 457.

## 28 : 신앙의 갑옷과 빛의 검

1 Guicciardini, The History of Italy, pp. 251- 252. Orlando furioso에서 아리오스토 또한 피비린내 나는 승리 후 프랑스군을 덮친 절망감에 대해 묘사하고 있다. "우리는 승리로 용기를 얻었지만, 원정군을 지휘하던 프랑스 군의 대장, 가스통 드 프와의 전사로 의기소침해져 기쁨도 맛보지 못했다. 대장을 휩쓸고 간 폭풍은 영토와 친구를 구하기 위해 차가운 알프스를 넘어온 쟁쟁한 왕자들도 여럿 삼켜버렸다." (canto 14, line 6).

2 Pastor, History of the Popes. vol. 6, pp. 407-408.

3 당시 페니가 라파엘로의 공방에서 일한 사실에 관해서는 Shearman, "The Organization of Raphael's Workshop", pp. 41, 49.

4 Tom Henry, "Cesare da Sesto and Baldino Baldini in the Vatican Apartments of Julius II, Burlington Magazine, January 2000, pp. 29-35.

5 Vasari, Lives of the Painters, Sculptors. and Architects, vol. 1, p. 819.

6 공방 운영에 대한 미켈란젤로의 반감은 George Bull, Michelangelo: A Biography (London: Viking. 1995), p. 16 참조.

7 Condivi, The life of Michelangelo, p. 107.

8 오르비에토에는 지금도 여전히 성체포가 보존되어 있다. 볼세나의 기적에 대한 또 다른 설명에 따르면, 제단을 덮은 천 위에 묻은 피는 신부가 축성 후 실수로 엎지른 성배에서 쏟아진 포도주이다. 신부는 자신의 태만을 숨기기 위해 천을 접었으나 얼룩은 접은 천 위로 번지면서

하느님의 형상을 남겼다. Pastor, History of the Popes, vol. 6, p. 595 n 참조.

**9** 이 주제에 관해서는 Klaczko, Rome and the Renaissance, p. 11, Hartt, "Lignum Vitae in Medio Paradisi", p. 120 참조. 율리우스에게 있어 이 성체포와 성체는 다른 의미로도 중요했다. 삼촌인 식스투스 4세가 1477년 이 성유물의 예배와 대성당 건축을 촉진하기 위해 면죄부를 발행했기 때문이다.

**10** Pastor, History of the Popes, vol. 6, p. 416.

## 29: 생각하는 사람

**1** Grossino to Isabella d'Este, de Tolnay, Michelangelo, vol. 2, p. 243.
**2** Ariosto. Orlando furioso, canto 33 line 2.
**3** The Letters of Michelangelo, vol. 1, p. 70.
**4** 사보나롤라가 자신을 예레미야와 동일시한 것은 Ridolfi, The Life and Times of Girolamo Savonarola, p. 283, and Weinstein, Savonarola and Florence, p. 285 참조.
**5** Complete Poems and Selected Letters of Michelangelo, p. 150.
**6** Guicciardini, The History of Italy, p. 257.

## 30 : 고난의 시기

**1** Machiavelli, The Chief Works and Others, vol. 2, p. 893.
**2** Guicciardini, The History of Italy, p . 262.
**3** The Letters of Michelangelo, vol. 1, p . 71.
**4** The Chief Works and Others, vol. 2, p. 894.
**5** Niccolò Machiavelli, The Prince, trans. George Bull (London: Penguin, 1999), p. 54.
**6** The Letters of Michelangelo, vol. 1, pp. 71, 74.
**7** The Divine Comedy, vol. 2, Purgatorio, canto 17, line 26.
**8** 그러한 해석의 일례는 Hartt, "Lignum Vitae in Medio Paradisi", p. 198 참조.
**9** Vasari, Lives of the Painters, Sculptors, and Architects, vol. 2, p. 674.
**10** De Tolnay, Michelangelo, voI. 2, p . 182.
**11** The Letters of Michelangelo, voI. 1, p. 74.
**12** 두 반원 공간의 프레스코는 수십 년 후 미켈란젤로가 제단 벽에 「최후의 심판」을 그릴 때 망가뜨렸다. 두 반원 공간의 주제는 조판을 통해 알려졌다.
**13** The Letters of Michelangelo, vol. 1, p. 75.

## 31 : 마지막 터치

**1** The Life of Michelangelo, p. 48.

2 De Tolnay, Michelangelo, vol. 2, p. 151.
3 Alberti, On Painting, pp. 77-78.
4 Condivi, The Life of Michelangelo, p. 58.
5 Vasari, Lives of the Painters, Sculptors, and Architects, vol. 2, p. 675.
6 Condivi, The Life of Michelangelo, p. 58. 바사리는 이 일화와 조금 다른 이야기를 한다. 즉, 교황이 아니라 미켈란젤로가 이 그림을 세코로 다시 손댔다는 것이다(Lives of Painters, Sculptors, and Architects, vol. 2, p. 668).
7 Condivi, The Life of Michelangelo, p. 58.
8 The Letters of Michelangelo, vol. 1, p. 149'
9 Pastor, History of the Popes, vol. 6, p. 434.
10 Tommaso Inghirami, Thomae Phaedri Inghirami Volterrani orationes, ed. Pier Luigi Galletti (Rome, 1777), p. 96.

**에필로그: 신들의 언어**

1 Vasari, Lives of the Painters, Sculptor, and Architects, vol. 1, p. 745.
2 본문 참조. 바사리의 말은 믿기 힘들다. 바사리에 의하면, 주치의들이 라파엘로를 일사병으로 오진해 피를 뽑았는데, 당시 사혈瀉血로 목숨을 잃는 환자는 적지 않았다.
3 Pandolfo Pico della Mirandola to Isabella Gonzaga, J. A' Crowe and G. B. Cavalcaselle, Raphael: His Life and Works (London: John Murray, 1885), vol, 2 pp. 500-501.
4 Complete Poems and Selected Letters of Michelangelo, p. 61.
5 미켈란젤로의 죽음과 장례는 Rudolf and Margot Wittkower, eds., The Divine Michelangelo: The Florentine Academy's Homage on His Death in 1564 (London Phaidon Press, 1964) 참조.
6 이 임대에 관해서는 Johannes Wilde, Venetian Painting from Bellini to Titian (Oxford: Oxford University Press, 1974), p. 123, Creighton Gilbert, "Titian and the Reversed Cartoons of Michelangelo", in Michelangelo on and off the Sistine Ceiling, pp. 151- 190 참조.
7 Sir Joshua Reynolds, Discourses on Art, ed. Robert R. Wark (San Marino, Calif.: Huntington Library, 1959), p. 278.
8 Camille Pissarro, Letters to His Son Lucien, ed. John Rewald, 4th ed. (London: Routledge and Kegan Paul, 1980), p. 323.
9 이 복원사업에 관해서는 Gianluigi Colalucci, "Michelangelo's Colours Rediscovered", in Paul Holberton, The Sistine Chapel: Michelangelo Rediscovered, pp. 262-4 복원사업에 대한 Colalucci의 해석에 회의적인 견해는 Beck and Daley, Art Restoration, pp. 73-78.

**10** 복원 작업에 관한 보고서는 Colalucci, 'Michelangelo's Colours Rediscovered", pp. 260-265, Carlo Petrangeli, 'Introduction : An Account of the Restoration", in de Vecchi and Murphy, The Sistine Chapel: A Glorious Restoration, pp. 6-7. 복원 역사와 재정적인 모티브, 문화적 함의에 관해서는 Waldemar Januszczak, Sayonara Michelangelo: The Sistine Chapel Restored and Repackaged (Reading, Mass.: Addison-Wesley, 1990).

**11** 복원을 반대하는 경우는 Beck and Daley, Art Restoration, pp. 63-122에서 광범위하게 다룬다. 비평가들이 제기한 반대론의 반응은 Kathleen Weil-Garris Brandt, "Twenty-five Questions About Michelangelo's Sistine Ceiling", Apollo (December 1987), pp . 392-400, and David Ekserdjian, 'The Sistine Ceiling and the Critics", Apollo (December 1987). pp. 401-404.

**12** Beck and Daley, Art Restoration, pp. 119- 120.

**13** 이 문제에 관해서는 '주' 13장의 12번을 참조.

**14** 오물 제거로 드러난 '신 미켈란젤로' 에 관해서는 Januszczak, Sayonara Michelangelo, pp. 179- 189 참조.

**15** Johann Wolfgang von Goethe, Italian Journey, trans. W. H. Auden and Elizabeth Mayer (London: Penguin, 1970), p. 376.

## 도판일람

**칼라도판**

1 시스티나 천장 (Vatican)
2 로보암 아비아스 반원 공간 (Vatican)
3 페루지노, 「성 베드로에게 열쇠를 넘기는 그리스도」(Vatican)
4 나아손 반원 공간 (Vatican)
5 요시아스 예초니아스 살라티엘 반원 공간과 스팬드럴 (Vatican)
6 예언자 요나 (Vatican)
7 라파엘로에 의해 1511년 산타 마리아 델 포폴로에 그려진 교황 율리우스 2세의 초상화 (Scala)
8 성체에 관한 논쟁 (Vatican)
9 아테네 학당 (Vatican)
10 헬리오도루스의 추방 (Vatican)
11 볼세나 미사 (Vatican)
12 갈라테이아 요정 (Scala)

**흑백도판**

1 16세기 초 로마를 묘사한 이탈리아  p. 8
2 16세기 초 로마를 묘사한 로마 시 지도 p. 7
3 루스티쿠치 광장 (Uffizi, Florence) p. 12
4 미켈란젤로 (Mary Evans Picture Library. 13
5 미켈란젤로의 율리우스 2세 영묘 스케치 중 일부 (Uffizi, Florence) p. 15
6 줄리아노 다 상갈로 (AKG, London) p. 17

7 도나토 브라만테 (Mary Evans Picrure Library) p. 18
8 교황 율리우스 2세 (Getty Images) p.21
9 15세기 말 바티칸의 풍경 (Fotomas Index) p. 31
10 브라만테 의 바티칸 개량 계획 p.32
11 외부 재공사 중인 시스티나 예배당 전경 (Talfeln, Erster Teil, Munich 1901) p. 34
12 내부 재공사 중인 식스티니스케 카펠레의 시스티나 예배당 (Talfeln, Erster Teil, Munich 1901) p.37
13 바스티아노 다 상갈로가 모사한 미켈란젤로의「카시나 전투」(Collections of the Earl of Leicester, Holkham Hall, Norfolk Bridgeman Art Library) p. 43
14 레오나르도 다 빈치의「안기아리 전투」스케치 (Accademia, Venice) p. 43
15 만투아 공의 궁宮에 있는「신혼의 방」천장화 (Scala) p.44
16 미켈란젤로의 비계 스케치 (Uffizi) p.81
17 하드리아누스 황제의 티볼리 별장 천장 도안 소묘 (Biblioteca Communale, Siena) p. 88
18 미켈란젤로가 그린 시스티나 예배당 천장화의 초기 도안 중 하나 (British Museum, London) p.88
19 프란체스코 그라나치의 판화 초상 (Florence: Sansoni 1966-87) p.100
20 미켈란젤로가 붉은 초크를 사용해 그린「리비안무녀」스케치 (Metropolitan Museum of Modem Art, New York) p. 119
21 기롤라모 사보나롤라 (Mary Evans Picture Library) p. 129
22 레지날드 피고트의 바티 칸 궁 숙소의 도안 P. 138
23 라파엘로의 자화상 (Scala) p. 141
24 라파엘로가 스탄차 델라 세냐투라 천장에 그린 유혹 장면 (Vatican) p. 166
25 라파엘로가 스케치한 레오나르도의「레다와 백조」(The Royal Collection © Her Majesty Queen Elizabeth II) p. 167
26 소도마가 스탄차 델라 세냐투라의 천장에 그린「마르시아스의 참변」(Vatican) p. 171
27 알래 애프터 사스래의「프랑스 왕 루이 12세」(Vatican) p. 193
28 미켈란젤로의 스가랴 스케치 (Uffizi, Florence) p. 196
29「에리트레아 무녀」의 걸친 옷 습작 중 하나 (British Museum, London) p. 216
30 미켈란젤로의 여성 인물화 습작품 (Casa Buonarroti, Florence) p.217
31 미켈란젤로가 스케치한 고대 로마의 석관 장식 중 일부 (Louvre/ © Photo RMN - C. Jean) p. 223
32 무명 미술가가 조각한「라오콘」(Mary Evans Picture Library) p. 225
33 시스티나 천장화의 경험을 다룬 미켈란젤로의 희극시 원고 (Archivio Buonarroti, Florence) p.231
34 안드레 테베 작「데시데리우스 에라스무스」(Mary Evans Picture Library) p.245
35 에라스무스의『천국에서 축출된 율리우스』의 독일판 앞면에 있는 그림 (1st Latin edition

1517), 1523 (Bayerische Staatsbibliotheck) p. 249

**36** 라파엘로의「아테네 학당」밑그림 (Vatican) p. 257

**37** 안드레 테베가 그린 페라라 공 알폰소 데스테 (Mary Evans Picture Library) p. 277

**38** 작자 미상의 판화「로도비코 아리오스토」(Mary Evans Picture Library) p. 299

**39** 1524년판 아리오스토의 『광란의 오를란도』의 표제화 (British Library) p. 299

**40** 테오도레 데 브리 작「마르틴 루터」(Maly Evans Picture Library) p. 309

**41** 미켈란젤로의 아담 스케치 (British Museum, London) p.317

**42** 「아테네 학당」에 추가한 라파엘로의「생각하는사람」(Vatican) p.335

**43** 플로렌스의 산타 마리아 노벨라 성당에 있는 우첼로의「아담의 창조」(Alinari) p.348

**44** 볼로냐의 산 페트로니오 대성당에 있는 야코포 델라 쿠에르차의「아담의 창조」(Alinari) p. 350

**45** 마에스트로 델라 트라폴라가 1530년에 그린「라벤나 전투」(Gabinetto Nazionale Delle Stampe, Rome) p.371

**46** 미켈란젤로의 보아즈 그림 (Vatican) p.377

**47** 라파엘로의「볼세나 미사」의 스위스 근위대 병사들 (Vatican) p.389

**48** 힌치클리프의「니콜로 마키아벨리」판화 (Mary Evans Picture Library) p.410

**49** 미켈란젤로의「하만의 십자가 처형」스케치 (British Museum, London) p. 416

**50** 로마 시 빈콜리의 산 피에트로 성당에 미켈란젤로가 제작하여 설치한 율리우스의 영묘 (Alinari) p.439

## 참고문헌

•Ackerman, James S., 'The Planning of Renaissance Rome', in P.A.Ramsey, ed., Rome in the Renaissance: The City and u1e Myth (Binghamton, NY: Centre for Medieval and Early Renaissance Studies, SUNY-Binghamton, 1982), pp.3-17

• Alberti, Leon Battista, On Painting, trans. Cecil Grayson, ed. Martin Kemp (London: Penguin, 1991)

•Albertini, Francesco, Opusculum de mirabilis novae et veteris urbis Romae, in Five Early Guides to Rome and Florence, ed. Peter Murray (Farnborough, Hants: Gregg International Publishers, 1972)

•Alson, Mary Niven, 'The Attitude of the Church towards Dissection before 1500', Bulletin of the History of Medicine 16 (944), pp.221-38

•Ames-Lewis, Francis, 'Drapery "Pattern" - Drawings in Ghirlandaio's Workshop and Ghirlandaio's Early Apprenticeship', Art Bulletin 63 (1981), pp.49-61

•Ames-Lewis, Francis, and Joanne Wright, Drawing in the ltalian Renaissance Workshop (London: Victoria & Albert Museum, 1983)

•Ariosto, Lodovico, Orlando furioso, trans. Guido Waldman (Oxford: Oxford University Press, 1983)

•Bambach, Carman c., Drawing and Painting in the ltalian Renaissance Workshop Theory and Practice, 1300-1600 (Cambridge: Cambridge University Press, 1999)

•Bambach, Carman c., 'A Note on Michelangelo's Cartoon for the Sistine Ceiling Haman', Art Bulletin 65 (983), pp.661-6

•Barocchi, Paola, ed., Scritti d'. arte del cinquecento, 3 vols (Milan and Naples: Ricciardi,

1971-7)
•Barocchi, Paola, and Renzo Ristori, eds, Il Carteggio di Michelangelo, 5 vols (Florence: Sansoni Editore, 1965-83)
•Barocchi, Paola, and Lucilla Bardeschi Ciulich, eds, Il Ricordi di Michelangelo (Florence: Sansoni Editore, 1970)
•Barolsky, Paul, Infinite Jest: Wit and Humour in Italian Renaissance Art (Columbia, Missouri: University of Missouri Press, 1978)
•Barolsky, Paul, 'Looking Dosely at Michelangelo's Seets', Source: Notes in the History of Art (Summer 1997), pp.31-4
•Barolsky, paul, Michelangelo's Nose: A Myth and its Maker (University Park: Penn State University Press, 1990)
•Bartalini, Roberto, 'Sodoma, the Chigi and the Vatican Stanze', Burlington Magazine (September 2001), pp.544-53
•Battisti, Eugenio, Rinascimento e Barocca (Florence: Einaudi, 1960)
•Battisti, Eugenio, ' Il significato simbolico della Cappella Sistina', Commentari 8 (1957), pp.96-104
•Baxandall, Michael, Painting and Experience in Fifteenth-Century Italy (Oxford: Oxford University Press, 1974)
•Beck, James, 'Cardinal Alidosi, Michelangelo, and the Sistine Ceiling', Artibus et Historiae 22 (1990), pp.63-77
•Beck, James, The Three Worlds of Michelangelo (New York: W. W. Norton & Co., 1999)
•Beck, James, and Michael Daley, Art Restoration: The Culture, the Business and the Scandal (London: John Murray, 1993)
•Berenson, Bernard, Italian Painters of the Renaissance, 2 vols (London: Phaidon, 1968)
•Boccaccio, Giovanni, The Decameron, trans. G.H. McWilliam, 2nd edn CLondon Penguin, 1995)
•Boehmer, Heinrich, Martin Luther (London: Thames & Hudson, 1957)
•Borsook, Eve, The Mural Painters of Tuscany (Oxford: Darendon Press, 1980)
•Borsook, Eve, 'Technical Innovation and the Development of Raphael's Style in Romo', Canadian Art Review 12 (985), pp. 127-36
•Brandt, Kathleen Weil-Garris, 'Twenty-five Questions about Michelangelo's Sistine Ceiling', Apollo (December 1987), pp.392-400
•Brown, Elizabeth A.R., 'Death and the Human Body in the Later Middle Ages: The Legislation of Boniface VIII on the Division of the Corpse', Viator 12 (981), pp.221-70

- Bruschi, Arnaldo, Bramante (London: Thames & Hudson, 1977)
- Buck, Stephanie, and Peter Hohenstatt, Raphael, 1483-1520, trans. Christine Varley and Anthony Vivis (Cologne: Konemann, 1998)
- Bull, George, Michelangelo: A Biography (London: Viking, 1995)
- Bull, George, ed., Michelangelo: Life, Letters, and Poetry (Oxford: Oxford University Press, 1987)
- Bull, Malcolm, 'The Iconography of the Sistine Chapel Ceiling', Burlington Magazine 130 (August 1988), pp.597-605
- Burchard, Johann, At the Court of the Borgias, being an Account of the Reign of Pope Alexander VI written by his Master of Ceremonies, Johann Burchard, ed., and trans. Geoffrey Parker (London: The Folio Society, 1963)
- Burke, Edmund, A Philosophical Enquiry into the Orgin of our Ideas of the Sublime and Beautiful, ed. James T. Boulton (Notre Dame, Indiana: University of Notre Dame Press, 1986)
- Buzzegoli, Ezio, 'Michelangelo as a Colourist, Revealed in the Conservation of the Doni Tondo', Apollo (December 1987), pp.405-8
- Cadogan, Jean K., 'Reconsidering Some Aspects of Ghirlandaio's Drawings', Art Bulletin 65 (1983), pp.274-87
- Cadogan, Jean K., 'Michelangelo in the Workshop of Domenico Ghirlandaio', Burlington Magazine 135 (January 1993), pp.30-1
- Camesasca, Ettore, All the Frescoes of Raphael, 2 vols, trans. Paul Colacicchi (Complete Library of World Art, 1962)
- Carden, Robert W., Michelangelo: A Record of His Life as Told in His Own Letters and Papers (London: Constable & Co., 1913)
- Cecchelli, Carlo, 'La "Psyche" della Farnesina', Roma (1923), pp.9-21
- Cellini, Benvenuto, The Autobiography of Benvenuto Cellini, trans. George Bull (London: Penguin, 1956)
- Cennini, Cennino, Il Libro dell'Arte: The Craftsman's Handbook. trans, Daniel V. Thompson (New Haven: Yale University Press, 1933)
- Chambers, D.S., 'Papal Condaves and Prophetic Mystery in the Sistine Chapel, Journal of the Warburg and Courtauld Institutes 41 (1978), pp.322-6
- Chastel, Andre, A Chronide of Italian Renaissance Painting, trans. Linda and Peter Murry (Ithaca: Cornell University Press, 1984)
- Clark, Kenneth, Landscape into Art (London: John Murray, 1949)

- Clark, Kenneth, Leonardo da Vinci (London: Penguin, 1961)
- Clements, Robert J., ed., Michelangelo: A Self-Portrait (New York: New York University Press, 1968)
- Colalucci, Gianluigi, 'Michelangelo's Colours Rediscovered, in The Sistine Chapel Michelangelo Rediscovered, ed. Paul Holberton (London: Muller, Blond & White, 1986), pp.260-265
- Colalucci, Gianluigi, 'The Technique of the Sistine Ceiling Frescoes', 'The Sistine Chapel: A Glorious Restoration, ed. Pierluigi de Vecchi and Diana Murphy (New York: Harry N. Abrams, 1999), pp.26-45
- Cole, Bruce, The Renaissance Artist at Work: From Pisano to Titian (London: John Murray, 1983)
- Condivi, Ascanio, The Life of Michelangelo, 2nd edn, trans. Alice Sedgwick Wohl, ed Hellmut Wohl (University Park: Pennsylvania State University Press, 1999)
- Coonin, A. Victor, 'New Documents Concerning Perugino's Workshop in Florence', Burlington Magazine 96 (February, 1999), pp.100-4
- Cronin, Vincent, The Florentine Renaissance (London: Collins, 1967)
- Crowe, J.A., and G.B. Cavalcaselle, Raphael: His Life and Works, 2 vols (London: John Murray, 1885)
- Dante, The Divine Comedy, 3 vols, trans. John D. Sinclair (London The Bodley Head, 1948)
- Delumeau, Jean, The History of Paradise: The Garden of Eden in Myth and Tradition (New York: Continuum, 1995)
- Dorez, Léon, 'La bibliothéque privéé du Pape Jules II' , Revue des Bibliothéques 6 (1896), pp.97-124
- Dotson, Esther Gordon, 'An Augustinian Interpretation of Michelangelo's Sistine Ceiling' , Art Bulletin 61 (1979), pp.223-56, 405-29
- Ekserdjian, David, 'The Sistine Ceiling and the Critics', Apollo (December 1987), pp.401-4
- Elkins, James, 'Michelangelo and the Human From: His Knowledge and Use of Human Anatomy', Art History (June 1984), pp.176-85
- Emison, Patricia, 'The Word Made Naked in Pollaiuolo's Battle of the Nudes', Art History 13 (September 1990), pp.261-75
- Erasmus, Desiderius, Erasmi Epistolae, Opus Epistolarum des. Erasmi Roterdami, 10 vols, ed. P.S. Allen (Oxford: Oxford University Press, 1910)

・Erasmus, Desiderius The Praise of Folly and Other Writings, ed. and trans. Robert M. Adams (New York: W. W. Norton & Co., 1989)
・Ficino, Marsilio, The Letters of Marsilio Ficino, 6 vols, ed. and trans. by members of the Language Department of the School of Economic Science, London (London Shepheard-Walwyn, 1975-99)
・Filippini, Francesco, 'Raffaello e Bologna', Cronache d' Arte (1925), pp.222-6
・Fischel, Oskar, Raphael, trans. Bemard Rackham (London: Kegan Paul, 1948)
・Fischel, Oskar, 'Raphael's Auxiliary Cartoons', Burlington Magazine (October 1937), pp.167-8
・Foucault, Michel, The Uses of Pleasure: A History of Sexuality, 2 vols, trans. Robert Hurley (London: Penguin, 1987)
・Freedberg, Sidney, Painting of the High Renaissance in Rome and Florence (Cambridge, Mass.: Harvard University Press, 1972)
・Freedberg, Sidney, Painting in Italy, 1500-1600 (London: Penguin, 1971)
・Gage, John, Colour and Culture: Practice and Meaning from Antiquity to Abstraction (London: Thames & Hudson, 1993)
・Gaunt, William, A Companion to Painting (London: Thames & Hudson, 1967)
・Gilbert, Creighton E., trans., Complete Poems and Selected Letters of Michelangelo (Princeton: Princeton University Press, 1980)
・Gilbert, Creighton E., Michelangelo On and Off the Sistine Ceiling (New York: George Braziller, 1994)
・Gilbert, Creighton E., 'On the Absolute Dates of the Parts of the Sistine Ceiling', Art History 3 (June 1980), pp.158-81
・Goethe, Johann Wolfgang von, Italian Journey, trans. W.H. Auden and Elizabeth Mayer (London: Penguin, 1970)
・Goldscheider, Ludwig, Michelangelo: Drawings (London: Phaidon Press, 1951)
・Golzio, Vincenzo, Raffaello nei documenti, nelle testimonianze dei contemporanei, e nella letteratura del suo secolo (Vatican City: Panetto & Petrelli, 1936)
・Gombrich, Emst, 'A Classical Quotation in Michelangelo's Sacrifice of Naob' Journal of the Warburg Institute (1937), p.69
・Gombrich, Emst, 'Raphael's Stanza della Segnatura and the Nature of its Symbolism', in Symbolic Images: Studies in the Art of the Renaissance (London: Phaidon, 1972), pp.85-101
・Gombrich, Emst, 'Renaissance and Golden Age', Joumal of the Warburg and

Courtauld Institutes 24 (1961), PP.306-9
• Gould, Cecil, The Chronology of Raphael's Stanze: A Revision' , Gazette des Beaux-Arts 117 (November 1991), pp.171-81
• Gould, Cecil, 'Raphael's Papal Patrons' , Apollo (May 1983), pp.358-61
• Grömling, Alexandra, Michelangelo Buonarroti: Life and Work, trans. Peter Barton (Cologne: Könemann, 1999)
• Guicciardini, Francesco, The Histozy of Italy, ed. and trans. Sidney Alexander (London Collier-Macmillan, 1969)
• Hall, Marcia B., Color and Meaning: Practice and Theory in Renaissance Painting (Cambridge: Cambridge University Press, 1992)
• Hall, Marcia B., ed., Raphael's 'School of Athens' (Cambridge: Cambridge University Press, 1997)
• Hartt, Frederick, 'The Evidence for the Scaffolding of the Sistine Ceiling' , Art History 5 (September 1982), pp.273-86
• Hartt, Frederick, History of Italian Renaissance Art: Painting, Sculpture, Architecture (London: Thames & Hudson, 1987)
• Hartt, Frederick, 'Lignum vitae in medio paradisi: The Stanza d' Eliodoro and the Sistine Ceiling' , Art Bulletin 32 (1950), pp.115-45, 181-218
• Hartt, Frederick, Michelangelo: Drawings (New York: Harry N. Abrams, 1970)
• Hartt, Frederick, "L' Ultima Mano" on the Sistine Ceiling , Art Bulletin (September 1989), pp.508-9
• Haskell, Francis, Patrons and Painters: A Study of the Relations Between Italian Art and Society in the Age of the Baroque, revised edn (New Haven: Yale University Press, 1980)
• Henry, Tom, 'Cesare da Sesto and Baldino Baldini in the Vatican Apartments of Julius II', Burlington Magazine (January 2000), pp.29-35
• Henry, Tom, 'Raphael's Altarpiece Patrons in Città di Castello' , Burlington Magazine (May 2002), pp.268-78
• Hillerbrand, Hans J , ed. Erasmus and His Age: Selected Letters of Desidirius Erasmus, trans. Marcus A. Haworth (New York: Harper & Row, 1970)
• Hirst, Michael, ' "Il Modo delle Attitudini": Michelangelo's Oxford Sketchbook for the Ceiling', in The Sistine Chapel: Michelangelo Rediscovered, ed. Paul Holberton (London: Muller, Blond & White, 1986), pp.208-17
• Hirst, Michael, Michelangelo and His Drawings (New Haven: Yale University Press, 1988)

- Hirst, Michael, 'Michelangelo in 1505', Burlington Magazine 133 (November 1991), pp.760-6
- Hirst, Michael, 'Observations on Drawings for the Sistine Ceiling', in The Sistine Chapel: A Glorious Restoration, Pierluigi de Vecchi and Diana Murphy, eds (New York: Harry N. Abrams, 1999), pp.8-25
- Hirst, Michael, The Young Michelangelo: The Artist in Rome, 1496-1501 (London National Gallery Publications, 1994)
- Holberton, Paul, ed., The Sistine Chapel: Michelangelo Rediscovered (London: Muller, Blond & White, 1986)
- Hoogewerff, G.I., 'Documenti, in parte inediti, che riguardano Raffaello ed altri artisti contemporanei', Atti della Pontificia Accademia Roma di Archeologia, Rediconti 21 (1945-6), pp.250-60
- Hope, Charles, 'The Medallions on the Sistine Ceiling', Journal of the Warburg and Courtauld Institutes 50 (1987), pp.200-4
- Huizinga, Jan, Erasmus (New York: Charles Scribner's Sons, 1924)
- Hyma, Albert, The Life of Desiderius Erasmus (Assen: Van Gorcum & Co., 1972)
- Inghirami, Tommaso, Thomae Phaedri Inghirami Volterrani orationes, ed. Pier Luigi Galletti (Rome, 1777)
- Januszczak, Waldemar, Sayonara Michelangelo: The Sistine Chapel Restored and Repackaged (Reading, Mass.: Addison-Wesley, 1990)
- Joannides, Paul, 'On the Chronology of the Sistine Chapel Ceiling', Art History (September 1981), pp.250-2
- Joannides, paul, Titian to 1518 The Assumption of Genius (New Haven: Yale Univerity Press, 2001)
- Jones, Roger, and Nicolas Penny, Raphael (New Haven: Yale University Press, 1983)
- Kemp, Martin, The Science of Art: Optical Themes in Westem Art from Brunelleschi to Seurat (New Haven: Yale University Press, 1990)
- Kempers, Bram, 'Staatssymbolick in Rafaels Stanza della Segnatura', Incontri: Rivista di Studi ltalo- Nederlandesi 0986-7), pp.3-48
- Klaczko, Julian, Rome and the Renaissance: The Pontificate of Julius II, trans. John Dennie (London: G.P. Putnam's Sons, 1903)
- Klapische-Zuber, Christiane, Women, Family and Ritual in Renaissance ltaly, trans. Lydia Cochrane (Chicago: University of Chicago Press, 1985)
- Lanciani, Rodolfo, The Destruction of Ancient Rome: A Sketch in the History of the

Monuments (London : Macmillan, 1901)
• Lanciani, Rodolfo, The Golden Days of the Renaissance in Rome (London: Constable, 1906)
• Lawner, Lynne, Lives of the Courtesans: Portraits of the Renaissance (New York: Rizzoli, 1986)
• Lee, Egmont, Sixtus IV and Men of Letters (Rome: Edizioni di Storia e Letteratura, 1978)
• Lehmann, Karl, "The Dome of Heaven' , Art Bulletin 27 (945), pp.1-27
• Levey, Michael, Florence: A Portrait (London: Pirnlico , 1996)
• Levin, Harry, The Myth of the Golden Age in the Renaissance (Bloomington: University of Indiana Press, 1969)
• Liebert, Robert S., Michelangelo: A Psychoanalytic Study of His Life and Images (New Haven: Yale University Press, 1983)
• Lightbown, Ronald, Sandro Botticelli: Life and Work (London: Elek, 1978)
• Lomazzo, Giovanni Paolo, Scritti sulle arti, 2 vols, ed. Roberto Paolo Ciardi (Florence Marchi & Bertolli, 1973-4)
• Luzio, Alessandro, 'Isabella d' Este di fronte a Giulio II' , Archivio storico lombardo, 4th series (1912), pp.65-81
• Machiavelli, Niccolò, The Chief Works and Other, 3 vols, trans. Allan Gilbert (Durham, NC: Duke University Press, 1965)
• Machiavelli, Niccolò, Machiavelli: The Prince, trans. George Bull (London: Penguin, 1999)
• Mallett, Michael, Mercenaries and their Masters: Warfare in Renaissance Italy (London: Bodley Head, 1974)
• Mancinelli, Fabrizio, 'Michelangelo's Frescoes in the Sistine Chapel', in Andrew Oddy, ed., The Art of the Conservator (London: British Museum Press, 1992), pp. 89-107
• Mancinelli, Fabrizio, 'Michelangelo at Work: The Painting of the Lunettes', in The Sistine Chapel: Michelangelo Rediscovered, ed. and trans. Paul Holberton (London. Muller, Blond & White, 1986), pp.218-59
• Mancinelli, Fabrizio, 'The Problem of Michelangelo's Assistants', in The Sistine Chapel: A Glorious Restoration, Pierluigi de Vecchi and Diana Murphy, eds (New York: Harry N. Abrams, 1999), pp.46-79
• Mancinelli, Fabrizio, 'Raphael's "Coronation of Charlemagne" and its Cleaning' ,

Burlington Magazine (July 1984), pp.404-9

•Mancinelli, Fabrizio, and Lutz Heusinger, The Sistine Chapel (London: Constable, 1978)

•Mancinelli, Fabrizio, 'The Technique of Michelangelo as a Painter: A Note on the Cleaning of the First Lunettes in the Sistine Chapel , Apollo (May 1983), pp.362-7

•Mandelli, Emma, 'La realtá della architettura "picta" negli affreschi delle Stanze Vaticane', in Gianfranco Spagnesi, Mario Fondelli and Emma Mondelli, Raffaello, l'architettura 'picta' : Percezione e realta (Rome: Monografica Editrice, 1984), pp.155-79

•Marabottini, Alessandro, et al., eds., Raffaello giovane e Citta di Castello (Rome: Oberon, 1983)

•Mariani, Valerio, Michelangelo the Painter (New York: Harry N. Abrams, 1964)

•Masson, Georgina, Courtesans of the Italian Renaissance (London: Secker & Warburg, 1975)

•Meiss, Millard, The Great Age of Fresco: Discoveries, Recoveries and Survivals (London Phaidon, 1970)

•Merrifield, Mary, The Art of Fresco Painting (London, 1846; rpt London: Alec Tiranti, 1966)

•Milanesi, Gaetano, 'Documenti inediti dell' arte toscana dal XII al XVI secolo' , Il Buonarroti 2 (1887), pp.334-8

•Muratore, Giorgio, ed., Raffaello in Vaticano (Milan: Electa, 1984)

•Murray, Linda, Michelangelo: His Life, Work and Times (London: Thames & Hudson, 1984)

•Neret, Gilles, Michelangelo, 1475-1564, trans. Peter Snowdon (Cologne: Taschen, 1998)

•Nesselrath, Arnold, 'Lorenzo Lotto in the Stanza della Segnatura' , in Burlington Magazine (January 2000), pp.4-12

•Nesselrath, Arnold, Raphael's 'School of Athens' (Vatican City: Edizioni Musei Vaticani, 1996)

•Niccoli, Ottavia, 'High and Low Prophetic Culture in Rome at the Beginning of the Sixteenth Century', in Marjorie Reeves, ed., Prophetic Rome in the High Renaissance Period (Oxford: Clarendon Press, 1992), pp.203-22

•O' Malley, John W., Giles of Viterbo on Church and Reform: A Study in Renaissance Thought (Leiden: E.J. Brill, 1968)

- O' Malley, John W., 'Fulfilment of the Christian Golden Age under Pope Julius II: Text of a Discourse of Giles of Viterbo, 1507' , Traditio 25 (1969), pp.265-338
- O' Malley, John W., Praise and Blame in Renaissance Rome: Rhetoric, Doctrine and Reform in the Sacred Orators of the Papal Court, c. 1450-1521 (Durham, NC: Duke University Press, 1979)
- O' Malley, John W., Rome and the Renaissance: Studies in Culture and Religion (London Variorum Reprints, 1981)
- O' Malley, John W., 'The Vatican Library and the School of Athens: A Text of Battista Casali, 1508 , Journal of Medieval and Renaissance Studies (977), pp.279-87
- Oppé, A.P., Raphael, ed. Charles Mitchell (London: Elek Books, 1970) ø stermark-Johansen, Lene, Sweetness and Strength: The Reception of Michelangelo in Late Victorian England (Aldershot, Hants: Ashgate, 1998)
- Palmer, Allison Lee, 'The Maternal Madonna in Quattrocento Florence: Social Ideals in the Family of the Patriarch' , Source: Notes in the History of Art (Spring 2002), pp.7-14
- Panofsky, Erwin, 'The Neoplaton ic Movement and Michelangelo', in Studies in Iconography: Humanistic Themes in the Art of the Renaissance (New York: Oxford University Press, 1939), pp.171-230
- Paolucci, Antonio, Michelangelo: The Pietas (Milan: Skira, 1997)
- Papini, Giovanni, Vita di Michelangelo nella vita del suo tempo (Milan: Garzanti, 1949)
- Partner, Peter, Renaissance Rome, 1500-1559: Portrait of a Society (Berkeley: University of California Press, 1976)
- Partridge, Loren, Michelangelo: The Sistine Chapel, Rome (New York: George Braziller, 1996)
- Partridge, Loren, The Renaissance in Rome: 1400-1600 (London: Weidenfeld & Nicolson, 1996)
- Partridge, Loren, and Randolph Stam, A Renaissance Likeness: Art and Culture in Raphael's 'Julius II' (Berkeley: University of California Press, 1980)
- Pascoli, Lione, Vite de' pittori, scultori ed architetti modemi (Rome: Reale Istituto d' Archaeologia e Storia dell' Arte, 1933)
- Pastor, Ludwig, The History of the Popes from the Close of the Middle Ages, 40 vols, ed Frederick Ignatius Antrobus et al. (London: Kegan paul, Trench, Trubner & Co., 1891- 1953)

- Petrangeli, Carlo, 'Introduction: An Account of the Restoration', in The Sistine Chapel: A Glorious Restoration, ed. Pierluigi de Vecchi and Diana Murphy (New York: Harry N. Abrams, 1999), pp.6-7
- Pfeiffer, Henrich, Zur Ikonographie von Raffaels Disputa: Egidio da Viterbo und die christliche-platonische Konzeption der Stanza della Segnatura (Rome: Pontificia Universitas Gregoriana, 1975)
- Phillips, John A., Eve: The History of an Idea (San Francisco: Haper & Row, 1984)
- Pissarro, Camille, Letters to His Son Lucien, ed. John Rewald, 4th edn (London Routledge & Kegan Paul, 1980)
- Plumb, J.H., ed., The Penguin Book of the Renaissance (London: Penguin, 1991)
- Pon, Lisa, 'A Note on the Ancestors of Christ in the Sistine Chapel', Journal of the Warburg and Courtauld Institutes 61 (998), pp.254-8
- Pope-Hennessey, John, Raphael (New York: Harper & Row, 1979)
- Ramsden, E.H., ed., The Letters of Michelangelo, 2 vols (London: Peter Owen, 1963)
- Ramsey, P.A., ed., Rome in the Renaissance: The City and the Myth (Binghamton, NY: Centre for Medieval and Early Renaissance Studies, SUNY-Binghamton, 1982)
- Ravaglia, Emilio, 'Il volto romano di Beatrice ferrarese', Roma (923), pp.53-61
- Redig de Campos, Deodecio, ed., Dialogi di Donato Giannotti (Florence: G.C. Sansoni, 1939)
- Redig de Campos, Deodecio, Michelangelo Buonarroti nel IV centenario del 'Giudizio universale' 0541-1941) (Florence: G.C. Sansoni, 1942)
- Redig de Campos, Deodecio, Raffaello nelle Stanze (Milan: Aldo Martello, 1965)
- Reeves, Marjorie, ed., Prophetic Rome in the High Renaissance Period (Oxford: Clarendon Press, 1992)
- Reynolds, Sir Joshua, Discourses on Art, ed. Robert R. Wark (San Marino, Calif.: Huntington Library, 1959)
- Ridolfi, Roberto, The Life and Times of Girolamo Savonarola, trans. Cecil Grayson (London: Routledge & Kegan Paul, 1959)
- Robertson, Charles, 'Bramante, Michelangelo and the Sistine Ceiling', Journal of the Warburg and Courtauld Institutes 49 (986), pp.91-105
- Rocke, Michael, Forbidden Friendships: Homosexuality and Male Culture in Renaissance Florence (Oxford: Oxford University Press, 1996)
- Roettgen, Steffi, Italian Frescoes, 2 vols, tnms. Russell Stockman (New York: Abbeville Press, 1997)

- Rowland, Ingrid D., The Culture of the High Renaissance: Ancients and Moderns in Sixteenth-Century Rome (Cambridge: Cambridge University Press, 1998)
- Roy, Ashok, ed., Artists' Pigments: A Handbook of their History and Characteristics (Oxford: Oxford University Press, 1993)
- Ryan, Christopher, ed., Michelangelo: The Poems (London: J.M. Dent, 1996)
- Ryan, Christopher, The Poetry of Michelangelo: An Introduction (London: Athlone, 1998)
- Salvini, Roberto, 'The Sistine Chapel: Ideology and Architecture', Art History (June 1980), pp.144-57
- Salvini, Roberto, and Ettore Camesasca, La Cappella Sistina in Vaticano (Milan: Rizzoli, 1965)
- Sandstrom, Sven, Levels of Unreality: Studies in Structure and Construction in Italian Mural Painting during the Renaissance (Stockholm: Almqvist & Wiksell, 1963)
- Sanuto, Marino, I diarii di Marino Sanuto, 58 vols (Venice: F. Visentini, 1878-1903)
- Saslow, James M., Ganymede in the Renaissance: Homosexuality in Art and Society (New Haven: Yale University Press, 1986)
- Satkowski, Leon, Giorgio Vasari, Architect and Courtier (Princeton: Princeton University Press, 1993)
- Schott, Rolf, Michelangelo (London: Thanmes & Hudson, 1964)
- Seymour, Charles, ed., Michelangelo: The Sistine Chapel Ceiling (New York: W.W Norton & Co., 1972)
- Shaw, Christine, Julius II: The Warrior Pope (Oxford : Blackwell, 1993)
- Shearman, John, 'The Chapel of Sixtus IV', in The Sistine Chapel: Michelangelo Rediscovered, ed. Paul Holberton (London: Muller, Blond & White, 1986), pp. 22-91
- Shearman, John, 'The Organization of Raphael's Workshop', in The Art Institute of Chicago Centennial Lectures (Chicago: Contemporary Book, 1983), pp.41-57
- Shearman, John, 'Raffaelo e la bottega', in Raffaello in Vaticano, ed. Giorgio Muratore (Milan: Electa, 1984), pp.258-63
- Shearman, John, Raphael's Cartoons in the Collection of Her Majesty the Queen and the Tapestries for the Sistine Chapel (London: Phaidon, 1972)
- Shearman, John, 'Raphael, Rome and the Codex Excurialensis', Master Drawings (Summer 1977), pp.107-46
- Shearman, John, 'The Vatican Stanze: Functions and Decoration', Proceedings of the British Academy (London: Oxford University Press, 1973), pp.369-424

- Steinberg, Leo, 'Eve's Idle Hand' , Art Journal (Winter 1975-6), pp.130-5
- Steinberg, Leo, 'Who's Who in Michelangelo's Creation of Adam: A Chronology of the Picture's Reluctant Self-Revelation', Art Bulletin (992), pp.552-66
- Steinberg, Ronald M., Fra Girolamo Savonarola, Florentine Art, and Renaissance Historiography (Athens, Ohio: Ohio University Press, 1977)
- Steinmann, Ernst, Die Sixtinische Kapelle, 2 vols (Munich: Verlagsanstalt F. Bruckmann, 1905)
- Stinger, Charles L., The Renaissance in Rome (Bloomington: Indiana University Press, 1985)
- Summers, David, Michelangelo and the Language of Art (Princeton: Princeton University Press, 1981)
- Taylor, F.L., The Art of War in Italy, 1494-1527 (Cambridge: Cambridge University Press, 1920)
- Thomas, Anabel, The Painter's Practice in Renaissance Tuscany (Cambridge: Cambridge University Press, 1995)
- Tolnay, Charles de, The Art and Thought of Michelangelo (New York: Pantheon, 1964)
- Tolnay, Charles de, Michelangelo, 5 vols (Princeton: Princeton University Press, 1943-60)
- Trible, Phyllis, God and the Rhetoric of Sexuality (London: SCM, 1992)
- Turner, Jane, ed., The Dictionary of Art, 34 vols (London: Macmillan, 1996)
- Vasari, Giorgio, Lives of the Painters, Sculptors and Architects, 2 vols, trans, Gaston du C. de Vere (London: Everyman's Library, 1996)
- Vasari, Giorgio, Vasari on Technique, trans, Louisa S. Maclehose, ed. G. Baldwin Brown (New York: Dover, 1960)
- Vecchi, Pierluigi de, and Diana Murphy, eds, The Sistine Chapel: A Glorious Restoration (New York: Harry N. Abrams, 1999)
- Venturi, Adolfo, Storia dell' arte italiana, II vols (Milan: Ulrico Hoepli, 1901-39)
- Venturi, Lionello, and Rosabianca Skira-Venturi, Italian Painting: The Renaissance, trans. Stuart Gilbert (New York: Albert Skira, 1951)
- Vinci, Leonardo da, Treatise on Painting, 2 vols, trans. A. Philip McMahon (Princeton Princeton University Press, 1956)
- Virgil, The Aeneid, trans. W.F. Jackson Knight (London: penguin, 1956)
- Virgil, The Eclogues and The Georgics, trans. C. Day Lewis (Oxford: Oxford

University Press, 1963)
- Wallace, William E., 'Michelangelo's Assistants in the Sistine Chapel', Gazette des BeauxArts II (December 1987), pp.203-16
- Wallace, William E., Michelangelo' The Complete Sculpture, Painting, Architecture (New York: Hugh Lauter Levin Associates, 1998)
- Weinstein, Donald, Savonarola and Florence: Prophecy and Patriotism in the Renaissance (Princeton: Princeton University Press, 1970)
- Welch, Evelyn, Art in Renaissance Italy (Oxford: Oxford University Press, 1997)
- Whistler, Catherine, Drawings by Michelangelo and Raphael (Oxford: Ashmolean, Museum, 1990)
- Wilde, Johannes, "The Decoration of the Sistine Chapel', Proceedings of the British Academy 54 (958), pp.61-81
- Wilde, Johannes, Venetian Painting from Bellini to Titian (Oxford: Oxford University Press, 1974)
- Wilson, Charles Heath, Life and Works of Michelangelo Buonarroti (London, 1881)
- Wind, Edgar, 'Michelangelo's Prophets and Sibyls', Proceedings of the British Academy 51 (965), pp.47-84
- Wind, Edgar, 'Sante Pagnini and Michelangelo: A Study of the Succession of Savonarola, Gazette des Beaux-Arts 26(944), pp.211-46
- Wittkower, Rudolf and Margot, eds, The Divine Michelangelo The Florentine Academy's Homage on His Death in 1564 (London: Phaidon Press, 1964)
- Zucker, Mark J., 'Raphael and the Beard of Pope Julius II', Art Bulletin 59 (977), pp.524-33

르네상스 천재들의 치열한 각축전과 그들의 삶
# 미켈란젤로와 교황의 천장

초판 1쇄 인쇄 2020년 11월 09일
초판 1쇄 발행 2020년 11월 16일
초판 2쇄 발행 2022년 11월 11일

**지은이** | ROSS KING
**옮긴이** | 신영화

**펴낸이** | 정 욱
**펴낸곳** | 도토리하우스
**디자인** | 강승수

주소 | 10384 경기도 고양시 일산서구 킨텍스로 284 (1906-101)
전화 031-921-7557  팩스 0504-234-3773  이메일 dotorihouse21@naver.com
출판등록 2018년 01월 08일  제 2018-000005호

ISBN 979-11-963241-2-4 (03920)

※이 책은 저작권법에 의하여 보호를 받는 저작물이므로 무단 전재와 복제를 금합니다.
※이 책 내용의 전부 또는 일부를 이용하려면 반드시 저작권자와 도토리하우스의 서면 동의를 받아야 합니다.
※책값은 표지의 뒤쪽에 있습니다.
※잘못된 책은 구입하신 서점에서 교환해 드립니다.
※이 도서의 국립중앙도서관 출판예정도서목록(CIP)은 서지정보유통지원시스템 홈페이지(http://seoji.nl.go.kr)와 국가자료종합목록 구축시스템(http://www.nl.go.kr)에서 이용하실 수 있습니다.(CIP제어번호: CIP2020045640)

> 도토리하우스(DOTORIHOUSE)는 현대인의 지적 교양을 추구하는 출판사입니다.
> 독자 여러분의 참신한 아이디어와 원고 투고를 항상 기다리고 있습니다.
> 간단한 개요와 취지, 연락처를 메일로 보내 주시면 연락드리겠습니다.